개역 개정판

성서 속의 상징

성서 속의 상징(개역개정판)
초판 발행:1991년 5월
재판발행: 1999년 2월
개역개정판 발행: 2018년 5월
최대형 편저
발행처: 은성출판사
등록:1974년 12월 9일 제9-66호
ⓒ1998년, 2018년 은성출판사
주소: 서울시 강동구 성내로3길 16(은성빌딩 3층)
전화: (031) 774-2102
팩스: (02) 6007-1154
e mail: esp4404@hotmail.com
homepage: www.eunsungpub.co.kr

출판 및 판매에 관한 모든 권한은 은성출판사가 소유하고 있습니다. 출판사의 사전 서면 허락없이 번역, 재제작, 인용, 촬영, 녹음 등을 할 수 없음을 알려드립니다.

Printed in Korea
ISBN 979-11-955384-3-0 93230

개역 개정판

성서 속의 상징

최대형 편저

서언

성경은 하나님이 세계와 역사에 작용하고 계시다는 것, 천지창조의 첫째 날부터 그리스도의 성육신을 거쳐 새 하늘과 새 땅의 창조에 이르기까지 모든 것이 하나님의 창조 사역에 의한다고 말한다. 모든 피조물은 하나님에 의해 피조되고 하나님께로 돌아간다. 하나님이 모든 존재를 지으시며, 빛은 하나님 안에서 하나님을 반영한다.

하나님의 형상과 모양으로 조성된(imago et similitudo Dei) 인간은 하나님에 의해 생육하고 번성하며 존재하며 생동한다. 사도 바울은 아레오바고(Areopagys) 언덕에서 아덴(Athens) 사람들에게 "우리가 그를 힘입어 살며 기동하며 존재하느니라 너희 시인 중 어떤 사람들의 말과 같이 우리가 그의 소생이라 하니"(행 17:28)라고 말했다.

예수 그리스도는 "둘째 아담"으로서 하나님의 모상(imago Dei), 즉 하나님의 "형상과 모양"을 순전히 계시하시는 분이시다. 모상은 본디 인간의 모습이다. 이 형상을 두 가지 관점으로 해석하는데, 첫째는 모든 형상이 근저로부터 비침(照射)을 받고 있으며, 둘째는 모든 형상은 그 자체를 초월하여 근원적인 존재를 비추고 있다는 것이다.

인간은 자신의 형상과 언어를 가지고 있음에 만족할 수 없다. 인간은 사람들이 봐주기를 바라고 말을 걸어주기를 원한다. 이렇듯 상호 관계 없이 이 세상에서 생활하는 것이 불가능하다. 근원적으로 우리의 존재는 궁극적이고 절대적인 하나님에 의해서 정당화될 수 있다. 믿음으로 사는 인간은 자신의 형상이 반드시 자신을 둘러싼 세계의 형상과 마찬가지로 모상과의 관계에서만 의미가 있게 된다. 그래서 성경에 나오는 모든 형상, 즉 생명나무와 죽음을 초래한 뱀, 희생을 드리는 목자와 희생으로 바쳐지는 흠 없는 어린 양, 하나님의 진노의 잔과 구원의 잔 등은 원상의 빛과 어둠 속에서 모상의 빛을 반영하면서 계시하는 동시에 모상의 의미를 덮고 감춘다.

"상징"(symbol)이라는 단어의 어원은 그리스어의 *symballein*로서 "조립하다, 짜맞추다, 함께 가져오다. 함께 던지다"라는 뜻이다. 상징은 눈에 보이지 않는 세계, 즉 신화와 전설, 죽음, 성, 무의식 등의 비물질적 의미를 주관적이며 직관적으로 표현하고 전달하기 위해 상징화하는 것이다.

한편 알레고리란 "다르게 말하다"라는 의미의 그리스어 *allegoria*에서 파생된 것으로서 "이중 의미"를 말한다. 알레고리는 고대로부터 내려온 수사법의 하나로 빗대어 설명하는 방식이다. 이를테면, 말하고자 하는 바를 직설적으로 표현하지 않고 비유를 사용함으로써 추상적인 개념을 간접적으로 전달하는 화법이다. 다시 말해서 알레고리는 표면적·이면적 두 가지의 뜻을 동시에 갖는다. 알레고리는 매우 고전적인 화법이다. 예컨대 많은 신화는 우주의 현상과 그 힘을 설명하기 위한 알레고리 형태이다. 선한 사마리아인의 이야기, 네 종류의 밭, 밭에 감추어진 진주, 가라지의 비유 등 성경에 기록된 예수님의 설명은 대부분 알레고리의 형태이다.

"상징"이라는 뜻을 가진 그리스어 *symballein*은 "비교 대조하다, 해석하다, 추론하다"라는 뜻이다. 스토아학파에서 "상징"을 이용하여 신비적인 진리를 직접 표현을 삼가면서 암시하는 방법을 택한다. 성경의 상징은 진리의 표시(signum)인 동시에 실재(res)를 담고 있다. 피조 세상의 것들과 창조자의 실재(진리)와 필연적인 관계를 설명한다. 상징은 두 개의 세계, 표면적인 것과 그 이면에 숨겨져 있는 것, 즉 현상과 이데아가 만나게 하는 역할을 한다. 신비한 진리가 유비적인 의미로 설명되고, 상징은 신성한 징조, 구원으로 통하는 징조(signum)이다.

상징은 "표현하는 표시"(signum significativum)와 "대리하는 표시"(signum repraesentativum)로 구분한다. 상징은 그 자체에 의미가 있는 것이 아니라, 그것을 초월한 실제(res)를 나타낸다. 기독교의 대표적인 상징인 십자가는 구원의 표시(signum)이다. 십자가 형태의 것은 도처에 있지만, 믿는 자들에게는 부활의 상징이 된다. 성찬식에 올려진 빵과 포도주는 성체성혈을, 물고기는 정화와 죄 사함을, 비둘기는 성령을, 어린양은 희생제물이 되신 예수 그리스도를 나타낸다.

정교회 전통은 이콘(icon)을 매우 중요시한다. 성경의 진리를 설명하는 상징으로서 문자(말씀) 대신에 그림(이콘)을 사용한다. 한때 무지한 사람들이 그들의 이콘을 우상으로 여겨 무자비하게 파괴한 때가 있었다. 이콘은 신비의 하나님, 삼위일체, 성자 예수의 신비를 표현하는 상징이다. 그래서 이콘을 신비로 들어가는 문이라고 한다.

세상의 모든 피조물은 실체인 동시에 상징이다. 그것을 눈으로 보이는 실체로만 보면 안 되며, 그렇다고 상징으로만 보아도 안 된다. 계시(revelation)의 하나님이신 동시에 신비(mystic)의 하나님이시기 때문이다. 한 눈으로는 계시의 하나님을 보고, 다른 눈으로는 감추어진 하나님의 신비를 보아야 한다. 피조물을 보되(meditation) 그 안에 서려 있는 하나님의 창조 역사, 만물 안에 깃든 하나님의 전지전능하심, 아름다움, 거룩함, 사랑, 편재하심 등을 보아야(theoria, contemplation) 한다. 그래서 위-디오니시우스는 『신의 명칭』에서 "모든 피조물을 들어서 하나님의 이름으로 불러도 부족하지 않다"라고 말했다. 따라서 이 세상에 묵상(meditation)의 객체는 도처에 있다. 이는 하나님이 편재하시기 때문이다.

피조물뿐만 아니라 인생의 모든 상황도 마찬가지이다. 심지어 침묵 중에 떠오르는 분심거리도 묵상의 대상이 된다. 만물을 지으신 하나님이 여기 지금 기도 중에 분심거리도 만드셨기 때문이다.

하나님의 모상(Imago Dei)을 지닌 인간의 모습도 하나님의 상징이며 이콘(icon)이다. 지금 자신의 모습이 하나님을 반영하는 상징이며 이콘이다. 이것이 인간의 본디 모습과 피조된 목적이며, 인간의 자연 상태이다. 우리는 그렇게 되어야 마땅하다. 하나님의 성성을 지향하지 않을 때의 모습은 부자연한 인간 모습이다.

성경의 상징에 관해 사람마다 해석이 다르다. 상징 개념의 오해와 남용. 상징에 필요 이상의 가치를 두는 것을 심각하게 경계해야 한다. 역사적으로 상징 해석의 차이 때문에 심각한 이단과 오류가 초래되었다. 이스라엘 백성은 광야에서 금송아지를 여호와를 대신해서 숭배했다. 그들은 현세의 대리물을 피안(彼岸)의 신적인 것, 심지어 신으로 여기고 섬겼다.

초대교회의 알렉산드리아 학파, 특히 클레멘트는 성경을 알레고리적으로 해석했다. 카파도키아 교부 중 닛사의 그레고리는 『모세의 생애』에서 제1부는 역사적(historia)으로, 제2부에서는 알레고리(theoria)로 설명했다. 중세 시대 클레르보의 베르나르는 『아가서 설교』에서 과도할 정도로 상징적이고 알레고리적으로 해석하였다. 상징 해석과 알레고리가 경계를 지나치면 이단적인 성경 해석이 된다.

그렇다면 우리는 구약과 신약에서 무엇을 상징으로 보는가? 우리는 표면적으로 이면적인 것을, 부분으로 전체를, 무상(無常)한 것으로 불멸 불변하는 것을 암시하기 위한 것이라면 모든 것을 상징으로 활용할 수 있다. 상징은 그 자체가 지닌 뜻과 다른 현실을 표시하거나 대리한다. 그러므로 상징은 본질이 아니라 본질적인 것과 유사하거나 공통점을 가지고 있다. 그러므로 상징은 "~와 비슷한 것"으로 설명한다. 예를 들어서 인간의 외형적인 모습을 설명하기 위해 "원숭이"를 내세운다. 원숭이는 인간의 상징으로 사용했다. 이러한 표현과 설명 방법을 긍정의 방법(kataphatic way)이라고 한다.

구속사적 관점에서 상징은 창조주와 피조물과 연결하는 표시이다. 모든 피조물은 창조주를 나타내지만, 그 역(逆)은 성립하지 않는다. 상징과 실체와의 관계는 불가역적(不可逆的)이다. 형상은 그 근원을 필연적으로 의존하지만, 그 근원은 형상에 좌우되지 않는다.

그래서 상징을 바르게 사용하기 위해서 상징으로써 실체를 가리키는 순간 부인하고 덮고 감추어야 한다. 그렇지 않으면 사람들은 상징과 실체를 혼동하거나 동일시하는 잘못을 범한다. 이 "덮고 감춤"을 기독교 영성 전통에서 부정의 방법(apophatic way)이라고 한다. 인간을 설명하기 위하여 원숭이를 보여준 후 즉시 원숭이를 덮고 감춤으로써 인간이 원숭이가 아님을 알려야 한다. 그러므로 상징을 계시물로서 그 역할을 감당하게 한 즉시 그것을 초월하게 하는 신비의 역할을 감당하도록 해야 한다. 그래서 건전한 상징 해석은 긍정과 부정이라는 양극단을 통합하면서 균형과 조화를 이루어야 한다.

14세기의 에크하르트는 "하나님은 절대 선하지 않다"라고 해서 파문당한 하나의 이유가 되었다. 그는 인간 마음속에 자리 잡고 있는 통념적인 "선"이라는 개념과 상징을 부정하였다. 그는 "하나님의 절대 선"을 말하기 위해서 부정의(否定意)의 문장을 사용했다. 그를 고발한 종교 정치가들이 정말 그의 말의 속뜻을 몰랐을까?

그러므로 상징을 해석하는 것은 매우 어렵다. 상징을 언어로 그 개념을 설명해도 언어의 불완전과 한계성으로 말미암아 이해 불가능한 부분은 여전히 남는다. 이해 불가능한 것을 지시하고 대리하는 것이 상징임을 고려한다면, 인간의 정신으로는 상징을 이해할 수 없다.

상징은 절대적인 의미를 갖지 못한다. 시대와 환경, 그리고 인간의 가치관에 따라 상징의 의미가 달라진다. 같은 상징이라도 사용된 때와 장소, 그리고 상징이 사용된 대상과 상황에 따라서 양극단의 뜻, 즉 삶과 죽음, 선과 악을 의미하기도 한다. 이와 같은 상징의 양의성(兩意性)을 성경에서도 자주 만난다. 예를 들면, 뱀은 아담과 하와를 꾀서 죄를 짓게 했다. 그러나 모세의 손에 의해 구리뱀의 모습으로 장대 끝에 매달림으로써 인류 구원의 상징이 되었다. 상징으로서의 낮과 밤, 죄와 속죄, 삶과 죽음은 상대가 없이는 존재하지 않으며, 이 양극성은 종말에 비로소 통합된다. 로마의 형틀인 십자가는 예수 그리스도를 믿는 자들에게 부활의 생명 상징으로 통합된다.

모든 상징은 존재의 중심축, 즉 생성과 소멸, 빛과 어둠, 선과 악이라는 축 위에 놓인다. 성경을 둘러싼 세계의 신화적 전승은 이처럼 동일한 근본 사상, 즉 우주 창조로부터 타락과 구원자를 거쳐 종말에 이르는 과정에 놓여있다. 금세기에는 미토스(mythos)와 로고스(logos)를 대립시키려 하지 않는다. 이 둘은 인간 정신이 현실과 만나는 두 가지 방법, 세상과 신을 이해하는 두 가지 방법이다. 구약에는 미토스적인 것, 신화적인 어원의 단어들이 많다. 예를 들면 산들의 진동, 폭풍, 물, 우레 등 하나님의 임재를 나타내는 모티프가 그것이다. 그러나 주의해야 할 것은 이 형상들이 여호와의 역사하심을 표현하지만, 하나님의 참된 영광은 가려져 있다. 하나님은 산도 바위도 아니며 돌도 아니시다. 하나님은 단지 그것들을 통하여 스스로 계시하신다. 여러 가지 자연 현상은 하나님의 보이지 않는 힘을 추측하게 할 뿐이지 감추어진 하나님의 본질을 나타내지 못한다.

제사장과 예언자라는 두 가지 직분에 대응하여 어느 쪽에 비중을 두느냐에 따라 제사 상징과 언어 상징에 대한 강조의 위치가 달라진다. 유대 제사의 강한 상징성은 성스러운 장소(聖所), 성스러운 시간(聖時), 성사(聖事)라는 관념에 나타나 있다. 이에 반해 예언자는 오직 언어를 이용하며, 거기에 언어의 상징적 성격과 효력, 때로는 상징적인 행위로써 강력한 능력을 더한다.

이처럼 반드시 신앙에 도움이 된다고는 생각되지 않는 제사장과 예언자의 기본 태도의 대립, 제사에 비중을 두는 것과 언어에 비중을 두는 것의 대립은 모세와 아론의 시대부터 가톨릭과 개신교의 분열에 이르기까지 계속되고 있다. 그러나 제사와 언어(예언)는 서로 상보적(相補的)인 관계이다. 이 둘의 궁극은 동일하다. 성스러운 행위와 말은 삶의 근원이며, 삶의 근원은 하나님 안에 있다. 그러므로 창세기는 "태초에 하나님이 천지를 창조하시니라"로 시작되고, 요한은 그의 복음서 서두를 "태초에 말씀이 계시니라"로 시작한다.

오늘날 합리주의에 가치를 둔 사람들은 제사와 상징을 배제하고 말(언어)에 편중함으로써 하나님의 말씀을 생명 없는 건조한 것으로 만들고 있다. 가톨릭교회의 미사와는 달리 오늘날 개신교 예배 시간의 반 이상이 말(설교)로 구성되어 있다. 개신교에서는 성찬 없는 예배가 성립되지만, 설교 없는 예배는 기대하기 어렵다. 그러나 제사와 그 형식 및 표현은 모든 종교의 가장 중요한 요소에 속한다. 여기서 제사란 개신교의 입장에서는 성례에 해당한다. 성례에는 "성육신"의 의미가 내포되어 있다. 우리가 순수한 믿음으로 상징으로서의 떡과 포도주를 먹고 마시는 순간 실제로 주님의 몸과 피가 우리 몸 안에서 재현(revival)된다. 이때 성례에 관한 개신교회의 기념설과 가톨릭의 화체설이 만나게 된다. 즉 성례에서 상징과 실체가 만난다.

그리스도는 지상의 시간과 공간에 관여하시며, 동시에 영원과 무한에 관여하신다. 그리스도 안에 존재의 모든 극이 통합되어 있고, 그리스도는 처음과 마지막이시며, 시계의 시간(chronos) 안에 있지만 그 시간을 초월한 시간(kairos)이시다. 그리스도는 우주의 화신(Inbild)이다. 그리고 성찬(Communion)에 참여하는 우리는 그리스도와 교제(communion)한다. 이

때 성찬과 교제는 다르지 않다.

　창조자와 피조물의 밀접한 관계가 그리스도와 교회에도 적용된다. 그 경우 교회는 에클레시아 카톨리카(ecclesia catholica, 모든 것을 포괄하는 보편적인 것)로서 이 세상 끝 날에 모든 피조물이 그 근원으로 흘러 들어갈 장소이다.

　그리스도가 자신에 대해서 "나를 본 자는 아버지를 보았거늘"(요 14:9)이라고 말씀하신 것처럼 교회는 온 우주의 형상, 혹은 상징이다. 형상과 비유가 가득한 성경 언어야말로 기독교의 여러 상징 성립의 원천이었다. 구약의 창조자-피조물(혹은 여호와-이스라엘)의 관계는 신약성경의 그리스도-교회의 관계로 확대되었다. 초기 기독교에서는 "주변을 둘러싼" 여러 민족의 형상 세계와 그 종교적 관념에 대해서 의식적으로 선을 긋기 위해서 성례에 대한 상징은 매우 드물었다. 특히 세례와 성찬식에 대한 상징(물, 우물, 물고기, 이삭, 빵, 포도주 부대, 포도주 등)으로 미술과 문학 작품으로 표현되고 있다.

　밀라노 칙령(A.D. 313년) 이후 기독교의 상징적인 표현이 발달했으며, 고대 그리스, 로마의 신화나 전설을 수용하고 도입하여 기독교적인 의미로 해석하였다. 예를 들면 배의 이미지와 결부된 『오디세이』에 나오는 사이렌(이 세상의 유혹과 올가미를 상징한다)을 무사히 빠져나가 참 목적지로 항해하는 이야기를 신앙심 깊은 그리스도인으로 해석했다. 특히 괄목할 만한 것은 『피지올로고스』(Physiologos)이다. 이 책은 중세인들의 신앙을 통해서 본 자연에 대한 책으로 55가지의 동식물에 대한 상징적·종교적 의미 해석을 통해 중세 미술을 이해하는 결정적인 단서를 제공한다.

　교부들은 기적을 설명하기 위해서 교회의 전례에 대한 여러 가지 의식과 성경 속의 여러 사건 사이에 나타나는 유비, 유추 관계를 이용했다. 이스라엘 백성이 홍해를 건너감은 세례를 의미하며, 멜기세덱 왕이 바친 빵과 포도주를 그리스도의 성체성혈로 보았다. 여러 기적의 예표론은 결국 구약과 신약의 일치(concordia veteris et novi Testamenti), 즉 구속사적으로 보아 중요한 사건과 인물이 구약과 신약에서 말하는바 동일한 의미를 가진다.

어거스틴(354-430년) 이후 중세의 교회 박사들은 성경의 뜻을 중층적(重層的)으로 해석하였다. 문자적인 의미, 풍유적인 의미, 도덕적인 의미, 신비적인 의미 등 네 가지로 구별하여 해석을 시도했다. 신비적 해석이란 성경의 초지상적, 초현세적인 것, 교회와의 형이상학적 관계를 이해하는 것이다. 성사들(sacraments)은 상징적, 풍유적으로 이해했다.

이 책에서는 각 상징을 다섯 입장에서 해석했다: (1) 고대 미토스(mythos); (2) 구약성경; (3) 신약성경; (4) 기독교 전통들; (5) 예술. 그러나 각 부분과 관련되는 해석을 구하지 못했을 경우는 생략했다.

상징은 실체를 지향하는 역할을 할 뿐이다. 그것을 실체로 여김으로써 많은 오류를 낳고 있으며 기복적인 신앙을 산출한다. 다시 강조하는 바는 상징은 하나님을 가리키는 것이지만, 즉시 그것을 "덮고 감추어야" 한다. 그렇지 않으면 범신론적 기독교가 된다.

건전한 성서 속의 상징 이해로써 오늘날 주류 기독교 안에 똬리를 틀고 주인 자리를 넘보는 사악한 뱀의 정체를 분별하는 지혜의 은총이 내려지기를 간구하는 바이다.

2018년 사순절에
안토니 폴 최대형

성서 속의 상징

가시덤불과 엉겅퀴

하와의 유혹에 빠져 금단의 나무 열매를 먹은 아담에게 하나님은 땅에 "너는 네 평생에 수고하여야 그 소산을 먹으리라 땅이 네게 가시덤불과 엉겅퀴를 낼 것이라"(창 3:17-18)고 벌을 내리셨다. 따라서 광야의 가시나무는 죄에 대한 형벌을 상징한다. 또한, 하나님은 "내가 내 포도원을 위하여 행한 것 외에 무엇을 더할 것이 있으랴 내가 좋은 포도 맺기를 기다렸거늘 들포도를 맺음은 어찌 됨인고…내가 그것을 황폐하게 하리니…찔레와 가시가 날 것이며"(사 5:4-6)라고 포도밭을 비유로 율법을 어긴 이스라엘 민족에게 형벌을 내리셨다.

이스라엘 백성들이 이방 신들을 위한 제단을 쌓았을 때 여호와께서는 가시와 찔레(엉겅퀴)를 그 제단 위에 자라게 하겠다고 위협하셨다(호 10:8). 마음이 악한 사람들의 재산은 가시 같이(미 7:4) 불살라져 재가 될 것이며, 또 파멸에 이른 민족들은 "불에 굽는 횟돌 같겠고 잘라서 불에 사르는 가시나무 같으리로다"(사 33:12)라고 했다.

다윗은 최후의 말을 하면서 하나님을 경외하지 않는 "사악한 자는 다 내버려질 가시나무 같으니"(삼하 23:6-7)라고 말했다. 모세가 호렙 산에서 본 타는 떨기나무는 죄가 크며 죄가 많음으로 고민하는 인류(혹은 이스라엘 민족)의 상징으로서 떨기나무가 불이 붙었음에도 불에 타지 않은 것은 하나님의 자비를 나타낸다(출 3:2-3).

사도 바울은 히브리서 6장 8절에서 타락한 자들을 가시와 엉겅퀴를 내는 밭으로 비유한다. 예수님은 "가시떨기에 떨어졌다는 것은 말씀을 들은 자이나 지내는 중 이생의 염려와 재물과 향락에 기운이 막혀 온전히 결실하지 못하는 자요"(눅 8:14)라며 가시덤불이 씨앗이 자라는 것을 방해한다고 비유하셨다.

그레고리 교황은 "죄는 가시"라고 말했다. 가시는 구원의 상징으로 쓰이기도 한다. 구약에서 불에 타는 가시덤불과 신약의 가시나무로 만든 관(요 19:2)이 그 예이다. 어거스틴은 예수님의 가시 면류관으로 고난과 치욕을 당하였다고 말했고, 콘스탄티노플의 총대주교 게르마노스(Germanos)는 가시나무를 죄의 상징으로 보았다. 그리스도께서 인류의 죄를 담당하고 자신을 속죄의 희생으로 바쳤다는 것이다.

중세 미술에서는 타는 가시덤불을 그리스도의 성육신과 연결해 하나님이 불의 모습으로 인간의 본성에 들어오시는 것을 상징하였다. 불 속에서도 상처 입지 않은 가시덤불은 선택받은 처녀의 순결을 가리킨다. 엉겅퀴는 현세의 고통을 상징하는 것으로 순교자를 나타내기도 한다.

감람나무

감람나무(올리브 나무)는 다른 나무에 비해 온화하고 평탄한 평지와 구릉지에서 자란다. 그리스인들은 감람나무를 제우스에게 바치는 신성한 나무로 여겨 올림픽에서 승리한 자에게 신들의 아버지인 제우스에게서 감람나무를 받아 만들었다는 관을 머리에 쓰게 한다. 죽은 자를 장사지낼 때는 올리브 잎을 덮어서 매장했는데, 이는 음부의 신들을 달래기 위한 것이라고 한다.

홍수가 그친 후 노아가 두 번째로 비둘기를 방주 밖으로 보냈을 때, 비둘기는 감람나무 새 잎사귀를 물고 돌아왔다(창 8:11). 이것은 대지가 다시 그 생명을 생산한다는 표시일 뿐 아니라, 하나님께서 인간에게 평안과 축복을 주시겠다는 표시이다. 감람나무로 비유된 자는 하나님의 보호 아래 있다고 믿었다. 그래서 다윗은 "나는 하나님의 집에 있는 푸른 감람나무 같음이여 하나님의 인자하심을 영원히 의지하리로다"(시

52:8)라고 자신을 표현했다.

하나님은 이스라엘 민족을 "푸른 감람나무"라고 하셨다. 그러나 이스라엘 민족이 하나님과 맺은 언약을 잊어버리자 선지자 예레미야는 "여호와께서는 그의 이름을 일컬어 좋은 열매 맺는 아름다운 푸른 감람나무라 하였으나 큰 소동 중에 그 위에 불을 피웠고 그 가지는 꺾였도다"(렘 11:16)라고 말했다.

스가랴 선지자는 환상 중에 순금 등잔대를 보았는데 그 등잔대 곁에 두 감람나무가 있었다. 스가랴가 "등잔대 좌우의 두

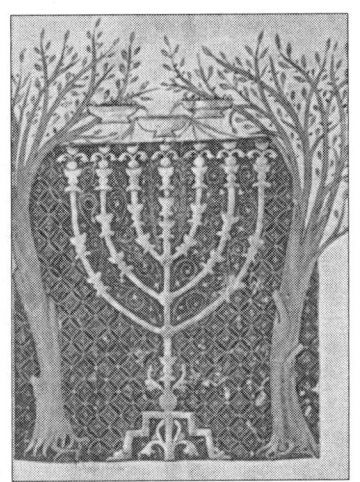

일곱 개의 등불을 켠 황금 촛대와 좌우에 있는 두 그루의 감람나무

감람나무는 무슨 뜻이니이까"라고 물으니 "이는 기름 부음 받은 자 둘이니 온 세상의 주 앞에 서 있는 자니라"라고 대답했다(슥 4:2-3, 11-14).

사도 바울의 비유에 의하면 인간은 돌감람나무지만 하나님이 그 가지를 참감람나무에 접붙이시면, 가지는 거룩한 뿌리에서 양분을 받게 된다(롬 11:17). 요한계시록에서는 예언의 임무를 맡은 하나님의 두 증인이 온 세상의 주 앞에 세운 두 그루의 감람나무라는 구약의 이미지로 나타난다(계 11:3-4).

고대 기독교 미술과 카타콤의 벽화나 묘비에서도 감람나무와 가지에 관한 것을 찾아볼 수 있다. 이는 독실한 신자가 죽어서 영원한 평안을 누린다는 것을 상징한다. 14~15세기에 이탈리아 중부 시에나의 화가들은 수태고지(受胎告知)의 그림을 그릴 때 천사장 가브리엘의 손에 감람나뭇가지를 쥐게 했는데, 그것은 "주께서 너와 함께 하신다"라는 의미를 나타낸다.

개(犬)

개는 야생과 문명, 윤리적 면에서는 선과 악, 종교적 차원에서는 이 세상과 저 세상 중간에 존재하는 동물로 상징된다. 고대 메소포타미아의 종교에서 개는 삶과 죽음에 관계하고 있다고 한다. 즉 개는 건강의 여신 굴라(Gula)를 상징하지만, 질병과 죽음의 여신 라마시투(Lamashtu)에게는 흙으로 만든 개를 바쳤다. 개는 충실하다고 하여 "지키는 동물"로서 음부의 문지기를 상징하기도 한다. 그리스의 전설에 등장하는 케르베로스(Cerberus)에 해당한다. 고대 이집트에서 개 또는 자칼(시랑)은 음부의 지배자의 상징이었다. 죽음의 신 아누비스(Anubis)는 개나 자칼의 모습을 하고 있다. 힌두교의 신 시바(Shiva)는 "개의 주"(主)이다. 또 그리스의 묘석과 항아리에 충성의 상징으로 개를 그렸다.

구약성경에서 개는 불결하고 불순하며 저속하여 경멸하는 상징적인 동물이다. 어리석은 행위를 거듭하는 자를 비유하여 "개가 그 토한 것을 도로 먹는 것 같이 미련한 자는 그 미련한 것을 거듭 행하느니라"(잠 26:11)라고 말한다. 배교하는 자들을 상징하여 "그들이 저물어 돌아와서 개처럼 울며 성으로 두루 다니고"(시 59:5-9)라고 표현했다. 에돔에 심판이 임하면 그 궁궐에는 가시나무가 나며 그 견고한 성에는 엉겅퀴와 새품이 자라서 승냥이의 굴과 타조의 처소가 될 것이라고 했다(사 34:13). 마음이 정직한 사람은 죽음에 대한 불안 중에 "내 생명을 칼에서 건지시며 내 유일한 것을 개의 세력에서 구하소서"(시 22:20)라고 하나님께 간구했다.

진주를 돼지에게 던져 주지 말라고 한 것과 마찬가지로 "거룩한 것을 개에게 주지 말라"(마 7:6; 벧후 2:22)는 말씀도 개와 돼지를 동급으로 취급하고 있으며, 위선자를 가리켜 "참된 속담에 이르기를 개가 그 토하였던 것에 돌아가고 돼지가 씻었다가 더러운 구덩이에 도로 누웠다 하는 말이 그들에게 응하였도다"(벧후 2:22)라고 말했다. 바울은 유대인들을 "개"(빌 3:2)라고 했다. 이 경우 "개"는 "부정한 일꾼들"의 저속함과 더러움을 신랄하게 표현한 것이다.

요한계시록에서는 하나님을 경외하지 않고 죄를 범한 인간들을 빗대러 "개들과 점술가들과 음행하는 자들과 살인자들과 우상 숭배자들과 및 거짓말을 좋아하며 지어내는 자는 다 성 밖에 있으리라"(계 22:15)라고 말하는데, 이들은 모두 하나님의 영광으로 빛나는 도시에서 내쫓긴다.

예수님은 이스라엘 집의 잃어버린 양과 이교의 "개"를 구별하여 말씀하셨다(마 15:24-26). 부자와 가난한 자의 비유에서 가난한 나사로의 헌데를 핥은 개(눅 16:21)는 죽음의 예고자, 혹은 저 세상으로의 여행길 안내자로 상징하고 있다고 할 수 있다. 나사로는 생사의 갈림길에 있었으며, 개가 핥은 직후 천사들에게 받들려 아브라함의 품에 들어갔다.

교부들은 상처를 핥는다는 점에서 개는 설교자(신부)를 상징한다고 여긴다. 설교자는 죄인의 영혼에 접근하여 말씀으로 치유해 주려 하기 때문이다. 이러한 예로 성 도미니크의 전설이 있다. 그의 모친은 도미니크를 낳기 전에 얼룩 개를 낳는 꿈을 꾸었는데, 그 개는 입에 문 횃불로 세계를 비추고 있었다고 한다. 성화에서 보기 흉한 들개는 불신앙을 나타내고, 날씬하고 잘 생긴 흰 개는 깊은 신앙심을 상징한다. 15, 16세기에는 개를 종종 의인화하여 질투와 분노로 표현했다. 그러나 한 쌍의 부부가 그려져 있는 그림, 즉 예를 들면 세례 요한의 부모인 제사장 사가랴와 그의 아내 엘리사벳(눅 1:5 이하)을 그린 그림에서는 부부의 정절을 나타낸다.

개구리

개구리는 다산(多産)을 상징한다. 출산의 여신 헤케트(Heqet)는 개구리 머리를 가진 모습을 하고 있다. 고대 이집트 말기에는 개구리를 재생을 상징했다. 나일강 유역 이집트에서 개구리를 숭배하는 것과는 대조적으로 이스라엘 사람들은 개구리를 악한 세력으로 보았지만, 하나님께 봉사하는 경우도 있는 것으로 간주했다.

애굽 왕 바로가 이스라엘 민족을 보내기를 거절했기 때문에 "개구리가 나일강에서 무수히 생기고 올라와서 네 궁과 네 침실과 네 침상 위와 네 신하의 집과 네 백성과 네 화덕과 네 떡 반죽 그릇에 들어갈 것"(출 8:3)이라는 하나님의 경고가 현실로 나타난다. 아론이 나일강 위에 손을 내밀자 "개구리가 올라와서 애굽 땅에"(출 8:6) 덮였다.

애굽에 내린 재앙과 비슷한 것으로 요한계시록에서 일곱 재앙 중 여섯 번째로 "용의 입과 짐승의 입과 거짓 선지자의 입"에서 "개구리 같은 세 더러운 영이 용의 입과 짐승의 입과 거짓 선지자의 입에서"(계 16:13) 나왔다.

고리(環)

고대인들은 나뭇가지와 꽃으로 만든 화환에 주술적인 힘이 있다고 생각했다. 그들은 둥근 형태와 고리를 이루는 식물에 주술적인 힘이 있다고 보았다. 사람들은 가지나 꽃과 마찬가지로 이것으로 만들어진 화환의 주술적 힘이 자기에게 옮겨지기를 기대했다. 고대 이집트의 장례식 때 죽은 자에게 "변명의 고리"를 넣어 주었는데, 이것은 피안의 심판에서 내려질 무죄 판결의 표시라고 해석할 수 있다. 고대 그리스 로마에서 사용하였던 올리브 잎으로 만든 죽은 자의 고리는 죽은 자가 묘에서 평안하게 잘 수 있게 하려는 것이었다. 그리스의 안테스테리아 제사(anthesteria) 때 두 살이나 세 살 된 아이들을 화환으로 장식하였는데, 이는 아이들을 재앙에서 보호하기 위해서였다.

승리를 거둔 전사에게 월계관을 씌운 것은 원래는 흘린 피로부터 정화되기 위해서였지만, 후에는 승리와 명예의 관념으로만 사용하게 되었다. 이것은 성경에서는 영예와 공손과 기쁨을 나타내는 상징으로 사용된다. 일찍이 대사제 알키모스는 셀류코스의 아들 데메트리우스에게 금관과 종려나뭇가지와 성전에서 흔히 사용되던 올리브 나뭇가지를 바침으로써 이방의 군주에게 공손의 뜻을 나타냈다(마카비하 14:4). 장식테와 같은 형태로 언약궤와 공물(供物)인 빵을 놓아두는 탁자와 제단을 장식한 금고리는 하나님께 대한 공손의 표시이다(출 25:11, 24–25, 30:3; 마카비상 4:57).

이사야는 "만군의 주님께서 친히 주님의 남은 백성에게 아름다운 면류관이 되시며, 영화로운 왕관이 되실 것"이라고 말했다(사 28:5). 하나님을 믿지 않는 악인에게 적용된 화환은 도를 넘은 기쁨, 현세의 썩기 쉬움과 변하기 쉬움의 상징이 된다: "장미꽃이 지기 전에 장미 화관을 쓰자. 우리 중에 한 사람도 이 환락의 기회를 놓치지 말자"(지혜서 2:8–9).

그러나 화환은 무엇보다도 승리를 상징한다. 지혜나 덕은 승리의 보상을 구하며, 싸움에 이긴 후 "덕은 전쟁에서 깨끗한 승리를 거두어, 승리자로서 불멸의 왕관을 쓴다"(지혜서 4:2). 어리석음보다 지혜를 높이 평가하고, 그리하여 인생의 전투에서 승리자가 된 사람은 아름다운 관으로 머리를 장식할 수 있다(잠언 4:9).

바울은 신앙을 위한 싸움을 고대 그리스와 로마의 경기에 비유한다.

그는 경기에 나서는 사람은 모든 일에 "썩을 승리자의 관을 얻고자 하되 우리는 썩지 아니할 것을 얻고자 하노라"(고전 9:25)라고 말하면서 절제를 요구했다. 주의 나타나심을 사모하는 모든 사람에게 "의의 면류관"이 주어진다(딤후 4:8).

야고보는 시련을 견디어내는 사람에게 복이 있다고 했다. 이는 그는 적격자로 인정받아 주께서 자기를 사랑하는 사람들에게 "약속하신 생명의 면류관"(약 1:12)을 받기 때문이다.

이사야서에서 주님께서 충실한 자들을 장식한 면류관이 되신 것처럼, 베드로는 공동체의 장로들이 크신 목자장으로부터 "시들지 아니하는 영광의 관"을 받을 것이라고 말한다(벧전 5:4). 죽도록 하나님께 충성한 자는 "생명의 관"을 받는다(계 2:10). 요한계시록의 보좌 둘레에는 이십사 보좌들이 있고 그 보좌들 위에 금관을 쓴 이십사 장로들이 앉아 있다(계 4:4).

고대 그리스·로마에서는 머리에 화관이나 관을 쓰는 것은 위대한 역할을 했음의 표현이었지만, 알렉산드리아의 클레멘트와 터툴리안은 머리를 화환으로 장식하는 것을 엄히 공격했다. 그런데도 문학 작품(예를 들면, 소위 『솔로몬의 송시』)이나 묘석, 석관(石棺)에는 종종 어린 양과 함께 승리의 관이 등장한다. 성인의 그림이나 동상이 관으로 장식되는 것은 4세기부터 있었던 일이다. 요한 크리소스톰은 신부의 화관을 승리의 상징이라고 했는데, 이는 신부가 처녀로서 신방에 들어가기 때문이다. 오늘날도 그리스 정교회에서는 결혼식 때 종교적 의식으로서 신부에게 화관을 씌운다. 성녀 카에킬리아(Caecilia, 2-3세기)는 순결의 상징으로서 장미와 백합 화관을 쓰고 있다.

고리(環)

곰

고대 동방 제국에는 오늘날보다 야생동물들이 훨씬 많았다. 그중에서 특히 흥분하거나 굶주린 곰은 목자들에게 가장 무서운 존재였다. 그리스에서 곰은 아르테미스 여신에게 바치는 제사를 담당했으며, 아르테미스의 무녀 중에는 곰으로 변장하는 자도 있었다.

성경에서 곰은 분노와 격노를 비유적으로 표현한다. 선지자 엘리사가 자기를 대머리라고 조롱한 아이들을 여호와의 이름으로 저주하자 숲속에서 암곰 두 마리가 나와 아이들 42명을 찢어 죽였다(왕하 2:24). 아모스는 여호와의 날은 마치 사람이 사자를 피하다가 곰을 만나거나 혹은 집에 들어가서 손을 벽에 대었다가 뱀에게 물림 같다고 했다(암 5:19). 하나님은 자신을 "새끼 잃은 곰"이라고 하시면서 하나님을 잊어버린 백성을 덮쳐 염통 꺼풀을 찢는다고 말씀하셨다(호 13:8). 눈물의 선지자 예레미야는 진노하신 하나님이 곰처럼 엎드려 기다리는 듯하다고 했다(애 3:10). 다니엘의 꿈에 나타난 맹수는 세계의 흥한 네 왕국을 뜻하는 것으로서 독수리 날개를 갖는 사자는 바벨론을, 곰은 메데 제국 또는 페르시아 제국을 상징한다(단 7:4-5).

요한계시록에서 요한은 "바다에서 한 짐승이 나오는" 것을 보는데 "그 발은 곰의 발 같고 그 입은 사자의 입 같다"고 표현하였다(계 13:1-2). 이것은 반기독교적인 로마 제국을 상징한다.

중세 미술에서는 곰을 악을 표현하는 데 이용하고 있다. 예를 들면 로마의 조각에 곰 떼가 사람을 습격하는 장면을 묘사한 것이 있다. 전설에 의하면 루앙의 사제 필리벨퇴스는 악마가 곰의 모습으로 나타난 것을 보았다. 그러나 본래 곰은 점잖은 동물로서 성인(聖人)을 수행하는 경우도 있고, 사자처럼 지배의 상징이 되는 경우도 있다.

과실(열매)

　대지와 햇빛, 땅의 깊음과 하늘의 높음이 함께 작용하여 생산한 과실은 지상의 번영의 산물인 동시에 하늘에 계신 신의 은총을 표시한다. 고대 앗수르 미술에서 흔히 취급한 모티프 중에는 날개 달린 보호신들이 손에 둥근 솔방울을 하나씩 들고 생명나무의 꽃을 쓰다듬는 것이 있다. 이 나무는 메소포타미아 지방에서 생계를 위하여 없어서는 안 되는 대추야자 열매를 맺게 하려는 상징적인 행위로 나타낸다.

　과실은 풍요와 생명을 상징한다. 그리스의 신들이 거주하는 정원에는 가이아가 제우스와 헤라의 결혼을 축하하여 선물한 황금 사과나무가 열매를 맺고 있다. 꽃과 과실은 고대 오리엔트와 그리스·로마의 어머니인 여신의 전형적인 상징으로서 여신의 자식들 자체도 과실이다.

　과실이 죽음의 음식인 경우도 있다. 페르세포네(Persephone)의 전설에 나오는 석류 열매와 백설공주의 이야기에 나오는 사과가 그 예이다.

　하나님의 전능한 힘으로 말미암아 "땅은 풀과 씨 맺는 채소와 각기 종류대로 씨 가진 열매 맺는 나무를 낸다"(창 1:11). 백배의 수확은 하나님의 축복의 가시적 표시이다(창 26:12). 하나님이 먹지 말라고 하신 선악과를 먹는 것은 죽음으로 통한다(창 3). 과실은 나무의 씨앗을 품고 있는 부분을 가리킬 뿐 아니라 비유적 의미에서는 동물과 인간의 태의 열매를 상징한다. "네 아내는 결실한 포도나무 같으며 네 식탁에 둘러 앉은 자식들은 어린 감람나무 같으리로다"(시 128:3).

　이스라엘 민족은 하나님을 찬양하고, 하나님의 은혜에 감사하는 표시로서 "토지의 모든 소산의 맏물"(신 26:2, 10)을 여호와께 바쳤다.

　또 과실은 노동과 윤리적 정진의 성과를 상징한다. 여호와를 의뢰하는 마음이 바른 사람은 "물가에 심어진 나무" 같이 결실이 그치지 아니한다(렘 17:8).

하나님을 따르며 마음이 정직한 사람이 맺는 열매에서 생명 나무가 나온다(잠 11:30). 하나님은 하나님의 포도밭, 즉 이스라엘이 맺는 열매의 좋고 나쁨으로 그 백성을 판단하신다(사 5:1-7).

이사야는 메시아의 도래를 예언하여 "그 날에 여호와의 싹이 아름답고 영화로울 것이요 그 땅의 소산은 이스라엘의 피난한 자를 위하여 영화롭고 아름다울 것이며"(사 4:2)라고 말했다.

그리스도는 아버지이신 하나님이 대지(마리아)를 통해 낳은 가장 아름다운 과실이다. 처녀 마리아는 "여자 중에 네가 복이 있으며 네 태중의 아이도 복이 있도다"(눅 1:42)라는 인사를 받는다. 그리스도는 족장 다윗의 허리에서 나온 열매이다(행 2:30).

세례 요한은 아브라함의 자녀라고 하면서도 좋은 열매를 맺지 않는 자의 자만을 꾸짖는다(마 3:8-9). 심판의 도끼가 좋은 열매 맺지 않은 나무를 찍어 불 가운데 던질 것이다(마 3:10). "못된 열매 맺는 좋은 나무가 없고 또 좋은 열매 맺는 못된 나무가 없느니라"(눅 6:43).

예수님은 거짓 선지자를 가리켜 "그들의 열매로 그들을 알지니 가시나무에서 포도를, 또는 엉겅퀴에서 무화과를 따겠느냐"(마 7:16)라고 말씀하셨다.

비유적 의미에서 과실을 맺는 것은 그리스도와 연결되어야 가능한 행위요 일이다(요 15:2-8). 장차 예수 그리스도로 말미암아 의의 열매가 가득하게 될 것이다(빌 1:11). 여기에서 과실 중 사과의 상반되는 두 측면을 지적해둔다. 밀라노의 교부 암브로시우스는 십자가에 달린 그리스도를 나무에 달린 사과 열매, 즉 세상 구원의 향기를 발하는 사과 열매로 비유하였다. 반면에 다른 성경 해석자들은 사과 열매를 타락의 과실로 본다. "사과"라는 단어는 라틴어로 *malum*인데 이 단어에는 "악"이라는 뜻도 있기 때문이다. 어린 그리스도가 사과에 손을 뻗쳐 상징적으로 세상 죄를 몸에 짊어지는 형태를 취하고 있는 경우에 사과는 구원의 상징이다. 중세 미술에서는 사과 열매 대신에 해골이 달린 여러 가지 타락의 나무를 그리기도 했다.

관(冠)

관은 지배자의 지위를 나타내는 외적 표시이며, 보석과 진주로 꾸민 호화로운 장식은 강한 권력을 상징한다. 가장 중요한 권력의 표시인 관은 세심히 주의를 기울여 지켜야 할 민족의 보화가 되었다. 관을 받은 자는 신들의 보호 아래 있다.

이집트인들은 관에서 태양신의 눈, 혹은 왕을 지키는 불을 보았다. 금관은 그 자체가 신성한 것으로서 태양과 빛의 상징이다. 테세우스(Theseus)는 아리아드네(Ariadne)에게서 고리(혹은, 관)를 선물로 받았는데 그 광채에 의해 미궁이 밝게 빛나게 되었다.

신들이 쓰는 관은 우주를 지배하는 힘을 나타낸다. 예를 들면 페르시아의 아메이티스는 별의 관을 썼고, 유대 전승에는 태양과 달과 황도 12궁의 12상으로 장식된 다윗의 관에 대한 것이 있다.

왕이 쓰는 관은 그 권력과 위엄의 표시이다. 시편 기자는 하나님께 "주의 아름다운 복으로 그를 영접하시고 순금 관을 그의 머리에 씌우셨나이다"(시 21:3)라고 감사의 노래를 드렸다.

유대의 몰락은 왕의 머리에서 면류관이 내려지는 것으로 비유되었다(렘 13:18). 관을 잃는 것은 하나님을 모독한 행위의 결과이다: "우리의 머리에서는 면류관이 떨어졌사오니 오호라 우리의 범죄 때문이니이다"(애 5:16).

면류관은 존엄과 명성을 주는 것으로서 영예를 잃으면 존엄과 명성도 잃게 된다. 욥은 하나님이 그의 영광을 거두어 가시고 머리에서 면류관을 벗겨 가셨다고 한탄한다(욥 19:9).

하나님은 경건한 자의 머리에 인자와 긍휼로 관을 씌우신다(시 103:4). 대제사장은 순금패를 만들어 인장 반지 새기듯이 그 위에 '여호와께 성결'이라 새겨 관 앞면에 매었다. 이 패를 항상 이마에 붙여야 했는데, 이는 그것이 이스라엘 백성이 "거룩하게 드리는 성물과 관련된 죄책"(출 28:36, 38)을 담당하기 때문이다.

대제사장 여호수아의 머리에 씌운 면류관은 메시아적 의의를 지닌다. 그것 장차 여호와의 전을 건축하실 분, 즉 "싹"(슥 6:11-12)이라 이름하는 분이 쓰게 될 관이다.

붉은 용은 위엄을 가장하기 위하여 하나님을 모방하여 일곱 개의 머리에 일곱 개의 왕관을 쓰고 있다(계 12:3). 마지막 싸움에서 공의로 심판하며 싸우는 사람(그리스도)이 백마를 타고 나타나는데 그 머리에 많은 관을 썼다(계 19:12).

광야

광야(황무지, 사막)는 종교적 언어로서는 생(生)과 반대의 의미가 있는 땅, 죽음의 땅을 의미하며 하나님이 본래 의도하셨던 풍요에 역행하는 형태로 간주하였다. 그것은 많은 위험—기아와 갈증, 모래바람과 뱀 등—이 기다리고 있는 지대이다. 이집트의 풍요의 신, 오시리스와 사막의 신 세트(Seth)는 영원한 적으로 대치하고 있다.

유프라테스강과 나일강 사이를 방랑한 이스라엘 백성은 광야에서 칼의 위협을 당했다. "광야에는 칼이 있으므로 죽기를 무릅써야 양식을 얻사오니"(애 5:9). 이스라엘 백성은 "크고 두려운 광야"(신 1:19)를 지나 젖과 꿀이 흐르는 땅에 들어갔다. 광야 여행은(출 15:22-19:2) 시련과 정화의 상징이다.

호세아는 광야 여행을 윤리적 정화의 수단으로 보았다. 하나님은 배신한 신부 이스라엘을 회심시키기 위해 그녀를 광야로 이끌어 가신 것이다(호 2:14).

땅이 광야로 변하는 것은 원초의 혼돈상태로 되돌아가는 것을 의미한다(렘 4:23-26). 그 때문에 여호와는 "이 온 땅이 황폐할 것이나 내가 진멸하지는 아니할 것이며"(렘 4:27)라고 말씀하셨다.

하나님에게 버림받은 장소로서 하나님에 의해 파괴되고 황폐해진 땅에는 각종 악한 짐승이 자리 잡는다: "타조가 거기에 깃들이며 들양이 거기에서 뛸 것이요"(사 13:21). 속죄의 염소는 악한 존재인 아사셀이 사는 광야로 보내졌다(레 16:10).

하나님은 광야를 비옥한 풍요의 땅으로 바꾸실 수 있다: "광야와 메마른 땅이 기뻐하며 사막이 백합화같이 피어 즐거워하며…뜨거운 사막이 변하여 못이 될 것이며 메마른 땅이 변하여 원천이 될 것이며 승냥이의 눕던 곳에 풀과 갈대와 부들이 날 것이며"(사 35:1, 7).

광야는 속인들은 쉽게 접근하기 어려운 곳이기 때문에 세상에 숨겨진 곳, 세상을 초월한 장소가 되기도 한다. "광야에서 외치는 자"(사 40:3)의 도래를 예언하는 이사야의 말은 세례 요한에게서 실현되었다.

요한은 광야에서 그리스도를 위해 길을 예비하였다(막 1:3). 예수께서 사탄에게 시험받으신 광야는 악의 처소를 나타낸다(마 4:1). 예수께서 사십 일 동안 광야에서 머무신 일의 의미는 단식 등 금욕에 있다기보다는 하나님을 배반한 자와 싸움에서 하나님의 진실을 실증하기 위한 시련에 있다(눅 4:1-13).

사람에게서 나간 더러운 귀신이 "물 없는 곳으로 다니며 쉬기를 구하되 쉴 곳을 얻지" 못했다(마 12:43). 바울에 의하면 하나님이 자기 백성의 다수를 광야에서 죽음에 이르게 하신 것은 그들이 하나님의 마음에 적합하지 않았기 때문이다: "그러나 그들의 다수를 하나님이 기뻐하지 아니하셨으므로 그들이 광야에서 멸망을 받았느니라 이러한 일은 우리의 본보기가 되어 우리로 하여금 그들이 악을 즐겨 한 것 같이 즐겨 하는 자가 되지 않게 하려 함이니"(고전 10:5-6).

하나님의 영을 내면에 담고 있는 사람은 고독 속에 있으나 혼자가 아니다. 중세 후기의 화가들은 사람들과 마을에서 떨어져 있는 광야에서 예언자의 사명을 위하여 준비하고 있는 세례 요한을 낙원으로 볼만한 풍경 속에 두었다. 성인들은 광야를 두려워하지 않는다. "은수사(隱修士)의 아버지"라고 불리는 테베의 성 파울루스는 몇십 년 동안 광야에서 생활하면서 기도와 사색에 몰두했다.

구름

그늘을 만들고 비를 내리게 하는 구름은 더운 지방에서 환영을 받는다. 구름은 하늘의 빛을 덮어 가리지만, 또 하늘의 빛을 침투시켜 은은한 빛을 지상에 보낸다. 구름은 신의 축복이요 저주의 사자로 여겨진다. 산 정상을 감싸고 하늘 아래로 펼쳐지는 구름은 신이 사는 곳을 덮고 있는 것처럼 보인다.

시리아의 폭풍과 날씨의 신 바알은 "구름에 걸터앉은 자"라는 별명을 갖고 있다. "물을 옷에 싼 자가 누구인지 너는 아느냐"(잠 30:4), "그가

구름 띠 속 하나님의 얼굴 아래에 있는 아담과 하와. 루카스 크라나흐(Lucas Cranach, 1472~1553) 작품

위의 궁창을 명령하시며 하늘 문을 여시고"(시 78:23). 동양에서는 흘러가는 구름이 하나님의 수레를 의미했다: "보라 여호와께서 빠른 구름을 타고 애굽에 임하시리니"(사 19:1); "물에 자기 누각의 들보를 얹으시며 구름으로 자기 수레를 삼으시고 바람 날개로 다니시며"(시 104:3).

또 구름은 하나님 임재의 가시적 표시가 된다. 이스라엘 백성이 광야를 여행할 때 여호와께서 구름 기둥이 되어 택한 백성을 인도하셨고(출 13:21-22), 여호와의 영광이 구름 속에 나타났다(출 16:10).

이스라엘 백성은 언약궤 위에 구름이 내려오면 장막을 쳤다. 진 밖에는 회막을 세웠고, 모세가 회막에 들어갈 때 "구름 기둥이 내려 회막 문에 서며 여호와께서 모세와 말씀"하셨다(출 33:9). .

여호와의 영광이 구름의 형상을 취하여 솔로몬이 세운 여호와의 성전에 가득했다(왕상 8:10-11). 에스겔의 환상(겔 1:4)에서 여호와는 사방에 빛을 비추는 "큰 구름과 번쩍이는 불"에 싸여 나타났다. 모양이 일정하지 않고 끊임없이 변화하는 구름은 불안정한 인생이나 무상한 현세의 상징도 된다: "구름이 사라져 없어짐 같이 스올로 내려가는 자는 다시 올라오지 못할 것이오니"(욥 7:9). 시련에 지친 욥은 "순식간에 공포가 나를 에워싸고 그들이 내 품위를 바람 같이 날려 버리니 나의 구원은 구름 같이 지나가 버렸구나"라고 탄식한다(욥 30:15).

변화산에서 예수께서 변형하실 때 빛같이 빛나는 구름이 베드로와 야곱과 야곱의 형제 요한을 덮으며 구름 속에서 "이는 내 사랑하는 아들이다"라는 소리가 들렸다(마 17:5).

예수님은 성령에 대해서 말씀하신 후 택하신 사도들이 보는 데서 승천하셨는데 구름에 싸여서 보이지 않게 되었다(행 1:9). 그리스도께서 재림하실 때에는 해가 어두워지고 별들이 하늘에서 떨어질 것이다. 그때 사람들은 인자가 큰 권능과 영광에 싸여 구름을 타고 오는 것을 볼 것이다(막 13:26).

요한은 환상에서 "인자와 같은 이"가 구름 위에 앉았는데 그 손에 낫을 가지고 있는 것을 보았다(계 14:14-16). 그리스도 안에서 죽은 자들이 먼저 일어나고 살아남은 자들도 저희와 함께 구름 속으로 이끌려 올라가서 공중에서 주님을 영접할 것이다(살전 4:16-17). 구약성경에서 하나님이 구름이라는 우주 현상에 싸여 있는 것처럼, 그리스도의 신적 본질은 그분이 몸에 걸치고 있는 육체에 덮여 감추어져 있다.

중세 초기 및 로마 시대의 미술에서는 창조주를 구름 속에서 내민 한쪽 손으로 묘사했는데, 이는 창조주의 신성함을 구체적인 상으로 나타내기를 꺼렸기 때문이다. 루카스 클라나하는 낙원을 그린 그림에서 하나님의 머리를 원형의 구름 속에 두었다. 휴고 반 데어 구스(Hugo van der Goes, c. 1440)는 폴티나리의 제단화에서 구름 이불 속에 잠든 어린 예수를 묘사했다. 왜냐하면, 어린 예수는 다니엘서(7:13)에서 말한바 "하늘 구름을 타고 와서 나온 인자 같은 이"기 때문이다.

귀(耳)

귀는 들리는 것을 잘 듣고 따르려 하는 정신적인 자세, 즉 마음 준비를 상징한다. 히브리인의 노예는 6년 동안 노예로 일하면 7년째에는 자유의 몸이 되었는데, 당사자인 노예가 6년이 지난 후에도 자유를 원하지 않으면 주인은 그 노예를 재판관에게 데려가서 그의 귀를 문이나 문설주에 대고 송곳으로 뚫었다. 그럼으로써 그는 노예의 신분에 머물 수 있었다(출 21:6). 이것은 노예가 귀(순종)를 통해 그 집과 계속 맺어짐을 의미한다.

구약성경에서 제사장을 임명하는 의식을 행할 때 사제 직분을 맡은 자의 오른쪽 귓불에 희생제물의 피를 발랐고, 제단으로 걸어가는 오른쪽 엄지발가락에도 희생제물의 피를 발랐다(레 8:23-24).

"귀를 기울인다"는 것은 대화하는 상대방에게 마음을 향하는 것, 마음을 여는 것을 의미한다(잠 22:17). 마음의 눈(心眼)이 존재하듯이 마음의 귀도 존재한다: "입이 음식의 맛을 구별함 같이 귀가 말을 분간하지 아니하느냐"(욥 12:11). 주의 종은 주 여호와께서 자기 귀를 깨우치사 학자 같이 알아듣게 하셨다고 고백한다(사 50:4-5).

하나님의 말씀을 듣지 않고 받아들이지 않는 자는 "할례를 받지 않은 귀"(렘 6:10)이다. 하나님은 말씀을 통해서 명백하게 나타내신다. 그런 까닭에 인간뿐만 아니라 하나님이 창조하신 모든 것은 말씀에 귀를 기울이라는 명령을 받는다: "하늘이여 귀를 기울이라 내가 말하리라 땅은 내 입의 말을 들을지어다"(신 32:1).

하나님도 귀를 가지고 계시다. 그렇지 않으면 기도를 들으실 수 없기 때문이다(창 29:33 참조). 주님의 귀는 예민하셔서 모든 것을 다 들으시므로 불평을 속삭이기만 해도 그 귀에 다 들린다(지혜서 1:10). 장차 구속의 날에는 듣지 못하는 사람이 두루마리의 글을 읽는 소리를 들을 것이다(사 29:18).

예수님은 구체적인 이미지와 비유로 말씀하시면서 종종 "들을 귀가 있는 자는 들으라"라고 말씀하셨다(막 4:9, 23). 예수 그리스도를 신뢰하는 자들은 그분의 소리를 듣고 따라간다(요 10:27). 그러나 "목이 곧고 마음과 귀에 할례를 받지 못한 사람들"은 항상 성령을 거역한다(행 7:51).

예수께서는 귀머거리를 치유한 기적을 행하셨다. 예수께서 그 사람의 양 귀에 손가락을 넣고 하늘을 우러러 탄식하시며 "에바다"(열리라)라고 말씀하시니 그의 귀가 열렸다(막 7:33-35).

그레고리 교황은 귀머거리와 벙어리를 치유하신 예수님의 손가락을 성령으로 여겼고, 성령의 은사로 마음이 듣고 따름으로써 순종하게 된다고 해석했다. 가톨릭교회의 세례식에서는 사제가 "에바다"라고 말하면서 세례 지원자의 양 귀를 만진다. 이것에 의해 신의 말씀에 대해 마음의 귀를 열려는 것이다.

그룹과 스랍

고대 오리엔트인은 신적인 것과 악령적인 것 사이에 작용하고 있는바 인간의 이해를 초월하는 세계의 존재를 감지하고 있었으며, 이 세계의 대리자를 눈에 보이는 이미지로 나타낼 때는 복수의 생물 혼합형 형상을 이용했다. 이들 혼합형 형상은 수호영의 위치를 자치하였고, 그 초현세적 위계의 표시로 날개를 달아 표현된다.

이집트에서는 때에 따라 신인 이시스와 넵튜스가 자기보다 하위(下位)의 역할을 하고 있으며 뱀의 모습으로 음부의 문을 지키거나 날개를 단 인간의 모습으로 관 속의 미라를 지킨다. 고대 메소포타미아의 신적 존재 카리부(Karibu)는 문지기로서 거룩한 지역에 들어가는 일이 허락되었다.

앗수르 미술에서는 독수리 머리에 날개를 단 인간들이 생명나무를 둘러싸고, 날개를 단 목자와 인간의 혼합형 모습이 신전과 궁전의 입구에서 파수를 보고 있다.

구약 성경에는 혼합형 모습으로서의 그룹(Cherub)이 자주 등장한다. 성경을 둘러싼 세계의 여러 가지 신화적인 형태와 성경에 등장하는 그룹의 차이점은 그룹에게는 제사적인 중개자의 역할이 없다는 사실이다.

그룹은 신성한 존재 영역의 핵심부의 파수꾼이다. 아담의 타락 후 여호와는 "이같이 하나님이 그 사람을 쫓아내시고 에덴동산 동쪽에 그룹들과 두루 도는 불 칼을 두어 생명 나무의 길을 지키게 하시니라"(창 3:24).

인간의 얼굴과 사자의 얼굴을 갖는 그룹은 지성소의 파수꾼으로서 성전의 입구와 사면의 벽을 향하고 있다(겔 41:17-20).

여호와는 언약궤 위에 있는 순금으로 만든 두 그룹 사이에서 명령할 모든 일을 일러주신다(출 25:22). 모세는 증거궤 위 속죄소 위의 두 그룹 사이에서 하나님의 목소리를 들었다(민 7:89).

그룹은 하나님의 접근 내지는 임재를 예고한다. 하나님은 그룹을 타고 날며(삼하 22:11), 그룹들 위에 계신다(왕하 19:15). 에스겔이 환상 중에 본 그룹은 네 얼굴과 날개를 가진 인간의 형상을 하며 하나님의 보좌인 살아 있는 수레가 되어 나온다(겔 1:5-6).

스랍도 하나님의 임재의 표시이다. 그 외관의 특징은 이사야의 소명의 꿈에 등장하는 여섯 날개이다(사 6:2). 히브리어로 스랍은 불뱀을 의미하는데(민 21:6-9, 신 8:15), 날아다니는 불뱀이다(사 14:29). 그러나 스랍은 어디에도 뱀의 모습으로 나와 있지 않다. 한편 스랍과 불의 관계는 스랍이 제단에서 취한 핀 숯을 이사야의 입술에 대어 그의 죄를 사하였다는 장면에 나타난다(사 6:6).

요한계시록에서 하나님의 보좌 주위에 있는 네 생물은 "앞뒤에 눈들이 가득한"(계 4:6) 우주적 존재인데, 많은 눈은 별의 상징이다. 그 모습은 에스겔의 환상에 등장하는 네 생물과 흡사하다. 그러나 여섯 날개를 갖고 있다는 부분(계 4:8)은 스랍을 생각하게 한다.

바울은 히브리서 9장 5절에서 속죄소를 덮는 그룹들에 대해 언급하면서 그것이 촛대나 금 향로 등과 마찬가지로 "하늘에 있는 것들의 모형"이라고 말하고, 여기에 "하늘에 있는 것들"(히 9:23-24)을 대비한다.

아레오파고의 디오니시오스는 『천상의 위계』에서 천사들의 합창대를 아홉 계층으로 나누었는데, 제1 계층을 이루는 것이 스랍이다. 미술 작품에서 스랍은 항상 여섯 개의 날개를 달고 있는데, 그중 두 개는 하나님의 영광으로부터 몸을 보호하기 위해 위쪽을 향해 펼치고 있다. 그룹은 대체로 에스겔의 환상에 따라 네 개의 날개를 달고 있는데, 때에 따라서 두 개일 때도 있고(왕상 6:27), 요한계시록에 의하면 여섯 개인 경우도 있다. 고대 기독교 비잔틴 예술의 공심판 그림인 에티마시아(Etimasia)에는 심판자 그리스도는 그려져 있지 않고, 보좌에 십자가, 생명책, 관(冠), 성령의 비둘기인 그리스도를 나타내는 여러 상징이 배치되어 있고 보좌를 지키는 그룹이 그려져 있다. 에티마시아의 출전 근거가 된 곳(시 9:8)에는 그룹이 등장하지 않는다. 12세기에 등장한 삼위일체 그림 중 하나인 "은총의 좌" 모티프에서 은총의 좌는 두 개의 그룹의 날개로 덮여 있다.

그릇(器)

그릇 자체는 빈 것이요, 그릇의 명칭은 거기에 담기는 내용물에 따라 결정된다. 그릇의 상징적 의미는 소재, 형상, 용도 등에 따라 다양하다. 흙으로 만든 용기는 약함을 상징하고, 황금으로 만든 잔은 왕위를 나타낸다. 메소포타미아의 수메르 시대에 꽃병 모양의 대(臺)가 제단의 역할을 하였는데, 제사장은 이 화병에 대추야자 가지를 꽂은 후 물을 부었다.

그릇은 희생의 상징으로 사용된다. 이집트 신전의 부조((浮彫))에는 왕이 두 개의 둥근 항아리에 젖과 포도주를 넣어 신들에게 바치는 모습이 그려져 있다. 지중해 지역에서는 선사시대나 초기 역사시대의 인간의 모습을 한 그릇이 출토되고 있다.

특히 여성의 몸은 상징적 관점에서 그릇으로 간주하였다. 이러한 맥락에서 상기되는 것은 그리스의 신화에 등장하는 판도라이다. 또 신들은 죽은 펠롭스의 시신을 솥에 넣고 끓였고, 운명의 여신 클로토가 육체를 새롭게 빚어냈다.

흙으로 빚은 그릇은 인간의 본성 및 창조자에 의존함을 나타내는 상징이다: "여호와여, 이제 주는 우리 아버지시니이다 우리는 진흙이요 주는 토기장이시니 우리는 다 주의 손으로 지으신 것이니이다"(사 64:8).

인간이 육체를 소유한 존재라는 것은 이 그릇이라는 비유로 자주 표현된다. 예레미야 22장 28절에서 여호야김의 아들 고니야는 아무도 거들떠보려고 하지 않는 질그릇으로 비유된다. 하나님을 거역하는 자, "자기를 지으신 자와 더불어 다투는 자"는 화를 받는다. 그는 질그릇 가운데서도 작은 한 조각에 지나지 않다(사 45:9).

시편 31편 10-12절에 가슴에 사무치는 슬픔의 노래가 나온다: "내 일생을 슬픔으로 보내며⋯나의 뼈가 쇠하도소이다⋯내가 잊어버린 바 됨이 죽은 자를 마음에 두지 아니함 같고 깨진 그릇과 같으니이다." 만유의 여호와이신 구세주는 모든 민족을 "질그릇 같이"(시 2:9) 부술 것이다.

예레미야는 여호와로부터 다음과 같은 명령을 받는다. 즉 여호와는 예레미야에게 토기장이의 옹기를 사고 백성의 어른들과 제사장의 어른 몇 사람을 데리고 하시드 문(질그릇 조각의 문) 어귀 곁에 있는 힌놈의 아들 골짜기로 가서 그들의 눈앞에서 그 옹기를 깨뜨리고 여호와께서 그들에게 재앙을 내릴 것을 알리라고 하셨다(렘 19:1-2, 10-11).

그릇이 인간을 낳는(창조) 것을 상징하는 경우도 있다. 예를 들어 아가서 7장 2절의 "배꼽은 섞은 포도주를 가득히 부은 둥근 잔 같고"에서 "잔"을 들 수 있다. 또 세계 창조의 상징으로 쓰이기도 한다.

구약성경에는 종종 희생, 또는 정결 의식을 위한 용기가 등장한다. 모세 시대에 곡물의 헌물을 담았던 은 바리와 향을 담았던 금 그릇이 제물 봉헌을 위해 바쳐지고 있다(민 7장).

주님은 회심한 사울을 "택한 나의 그릇"이라고 하셨다(행 9:15). "택한 그릇"은 "택함을 받은 도구"로 번역되기도 한다. 바울은 구약성경에 등장하는 그릇에 대한 말씀을 상징으로 사용하였다: "토기장이가 진흙 한 덩이로 하나는 귀히 쓸 그릇을, 하나는 천히 쓸 그릇을 만들 권한이 없느냐"(롬 9:21).

디모데후서 2장 20-21절에서는 "큰 집에는 금 그릇과 은 그릇뿐 아니라 나무 그릇과 질그릇도 있어 귀하게 쓰는 것도 있고 천하게 쓰는 것도 있나니 그러므로 누구든지 이런 것에서 자기를 깨끗하게 하면 귀히 쓰는 그릇이 되어 거룩하고 주인의 쓰심에 합당하며 모든 선한 일에 준비함이 되리라"고 말한다.

우리는 하나님의 영광으로 빛나는 복음인 "보배를 질그릇"에 갖고 있다(고후 4:7). 바울은 성생활의 방종에 대하여 "하나님의 뜻은 이것이니 너희의 거룩함이라 곧 음란을 버리고 각각 거룩함과 존귀함으로 자기의 아내 대할 줄을 알고"(살전 4:3~4)라고 엄히 경고한다.

초기 기독교 시대의 비문(碑文)에 신앙이 독실한 사람을 그리스도의 그릇(vas Christi)이라고 적은 것을 흔히 볼 수 있다. 이 관념을 눈으로 볼 수 있는 형태로 상징적으로 표현한 것이 고대 로마의 지하묘지인 카타콤의 묘석에 그려져 있다.

중세시대에는 흠 없는 그릇이 처녀 마리아를 상징하는 역할을 담당했다. 즉 처녀 마리아라는 흠 없는 그릇에서 하나님의 과실이 자랐다는 것이다. 마티아스 그뤼네발트(Mattias Grunewald)는 앞에서 인용했던바 디모데후서에 기록된 것을 이젠하임 제단화(Isenheim Altarpiece)에서 그리스도 탄생의 밤의 장면(천사의 합주와 성모자의 그림)으로 그리고 있다. 즉 마리아와 음악을 연주하는 천사 사이에 순수 정제의 항아리와 목제의 대야와 도토(陶土)로 만든 변기가 놓여 있는데, 뒤의 두 개는 각각 외부를 깨끗하게 하여 내부를 정화하기 위한 그릇이다. 양손에 그릇을 들고 있는 것은 자기 자신을 바치는 것을 의미한다.

세 명의 동방박사가 가진 그릇, 막달라 마리아의 향유 병의 경우도 같은 의미이다. 하나님을 구하며 정진하는 사람이 갖고 있는 그릇은 위를 향해 있다. 중세의 사교좌 성당의 파사드에 자주 보이는 예인 슬기로운 다섯 처녀와 미련한 다섯 처녀의 대조 상이 그 좋은 예이다.

다이아몬드(금강석)

다이아몬드(금강석)는 고대 그리스·로마 시대에도 귀중한 보석으로 간주하였고, "보석의 여왕"(regina gemmarum)이라고 불렸다. 사람들은 금강석에 마귀를 죽이고 독을 무해하게 하는 힘이 있다고 믿었다. 플리니우스(Gaius Plinius Secundus Major, 23~79년)는 다이아몬드가 매우 단단하여 쇠나 불에도 손상을 입지 않을 정도이면서도 한편으로는 수사슴의 생피에 융해된다는 점에서 이 보석의 신비를 보았다.

여호와께서 예언자의 이마를 "화석보다 굳은 금강석 같이 하였다"(겔 3:9)라는 말씀에서 금강석은 신앙의 견고함, 불굴, 비타협의 상징이다.

금강석의 단단함은 나쁜 면을 상징하기도 하는데, 고집 센 백성이 "마음을 금강석 같게 하여"(슥 7:12) 여호와의 말씀에 귀를 기울이려 하지 않는 경우가 그것이다.

"유다의 죄가 금강석 끝 철필로 기록되어 그들의 마음판과 그들의 제단 뿔에 새겨졌다"(렘 17:1)는 것은 씻을 수 없을 만큼 무거운 죄를 의미한다.

금강석을 "그리스도의 명료한 비유"라고 하며, 마음에 이 보석을 가진 사람에게는 재앙이 닥치지 않는다고 한다. 중세 시인들은 "진실과 성실"의 상징으로 금강석을 사용했다. 또 왕관을 장식하는 보석인 금강석은 그것을 쓰는 사람의 불굴과 담대함을 나타낸다.

기둥

기둥은 건축물 전체를 받쳐주지만, 기둥만 세워진 경우도 있다. 기둥, 지주, 나무의 줄기는 상징적 가치라는 점에서 같은 의미를 지닌다. 집과 우주를 동일시하여 집의 중심에 있는 기둥이나 말뚝을 우주의 나무(우주축)라고 보는 민족도 있다.

고대 독일 작센 족의 상징인 신성한 나무 기둥은 우주를 지탱하는 우주 기둥이라는 의미로 사용된다. 고대 그리스인들은 헤라클레스의 기둥이 하늘을 떠받치고 있다고 생각했다.

이집트의 돌로 된 사각주 오벨리스크는 태양신이 앉는 장소로 간주하는데, 신왕국 시대 이후에는 두 기둥씩 쌍으로 만들어져 태양과 달의 상징으로 확대되었다. 결국, 낮과 밤의 양쪽, 따라서 전 우주를 지탱하는 것으로 변한 것이다.

수메르 사람들은 하늘의 출입구에 심겨 있는 두 그루의 나무를 상징하기 위하여 신전의 입구에 두 그루의 종려나무를 심거나 두 개의 기둥을 만들었다. 유대교의 경전인 탈무드에서는 솔로몬 신전 앞의 두 기둥을 태양과 달이라고 해석하고 있다.

우주의 상징으로서의 기둥은 성경에서 "땅의 기둥"(시 75:3), "하늘의 기둥"이라고 표현된다. 욥은 땅을 움직이시는 하나님의 능력을 알고 있었다: "그가 땅을 그 자리에서 움직이시니 그 기둥들이 흔들리도다"(욥 9:6). 하나님은 하늘마저도 흔들어 움직이신다: "그가 꾸짖으신즉 하늘 기둥이 흔들리며 놀라느니라"(욥 26:11).

솔로몬이 성전 앞 복도 입구에 세운 두 개의 놋 기둥(왕상 7:15-22)은 특별한 의미가 있다. 오른쪽 기둥에 붙여진 이름 "야긴"은 "저가 세우리라"는 뜻이요, 왼쪽 기둥의 이름 "보아스"는 "그에게 능력이 있다"는 뜻이다. 이 두 개의 기둥은 요동하지 않는 불굴과 강인함의 상징이다. 이 두 개의 기둥은 제사 때에 커다란 촛대의 역할을 했다고 생각된다. "곧 기둥 둘과 그 기둥 꼭대기의 공 같은 머리"(왕상 7:41)는 기름받이라고 여겨진다.

건물을 지탱하는 기능을 갖는 기둥은 돌을 세워둔 경우와 같이 기념비의 역할도 한다: "압살롬이 살았을 때에 자기를 위하여 한 비석을 마련하여 세웠으니"(삼하 18:18). 후일 해석에서 중요한 의미를 갖게 된 것은 솔로몬의 가마의 은 기둥이다(아가 3:9-10).

하늘나라 신랑의 다리, "순금 받침에 세운 화반석 기둥 받침에 세운 화반석 기둥"(아 5:15)은 하늘나라 신랑의 불굴과 불멸성의 표현이다. 여호와께서 예언자 예레미야를 "쇠기둥"으로 만드셨다(렘 1:18)는 것은 신앙을 지탱하는 힘으로 만들었다는 것이다.

신약성경에서 신도들이 신앙을 지탱하는 기둥이다. 바울은 갈라디아인들에게 보낸 서신에서 야고보와 게바와 요한을 기둥 같이 여긴다고 말했다(갈 2:9). 디모데에게 보낸 서신에서는 살아계신 하나님의 교회를 "진리의 기둥과 터"(딤전 3:15)라고 부르는데, 여기에서 기둥이 지닌 태고의 우주적 의의의 반향을 알 수 있다. 우주와 진리는 상호보완적인 관계가 있기 때문이다.

상징을 즐겨 사용했던 중세 시대에는 교회의 지주를 사도와 그 계승자들이라고 보았으며, 이 견해는 교회

솔로몬의 성전을 복원한 모형 부분(암스텔담 박물관). 야긴과 보아스의 두 기둥. 백합꽃의 형태를 한 둥근 형태의 기둥 머리

의 건축에 큰 영향을 끼쳤다. 그리하여 회당의 입구와 본당 사이에 있는 열두 기둥에 주의를 기울였으며, 열두 사도의 입상을 설치한 예가 많다.

아가서 3장 9-10절의 "은기둥"은 사도들의 입을 통해서 알려진 바와 같이 하나님의 왕좌를 떠받드는 네 명의 복음사가의 말씀을 암시한다. 지혜의 집을 지탱하는 일곱 기둥(잠 9:1)은 일곱 가지 비적, 혹은 성령의 일곱 가지 은사를 가리킨다. 또 솔로몬의 성전의 두 기둥인 야긴과 보아스에서 사람들은 유대교와 이교와의 예조를 보려 했다.

기름(油)

옛날부터 올리브 열매에서 짜낸 기름을 특별한 능력을 갖춘 물질로

간주했다. 고대 오리엔트 세계나 그리스·로마에서는 기름을 바르는 것이 병을 치료하는 수단이었다.

바빌론에서는 의사를 "아슈"(Asu)라고 불렀는데, 이것은 "기름에 정통한 사람"이란 의미이다. 고대에 고도로 발달한 문화권에서는 지배자들도 제사장이었으며, 제사장은 기름을 붓는 의식에 의해 직무의 전권을 위임받았다.

이집트에서는 왕이 충신을 자기의 대리자로 임명할 때 그의 머리에 기름을 부었다. 아카드 왕국(Akkad)의 사르곤 1세는 "신에 의해 기름 부음을 받은 자"라는 별명을 가지고 있었다.

창세기 28장 18절에서 기름에 어떤 의미가 주어져 있는지 알 수 있다. 야곱은 하늘에 닿는 사다리 꿈을 꾼 뒤에 베개로 삼았던 돌을 가져다가 기둥을 세우고 그 위에 기름을 부었다. 즉 돌을 부정한 속세로부터 분리하여 여호와 앞에 성별(聖別)했다. 여호와께서는 모세에게 "관유를 가져다가 성막과 그 안에 있는 모든 것에 발라 그것과 그 모든 기구를 거룩하게 하라 그것이 거룩하리라"(출 40:9)고 명령하셨다.

사무엘은 기름병을 가져다가 사울의 머리에 붓고 입 맞추며 "여호와께서 네게 기름을 부으사 그의 기업의 지도자로 삼지 아니하셨느냐"(삼상 10:1)라고 말했다. 다윗은 신하가 기름을 붓는 것을 하나님이 기름을 부으셨다고 느껴 기뻐하며 소리를 높여 "주께서 내 원수의 목전에서 내게 상을 차려 주시고 기름을 내 머리에 부으셨으니 내 잔이 넘치나이다"(시 23:5)라고 말했다.

기름을 붓는 것은 하나님의 축복, 성별(聖別), 인정을 의미한다. 또 특정 인물을 선별하여 사람들 앞에 알려 표창하는 것을 의미하기도 한다. 제사장을 임명할 때에는 반드시 이 같은 성별을 필요했다. 아론과 그 아들들이 기름 부음을 받은 것은 그들에게 "대대로 영영히 제사장"(출

기름(油)

40:13-15)이 되는 권리를 주기 위해서였다. 기름 부음을 받아 예언자가 된 사람, 예를 들면 엘리사(왕상 19:16)는 하나님의 영에 의해 계시를 받는다.

기름은 하나님의 영을 상징한다(삼상 16:13 등). 이 세상에 사는 인간은 현세의 생을 즐겨야 하지만, 언제나 옷을 깨끗하게 입고 머리에 기름을 발라야 한다(전 9:8). 이것은 인간은 죄에 빠지지 말아야 하며, 항상 하나님 앞에 정결하게 있어야 한다는 뜻이다. 하나님의 은혜와 축복을 빼앗긴 자는 모든 경내에 올리브 나무가 있어도 그 열매가 떨어져서 그 기름을 몸에 바를 수 없을 것이다(신 28:40).

"왕은 정의를 사랑하고 악을 미워하시니 그러므로 하나님 곧 왕의 하나님이 즐거움의 기름을 왕에게 부어 왕의 동료보다 뛰어나게 하셨나이다"(시 45:7)에서 기름은 메시아를 상징한다. 아가서에서 신랑이신 왕에 대해 "네 기름이 향기로워 아름답고 네 이름이 쏟은 향기름 같으므로 처녀들이 너를 사랑하는구나"(아 1:3)라고 노래하는데, 그것은 인류의 원죄를 씻을 수 있는 기름이다: "네 이름은 쏟은 향기름"이나 "기름 부음 받은 자"는 하나님으로부터 유래한 성령을 가리키는 최고의 징표를 의미한다.

"메시아"라는 말은 "기름 부음을 받다"를 의미하는 히브리어 maschiach에서 유래했다. 강도를 만나 상처 입은 사람을 가엾게 생각하여 사마리아인이 베푼 기름은 자비의 상징이다(눅 10:34). 예수님의 제자들은 많은 귀신을 쫓아내며 수많은 병자에게 기름을 발라서 병을 고쳐 주었다(막 6:13).

등불의 연료인 기름은 계시와 성령을 상징한다. 하나님은 사도들에게 기름을 붓고 인치시고 그 보증으로 그들의 마음에 성령을 주셨다(고후 1:21-22). "너희는 주께 받은 바 기름 부음이 너희 안에 거하나니 아무도 너희를 가르칠 필요가 없고 오직 그의 기름 부음이 모든 것을 너희에게 가르치며 또 참되고 거짓이 없으니 너희를 가르치신 그대로 주 안에 거하라"(요일 2:27).

치유하시며 동시에 성별하는 기름을 부으시는 분은 "기름 부음 받은 자"로서 스스로 정복(淨福)이신 거룩한 구세주이시다. 그리스도는 왕, 제사장, 예언자라는 세 개의 직분을 겸하고 있지만 왕, 제사장, 예언자는 모두 "기름 부음을 받은 자"였다. 하나님이 나사렛 예수에게 성령과 능력을 기름 붓듯 부어주셨다(행 10:38). 대제사장이 "네가 하나님의 아들 그리스도인지 우리에게 말하라"라고 말했을 때 예수님은 "네가 말하였느니라"(마 26:63-64)라고 대답하셨다.

주님은 제자들에게 치료하고 구원하는 능력을 주셨다. "너희 중에 병든 자가 있느냐 그는 교회의 장로들을 청할 것이요 그들은 주의 이름으로 기름을 바르며 그를 위하여 기도할지니라 믿음의 기도는 병든 자를 구원하리니 주께서 그를 일으키시리라 혹시 죄를 범하였을지라도 사하심을 받으리라"(약 5:14-15).

교회에서는 때에 따라 손이 닿지 않은 자연의 올리브유 상태로, 또는 향유를 기본으로 하여 각종 향료를 혼합한 성유(聖油, Chrisam)가 사용된다. 기름은 은혜와 은혜를 주시는 성령을 나타낸다. 예루살렘의 키릴이 저술한 비교적(祕敎的)인 교리문답의 첫 부분을 읽어보면 알 수 있다: "현세의 기름 부음 받음에 의해 육체가 성별되고 생명은 은혜로 주신 성령에 의해 영혼이 성별된다." 머리에 기름을 붓는 의식은 오늘날도 세례식에 행해지고 있는데, 이러한 신앙공동체에 받아들여진 사람들은 "크리스천"이라 불린다. 이는 "그리스도"는 "기름 부음을 받은 자"라는 뜻이기 때문이다.

길(道)

모든 피조물이 그렇듯이 인간은 끊임없이 움직인다. 시간과 공간 속에서의 움직임은 흔적, 길을 만든다. 인간의 행동 하나하나는 그의 인생길 일부를 이룬다. 이집트인은 태양이 운행하는 길을 자신의 인생길의 가시적(可視的)인 표시로 받아들였고, 그로부터 죽은 뒤에도 계속 살 수 있다는 희망을 발견했다.

모든 종교는 신도들에게 인생의 바른길을 가르치려 한다. 숭배하는 신적 존재가 거쳐 간 생의 각 단계를 일종의 "신의 형상"(imitatio Dei)으로 모방하여 체험하는 종교 의례가 수없이 발견된다.

바벨론의 신년 축제에서는 베루 신(神)의 삶의 여정, 즉 베루의 저승으로의 하강과 저승으로부터의 귀환이 극적으로 연출되었다. 이집트인은 오시리스의 신비극(神秘劇), 오시리스의 죽음과 부활의 드라마를 보고, 그곳에 자신의 인생행로가 표현되어 있다고 믿었다. 이란의 신앙 세계에서 길의 이미지는 천국 여행의 이미지로까지 확대되었다.

구약성경에서 길은 세 가지 의미를 지닌다. 첫째, 여호와의 헤아리기 힘든 의사 결정에 뿌리내린 신의 세계를 의미한다. 그런 까닭에 여호와께서 "이는 내 생각이 너희의 생각과 다르며 내 길은 너희의 길과 다름이니라 여호와의 말씀이니라 이는 하늘이 땅보다 높음 같이 내 길은 너희의 길보다 높으며 내 생각은 너희의 생각보다 높음이니라"(사 55:8-9)라고 말씀하셨다. 둘째, 그것은 인생길을 의미한다. 인간 일생은 길이며(잠 20:24), 하나님은 이 길을 살펴보신다(시 139:3). "그가 내 길을 살피지 아니하시느냐 내 걸음을 다 세지 아니하시느냐"(욥 31:4).

다니엘은 벨사살에게 "왕의 호흡을 주장하시고 왕의 모든 길을 작정하시는 하나님"이라고 말하였다(단 5:23). 마지막으로, 길은 하나님의 율법과의 관련해서 인간의 삶의 방식, 생활 태도를 의미한다. 하나님이 아브라함이 그의 자손과 그의 뒤를 이을 가문에게 옳고 바른 일을 지시하여 이 야훼의 가르침을 지키게 하려고 그를 뽑아 세우셨다(창 18:19). 구원에 이르는 길은 하나님의 뜻을 따라 사는 길이며, 이 길을 가는 자의 심령은 평안을 얻는다(렘 6:16). "오라 우리가 여호와의 산에 오르며 야곱의 하나님의 전에 이르자 그가 그의 길을 우리에게 가르치실 것이라 우리가 그 길로 행하리라"(사 2:3).

하나님을 따르는 경건한 자들의 길뿐만 아니라 하나님을 거스르는 악인의 길도 존재한다(시 1:6). 이스라엘 백성에게는 거듭 하나님의 길을 걸으라고 요구된다. 그러나 하나님은 최종적으로 생명의 길을 선택하느냐 죽음의 길을 선택하느냐를 인간의 자유로운 결정에 맡긴다(렘 21:8).

"하나님의 도(道)"라는 표현은 하나님께서 인간에게 명하시는 삶의 방식을 나타낸다(막 12:14). 성경에서는 좋은 길과 나쁜 길이라는 의미에서 "좁은 문으로 들어가라 멸망으로 인도하는 문은 크고 그 길이 넓어 그리로 들어가는 자가 많고 생명으로 인도하는 문은 좁고 길이 협착하여 찾는 자가 적음이라"(마 7:13-14)라고 말한다.

성경에서 "길"이라는 상징이 정점을 이루는 곳은 예수님의 증언이다: "예수께서 이르시되 내가 곧 길이요 진리요 생명이니 나로 말미암지 않고는 아버지께로 올 자가 없느니라"(요 14:6). 예수 그리스도 외 아버지께로 가는 다른 길이 필요하지 않으며, 예수 자신이 길이 되신다. 예수님은 "길"에 머물지 않고 길의 목적, 즉 생명이시다. 예수님은 그 "육체를 통해"(히 10:20), 즉 자기 자신을 통해 모든 인간을 위한 길을 여신 것이다.

그리스도의 길을 걷는 자는 천국에 갈 것이다. 이 신앙에서 토마스 아 켐피스의 『그리스도를 본받아』가 저술되었다.

까마귀

옛날 많은 민족은 숯처럼 까맣고 쉰 소리로 우는 까마귀에게서 좋지 않은 기분을 느꼈다. 그들은 까마귀가 신들과 가까이하는 동물로서 인간의 운명을 알고 있다고 믿었다. 알렉산더 대왕에게 암몬의 신전으로의 길을 가르쳐 준 것은 두 마리의 까마귀였다고 한다.

고대 메소포타미아의 전설에서 우트나피쉬팀(Utnapishtim)은 홍수가 가라앉은 후 육지의 상태를 확실히 알기 위해서 비둘기, 제비, 까마귀를 차례로 날려 보냈는데 마지막에 보낸 까마귀가 돌아오지 않자 방주에서 나왔다. 까마귀가 돌아오지 않은 것은 물이 빠지고 새가 쉴 곳이 있다는 증거이기 때문이다. 그러나 까마귀는 불행을 알리는 존재로서 불길한 전조로 여겼다. 바빌론에서도 13번째 달을 불행을 가져온다는 윤달로 정하고 이 달력 밑에 까마귀를 그려놓았다. 까마귀는 길들이기 쉬운 동물로서 그리스의 빛과 "알림의 신" 아폴로의 동반자이며 미트라 밀의에서는 성별의 제1 위치를 나타냈다.

까마귀는 시체와 부패한 고기를 탐했기 때문에 먹어서는 안 되는 부정한 동물로 정해졌다(레 11:15). 까마귀는 먹이의 눈알을 쪼는 것을 좋아한다(잠 30:17).

선지자 이사야는 여호와께서 민족들의 죄악으로 인해 멸망시키려 하시는 에돔 땅을 부엉이와 까마귀가 차지하고 거하게 된다고 예언했다(사 34:11). 자비하신 하나님은 모든 피조물에 사랑을 쏟아 주신다. 시편에서는 하나님은 "들짐승과 우는 까마귀 새끼에게 먹을 것을 주시는도다"(시 147:9)라고 말한다. 또 하나님은 그릿 시냇가에 몸을 숨긴 선지자 엘리야에게 음식을 날라다 주는 까마귀를 수단으로 택하셨다(왕상 17:4-6).

예수님은 먹을 것을 염려하는 제자들에게 "까마귀를 생각하라 심지도 아니하고 거두지도 아니하며 골방도 없고 창고도 없으되 하나님이 기르시나니 너희는 새보다 얼마나 더 귀하냐"(눅 12:24)라고 말씀하셨다.

요한계시록에서 바벨론의 멸망을 예언하면서 "각종 더러운 영이 모이는 곳과 각종 더럽고 가증한 새들이 모이는 곳"(계 18:2)이 되리라고 하였는데, 이것은 선지자 이사야가 에돔에 내린 심판의 예언과 같은 뜻이 있다.

교부들은 까마귀를 죄인의 상징으로 사용했다. 성 힐라리우스(Hilarius)는 노아의 방주를 교회라고 해석하면서 방주, 즉 교회 밖으로 나간 까마귀를 세상의 허영에 머무는 죄인으로 해석했다. 가시적인 죄를 나타내는 뜻으로 까마귀는 "탐욕"을 상징한다. 네델란드의 화가 히에로니무스 보스(Hieronymus Bosch, 1450?-1516)의 그림에서 까마귀는 삶의 어두운 면을 상징하는 새, 죽음을 암시하는 새이다. 그러나 좋은 의미로 사용된 경우도 있다. 성 마인라트(Meinrad, 스위스 성인, 순교자. Meginrat라고도 불린다)의 친구인 두 마리의 까마귀가 성 마인라트를 죽인 도둑을 쫓아가서 잡았다는 이야기가 그것이다.

꽃

꽃은 봄의 사신이요 결실의 희망이다. 꽃은 인간과 마찬가지로 빛과 생명에 대해 신비적인 유연관계를 갖고 있으며, 같은 지상의 법칙, 즉 흥망성쇠의 법칙 아래 있다. 그러므로 옛날 여러 민족이 꽃을 사랑한 것은 감상하는 기쁨의 표현 이상이었다. 꽃을 사랑하는 것은 옛날 여러 민족의 종교적 관념에 뿌리를 내리고 있었다. 신전, 신들의 상, 희생의 짐승, 묘지 등은 꽃으로 장식되었다. 인도 신화에 의하면 브라흐만은 연꽃에서 태어났고, 고대 이집트인의 우주 창조의 관념에 따르면 세계는 태양신의 연꽃 속에서 태어난 일에 의해 생겼다.

"꽃다발"을 나타내는 이집트어는 "생명"과 같은 음(音)을 갖고 있다. 꽃다발은 생명과 사후의 생의 상징으로서 죽은 사람의 제사에서 일역을 담당했다.

성경이나 상징 언어에서 꽃은 지상적, 현세적인 것들의 무상(無常)과 썩기 쉬움을 암시한다: "인생은 그 날이 풀과 같으며 그 영화가 들의 꽃과 같도다 그것은 바람이 지나가면 없어지나니 그 있던 자리도 다시 알지 못하거니와"(시 103:15-16). 이러한 사상이 이사야서에도 나타난다: "모든 육체는 풀이요 그의 모든 아름다움은 들의 꽃과 같으니 풀은 마르고 꽃이 시듦은 여호와의 기운이 그 위에 붊이라 이 백성은 실로 풀이로다"(사 40:6-7).

여호와를 거역한 이스라엘은 "쇠잔해가는 꽃"(사 28:1-4)과 같고, 여호와를 경외하는 의로운 왕이 통치하는 동안에 의로운 자들이 번성하고 달이 다할 때까지 번영이 지속할 것이다(시 72:7).

구약성경에는 꽃이 피는 것과 여호와께 묶이는 것, 예를 들면 신성이 내적으로 관련되어 있다. 아론의 지팡이에 움이 돋고 순이 나고 꽃이 핀 것(민 17:8)과 다음과 같은 집회서의 기록도 그와 같이 해석할 수 있다: "신심 깊은 너희들은 내 말을 들어라. 그리하여 맑은 물 가에 피어난 장미와 같이 자라라. 유향처럼 감미로운 향기를 뿜고 백합처럼 꽃피어 향내를 풍기어라. 찬미의 노래로 주님을 찬송하고 그분의 위대한 업적을 찬양하여라"(집회서 39:13-14).

칠십인역 구약성경과 라틴어역 성경에서는 이새의 줄기에서 나오는 것이 "싹"(구약성경 히브리어 원전)이 아닌 "꽃"이라고 되어 있다(사 11:1).

야고보서에서 꽃은 현세의 변하기 쉬움, 썩기 쉬운 것을 상징한다. 부자도 가난한 사람도 모두 "풀의 꽃"처럼 사라진다(약 1:10). 그러나 꽃이 가장 아름다운 대표자를 통해서 자연미를 초월한 영광을 가리키는 경우도 있다. 아름다운 옷차림으로 치장해도 "들의 백합화"의 아름다움에 미치지 못하고, 극에 달했던 솔로몬의 영광도 들의 백합화만큼 아름답지 못했다.

꽃은 천상의 지복(至福)을 지상에 반영한 것이다. 카르타고의 순교자인 성녀 퍼페투아(Perpetua)는 환상 중에 피안의 광경을 보았는데, 그것은 꽃이 만발한 장미가 노송나무처럼 높게 솟아 있는 동산이었다. 고대 로마의 지하묘지 카타콤의 벽에 꽃과 화환이 그려져 있는 것도 같은 사상에 기초하고 있다. 단테는 『신곡』의 천국 편에서 구속 받은 사람의 무리를 한 송이의 거대한 장미 형태로 묘사하고 있다. 교부들은 이사야(11:1)의 예언이 어둠의 뿌리에서 밝게 빛나는 꽃으로 화려하게 피는 구속자를 가리킨다고 보았다. 성경은 각 종류의 꽃의 개별적인 상징적 의의에 대해서는 거의 언급하지 않는다.

중세 시대의 시인들과 화가들은 모든 종류의 꽃을 구속자에 결부했다. 암브로시우스는 증성자의 제비꽃, 순교자의 장미라는 것을 말했다. 후일 제비꽃은 겸양의 표시로, 장미는 그 본래의 성질에 따라서 꽃들의 여왕으로서 마리아의 상징이 되었다.

꿀

옛날 사람들은 꿀벌이 만들어낸 신비한 꿀에 특별한 능력이 있으므로 병을 치료하는 약으로 사용했고, 악령이 접근하지 못하게 하며 악마를 쫓는다고 생각했다. 노란색의 걸쭉한 액체인 꿀, 혹은 그것으로 만든 벌꿀주는 신들의 음료로서 제우스는 젖먹이 때 꿀을 먹고 컸다고 한다.

인도 신화에는 경건한 사람들의 생기를 되살리는 벌꿀(madhu)의 샘이 등장한다. 고대의 여러 전승, 예를 들면 로마의 전승에서는 벌꿀은 일종의 만나라고 하며, 하늘 혹은 우주의 나무에서 방울져 떨어지는 이슬이라고 한다.

미트라의 비밀의식에 참여하여 믿기를 희망하는 젊은이들은 해로운 것이나 죄를 씻는다는 뜻에서 손과 혀를 꿀로 닦았다. 스파르타에서는 왕을 미라로 만들 때 썩는 것을 막고 보존하는(생명을 유지하는) 힘 때문에 벌꿀을 사용하였다.

사사기에 삼손의 이야기에서는 벌꿀이 생명을 상징한다는 것과 다르다. 삼손은 자기가 죽인 사자의 몸에 벌떼가 모여 있었고 약간의 꿀이 있는 것을 발견하고 꿀을 떠서 먹었다(삿 14:8-9). 여기에서 사자는 새로운 생명이 생기는 죽음의 상징이다.

여호와께서는 자기의 가르침에 충실한 백성에게 "반석에서 나오는 꿀로 너를 만족하게 하리라"(시 81:16)고 말씀하셨다. 영원의 꿀을 먹는 사람은 더없는 행복을 얻는다. 선지자 이사야의 말도 이런 의미로 해석할 수 있다: "그가 악을 버리며 선을 택할 줄 알 때가 되면 엉긴 젖과 꿀을 먹을 것이라"(사 7:15). 여호와의 말씀의 감미로움은 꿀에 비유된다: "주의 말씀의 맛이 내게 어찌 그리 단지요 내 입에 꿀보다 더 다니이다"(시 119:103).

에스겔이 하나님의 명에 따라 삼킨 두루마리(여호와 말씀의 완전한 수용의 상징)는 그의 입에서 꿀같이 달았다(겔 3:3). 꿀이 입에 달듯이 지혜는 영혼에 맛있고 달다(잠 24:13-14). 꿀은 감각기관을 연다. 요나단이 손에 들고 있던 막대기를 내밀어 그 끝으로 벌집에 든 꿀을 찍어서 빨아먹었다. 그러자 그는 눈이 번쩍 뜨이고 생기가 넘쳤다(삼상 14:27). 꿀은 하늘에서 내려준 것으로서 하나님을 믿는 인간의 내적인 눈을 연다. 그러므로 광야에서 지낸 세례 요한이 석청을 음식물로 했던 것은 우연이 아니었다(마

3:4). 주님이 자신이 부활했다는 증거를 제자들에게 보이려고 먹게 하신 최후의 식사에도 단지 망령이 아니라는 것을 나타내는 것뿐만이 아닌 또 다른 깊은 의미가 암시되어 있다. 입에 꿀처럼 단 두루마리를 먹는다는 구약성경의 이미지는 요한계시록에 다시 나타난다(계 10:9).

교부들에 의하면 그리스도의 몸은 꿀이 방울져 떨어지는 바위요, 하나님의 입에서 솟아 나오는 로고스(하나님의 말씀)요, 새로운 낙원의 꿀의 강이다. 어거스틴에 의하면 "그리스도의 벌집"이 교회 안에 보관되어 있으며, 하나님의 자녀들은 그 교회에서 그리스도의 단 꿀, 영원한 생명의 음식을 맛본다. 그레고리 교황은 주님이 승천하기 전 최후의 식사 때 "구운 생선"은 주의 수난을 암시하는 것이요, 꿀을 가득 채운 "벌집"은 부활의 암시라고 보았다.

꿀벌

옛날 사람들은 벌집에서 꿀을 채취할 때 꿀벌무리의 생활 방식에 경탄을 금치 못했다. 꿀벌의 사회는 모방할 만한 모범적 사회라고 생각되었다. 가장 오래된 수메르의 상형문자에서 "왕"(王)을 나타내는 표의(表意) 기호는 꿀벌의 형상을 하고 있으며, 하부 이집트의 전(前) 왕조 및 초기 왕조의 지배자들은 "꿀벌의 임금"이라는 별명으로 불렸다.

고대 민족에게 있어서 꿀벌은 죽음과 부패 속에서 새로 생겨나는 생명의 상징이었다. 왕의 시신을 보존하기 위해 벌꿀에 적셨던 스파르타인의 죽은 자의 제례(장례)가 그 예이다. 그리스 신화에서 생명을 주는 대지의 어머니 데메테르(Demeter)는 "꿀벌"(Melissa)이라는 별명도 갖고 있었다.

꿀벌은 날짐승 중에서 가장 작으나, 그것이 만드는 것은 단 것 중에

으뜸이다(집회서 11:3). 칠십인역 성경 잠언 6장에는 개미의 모범적인 생활 모습을 묘사한 뒤에 세 개의 구절이 더 삽입되어 있다. "꿀벌에게 가서 배우라. 꿀벌이 얼마나 근면한가를, 얼마나 성실히 일하고 있는가를, 그 노고의 결정은 왕들의 건강과 백성들의 건강에도 이바지한다."

"꿀벌은 사랑받고 존중되며 힘은 약하지만 놀라운 재주를 드러낸다"(잠 6:8, 칠십인 역). 삼손이 자기가 죽인 사자가 있는 데로 가 보았더니, 그 죽은 사자의 주검에 벌 떼가 있고 꿀이 고여 있었다(삿 14:8).

탐욕적이고 집어삼키기를 좋아하는 사자는 원래 무덤과 저승의 상징이었지만 생명을 만들어내는 모태로 변했으며, 꿀벌은 죽음의 밤으로부터의 부활의 상징이 된다. 쏘기 때문에 두렵게 여겨지던 꿀벌은 이스라엘 백성을 공격하는 적의 상징이 된 경우도 있으며(신 1:44), 또 하나님의 율법을 충실히 지키는 사람들을 포위하는바 신을 경외하지 않는 자들을 상징하는 경우도 있다: "그들이 벌들처럼 나를 에워쌌으나 가시덤불의 불같이 타 없어졌나니 내가 여호와의 이름으로 그들을 끊으리로다"(시 118:12).

사도시대 이후의 전통에서 꿀벌은 특히 좋은 의미, 구원을 가져오는 것이라는 의미를 지닌다. 벌집은 암브로시우스나 클레르보의 베르나르를 상징하며, 하나님의 나라에 관한 그들의 달콤한 설교는 벌꿀에 비유된다.

나귀

나귀는 고집스럽고 우둔하다고 여겨 멸시받지만, 한편으로는 유용하고 온순하다고 여겨 높게 평가되기도 한다. 이집트인들은 나귀가 악마적인 동물로서 악의 신 세트(Seth)에 귀속되어 있다고 여겼다. 고대 인도인들은 나귀를 음란한 동물로 여겼으므로 성적 방종, 단정치 못함의 상징으로 사용하였다. 반대로 시리아에서는 나귀를 신성한 짐승으로 숭배하였고, 여신 아틸라트는 나귀를 타고 있다. 나귀는 제사 행렬에도 참여하며 디오니소스 신은 나귀를 타고 다닌다.

나귀는 그 거센 발정 때문에 음행의 상징이 되었다(겔 23:20). 이 동물은 죽으면 쓰레기 산에 버려졌다. 삼손이 발견했다는 "나귀의 새 턱뼈"는 그런 식으로 버려진 나귀의 턱이라고 생각된다. 작고 부서지기 쉬운 나귀의 턱뼈도 하나님께서 성별하신 사람이 손에 쥐면 무서운 무기가 된다. 삼손은 그것으로 천 명을 죽였다(삿 15:15).

여호야김이 나귀 같이 매장당한 것은 하나님의 무서운 벌이며, 사람들 앞에서 수치를 드러냈음을 의미한다: "그가 끌려 예루살렘 문 밖에 던져지고 나귀같이 매장함을 당하리라"(렘 22:19).

나귀는 탈 것으로도 사용되었는데 명망 있는 사람들도 나귀를 탔다: "흰 나귀를 탄 자들, 양탄자에 앉은 자들, 길에 행하는 자들아 전파할지어다"(삿 5:10). 탈것으로서의 나귀는 고귀함의 상징이다. 그 때문에 사사 압돈에 대해서 "그에게 아들 사십 명과 손자 삼십 명이 있어 어린 나귀 칠십 마리를 탔더라"(삿 12:14)라고 기록되었다.

나귀가 구속자의 상징으로서 중요한 의의를 띠게 된 것은 족장 야곱이 아들 유다에게 준 축복의 말 때문이다: "그의 나귀를 포도나무에 매며 그의 암나귀 새끼를 아름다운 포도나무에 맬 것이며"(창 49:11).

스가랴는 "시온의 딸아 크게 기뻐할지어다 예루살렘의 딸아 즐거이 부를지어다 보라 네 왕이 네게 임하시나니 그는 공의로우시며 구원을 베푸시며 겸손하여서 나귀를 타시나니 나귀의 작은 것 곧 나귀 새끼니라"(슥 9:9)라고 선포하였다.

예언자 발람과 관련된 이야기는 분별없는 피조물이 눈을 반짝이며 보지 않는 인간보다 하나님 가까이 계시다는 사실을 나타낸다. 평소에 매우 어진 인간이었던 발람이 하나님이 가까이에 계시다는 것을 모르고 있었던 데 반해서, 발람이 타고 있던 나귀는 그것을 분명히 알았다: "나귀가 여호와의 사자가 칼을 빼어 손에 들고 길에 선 것을 보고 길에서 벗어나 밭으로 들어간지라"(민 22:23).

복음서는 예수가 나귀를 탄 사실을 전한다. 그것은 예수께서 예루살렘으로 들어가실 때, 예루살렘 입성 때의 일이다. 주님은 두 제자에게 "너희는 맞은편 마을로 가라 그리하면 곧 매인 나귀와 나귀 새끼가 함께 있는 것을 보리니 풀어 내게로 끌고 오라"(마 21:2)라고 말씀하셨다. 주님은 자랑스럽게 말을 타신 것이 아니라 겸손하게 나귀를 타신 것이다. 그것은 동물 새끼, 그것도 인간이 탄 적이 없는 나귀 새끼였다. "이는 기록된 바 시온 딸아 두려워하지 말라 보라 너의 왕이 나귀 새끼를 타고 오신다 함과 같더라"(요 12:15).

암브로시우스에 의하면 나귀는 우쭐대지 않는 겸손한 인간을 상징한다: "하나님의 가축에게서 그리스도를 태우는 기술을 배우라.…나가서 배우라. 그리스도에게 네 영혼의 등을 내민 사실을, 그리스도 밑에 있고 세상 위에 서는 것을 배우라."

성경의 성탄절 이야기에는 소와 나귀가 등장하지 않는다. 그러나 미술에서는 이사야서 1장 3절에 의거하여 베들레헴의 마구간에서 탄생하는 그리스도의 장면에는 소와 나귀를 그리고 있다. 중세 시대의 해석에서 수소는 희생물(십자가 위의 죽음), 나귀는 짐 나르는 동물(인자이신 예수님은 십자가 위에서 이 세상의 죄의 무거운 짐을 지심)로 간주되었다. 중세 시대부터 바로크 시대에 이르기까지 종려주일 행렬에는 축복을 베푸시는 그리스도를 태운 소위 "종려나무의 나귀"를 끌고 가는 관습이 있었다.

15세기부터 16세기에 이르기까지 나귀는 "나태"(acedia)의 상징인 동시에 "향락욕"(luxuria)의 상징이었다. 로마네스크의 조각에서 볼 수 있는 바 악기를 연주하는 나귀를 기원으로 해서 이미 현세의 쾌락을 암시하고 있다고 해석할 수 있다.

나라

신(神)에 의해 세워지고 신의 위임을 받아 다스려지는 나라라는 관념이 고대 오리엔트 시대부터 있었음을 몇 민족에게서 그 증거를 찾아볼 수 있다. 이집트의 부조(浮彫)에 의하면 왕은 신들에게서 왕관을 받는다. 그 후 왕은 사방을 향해 화살을 쏘는데, 이것은 왕이 세계의 지배자가 되었다는 것을 상징한다. 고대 바빌론 아카드의 "네 개의 땅으로 된 나라"에서는 왕이 신으로 간주되었고, 그 지배권은 신들의 왕으로부터 부여된다고 생각되었다.

신에게서 나라를 받는다는 종교적인 사고방식은 고대 페르시아 제국의 아케메네스 왕조의 어록에도 나타난다. 그들은 자기 나라는 아플라 마즈다가 부여해준 대 국가라고 주장했다. 계속해서 이어지는 이란인의 시대에는 현세의 왕위를 하늘이 주신 것으로 생각했다. 그래서 지배자를 구원의 왕(구속자이신 왕)으로 간주하고, 그 탄생은 하늘에 떠 있는 하나의 별에 의해 예고되었다.

구약성경에서 "나라"라고 번역되는 히브리어 *malkut*는 왕의 지배와 지배 영역을 의미한다. 통치 활동과 통치의 힘이 미치는 공간적 확대는 불가분의 관계에 있다. 시편에서는 "주의 나라는 영원한 나라이니 주의 통치는 대대에 이르리이다"(시 145:13)라고 노래한다. 또 "여호와께서 그의 보좌를 하늘에 세우시고 그의 왕권으로 만유를 다스리시도다"(시 103:19)라고 노래했다.

여호와께서 거룩한 시온 산에 세우신 지배자, 그 지배의 영역과 영향력이 땅끝까지 미치는 지배자(시 2:6-8)라는 왕의 이미지가 둔화하고 메시아라는 사상이 등장한다. 이 세상 나라가 큰 짐승의 성격을 띠는 데 반해서(단 7:1-12), 내세의 하나님의 나라는 "인자 같은 이"로 대표되며, 그에게 모든 민족에게 고루 퍼지는 권세와 영광과 나라가 주어진다(단 7:13-14). 메시아의 나라에서는 적대 관계가 사라지는데, 이는 "내 거룩한 산 모든 곳에서 해 됨도 없고 상함도 없을 것이니 이는 물이 바다를 덮음 같이 여호와를 아는 지식이 세상에 충만할 것"이기 때문이다(사 11:9).

하나님의 나라는 최고의 나라요 궁극적 지복(至福)의 상징이다. 예수께서 전파하신 최초의 복음은 "하나님의 나라가 가까왔다"는 선포이다(막 1:14-15). 마태복음에는 "천국"이라고 되어 있는데(마 4:17), "하나님의 나라"와 "천국"은 같다.

하나님의 나라에 대한 깨달음을 얻기 위해서는 열린 영혼과 마음으로부터의 공감이 필요하다. 그렇게 할 때 비로소 그 깨달음이 결실을 본다. 예수께서 비유를 사용한 설교에서 여러 가지 식물의 비유를 들어 천국에 대해 말씀하신 것도 그 때문이다(마 13:18-32). 하나님 나라는 예수 그리스도와 함께 도래했다. 그러나 그 나라는 세계의 종말, 그리고 영광이 충만한 그리스도 재림 때에 비로소 완전한 것이 된다. 그때까지 우리는 "나라가 임하시오며 뜻이 하늘에서 이루어진 것 같이 땅에서도 이루어지이다"(마 6:9-10)라고 기도해야 한다.

인간의 의지만으로는 하나님 나라로 가는 통로를 열 수 없다: "사람이 물과 성령으로 나지 아니하면 하나님의 나라에 들어갈 수 없느니라"(요 3:5). 장차 임할 하나님의 나라는 그리스도의 교회라는 형태로 암시되어 있다. 우리는 메시아에 의해 흑암의 권세에서 건짐을 받고 "그의 사랑의 아들의 나라로" 옮겨진다(골 1:13). 요한계시록에 의하면 최후의 대심판에 앞서 천년왕국이 도래하며, 그동안 악마의 세력은 천 년 동안 큰 쇠사슬에 결박당하여 무저갱 속에 던져진다(천 년 산술적인 의미가 아니라 상징적인 의미이다). 그리고 승리자 그리스도와 함께 부활한 순교자들이 천 년을 지배한다(계 20:1-4).

나무

계절의 변화와 리듬을 함께 하고 열매를 맺는 나무는 광야 주변에 살거나 스텝(steppe)을 방랑하는 민족 사회에서 생명을 의미하는 상징이 되었다. 나무가 땅속 깊이 뿌리를 내리면서 다른 모든 생물보다 높이 성장하기 때문에 하늘과 땅을 결합하는 우주나무(宇宙樹)의 개념이 생겼다. 나무 그늘에서 희생제사를 드렸고, 신탁도 나무 그늘에서 주어졌다. 어쨌든 나무는 성소의 지위를 획득하였고, 신의 상징이 되기에 이르렀다.

수메르(Sumer) 신화에서 식물의 신 두무지(Dumuzi)는 생명수로 존경받았다. 이집트의 하늘의 여신 하토홀이 한 그루 나무의 형태가 되어 묘지에 사는 죽은 자(死者), 혹은 죽은 자의 혼의 화신인 새에게 음식을 제공한다고 한다. 그리스 신화에 나오는 헤스페리데스(Hesperides)의 정원에 있는 나무에 열린 황금 사과는 신들에게 불사(不死)의 생명을 준다. 에페이로스(Epirus) 산에 있는 제우스의 신탁소 도도나(Dodona)에 있는 신성한 떡갈나무 잎이 바람에 흔들리는 소리를 제우스의 계시의 소리라고 믿었다.

하나님이 에덴동산을 만드시고 "그 땅에서 보기에 아름답고 먹기에 좋은 나무가 나게 하시니 동산 가운데에는 생명 나무와 선악을 알게 하는 나무도 있더라"(창 2:9). 이 말씀에 의하면 생명나무와 선악과는 다른 나무이다. 그러나 상징적 관점에서는 양자를 동일한 나무로 보는 것도 가능하다. 왜냐하면, 선악이 없는 생명(정신적 의미에서)이 존재할 수 없듯이, 생명 없는 선악도 존재할 수 없기 때문이다: "여호와 하나님이 그 사람에게 명하여 이르시되 동산 각종 나무의 열매는 네가 임의로 먹되 선악을 알게 하는 나무의 열매는 먹지 말라 네가 먹는 날에는 반드시 죽으리라 하시니라"(창 2:16-17). 이 범죄를 통해서 얻게 된 인식과 더불어 인간 속에 선과 악, 남자와 여자, 삶과 죽음이라는 대립의 관념이 생겼다. 결국, 일원적으로 통일된 한 그루의 나무가 이원적으로 분열한 나무가 되어 그 두 측면이 전형적 현상 형태로서 두 그루의 나무로 나타난 것이다.

인간이 하나님의 명령을 범한 뒤 여호와는 사람이 "그의 손을 들어 생명 나무 열매도 따 먹고 영생할까" 하여 그것을 막았다(창 3:22-23). 자유로운 의사결정에 의해 죽음의 열매에 손을 뻗은 것은 생명에의 요구권을 상실하게 되는 것임이 분명하다. 생명나무가 신적인 지혜의 상징이 될 때 인식(바르게 획득된 결과 지혜로 통하는 인식)과 생명의 깊은 내적 관계가 암시적으로 나타난다. "지혜는 그 얻은 자에게 생명 나무라"(잠 3:18). 여호와의 가르침에 충실하며 마음이 정직한 사람은 "시냇가에 심은 나무가 철을 따라 열매를 맺으며 그 잎사귀가 마르지 아니함 같다"(시 1:3). 아가서 2장 3절에서는 "내가 그 그늘에 앉아서 심히 기뻐하였고 그 열매는 내 입에 달았도다"라며 하늘나라의 신랑을 한 그루 나무에 비유했다.

현세의 속박에서 해방된 사람은 "의의 나무 곧 여호와께서 심으신 그 영광을 나타낼 자"(사 61:3)라 일컬음을 받는다. 느부갓네살의 꿈에 나타난 하늘에 닿을 정도로 큰 나무(단 4:11-20)에는 나무가 대지를 다 덮어버린 태고의 우주나무(宇宙樹)라는 관념이 반영되어 있다. 욥기에서 "그 뿌리가 땅에서 늙고 줄기가 흙에서 죽을지라도 물 기운에 움이 돋고 가지

생명의 나무와 선악과(죽음의 나무)를 한 그루로 합친 나무. 잘스부르크 대주교 미사경본. 1481년 베르톨트 푸어트마이어 삽화

가 뻗어서 새로 심은 것과 같거니와"(욥 14:8-9)에 등장하는 나무는 부활을 상징한다.

신약에서 열매 맺는 나무와 열매를 맺지 않는 나무는 선한 인간과 악한 인간을 비유적으로 암시한다: "좋은 열매를 맺지 아니하는 나무마다 찍혀 불에 던져지리라"(마 3:10). 예수님은 열매 맺지 않는 무화과나무의 비유를 말씀하시기도 했다(눅 13:6-9). 잘못된 길을 가르치는 자는 "죽고 또 죽어 뿌리까지 뽑힌 열매 없는 가을 나무"이다(유다서 12).

선악과에 대해서는 범죄 이후에는 언급되지 않은 데 비해, 생명수는 신약성경 저자들의 말에 세 번 나타나며 요한계시록 22장 2절에 기록된 바 참되고 예견적인 환상, 축복받는 자들의 승리의 면류관으로서의 생명수에서 절정에 달한다. 세계 종말의 날, 거룩한 성 예루살렘의 길 가운데 흐르는 생명수의 강 "좌우에 생명나무가 있어 열두 가지 열매를 맺되 달마다 그 열매를 맺고 그 나무 잎사귀들은 만국을 치료하기 위하여 있더라."

다마스커스의 요한은 마리아를 에덴동산의 대지로 비유하였는데, 그 이유는 참 생명나무이신 그리스도를 낳았기 때문이다. 또 다른 상징적 견해에 의하면 마리아를 생명의 나무라고 하는데 이는 성령에 의해 씨를 품고, 구원을 필요로 하는 인류에게 그리스도라는 열매를 선물로 주

있기 때문이다. 그 때문에 고대 기독교 시대의 작은 상아판(벽걸이)에 수태고지를 조각한 경우 대개 마리아와 함께 한 그루의 생명나무가 등장한다. 여러 순례지의 명칭에서 마리아와 기독교 이전의 "나무와 성소"의 결합을 볼 수 있다. 에덴동산에서의 범죄 후 인간에게 금지되었던 것, 생명나무에 가까이 가는 것이 십자가의 그리스도에 의해 인간에게 허락되었다.

중세 기독교 미술에서 생명나무의 구속적 해석에 기초를 두고서 십자가의 테두리를 살아 있는 종려나무의 형태로 다양하게 그렸다. 10세기부터 바로크 시대에 이르는 시기에 나무 십자가가 등장한다. 나무의 재생력은 여러 전설에도 등장한다. 예를 들면 피렌체의 제노비우스(St. Zenobius); 1444/1445-1510년)의 시체를 말라죽은 늙은 느릅나무 앞으로 운구하는 순간 그 나무에 싹이 났다는 전설도 있다.

나체

나체로 지낸다는 것은 세상과 현세의 속박에서 벗어난다는 뜻을 상징한다. 자연과 일체가 되어 생활하는 소박한 인간은 매듭이나 묶는 띠에서 해방되면 악령으로부터 몸을 보호할 수 있다고 믿었다. 또 몸을 노출하는 것은 초자연적이고 신적인 힘에 무방비로 몸을 맡기는 것과 같이, 이것에 의해서 그들의 힘을 완화하려는 목적도 있었다. 옷과 신발은 인간의 손으로 만든 것으로서 신적인 것과의 관계를 방해하지 않는다고는 할 수 없다. 이러한 이유로 고대 오리엔트와 그리스·로마에서 기도, 희생물 공양, 예언 때에는 종교적 관행으로서 나체가 되는 일이 자주 있다. 수메르의 제사장은 제단 앞에 나올 때 옷을 입지 않았다. 미트라(Mitra)의 비밀의식에 입회하는 의식을 행할 때 입회를 희망하는 사람은 옷을 벗고 알몸이 되었다. 상체만 알몸이 되는 것, 구두를 벗는 것, 혹은 머리에 두른 것을 벗는 것은 전라(全裸) 대신으로서 동일한 의미를 갖는다.

알몸은 유한한 인간은 누구나 알몸으로 세상에 왔다가 알몸으로 세상을 떠난다는 것을 뜻한다(욥 1:21). "그가 모태에서 벌거벗고 나왔은즉 그가 나온 대로 돌아가고 수고하여 얻은 것을 아무것도 자기 손에 가지고 가지 못하리니"(전 5:15). 범죄 이전의 아담과 하와는 자연 그대로의 알몸 상태였으며(창 2:25), 이것은 더러움이 없는 겉과 속을 이루고 있다. 이 원초의 상태에서 벗어났기 때문에 처음으로 수치심이 생겼다(창 3:7). 그 후 몸을 감싸려는 욕구가 범죄한 인간의 본질이 되었다.

알몸은 심한 수치를 나타내며(사 20:4; 47:3), 가난을 상징하기도 한다. 욥은 가난에 허덕이는 사람들이 "의복이 없어 벗은 몸으로 밤을 지내며 추위도 덮을 것이 없다"(욥 24:7)라고 표현했다. 여호와는 신앙을 저버린 사람들은 굶주리고 목마르고 헐벗고 모든 것이 부족하게 될 것이라고 위협하신다(신 28:48).

종교적으로 알몸은 몰아(沒我) 상태에서 예언할 때 나타난다. 하나님의 영이 내렸을 때 사울은 옷까지 벗어 버리고 춤추고 소리치면서 예언을 하고 나서 그 날 하루 밤낮을 벗은 몸으로 쓰러져 있었다(삼상 19:24). 모세는 하나님과 함께 말할 때 수건을 벗었는데(출 34:33-35), 이것은 부분적인 나체라고 해석할 수 있다.

신약성경에서 알몸은 "극심한 가난 상태"를 나타낸다. 바울의 서신에서 알몸은 괴로움이나 기근 등을 언급한다(롬 8:35; 고후 11:27). 사람은 굶주리고 헐벗은 이웃에게 구원의 손길을 뻗어야 한다(마 25:35-36). 알몸은 비유적으로 "완전하게 분별한다"는 것을 의미한다. 하나님 앞에서 숨겨진 피조물이 없고, 하나님의 눈앞에서는 모든 것이 "벌거벗은 것 같이 드러난다"(히 4:13).

요한계시록에서 알몸은 영적으로 준비되지 않은 상태를 나타내며, 좋은 행실을 몸에 붙이지 않은 사람을 상징한다고 할 수 있다: "보라 내가 도둑 같이 오리니 누구든지 깨어 자기 옷을 지켜 벌거벗고 다니지 아니하며 자기의 부끄러움을 보이지 아니하는 자는 복이 있도다"(계 16:15).

승리자는 흰옷을 사서 입어 벌거벗은 수치를 보이지 않게 해야 한다(계 3:18). 남자는 기도할 때에 머리에 아무것도 써서는 안 된다는 바울의 생각(고전 11:4, 7)은 궁극적으로 숭고한 하나님의 지배를 몸에 드러낸다는 것을 나타내는 가시적 표시이다.

기독교의 세례식을 종교적인 나체상태라고 표현하기도 했다. 예루살렘의 키릴은 새로 세례를 받는 사람들에게 "얼마나 훌륭한 일인가. 너희는 사람들 앞에서 알몸이 되고 그것을 부끄러워하지 않았다. 너희는 낙원에서 알몸으로 지내면서 그것을 부끄러워하지 않은 최초의 인간 아담을 닮았다"라고 말했다.

신비 사상에서 알몸은 정화(淨化)의 상징이었다. 아레오파고의 디오니시우스에 의하면 나체와 맨발은 "혼이 외면에 붙어 있는 것을 버리고 정화되는 것, 아무것도 걸치지 않은 신을 단순하게 닮은 상태가 되는 것"을 의미한다. 예를 들어 15세기 플랑드르 회화의 대가인 한스 멤링(Hans Memling, 1433~1494)이 최후의 심판 그림에 묘사된 벌거벗은 사람들은 피조물이 하나님 앞에서 형이상학적인 의미로 옷을 벗는 것을 나타낸다.

나팔

나팔은 고대 사회에 보급된 악기 중에서 가장 큰 소리를 내는 악기였다. 그 때문에 전쟁이나 축제 때, 혹은 전령의 예고, 신호의 악기로 사용되었다. 나팔은 활 모양으로 굽은 어린 숫양이나 염소의 뿔로 만들었는데, 히브리어로는 쇼파르(schofar)라고 했다. 왕의 즉위는 울려 퍼지는 나팔 소리로 알렸다(왕상 1:34). 오십 년에 한 번씩 돌아오는 해, 즉 희년은 속죄일의 나팔 소리와 함께 시작되었다(레 25:9).

옛날에는 나팔에 속죄의 기능, 하나님을 달래는 기능이 있다고 믿고 있었다. "나팔을 길게" 불면 백성들은 여호와의 산, 시내 산에 오를 수 있었다(출 19:13). 진중 모든 백성을 떨게 한 "심히 크게 울린 나팔 소리"(출 19:16)는 백성에게 은총을 내릴 뜻이 여호와께 있음을 알리는 것이었다.

여리고 성을 일곱 번 돌면서 제사장 일곱이 양각 나팔을 길게 울려 분 것은 특별한 의미를 지닌다: "백성이 나팔 소리를 듣는 동시에 크게 소리 질러 외치니 성벽이 무너져 내린지라"(수 6:16-20). 은을 두드려서 만들어 높고 맑은 소리를 내는 나팔은(나중에는 동이나 청동으로도 만들었다) 광야 여행에서 유숙지를 떠나는 출발 신호로 사용되었다(민 10:2).

나팔은 여호와와 그 백성 사이에 소리에 의한 밀접한 관계를 만들어 낸다: "또 너희 땅에서 너희가 자기를 압박하는 대적을 치러 나갈 때에는 나팔을 크게 불지니 그리하면 너희 하나님 여호와가 너희를 기억하고 너희를 너희의 대적에게서 구원하시리라"(민 10:9).

유다 마카베오가 그리스의 왕 안티오쿠스와 싸움을 시작했을 때 유다의 병사들은 "옷을 찢고 머리 위에 재를 뿌리고 크게 통곡하며 땅에 엎드렸다. 그리고 나팔 소리를 신호로 하늘을 쳐다보며 크게 부르짖었다"(마카비상 4:39~40).

나팔은 종말론적 의미에서 사용될 때에는 심판의 상징이 되며, 만군의 주이신 여호와께서 나팔을 불어 울려 퍼지게 하신다(슥 9:14).

신약성경에서 나팔은 부활을 상징적으로 알린다. 마지막 나팔 소리가 나면 죽은 사람은 썩어 없어지지 않을 몸으로 살아날 것이다(고전 15:52). 종말에 인자이신 예수님은 자기 천사들을 큰 나팔 소리와 함께 보낼 터인데 그들은 하늘 이 끝에서 저 끝까지 사방에서 그가 선택한 사람들을 모을 것이다.(마 24:31). "주께서 호령과 천사장의 소리와 하나님의 나팔 소리로 친히 하늘로부터 강림하시리니 그리스도 안에서 죽은 자들이 먼저 일어나고"(살전 4:16). 요한계시록 첫 예언에서 요한은 뒤에서 나는 나팔 소리 같은 큰 음성을 들었다(1:10). 일곱 번째 인을 떼실 때 일곱 천사의 일곱 나팔이 두려운 재앙이 닥쳐올 것을 알린다(계 8:6-12, 9:1-19, 11:15).

어거스틴의 시편 해석에 의하면 나팔을 만드는 뿔은 살 위로 솟아나 있기 때문에 본능적 욕망의 제어를 암시하며, 금속을 두드려 만든 나팔은 고뇌하는 중에도 하나님을 찬미함을 이야기한다. 백성의 소명을 위한 은나팔의 제작(민 10:1-10)은 중세 미술에서는 죽음으로부터의 부활을 예언하는 상징이다.

날개

날짐승은 날개에 의해서 땅을 벗어나 공중으로 날아오르는 능력을 얻는다. 기술이 발달하여 인간이 하늘을 날기 전에는 "날개가 있다"는 것은 궁극적으로 초지상적인 능력과 동등한 높이에 도달하지는 못해도 거기까지의 접근, 즉 존재의 고양(高揚)을 의미했다. 고대 메소포타미아 미술에 등장하는 날개 달린 사자, 나무 인형, 말 등은 신의 짐승임을 상징하였다. 고대 이집트 미술에 등장하는 날개가 있는 태양은 앗수르와 히타이트의 미술에도 영향을 끼쳤다. 예를 들면 이집트의 이시스처럼 날개 달린 신들이 등장하거나, 그리스의 신의 사자 헤르메스처럼 날개 달린 구두를 신고 있는 모습도 있다.

모든 피조물에 여호와의 능력이 뚜렷하게 나타나 있으므로 모든 피조물은 신적인 것으로 상징이 될 수 있다. 여호와의 자비로우신 사랑과 배려는 날개의 이미지에 뚜렷이 표현되었다. 이스라엘 백성이 애굽을 떠난 후에 여호와께서는 "내가 어떻게 독수리 날개로 너희를 업어 내게로 인도하였음을 너희가 보았느니라"(출 19:4)라고 말씀하셨다.

언약궤 위에 얹는 순금으로 만든 속죄소는 금으로 만든 그룹의 날개로 덮어야 한다(출 25:20). "그룹들이 그 궤 처소 위에서 날개를 펴서 궤와 그 채를 덮었는데"(왕상 8:7). 시편 기자는 여호와께 "나를 눈동자 같이 지키시고 주의 날개 그늘 아래에 감추사"라고 기도한다(시 17:8).

십자가에 달린 세라핌(Seraphim). 그리스도의 몸이 세라핌의 날개로 덮여 있다. 위에는 성부 하나님, 네 모서리에는 복음서 저자의 상징인 동물. 17세기 이콘.

어린 새가 어미 새의 날개 아래 보호받는 것처럼 어려움에 부닥친 인간은 신을 의지하려 한다: "하나님이여 내게 은혜를 베푸소서 내게 은혜를 베푸소서 내 영혼이 주께로 피하되 주의 날개 그늘 아래에서 이 재앙들이 지나기까지 피하리이다"(시 57:1). 신앙이 깊은 사람에게 하나님은 구원이 되시며, 그들은 그 날개 그늘에서 보호를 받아 즐겁게 노래할 수 있다(시 63:7).

예수님은 감싸고 보호함을 표현하기 위해 날개라는 이미지가 적합하다는 것을 아셨다. 그 때문에 예루살렘을 보면서 "예루살렘아 예루살렘아 선지자들을 죽이고 네게 파송된 자들을 돌로 치는 자여 암탉이 그 새끼를 날개 아래에 모음 같이 내가 네 자녀를 모으려 한 일이 몇 번이더냐 그러나 너희가 원하지 아니하였도다"라고 말씀하셨다(마 23:37; 눅 13:34).

중세 기독교 미술에서는 천사처럼 지상을 초월한 존재뿐만 아니라 악령이나 악마와 같은 지하의 존재(저승의 존재)에도 날개가 있는 것으로 표현했다. 그러나 악령이나 악마는 새의 날개가 아닌 박쥐의 날개를 가지고 있다. 그리스도의 몸이 팔뚝에서 종아리 부분까지 천사의 하얀 날개로 싸여 있는 "십자가에 달린 세라핌"은 그리스 정교회의 이콘의 독특한 주제이다.

교부신학에서는 신약성경에 등장하는 암탉의 날개를 교회라고 해석했고, 중세 후기의 문학에서는 기독교를 신봉하는 세속 통치자(군주)를 나타내는 것으로 사용했다.

납

납은 옛날 은을 정련할 때 생기는 부산물이었다. 그러므로 납은 가치가 없는 것, 귀하지 않은 것을 상징하는 역할을 했다. 납도 철이나 동처럼 쉽게 녹이 슬기 때문에 지상적인 것의 약함과 더러움을 암시하였다. 연금술 전통에서 납은 "둔감하고 혼돈된" 금속으로서 토성과 동일시 되었다.

여호와께서는 죄가 깊은 이스라엘에게 "내가 또 내 손을 네게 돌려 네 찌꺼기를 잿물로 씻듯이 녹여 청결하게 하며 네 혼잡물(납)을 다 제하여 버리고"(사 1:25)라고 말씀하셨다. 홍해를 건너 이스라엘 백성을 추격하던 바로의 군사들은 "거센 물에 납같이"(출 15:10) 잠기고 말았다. 이스라엘 백성은 여호와의 용광로 속에서 쇠 찌꺼기가 된다: "이스라엘 족속이 내게 찌꺼기가 되었나니 곧 풀무 불 가운데에 있는 놋이나 주석이나 쇠나 납이며 은의 찌꺼기로다"(겔 22:18).

납은 무거운 금속이므로 물속 깊이 가라앉는다. 그러므로 죄로 더럽혀진 상태를 상징한다: "납보다 더 무거운 것이 무엇이냐? 그 이름이 바로 어리석은 자이다"(집회서 22:14).

네(四) 생물

기원전 4,000년~2,000년에 사람들은 황도 12궁인 금우궁(金牛宮), 사자궁(獅子宮), 전갈궁(全蝎宮), 보병궁(寶瓶宮), 즉 암소좌, 사자좌, 전갈좌, 수병좌는 사계절의 시작을 알려주는 성좌로서 태양이 그 성좌에 위치할 때 각기 새로운 계절이 시작된다고 여겼다. 암소좌는 춘분, 사자좌는 하지, 전갈좌는 추분, 수병좌는 동지를 알렸다.

고대 오리엔트 사람들은 이 네 개의 성좌가 황도 12궁에 둘러싸여 세계의 네 구석에 있다고 생각했다. 미신적이었던 고대인은 황도 12궁 중 전갈좌를 꺼림칙하게 여겼기 때문에 종종 전갈좌에 인접한 독수리좌가 그 대역을 담당했다.

고대 메소포타미아의 종교와 예술에서 날개가 달린 혼합 형태(특히 인간의 머리를 가진 사자나 암소)는 신비한 힘을 나타냈다. 예를 들면 바벨론의 별신들, 나브네르갈(날개 달린 사자), 마르두크(날개를 가진 암소), 니누르타(독수리)를 들 수 있다.

예언자 에스겔은 바빌론에 포로로 있으면서 하나님의 영광을 보았다: "내가 보니 북쪽에서부터 폭풍과 큰 구름이 오는데 그 속에서 불이 번쩍번쩍하여 빛이 그 사방에 비치며 그 불 가운데 단 쇠 같은 것이 나타나 보이고 그 속에서 네 생물의 형상이 나타나는데 그들의 모양이 이러하니 그들에게 사람의 형상이 있더라 그들에게 각각 네 얼굴과 네 날개가 있고…그 얼굴들의 모양은 넷의 앞은 사람의 얼굴이요 넷의 오른쪽은 사자의 얼굴이요 넷의 왼쪽은 소의 얼굴이요 넷의 뒤는 독수리의 얼굴이니"(겔 1:4-10). 이 네 생물은 머리에 보좌를 떠받치고 있는데(겔 1:26), 이것은 하나님의 천지창조의 정점이 가시적 형태로 나타난 것이다. 사자는 생리적 강함을, 암소는 풍요나 생식력을, 독수리는 민첩함을, 그리고 사람은 정신을 나타낸다. 그러나 천지창조의 모든 것은 일종의 하나님의 영상이므로 이 네 형상은 동시에 하나님의 네 개의 가장 중요한 본질적 특성을 상징한다. 즉 사자는 그 권세를, 암소는 그 창조력을, 눈빛이 예리한 독수리는 그 전지(全知)를, 그리고 인간은 하나님의 의지를 나타낸다.

에스겔은 여호와의 영광의 불에 둘러싸인 네 날개와 네 얼굴을 가진 이 생물을 그룹이라고 하였다(겔 10:14-22). 만군의 하나님 여호와가 그룹 사이에 왕으로 앉아 계신다는 이미지는 사무엘상 4장 4절과 사무엘하 6장 2절에 나타나 있다. 네 생물이 각각 그 얼굴을 향하고 있는 방향으로 나아갔다는 것은(겔 1:12), 하늘의 네 방위(동서남북), 세계 전역을 암시한다. 즉 하나님의 세계 지배를 가리키는 표현이다.

밧모섬에 유배되어 있던 요한도 네 생물을 보았다: "보좌 앞에 수정과 같은 유리 바다가 있고 보좌 가운데와 보좌 주위에 네 생물이 있는데 앞뒤에 눈들이 가득하더라 그 첫째 생물은 사자 같고 그 둘째 생물은 송아지 같고 그 셋째 생물은 얼굴이 사람 같고 그 넷째 생물은 날아가는 독수리 같은데"(계 4:6-7). 에스겔이 본 환상과는 달리 요한이 본 생물의 형태는 혼합 형태가 아니라 확실히 구별되어 있었고, 각각 여섯 날개를 갖고 있었다(계 4:8). 그들이 담당하는 역할은 에스겔이 본 환상에서와

삼위일체를 나타낸 그림. 네 모퉁이에 4복음서의 기자를 상징하는 동물을 그려넣었다. 16세기 목판화

마찬가지로 하나님의 보좌를 둘러싸고 지탱하는 것이다. 그것들 또한 천지창조를 나타내는 상징이요, 이것에 의해 한층 깊은 의미로 하나님의 영광을 나타내는 것이다. "죽임을 당한 어린 양"을 사이에 두었던 네 생물은(계 5:6) 일찍부터 그리스도와 네 명의 복음서 기자(마태, 마가, 누가, 요한)의 상징이 되었다.

그러나 어느 생물을 어느 기자로 보는가는 교부들 사이에서도 의견이 일치하지 않고 있다. 이레니우스는 요한의 환상과 에스겔의 환상을 관련지었다. 후일 일반에게 인정받게 된 네 복음서 기자의 상징은 제롬(Jerome)에게로 거슬러 올라간다.

복음의 내용에 따라 네 개의 동물이 네 복음서 기자로 분류되었다. 마태는 그 복음서를 주님의 인간적 계보의 서술로 시작한다. 그 때문에 마태의 상징은 인간과 같은 얼굴이다. 마가복음은 세례 요한, "광야에서 외치는 자"로부터 시작된다. 그 때문에 마가는 사자의 특징을 갖는다. 누가의 특징에 대해서는 특별한 해석이 있으니, 사가랴와 그의 아내가 고령에도 불구하고 요한이라는 자식을 얻었다는 사실에 그것을 관계 짓는다(암소는 생식력의 상징이므로). 요한은 정신(영)을 가장 강력히 말했다. 요한의 말은 하늘 높이 비상했으며, 그 높음에서 영원한 하나님의 말씀이 내려왔다. 이 사실을 가장 잘 상징할 수 있는 것은 독수리이다.

에스겔의 환상을 구체적 회화로 나타낼 경우 사 복음서의 저자들은 하나의 형태로 정리되어 테트라모르프(Tetramorph; 4개 1조의 형태)의 모습을 했다. 이 모티프는 12세기 이후의 미술에서는 사라져가고 있다. 인간, 소, 사자, 독수리의 모습에서 그리스도의 몸을 주심, 희생의 죽음, 부활, 승천을 보는 방법도 있었다.

놋(구리, 주석)

성경에서 "놋"으로 번역되는 단어는 원래 황색, 혹은 붉은 기가 있는 금속, 특히 구리와 놋의 합금을 가리킨다. 그것은 인간의 손으로 가공된 최초의 금속이다. 이스라엘 백성이 광야에서 불뱀에게 물렸을 때 장대 끝에 매달아놓은 구리 뱀을 바라봄으로써 생명을 구한 일에서(민 21:8-9) 예수님의 희생의 죽음에 의한 인류의 속죄가 예고되었다.

여호와께서는 자기를 거역한 사람에게 "네 머리 위의 하늘은 놋이 되고 네 아래의 땅은 철이 될 것이며"(신 28:23)이라고 경고하신다. 즉 생명 유지에 필요한 비를 내리시지 않겠다는 것이다. "너희의 하늘을 철과 같게 하며 너희 땅을 놋과 같게 하리니"(레 26:19)라는 예언은 불모의 저주요 두렵고도 위협적 예고이다.

여호와께 이르는 길은 속죄의 길이다. 아론과 그 아들들은 회막에 들어가기 전에 놋으로 만든 대야에서 손과 발을 씻어야 했다(출 30:17-21). 솔로몬 성전의 본전에 들어가는 현관에는 놋으로 만든 두 개의 기둥이 있었다(왕상 7:15-22).

성경의 상징 언어에서 놋은 선이든 악이든 단단함을 표현한다. "네 이마는 놋이라"(사 48:4)는 나쁜 의미로 고집불통을 의미하고, "견고한 놋 성벽"(렘 15:20)은 좋은 의미로 굳은 의지와 불굴을 나타낸다.

구리가 빛나는 모습이 에스겔(1:7)과 다니엘(10:6) 두 예언자에 의해 언급되고 있다. 사랑 없는 사람이 천사의 말을 해도 그 소리는 "소리 나는 구리와 울리는 꽹과리"(고전 13:1)와 다를 바가 없다. 그리스도 재림 때에 세계 심판자들의 두 발은 풀무에서 단련된 주석처럼 빛날 것이다(계 1:15).

누룩(효모)

누룩의 작용, 반죽한 가루를 단시간 내에 발효시키고 부풀리는 작용은 모든 것에 침투하는 영향력, 특히 부정적인 의미에서의 영향력의 상징이 되었다. 이스라엘 백성은 애굽에서 탈출할 때 반죽한 가루를 가지고 나왔지만, 시간이 매우 촉박했기 때문에 거기에 누룩을 넣을 수 없었다(출 12:39). 후일 이것을 기념하여 무교절에는 누룩 넣는 일을 금했다. "첫째 달 그 달 열나흗날 저녁부터 이십 일일 저녁까지 너희는 무교병을 먹을 것이요 이레 동안은 누룩이 너희 집에서 발견되지 아니하도록 하라 무릇 유교물을 먹는 자는 타국인이든지 본국에서 난 자든지를 막론하고 이스라엘 회중에서 끊어지리니"(출 12:18-19). 여호와의 제단에 바치는 곡물, 즉 소제물에는 누룩을 넣어서는 안 되며, 맨 먼저 거둔 곡식을 제물로 바칠 때는 누룩을 바치는 것이 허락되었다(레 2:11-12).

예수께서 제자들에게 "바리새인과 사두개인들의 누룩"을 주의하라고 경고하신 것은 참 신앙을 위협하는 그들의 파괴적인 생각을 언급하신 것이었다(마 16:6-12). 바울은 다른 사상을 권하는 사람들 때문에 혼란을 겪은 갈라디아 교인들에게 보낸 편지에 "적은 누룩이 온 덩이에 퍼지느니라"(갈 5:9)라고 썼다.

고린도전서에서 바울은 "적은 누룩이 온 덩어리에 퍼지는 것을 알지 못하느냐 너희는 누룩 없는 자인데 새 덩어리가 되기 위하여 묵은 누룩을 내버리라 우리의 유월절 양 곧 그리스도께서 희생되셨느니라"(고전 5:6-7)라고 말했다.

누룩이 들어 있지 않다는 것은 이 세상의 악이나 거짓에 물들지 않았다는 것이다: "이러므로 우리가 명절을 지키되 묵은 누룩으로도 말고 악하고 악의에 찬 누룩으로도 말고 누룩이 없이 오직 순전함과 진실함의 떡으로 하자"(고전 5:8).

누룩의 제어하기 어려운 침투 작용은 예수님의 비유에서 긍정적인 방향으로 바뀐다. 한 줌의 누룩이 반죽된 덩어리 전체에 순식간에 침투하는 것 같이 하나님의 나라도 넓게 침투해 간다는 것이다: "천국은 마치 여자가 가루 서 말 속에 갖다 넣어 전부 부풀게 한 누룩과 같으니라"(마 13:33; 눅 13:21). 보이지 않는 곳에서 작용하는 누룩의 기능은 지금은 숨겨져 있지만, 장차 전 세계를 변화시킬 나라를 상징한다.

눈(目)

눈은 본능적으로 빛이 비치는 쪽을 향한다. 우리는 눈을 통해서 세상을 본다. 한편, 눈은 혼을 비추는 거울이 되기도 한다. 우리는 상대방의 눈을 통해 그의 내면까지 꿰뚫고 들어갈 수 있다. 눈은 그 반짝임 및 빛과의 친근성 때문에 별의 상징권 안에 놓여진다.

이집트인은 태양과 달에서 하늘의 신 호루스의 두 눈을 보았고, 인도인들은 신(神) 프라쟈파티(Prajapati)의 두 눈을 보았다. 고대 비극 시인인 아이스킬로스(Aeschylos)는 "헬리오스(Helios)의 모든 것을 꿰뚫어 보는 눈"이라고 표현했다.

하늘의 빛이 지닌 능력의 발견, 천상의 빛을 담당하는 것으로서 에스겔이 환상에서 본 네 그룹의 전신, 즉 등, 양손, 날개에는 "온통 눈이 달려 있었다"(겔 10:12). 이는 별들, 즉 하늘의 눈이다. "온 세상에 두루 행하는" 일곱 개의 여호와의 눈(슥 4:10)도 마찬가지로 해석할 수 있다.

눈은 하나님의 전지(전능)의 상징도 된다: "주주님의 눈이 태양보다 만 배나 더 밝으시다는 것을 그는 모르고 있다. 주님은 인간의 일거수일투족을 다 보고 계시며, 모든 비밀을 샅샅이 꿰뚫어 보신다는 것을 그는 모른다"(집회서 23:19). "여호와의 눈은 지식 있는 사람을 지키시나 사악한 사람의 말은 패하게 하시느니라"(잠 22:12). 지식이란 진실하고 바르다고 인식되는 것을 말한다. 하나님이 특별히 사랑하시고 보호하시는 인간을 나타낼 때 눈동자라는 이미지가 이용된다. 여호와는 광야를 방황하는 주의 백성을 눈동자 같이 지키셨다(신 32:9-10).

예수께서는 하나님의 뜻을 거스르는 삶의 방식을 암시적으로 가리키시면서 눈을 "몸의 등불"이라고 하셨다: "눈은 몸의 등불이니 그러므로 네 눈이 성하면 온몸이 밝을 것이요 눈이 나쁘면 온몸이 어두울 것이니"(마 6:22-23).

시각 기관인 눈이 정신적 태도를 상징하는 경우도 있다: "만일 네 오른 눈이 너로 실족하게 하거든 빼어 내버리라"(마 5:29). 진리를 인식하고 신앙을 가지려면 "마음의 눈"이 열려 있어야 한다(엡 1:18).

히브리서에서는 항상 모든 곳에 존재하며 일체를 꿰뚫어 보는 신의 눈, 즉 편재(遍在)하시는 전지(全知)의 눈을 가리켜 "지으신 것이 하나도 그 앞에 나타나지 않음이 없고 우리의 결산을 받으실 이의 눈 앞에 만물이 벌거벗은 것 같이 드러나느니라"라고 표현했다(히 4:13).

요한계시록에 언급된 "어린 양의 일곱 눈"(계 5:6)은 상징사의 관점에서는 앞에 인용했던바 스가랴의 "주님의 일곱 눈"과 같은 것이며, 눈과 별이 동의어였다. "인자 같은 이"의 오른손에 가진 일곱 별(계 1:16)과 같다.

중세 시대 조각과 회화에 즐겨 표현된 여인상 에클레시아와 시나고그의 경우에 에클레시아는 밝고 열린 눈을 하지만, 시나고그는 눈을 감고 있거나 눈가리개가 된 모습을 하고 있다. 인문

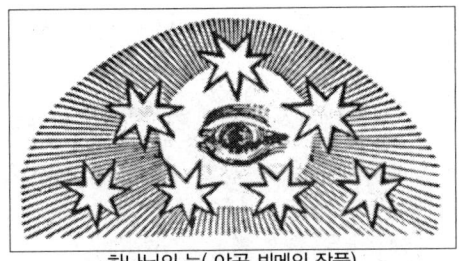
하나님의 눈(야곱 뵈메의 작품)

주의자들은 하나의 눈을 신(神)의 주의 깊게 깨어 있는 상태, 또한 사법 내지는 재판의 표시(법의 눈)로 사용하였다. 삼각형 안에 반짝이는 눈을 하나 그린 그림, 삼위일체와 그 편재 및 전지를 상징하는 그림은 종교개혁 이후에 나타난 것이다. 이른바 이 "신의 눈"은 18세기에 특히 즐겨 이용된 모티프로서 제단의 칸막이 최상부의 머리장식이나 설교단의 덮개 부분, 교회의 창(窓)이나 둥근 천장의 정점에 놓은 요석(要石), 즉 이맛돌에 사용되었다.

달(月)

달의 차는 것과 이지러짐은 "태어남과 죽음"의 법칙, 죽음과 재생의 법칙의 근원이라는 것을 말한다. 순박한 인간은 달 안에 불변의 생명의 리듬이 고동치고 있다고 믿는다. 사람들은 조수 간만에 달의 영향이 작용한다고 인정되듯이, 병과 죽음, 생식능력(풍요)과 생명의 소생에도 달이 관계가 있다고 생각했다.

바벨론의 찬가에서는 달을 "모든 것을 낳는 모태"라고 칭송했고, 그리스 신화에서 달의 신 세레네는 번식과 출산의 여신이었다. 이집트의 달의 신 토트는 "시간의 지배자", "년과 달을 계산하는 자"라고 여겨졌다. 고대 아라비아에서는 달의 신의 속성이 여러 가지 이름으로—예를

마리아의 모습. 주변에 마리아의 상징들이 감싸고 있다. 닫힌 정원, 우물과 분수, 탑의 문, 생명의 나무인 종려나무와 사이프러스 등.

들면 사바에서는 아르마카, 파르뮤라에서는 아그리보르—공경 되었다. 또 마호메트가 달을 숭배하는 것을 금했음에도 불구하고, 반달이 이슬람교의 표시가 되었다.

태양과 같이 달도 처음부터 시간의 표시, 밤과 낮의 구별, 계절과 날과 해의 표시로 봉사하도록 정해져 있었고(창 1:14), 밤의 지배자였다(창 1:16).

이스라엘 민족은 태음력을 사용했고, 새로운 달의 날(매달 첫째 날)을 축일로 간주하여 제물을 바쳤다(사 1:13-14; 민 28:11-15). 달은 시편 72장 5절에서 "대대로", 89장 37절에서 "영원히" 빛나는 성질 때문에 구세주의 나라가 영원불멸하다는 것을 상징한다.

이사야서에서는 해와 달이 구속사의 사건에 관련되어 있다: "그 때에 달이 수치를 당하고 해가 부끄러워하리니 이는 만군의 여호와께서 시온 산과 예루살렘에서 왕이 되시고 그 장로들 앞에서 영광을 나타내실 것임이라"(사 24:23).

종말론적 이미지에서 달이 어두워지는 것은 심판의 징조이다(욜 3:15). 이스라엘의 민속 신앙에서 달은 생식능력(풍요)의 의미가 있었던 듯하다. 여성이 장신구로 사용한 "반달 장식"(사 3:18)이나 낙타의 목에 건 "초승달 장식들"(삿 8:21)에 이러한 의미가 있었다고 해석된다.

신약성경에서 주목할 만한 것은 요한계시록에 등장하는 여자인데, 이 여자는 해를 둘러 걸치고 달을 그 발밑에 밟고 있다(계 12:1). 그리스도 재림 때에 해가 어두워지고 달이 빛을 내지 않는다(막 13:24). 결국 달은 무용지물이 된다. 왜냐하면, 하나님이 새로운 도성 예루살렘의 빛이 되시기 때문이다(계 21:23).

초기 기독교에서 태양과 달은 큰 신비의 담당자요 상징이다. 즉 태양은 신의 상징이고, 달은 인간의 상징이다. 달을 교회의 암시로 해석한 최초의 인물은 오리겐이다. 그에 의하면 교회(달)는 태양이신 하나님으로부터 빛을 받아 그것을 신도들에게 쏟는다. 중세 교회론적인 견해에서 달은 대개 성모 마리아와 관련되었다. 중세 시대나 바로크 시대에 마리아는 요한계시록에 기록된 여자의 이미지와 겹치며, 종종 달에 서 있는 모습으로 묘사되었다. 마지막으로, 날이 가면서 달이 차고 이즈러지는 변화의 모습은 부활의 눈으로 볼 수 있는 표시이다. 그런 까닭에 베로나의 주교 제노는 "밤하늘에 전개되는 달의 변화와 신생의 드라마는 인생의 모든 것을 말한다"라고 했다.

대장일, 대장장이

고대에는 금속을 가공하여 장신구나 무기를 만드는 기술이 베일에 싸여 있었으므로, 대장장이들이 초인간적인 능력을 지니고 있다고 여겼다. 이 경우 연상되는 것은 주로 괴이하고 어두운 면인데, 이것은 오늘날의 언어에도 영향을 주고 있다. 예를 들어 Ränkeschmied는 "음모의 대장장이, 음모가, 책략가"를 의미하며, eine Lüge schmieden는 "거짓을 만들어낸다, 거짓을 날조한다, 온통 거짓말을 한다"는 의미를 나타낸다. 또 대장장이들은 음부적 존재로서 어두운 숲속의 깊은 지하 동굴에 산다. 올림프스 산에서 쫓겨난 신들의 자식 헤파이스투스(Hephaistus)는 햇빛이 비치지 않는 지하 대장간에서 일한다.

성경에 최초로 등장하는 대장장이는 두발가인이다. "그는 구리와 쇠로 여러 가지 기구를 만드는 자요"(창 4:22), 저주받은 가인의 후손이었다. 가인은 "농사하는 자"라고 되어 있는데(창 4:2), 어원적으로는 "대장장이"라는 의미이다. 방목생활(양치기 "아벨"로 나타나 있다)과 확실히 구분지어 농경의 시작과 함께 본래의 문화가 시작되는데, 철기 및 청동기 시대에 가장 앞선 대표자로 간주되었던 것이 대장장이였다. 가인의 자손은 성경에서 언급되는 최초의 마을을 세웠다(창 4:17).

가인의 죄는 문화와 함께 시작된 타락을 상징적으로 나타낸다고 간주할 수 있다. 이사야에서 대장장이는 신상을 만들고 무익한 우상을 부어 만드는 자, 참 하나님에 대해서 아무것도 모르는 사람으로 나온다. 이사야서에서는 그가 "힘센 팔로 그 일을 하나 배가 고프면 기운이 없고 물을 마시지 아니하여 피곤하다"라고 말한다(사 44:10-13). 이것이 의미하는 것은 생명의 물을 마시지 않는 자에게는 일이 보탬이 되지 않고, 이방 신들도 영험을 나타내지 않는다는 것이다.

대장장이는 하나님에 의해 창조된 심판의 힘을 상징하기도 한다: "보라 숯불을 불어서 자기가 쓸 만한 연장을 제조하는 장인도 내가 창조하였고 파괴하며 진멸하는 자도 내가 창조하였은즉"(사 54:16).

사도 바울은 사탄에게 넘겨준 알렉산더라는 인물을 언급하는데, 이 사람은 대장장이로서 바울을 매우 괴롭혔다(딤전 1:20; 딤후 4:14). 전설에 의하면 교활한 대장장이는 악마를 속일 수 있으며 악마와 동맹을 맺고 있다고 한다. 악마가 대장장이로 나타나는 경우도 있다.

도시(마을)

문화는 도시의 발생과 함께 발전하기 시작한다. 바빌론의 전승에 의하면, 인간은 처음에는 동물 같은 생활을 했으나, 반인반어(半人半魚)의 신 오안네스(Oannes)가 농업과 도시를 짓는 방법과 문자를 가르쳤다고 한다. 도시 건설은 신들의 선물이며, 지상의 도시는 천상의 도시의 반영이다. 바빌론인들은 그들의 도시가 세계의 중심이요, 그곳에서 하늘과 땅이 연결되어 있다고 여겼다.

고대 인도에서는 도시 건설을 시작할 때 특정한 건설 의식을 거행했다. 이란의 수도 중심에는 왕의 궁전이 있었는데, 이 왕궁은 "우주의 축"이라고 불렸다. 요컨대, 왕의 도시는 천상의 상태를 지상에 반영한 것이었다.

로마에 이주한 사람들이 건설한 가장 오래된 거리(마을)는 수평선으로 구분된 대지(大地, Äterra)를 본떠서 둥근 형태를 이루고 있었으리라 상상된다. urbs(도시, 거리)라는 말과 orbis(원)라는 말이 어원적으로 같다는 것이 이를 뒷받침한다.

오늘날 아랍인들은 예루살렘을 "거룩한 장소"(El Kuds)라고 부른다. 고대에 예루살렘이 이스라엘과 유대의 수도로서 의의를 갖게 된 것은 단순히 그 혜택받은 위치와 지세의 탓만이 아니라 성경에 의하면 여호와의 뜻에 따른 것이었다. 솔로몬은 이곳에 관해 "주께서 전에 말씀하시기를 내 이름이 거기 있으리라 하신 곳 이 성전을 향하여 주의 눈이 주야로 보시오며 주의 종이 이곳을 향하여 비는 기도를 들으시옵소서"(왕상 8:29)라고 말했다고 전해진다.

"예루살렘 거리"를 나타내는 히브리어 예루샤라임(Jeruschalajim)은 "집, 주거"를 의미하는 "jeru"와 "평화의"라는 뜻의 "schalom"의 합성어로서 "평화의 집"을 의미한다.

예루살렘이 종교적·정치적 중심지로 선택된 것은 그곳이 제사장 멜기세덱의 거리(이름은 아직 살렘이었으나)였던 점(창 14:18)도 관련되었을 수 있다. 도시의 동쪽 언덕의 남쪽 기슭, 전략적으로 수비에 안성맞춤인 장소에 시온의 요새가 있어 거룩한 곳을 지키는 난공불락의 성채의 상징이 되었다. 여호와께서 친히 시온 산을 선택하신 것이다(시 78:68). 시온은 원래 "요새"를 의미했으나 점차 확대되어 요새가 있는 산, 신전의 영역 전체를 뜻하게 되다가 결국 거룩한 도시 예루살렘과 같은 의미로 사용되었다: "터가 높고 아름다워 온 세계가 즐거워 함이여 큰 왕의 성 곧 북방에 있는 시온 산이 그러하도다"(시 48:2).

예루살렘 성전의 영광은 예루살렘 전체를 덮는다. 그것은 "만군의 여호와의 성"이요, "만군의 여호와의 성, 우리 하나님의 성"이며, 그 주민은 자신이 "주의 전 가운데" 있음을 알고 있다(시 48:8-9). 이곳이 세계의 중심이다. 왜냐하면, 하나님이 예루살렘에 거하시기(시 135:21) 때문이다. 모든 나라의 백성이 하나님의 산을 향한다. "율법이 시온에서부터 나올 것이요 여호와의 말씀이 예루살렘에서부터 나올 것"(사 2:2-3)이기 때문이다. 이사야는 이 도시를 "처녀 딸 시온"(사 37:22)이라고 불렀다.

여호와께서 시온에 두신 돌(사 28:16)은 종말을 상징한다. 그것은 장차 새로운 하늘의 예루살렘을 건설할 것이라는 구세주를 암시한다. 이사야는 지상에서는 괴로움을 겪고 폭풍에 시달리는 이 도시가 언젠가는 "청옥으로 네 기초를 쌓으며 홍보석으로 네 성벽을 지으며 석류석으로 네 성문을 만들고 네 지경을 다 보석으로 꾸밀 것이며 네 모든 자녀는 여호와의 교훈을 받을 것이니 네 자녀에게는 큰 평안이 있을 것"(사 54:11-13)이라고 예언했다.

에스겔도 하나님의 뜻에 따라 새롭고 거룩한 성의 모습을 구체적으로 목격했다(겔 40:2). "예 예루살렘의 성문들은 사파이어와 비취옥으로 만들어지고 그 성벽도 모두 보석으로 이루어질 것이다. 예루살렘의 탑들은 황금으로 지어지고 그 보루들도 순금으로 이루어질 것이다. 예루살렘의 성문들은 기쁨의 찬가를 부를 것이고 예루살렘의 모든 집들은 할

렐루야, 이스라엘의 하나님이여 찬미 받으소서" 하고 외칠 것이다(토비트 13:16-18).

수도로서의 예루살렘은 종종 "성"이라 불렸다(마 21:17-18; 누가복음 19:41). 옛 예루살렘의 몰락은 거룩한 예루살렘이 새로운 땅에 내려오는 전제가 된다(계 3:12). 새로운 성이 낡은 성을 대신하게 된다는 것을 최초로 분명히 말한 사람은 바울이다. 바울은 이것을 두 여자의 비유를 이용해 말한다. 자식들과 함께 종의 상태에 있던 "옛 예루살렘"(여종 하갈로 상징된다)이 "위에 있는 예루살렘"(자유인 사라로 상징된다)으로 대치된다(갈 4:22-27). 거룩

두 마을. 상단은 예루살렘이고 하단은 베들레헴이다. (산타 마리아 마조레 사원에 있는 개선문의 일부)

한 성의 주민은 아브라함의 참 자손이다. 아브라함은 깊은 신앙을 품고 하나님의 약속, 즉 "하나님이 경영하시고 지으실 터가 있는 성"을 대망(待望)하였다(히 11:10). 이 약속의 성을 향한 동경은 지상의 목적과 상치된다. 왜냐하면, 이 땅 위에는 우리가 차지할 영원한 도성이 없으며, 우리는 장차 임할 도성만 바라기 때문이다(히 13:14).

하늘에서 내려오는 새 예루살렘은 "그 예비한 것이 신부가 남편을 위하여 단장한 것 같다"(계 21:2). 그것은 어린 양이신 순결한 신부로서 현세의 것에 집착하는 창부(娼婦) 바벨론과 대조를 이룬다. 하나님의 영광으로 채워지고 많은 보석으로 장식된 예루살렘은 "수정같이 맑은 생명수의 강"이 흐르는 낙원의 도성(계 22:1), 영원한 지복의 상징이다.

도시(마을)

중세 시대의 해석에서 하나님의 관점에서 예루살렘은 하나이지만, 구속사적 시간의 경과 속에서는 네 개의 발전 단계로 표현된다. 첫째는 성전을 가진 구약 성경의 시온의 거리, 둘째는 로마를 중심으로 하는 에클레시아(教會), 셋째는 인간의 내면에 있는 성전, 즉 하나님이 거하시는 거처, 넷째는 요한계시록에 기록된 하늘의 도성이다.

원시 기독교 회화(繪畫)에서 종종 두 개의 성이나 집이 대치하는데, 그것은 예루살렘과 베들레헴이다. 이 두 성은 각기 유대인 기독교도와 이방인 기독교도를 가리키는 상징으로서 교회가 이 두 요소의 연합으로 성립되고 있음을 나타낸다. 초기 기독교 시대에 하나님의 도성은 교회 안에 이상화(理想化)된 모습으로 구현되었다. 특히 로마네스크 양식의 바실리카와 고딕식 대성당은 지상의 도시와 하늘의 도성을 맺어주는 가교(架橋)로서 양자를 본뜨고 있다. 개신교 찬송에 영원한 생명에 대한 동경의 표현으로 거룩한 성이 등장한다. "예루살렘이여, 너 하늘에 솟은 수도여, 바라건대, 네 안에 살기를."

독수리

신화와 상징의 세계에서 독수리만큼 중요한 역할을 하는 새도 없을 것이다. 독수리는 어디에서 서식하든지 새들의 왕으로 간주된다. 독수리는 하늘의 신들 아래에서 살며, 선택된 인간을 그곳으로 운반해간다. 바빌로니아의 왕 에타나(Etana)는 왕자(王子)의 출산이 난산이었기 때문에 태양신 샤마시에게 순산약(順産藥)을 구하기 위하여 독수리를 타고 하늘로 올라갔는데 너무 높이 올라가 정신을 잃고 떨어졌다고 한다. 에타나는 독수리의 힘으로 이슈타르(Ishtar)가 사는 하늘 모퉁이로 올라가려고 했다. 사자의 머리를 한 독수리는 수메르의 신(神) 닝기루수

(Ningirsu)의 상징적 표시였다. 시리아에서 이 맹금(猛禽)은 팔미라(Palmyra)의 태양신으로 성스러운 새였다. 그리스인은 독수리(매)에게서 제우스의 종자(從者)의 모습을 보았다. 로마인은 황제의 시신을 화장할 때 독수리를 하늘 높이 날려 보냄으로써 죽은 혼이 신들의 세계로 간다고 한다.

위풍당당하게 "공중에 날아다니는 독수리"(잠 30:19)는 힘과 인내의 상징이다. "여호와를 앙망하는 자는 새 힘을 얻으리니 독수리가 날개 치며 올라감 같을 것이요 달음박질하여도 곤비하지 아니하겠고 걸어가도 피곤하지 아니하리로다"(사 40:31). 택한 백성에 대한 하나님의 배려는 새끼를 날개에 태우고 목적지에 데려다주는 독수리의 배려에 비유할 수 있다(출 19:4). 여호와는 "마치 독수리가 자기의 보금자리를 어지럽게 하며 자기의 새끼 위에 너풀거리며 그의 날개를 펴서 새끼를 받으며 그의 날개 위에 그것을 업는 것 같이" 자기 백성을 인도하셨다(신 32:11). 시편 기자는 신앙이 돈독한 인간에 대해서 "네 청춘을 독수리같이 새롭게 하시는도다"(시 103:5)라고 표현했다.

이 맹금이 하나님의 심판을 상징하는 경우도 있다: "여호와께서 멀리 땅끝에서 한 민족을 독수리가 날아오는 것같이 너를 치러 오게 하시리니"(신 28:49). 여호와께서 모압 땅을 심판하실 때 독수리가 날아와 멸망할 운명의 그 백성 위에 위협하듯이 그 날개를 편다(렘 48:40). 바위에 사는 독수리는 포획물을 노리며, 살육당한 자가 있는 곳에서는 반드시 독수리의 모습을 찾아볼 수 있다(욥 39:27-30). 에스겔서에서 날개가 크고 깃이 길고 털이 숱한 큰 독수리는 바빌론 및 이집트 등 세계 제국을 상징적으로 나타낸다(겔 17:3-7).

앞에서 언급한 욥기의 말씀은 종말에 대한 예수님의 예언에 형태를 바꾸어 다시 등장한다: "주검이 있는 곳에는 독수리들이 모일 것이니라"(마 24:28). 여기서 독수리는 죽임을 당했으나 그리스도의 몸 주위에 모여드는 신자들을 상징한다. 누가복음이 전하는 바로는 예수께서는 "무릇 자기 목숨을 보전하고자 하는 자는 잃을 것이요 잃는 자는 살리라"(눅 17:33)고 말씀하셨으며, 제자들이 "주여 어디오니이까"라고 묻자, "주검 있는 곳에는 독수리가 모이느니라"(눅 17:37)라고 대답하셨다.

『피시올로고스』(physiologos)에서 독수리의 생명 갱신이 중심에 놓여 있다. 즉 독수리는 늙어 눈이 흐려지면 태양 빛에 날개를 태우고 나서 맑은 샘에서 세 번 자맥질하고는 젊어져서 다시 하늘 높이 날아오른다고 한다: "너 그리스도의 제자여, 네가 아직 낡은 옷을 입고 있으니, 거룩한 샘, 곧 하나님의 말씀을 구하여라. 그리고 하늘 높이 예수 그리스도라는 의의 태양을 향해 날아오르라."

왕자처럼 위엄 있는 이 새는 그리스도의 상징이 된다. 신적(神的) 지혜의 상징인 독수리는 요한을 상징한다. 중세의 설교단에 하나님의 말씀의 위엄이 날개를 편 독수리의 형태로 표현되었다(설교단이 독수리의 모양을 하고 있다).

돌

돌의 단단함, 기괴한 형태, 그리고 어떤 돌로는 불을 붙일 수 있다는 것 등은 자연과 함께 생활하는 인간의 관념에서 초인간적인 힘의 존재를 암시하는 듯 생각된다. 이것은 특히 "하늘의 돌", 즉 운석에 적합하다. "하늘의 돌"에는 위와 아래, 우주의 서로 다른 존재 층 사이를 연결 짓는 가능성이 나타나기 때문이다. 이 점에서 상기되는 것은 메카의 성전 벽에 이슬람교 이전 시대에서 유래한 운석(흑석)이 들어 있다는 것이다. 원시인들은 돌이 죽은 것이 아니라 생명과 생산력을 담고 있다고 생각했다. 이집트에서 돌은 영원의 상징이었다. 인간의 육체는 사멸해도 돌에 새겨진 모습과 이름이 생명의 지속을 보증한다고 생각되었다.

구약 성경은 돌의 숭배를 공격한다: "너희는 자기를 위하여 우상을 만들지 말지니 조각한 것이나 주상을 세우지 말며 너희 땅에 조각한 석상을 세우고 그에게 경배하지 말라"(레 26:1). 여호와의 백성은 이방 민족들처럼 "나무와 돌"을 숭배하는 일이 있어서는 안 된다(겔 20:32). 하나님은 이스라엘 백성이 하나님의 가르침을 배반하고 "골짜기 가운데 매끄러운 돌들"을 신으로 떠받들고 그것들에 술을 부어 바치고 곡식제물을 바치는 데 격노하신다(사 57:6).

한편, 돌은 신적 능력의 상징이 되기도 한다. 야곱은 돌을 베개 삼아 잠자다가 하늘에 닿은 사닥다리의 꿈을 꾸었으므로 "하나님의 전(벧엘)이요 이는 하나님의 문이로다"라며 베개로 삼았던 돌을 가져다가 기둥으로 세우고 그 위에 기름을 부었다(창 28:11-19).

기드온은 불이 바위에서 나와 고기와 무교병을 사르는 것을 보고 자기 앞에 나타난 사람이 여호와의 사자임을 알았다(삿 6:21). 날개를 펼쳐 덮는 그룹은 "불타는 돌들 사이"에 왕래하였다(겔 28:14). 제단은 정으로 쪼아 다듬지 않는 돌로 쌓았다(출 20:25). 성경의 상징에서 돌은 심장, 강한 마음을 나타낸다(욥 41:24; 겔 11:19).

돌에는 생명이 없다. 그러나 하나님은 하려는 생각만 있으시면 능히 돌들을 아브라함의 자손이 되게 하실 수 있다(마 3:9). 하나님이 없으면 인간도 돌처럼 생명 없는 것이 된다. 그러나 "산 돌"이신 그리스도를 믿는 사람은 "산 돌 같이 신령한 집으로 세워진다"(벧전 2:4-5).

예수께서는 건축자가 버렸지만 선택되어 집 모퉁이의 머릿돌이 된 돌(시 118:22)을 자신과 관련시키셨다: "건축자들의 버린 돌이 모퉁이의 머릿돌이 되었느니라 함이 어찜이냐 무릇 이 돌 위에 떨어지는 자는 깨어지겠고 이 돌이 사람 위에 떨어지면 그를 가루로 만들어 흩으리라 하시니라"(눅 20:17-18). 이 돌에 부딪히는 자는 멸망에 이르며, 최후 심판 때에 돌이신 그리스도께서 그 적을 분쇄하시리라는 것이다.

그리스도는 "부딪치는 돌과 걸려 넘어지게 하는 바위"이시다(벧전 2:8). 그리스도를 믿느냐의 여부에 따라 돌이신 그리스도가 그 사람에게 복이 되는지 화가 되는지 결정된다. 이스라엘이 믿음에 의지하지 않고 자신의 행위에 의한 율법적 의를 추구한 것은 "부딪히는 돌"에 부딪힌 것인데, "부딪히는 돌"은 그리스도 안에 놓여 있다(롬 9:32-33).

요한계시록에 의하면 승리를 얻은 자에게 흰 돌이 주어진다. "그 돌 위에 새 이름을 기록한 것이 있나니 받는 자 밖에는 그 이름을 알 사람이 없느니라"(계 2:17).

안디옥의 이그나티우스는 신자를 거룩한 십자가라는 기계에 의해 높이 올려져 살아 있는 돌로 비유했다. 13세기의 신비 사상가인 메히트힐트 폰 막데부르크(Mechthild of Magdeburg)는 하나님을 찬미하며 "고귀한 돌이여"라고 불렀다.

중세 시대 미술에서 그리스도 탄생을 상징으로 나타내는 것으로 자주 사용된 모티프에는 사람의 손을 거치지 않고 산에서 잘린 뜨인 돌이라는 모티프가 등장하는데, 이것은 다니엘 2장 34절의 묘사에서 유래한다.

동굴

동굴은 선사시대에 마술적 제사 행위에 사용되었다. 동굴은 죽은 자를 매장하기에 안성맞춤이었으므로, 동굴에는 "죽은 자의 나라"라는 관념이 붙어 있었다.

고대 수메르인의 생각에 의하면, 죽은 자는 사망의 강을 건넌 후 우주산의 동굴에 발을 들여놓는다. 이집트의 리코폴리스(Lycopolis)의 대규모 공동묘지는 "동굴의 입"이라고 불렸다. 동굴은 어머니인 대지, 창조와 파괴의 큰 어머니(마그나마텔)라는 원형과 연결되어 있어 탄생의 장소와 죽음의 공간을 겸한다.

이집트인들은 생명의 혜택을 주는 나일강 물이 동굴에 그 근원을 두고 있다고 믿었다. 제우스는 크레타섬의 동굴에서, 헤르메스는 알카디아의 크레네 산중 동굴에서 태어났다. 어두운 지하 동굴은 신들의 혼인 장소가 된다. 예를 들면 주피터(Jupiter)와 주노(Juno)가 동굴에서 결혼했다.

성경에서 언급되는 동굴은 대체로 상징적 의미를 갖지 않으며, 짐승의 처소, 또는 사람의 거주지나 도피처를 나타낸다. 그러나 동굴을 상징 언어로 간주할 수 있는 부분도 있다. 즉 동굴, 혹은 바위의 갈라진 틈은 하나님의 나타남과 연결되어 있다 여호와는 모세에게 "내 영광이 지나갈 때에 내가 너를 반석 틈에 두고 내가 지나도록 내 손으로 너를 덮었다가 손을 거두리니 네가 내 등을 볼 것이요 얼굴은 보지 못하리라"고 말씀하셨다(출 33:22-23).

엘리야가 하나님의 산 호렙에 있는 동굴에서 밤을 보낼 때 "여호와의 말씀이 그에게 임하여 이르시되 엘리야야 네가 어찌하여 여기 있느냐"라고 하셨고, 엘리야가 겉옷으로 얼굴을 가리고 동굴 입구에 서 있을 때 다시 같은 물음이 들려왔다(왕상 19:8-13).

마카비하 2장 4-7절에는 "예레미야가 그곳에 이르렀을 때에 동굴 속에서 방을 하나 발견하고 그 속에다 장막과 계약궤와 분향제단을 안치했습니다"라는 기록이 있다.

동굴은 다른 세계로 들어가는 입구이다. 그것은 또한 신비적인 방법으로 생명이 탄생하는 장소이기도 하다. 자연의 법칙에 어긋난 근친상

간, 즉 동굴에서 술에 취해 자고 있는 아버지와 동침한 롯의 두 딸에게서 새로운 두 족속, 모압 족속과 암몬 족속의 선조가 태어났다(창 19:30-38).

마지막으로, 동굴은 지하 세계, 음부의 상징이기도 하다. 여호수아에게서 도망쳐 동굴에 몸을 숨긴 다섯 왕은 암흑의 힘, 무저갱의 힘의 대리자로서 하나님의 종에 의해 동굴에서 끌려 나와 죽임을 당한 후 다시 동굴 속에 던져졌고, 그 입구는 커다란 돌로 막혔다(수 10:16-27).

빈 우물, 마른 웅덩이가 지하 세계를 암시하기도 한다. 형들에 의해 우물에 던져진 요셉의 경우가 그것이다(창 37:20-24). 시편 기자는 큰 괴로움 속에서 "큰 물이 나를 휩쓸거나 깊음이 나를 삼키지 못하게 하시며 웅덩이가 내 위에 덮쳐 그것의 입을 닫지 못하게 하소서"(시 69:15)라고 노래했다.

동굴과 웅덩이와 무덤은 동의어이다. 깊은 웅덩이에 놓여 있다는 것은 어둠의 나라, 즉 죽음의 나라에 있다는 의미이다(시 88:6). 그곳이 히브리어로 스올(음부)이다. 나사로의 무덤이 돌로 막힌 동굴이었다는 것(요 11:38)은 산이 많은 지방에서는 드문 일이 아니다. 그러나 구속사적 관점에서 보면 거기에 더 깊은 의미가 숨겨져 있다. 그것은 동굴에서 생명이 탄생한다는 의미를 나타낸다.

바위 속에 판 무덤의 입구를 큰 돌을 굴려 막은 그리스도의 무덤도 일종의 동굴로 해석할 수 있다. 이 바위 묘혈에 들어간 것은 그리스도가 지하세계, 즉 죽음의 나라로 내려가신 것을 의미한다. 그리스도는 그곳에서 안식 후 첫날 부활하셨다(마 27:60, 28:1-15).

사 복음서에는 그리스도가 동굴에서 태어나셨다는 기록이 없다. 그러나 야고보서에는 동굴에서의 탄생 경위가 상세히 보고되어 있고, 오리겐도 『켈수스 논박』에서 베들레헴의 동굴 속 마구간에 대해서 쓰고 있다. 유럽의 미술에는 마구간이 그려져 있는 데 반해 비잔틴 미술에는 예외 없이 인공 동굴이나 어두운 바위 동굴이 그리스도의 탄생의 장(場)으로 그려져 있다. 이러한 것을 상징적으로 예견한 것이 하박국 3장 3절에 있는데, 구세주는 "바란 산"(신의 어머니)에서 오신다. 그 태가 즉 탄생의 동굴이다. 마구간과 동굴이라는 그리스도 탄생의 장에 관한 두 견해는 표면상으로 모순된 것처럼 보인다. 그러나 팔레스타인에서 고원의 목초지에 있는 동굴을 마구간으로 이용했음을 고려하면, 이 모순도 해결된다. 전설에 의하면 몬테 가르가노의 동굴에 예배당을 만든 것은 대천사 미가엘이었다고 한다.

동산

원시 시대의 사람에게는 식물, 수목 및 자신을 둘러싼 환경과 풍토 전체가 자연계의 생성과 소멸뿐만 아니라 인간의 삶과 죽음까지 지배할 듯이 보이는 초인간적인 힘의 발로였다. 정체를 알 수 없는 야생의 삼림은 위험을 숨긴 위협, 악령이 사는 장소로 생각되었지만, 숲, 풍요로운 과수, 꽃이나 식물로 풍족하고 따뜻하게 둘러싸인 동산은 신의 선물이라고 생각된다. 동산은 원래 '둘러싸인' 땅이라는 의미이다. 육체를 자라게 하고 정신과 혼에 기쁨을 주는 동산, 우리는 이것을 파라다이스(낙원)라고 부른다. 이것은 죽음을 모르는 영생의 함축, 풍부한 상징이 되었다.

식물 또는 농업의 신 아도니스를 공경하기 위해 화분이나 바구니에서 기르는 식물(아도니스의 동산)은 이 신의 부활을 기념하는 것이라고 여겨져 왔다. 이란의 창조 신화에 의하면 태초의 성스러운 풍경은 빛이 가득하고 물이 종횡으로 흐르는 동산 같은 외관을 드러내고 있었다고 한다.

여호와께서는 태초에 인간을 지으신 후 동방의 에덴에 동산을 창설하시고 그 지으신 사람을 거기 두셨다(창 2:8). 동산의 동쪽, 곧 "아침의 방향"에 있다는 것은 유대인의 지리적 관념뿐만 아니라, 상징적으로 인류의 시초를 암시하고 있다고 생각된다. 낙원은 공간적으로나 시간적으로도 태초를 의미한다: "여호와 하나님이 그 사람을 이끌어 에덴동산에 두어 그것을 경작하며 지키게 하시고"(창 2:15). "둔다"에는 깊은 의미, 즉 여호와께서 창조하신 질서 속에 놓이는 것, 질서에의 귀속이 표현되어 있다. 이것은 인간은 계속 이 질서를 경작하고 지켜야 한다는 의미이다. 아담과 하와가 여호와의 규칙을 범했기 때문에 여호와께서 인간을 추방하시고 인간이 잃어버린 낙원에 들어가지 못하도록 에덴 동산의 동쪽에 불칼을 가진 그룹들이 지키게 하셨다(창 3:24).

구약성경의 또 다른 말씀에서 낙원은 여호와와의 밀접한 관계를 상징한다: "나 여호와가 시온의 모든 황폐한 곳들을 위로하여 그 사막을 에덴 같게, 그 광야를 여호와의 동산 같게 하였나니"(사 51:3). 동산은 식물이나 수목이 번성하므로 풍요의 상징이 된다. 예를 들면 요단강 유역은 소돔과 고모라가 멸망하기 전에는 "여호와의 동산" 같이 윤택했다(창 13:10).

낙원의 정원(15세기 작품)

땅이 싹을 내며 동산이 거기에 뿌려진 것을 움트게 하듯이, 주 하나님께서도 모든 나라 앞에서 의와 찬송을 샘 솟듯이 솟아나게 하실 것이다"(사 61:11). 아가 4장 12절에서는 신부를 "잠근 동산"이라고 말한다.

예수께서는 최후의 기도를 하시려고 동산 조용한 곳에 들어가셨다(요 18:1). 두 명의 제자와 예수를 묻은 무덤도 동산 안에 있었다(요 19:41). 하늘나라의 생명수가 흐르고 생명나무가 자라는 장소에 대한 묘사에는 종말의 동산이 암시되어 있다(계 22:1-2).

아가서 4장 12절의 "잠근 동산"(hortus clausus)은 "봉인된 샘"과 함께 마리아의 처녀성을 상징하기도 한다. 독일의 후기 고딕 및 이탈리아의 초기 르네상스의 회화에서는 종종 성모 마리아가 꽃이 핀 향기로운 동산에 놓인다. 같은 표현이 장미 울타리 안의 마리아라는 주제에도 나타나는데, 마리아는 생울타리에 둘러싸인 정원의 장미로 묘사된다. 15세기부터 16세기까지 묘비석 기념 바위에 그려져 있는 낙원은 낙원에 대한 신자의 동경을 나타낸다. 17세기가 되면서 동산의 종교적 의미는 낙원에서 현실의 정원으로 옮겨진다. 현실의 정원에서 신의 질서의 비유를 본 것이다.

돼지

고대 여러 민족은 돼지를 풍요의 상징으로 여겼다. 그 때문에 특정한 신들에게 산 제물로 바쳐졌다. 이집트에서는 돼지는 달(月)과 특별한 관계에 있는데, 달에 제사 지낼 때 오시리스에게 돼지를 바쳤다. 한편, 돼지는 흙탕물이나 오물을 내놓기 때문에 부정한 동물로 여겨졌다. 이집트인의 관념에 의하면, 돼지는 악의 신인 세트의 종자들의 패거리에 속하며, 세트 자신이 검은 돼지, 혹은 멧돼지의 모습으로 태양의 신 호루스를 습격했다고 한다.

뒤러의 탕자(15세기 작품)

성경에서는 돼지를 부정한 동물로 여기며(레 11:7), 이것을 먹어서는 안 되며, 그 사체를 만져서도 안 된다고 말한다(신 14:8). "종일 손을 펴서 자기 생각을 따라 옳지 않은 길을 걸어가는 패역한 백성"이라 불리는 자에는 "돼지고기를 먹는" 자도 포함된다(사 65:2-4). 돼지의 더러움은 인간 내면의 더러움의 상징이 된다. 그런 까닭에 아름다운 여인이 삼가지 아니하는 것은 돼지코에 금고리 격이라고 말한다(잠 11:22). 밤이면 무성한 숲에서 모습을 나타내 밭을 황폐하게 하는 멧돼지는 포도밭으로 비유되는 이스라엘을 괴롭히는 이교도를 상징한다: "수풀의 돼지가 상해하며 들짐승들이 먹나이다"(시 80:13).

예수님은 산상수훈에서 하나님의 가르침을 더럽히는 인간을 나타내는 데 이 부정한 동물의 이미지를 이용하셨다: "거룩한 것을 개에게 주지 말며 저희 진주를 돼지 앞에 던지지 말라 저희가 그것을 발로 밟고 돌이켜 너희를 찢어 상할까 염려하라"(마 7:6).

탕자의 비유에서 방탕한 아들은 돼지치기가 되었다. 율법에 충실한 유대인 중에서 최저의 신분으로 떨어지는 것은 치욕의 극치를 나타낸다(눅 15:15). 몸을 씻고서 곧 더러운 구덩이에 다시 들어가는 돼지(벧후 2:22)는 과거에 지은 죄를 다시 저지르는 인간을 상징한다.

기독교 미술에서 돼지는 죄, 특히 성적인 방종과 무절제를 나타내며, 회당의 탈 것으로서의 돼지는 기독교의 가르침을 적대하는 유대교의 가르침을 나타낸다.

들소(한 뿔 짐승)

흔히 유럽에서 등장하는 공상의 동물은 뿔이 하나이다. 사람들은 각양각색의 형태를 상상하여 그림을 그렸다. 예를 들면 산양, 코뿔소, 뿔 달린 말, 혹은 영양 등의 모습으로 묘사했다.

기독교 시대 이전의 들소의 흔적은 인도에까지 이르고 있어 마타르바 베다 찬가에도 한 뿔 짐승이 등장한다. 인도 신화에 나오는 인류의 시조 마누가 자기의 배를 물고기의 뿔에 연결해 대홍수에서 벗어날 수 있었다는 이야기에서 "뿔을 가진 물고기"는 바다의 한 뿔 짐승으로 간주한다. 이란의 전승에서 들소는 악마의 지배를 물리치는 힘을 나타낸다. 고대 그리스·로마에서는 동물의 뿔로 만든 술잔이 병마와 독으로부터 보호해준다고 생각했다.

구약성경에서 들소는 나쁜 것으로도 좋은 것으로도 나타낼 수 있는 강대한 힘을 상징한다. 시편 22장 21절에서 마음이 정직한 사람은 죽음의 위험에 직면하여 하나님께 간구한다: "나를 사자 입에서 구하소서 주께서 내게 응락하시고 들소 뿔에서 구원하셨나이다." 시편 92장 10절에서는 이와 반대의 의미로 사용되었다: "그러나 주께서 내 뿔을 들소의 뿔 같이 높이셨나이다." 들소는 여러 면에서 코뿔소와 동일시 되었다. "하나님이

들소와 처녀

그를 애굽에서 인도하여 내셨으니 그 힘이 들소와 같도다"(민 24:8).

모세는 죽기 전에 요셉을 축복했다: "그는 첫 수송아지 같이 위엄이 있으니 그 뿔이 들소의 뿔 같도다 이것으로 민족들을 받아 땅 끝까지 이르리니"(신 33:17).

들소는 교부들에 의해 기독교의 상징체계에 도입되었다. 오리겐은 하나의 뿔을 가진 들소를 그리스도의 강대한 세계 지배력으로 비유하여 "그리스도는 들소처럼 모든 나라 위에 하나의 지배를 수립할 것이다"라고 했다. 들소는 길들이기 어려운 야생짐승으로서 솜씨 좋은 포수도 포획할 수 없다.

전설에 의하면 들소는 순결한 처녀가 혼자 숲속에서 몸을 눕히고 있을 때 다가와서 처녀의 무릎 위에서 잠을 잔다고 한다. 이 전설의 영향을 받아 들소는 정결과 순결을 나타내는 것, 마리아의 상징이 되었다. 또 들소의 뿔은 뱀 독이 섞인 물을 정화한다고 하며, 그 때문에 세상을 죄에서 구원하는 그리스도의 상징도 된다.

등불과 촛대

등불과 촛대는 빛과 밝음을 상징하며, 무서운 어둠의 힘을 물리칠 수 있다고 한다. 이집트의 신전에서는 신년을 맞이하는 섣달 그믐날 밤에 등불을 밝혔다. 플루타르크가 전하는 바로는 신상 앞에 항상 등불을 밝혔다고 하는데, 플루타르크는 이것을 영원의 등불이라고 한다.

고대 그리스·로마에서 등불은 생명의 상징으로서 묘표의 기둥에 걸거나 죽은 사람과 함께 묘에 매장되었다. 등불을 생명의 빛이라고 보는 그리스인들은 타는 불을 보고 예언하기도 했다.

악마를 제거하기 위해 등에 마술적이고 상징적인 표시를 부착했다.

방을 밝히는 효과를 높이기 위해 등불은 받침, 즉 촛대 위에 올렸다. 초기 기독교 시대에 일곱 개의 가지를 가진 촛대는 유대교를 나타내는 상징이었다.

비유적 의미에서 여호와를 등불로 비유했다. "여호와여 주는 나의 등불이시니 여호와께서 나의 어둠을 밝히시리이다"(삼하 22:29). 신앙이 깊은 사람에게 여호와의 말씀은 빛의 근본이요 길을 밝히는 등불이 된다(시 119:105).

지상에서 여호와의 대리인인 왕도 등불이 된다. 다윗은 블레셋과의 전쟁에서 부하들의 도움으로 목숨을 건졌는데, 이 전쟁이 끝난 뒤 다윗의 부하들은 왕에게 이렇게 간청한다: "왕은 다시 우리와 함께 전장에 나가지 마옵소서 이스라엘의 등불이 꺼지지 말게 하옵소서"(삼하 21:17). 여기에 생명의 빛이라는 개념이 들어 있음이 분명하다.

등불이 꺼지는 것은 어둠의 상태로 돌아가는 것을 의미하며, 죽음을 부르는 여호와의 저주의 표시이다: "악인의 빛은 꺼지고 그의 불꽃은 빛나지 않을 것이요 그의 장막 안의 빛은 어두워지고 그 위의 등불은 꺼질 것이요"(욥 18:5-6).

여호와께서 등불을 끄시면 땅이 황폐하여 폐허로 변하고 기뻐하는 소리와 즐거워하는 소리와 신랑과 신부의 소리가 들리지 않게 된다(렘 25:10-11). 그러나 여호와는 영원히 등불을 끄시지는 않는다. "여호와께서 그의 종 다윗을 위하여 유다 멸하기를 즐겨하지 아니하셨으니 이는 그와 그의 자손에게 항상 등불을 주겠다고 말씀하셨음이더라"(왕하 8:19).

여호와께서 시내산에서 모세에게 보여주신 모양대로 성막의 순금 등잔대를 만들었다(출 25:31-40). 스가랴서에는 일곱 개의 등잔과 일곱 개의 관을 가진 등잔대가 언급된다. 즉 등잔대의 일곱 개의 등불은 "온 세상에 두루 다니는 여호와의 눈"이다(슥 4:2-5, 10).

계시록 1장 12~16절을 묘사한 알브레히트 뒤러의 목판화(16세기)

예수님의 비유에서 등불은 주의 깊음, 마음의 준비가 되어 있음을 상징한다. 잃었던 은화(드라크마)의 예화(눅 15:8-9)는 길 잃은 사람을 찾아서 구원하고 용서하는 하나님의 사랑을 감명 깊게 묘사한다. 은전 열 닢 중에 한 닢을 잃어버린 여자는 등불을 손에 들고 집안을 온통 찾아다니는데, 이처럼 하나님의 마음도 칠흑 같은 어둠에서 죄인을 구원하여 다시 하나님의 빛의 품으로 데려오려고 항상 주의 깊게 눈을 반짝이고 있다.

슬기로운 처녀와 미련한 처녀의 비유, 등불과 등불용 기름의 예화는 하나님의 오심을 대비하여 항상 마음의 준비를 게을리하지 말라는 호소이다(마 25:1-13).

요한계시록(1:12, 20, 2:1)에도 촛대라는 이미지가 나타난다. 그러나 여기에서는 일곱 개의 가지를 가진 촛대가 아니라 일곱 개의 촛대인데, 일곱 촛대는 일곱 교회로서 모든 교회를 상징한다. 또 일곱 촛대의 중앙에 인자가 있다.

묘지에서 불멸의 빛과 삶에 대한 믿음의 상징으로 등불을 세우는 것은 고대로부터 내려오는 풍습이다. 프아티에의 힐라리우스(Hilarius, 315~367)는 등불을 "세례로 점화된 모든 혼의 빛나는 빛"이라고 말한다. 가톨릭에서는 성체 전에 "영원한 빛"의 등불을 밝히는데, 이것은 하나님의 영원함의 표시이다.

미술에서는 횃불과 등불이 동일시되어 보좌에 앉은 그리스도 앞에 있는 일곱 개의 등불은 성령의 은사를 상징한다. "보좌로부터 번개와 음성과 우렛소리가 나고 보좌 앞에 켠 등불 일곱이 있으니 이는 하나님의 일곱 영이라"(계 4:5). 제단 양편에 놓인 두 개의 촛대는 구세주 예수의 탄생에 대한 이교와 유대교의 기쁨을 상징한다. 유대 교도들에게는 "네 빛이 이르렀고 여호와의 영광이 네 위에 임하였음이니라"(사 60:1)는 말씀이 그 근거이고, 이교도에게는 "너희가 전에는 어둠이더니 이제는 주 안에서 빛이라 빛의 자녀들처럼 행하라"(엡 5:8)라는 사도 바울의 말이 그 근거이다.

로마네스크 시대에 사용된 등 모양의 열두 개의 작은 등불대를 가진 크고 둥근 샹들리에는 빛을 발하는 거룩한 예루살렘을 암시한다.

땅(대지)

하늘과 땅은 위와 아래, 높은 것과 낮은 것을 의미한다. 신은 하늘과 땅으로 우주(세계)의 극을 결정했다. 자연과 일체가 되어 살아가는 사람들에게 있어서 땅은 살아있는 것의 모태이다. 식물도 동물도 인간도 그곳에서 태어나서 그곳으로 돌아간다. 지하세계는 어두운 땅의 태 안에 있다. 인간의 육체가 땅에서 생겨나며, 영혼은 신에게서 온다고 믿는다. 고대 이집트인들도 이것을 알고 있었다.

고대 이집트의 창조의 신 크눔(Khnemu)은 진흙을 반죽하고 녹로를 사용해서 인간의 몸을 만들고 이것에 생명력이 있는 혼을 불어넣었다.

"태초에 하나님이 천지를 창조하시니라"(창 1:1). 이 단계에서 하늘과 땅은 단순히 세계 창조와 관련된 질서, 위와 아래, 정신과 물질이라는 질서를 나타낼 뿐이다. 본래의 땅, "뭍"은 셋째 날에 창조되었다(창

1:9~10).

땅은 만물의 원료가 내장되어 있는 곳, 변천하는 것의 상징이 된다. 여호와의 말씀으로 땅에서 식물과 동물이 생겨났고, 마지막에 하나님이 땅의 흙으로 사람을 지으시고, 그의 코에 생명의 기운을 불어넣으시니 사람이 생명체가 되었다(창 2:7). "아담"(Adam)이라는 이름은 "아다마(adamah, 진흙, 밭의 흙)에서 만들어진 사람"을 의미한다. 물론 "진흙으로 만들어졌다"(formavit ex limo terrae)는 것을 문자대로 이해해서는 안 된다. 어거스틴은 문자의 뜻대로 해석하는 것은 지나치게 유치하다고 하였다. 이 구절은 인간의 지상적 본질을 시사하는 것에 불과하다.

여호와께서 "우리의 형상을 따라 우리의 모양대로 우리가 사람을 만들고"(창 1:26)라고 말씀하신 것은 천상적 본질을 의미한다. 인간이 범죄한 후에 비로소 위와 아래의 구별이 윤리적 의미를 띠게 된다: "너로 인하여 저주를 받고…얼굴에 땀을 흘려야 먹을 것을 먹으리니…너는 흙이니 흙으로 돌아가리니"(창 3:17~19).

인간은 흙으로 만든 몸을 입고 티끌로 터를 삼는다(욥 4:19). 아브라함은 하나님 앞에서 자신이 티끌이나 재와 같다고 고백한다(창 18:27). 경건한 욥은 나쁜 소식을 계속해서 받았을 때, 겉옷을 찢고 머리털을 밀고 땅에 엎드려 경배하면서 "내가 모태에서 알몸으로 나왔사온즉 또한 알몸이 그리로 돌아가올지라 주신 이도 여호와시요 거두신 이도 여호와시오니 여호와의 이름이 찬송을 받으실지니이다"(욥 1:20-21)라고 말했다. 집회서에서는 땅을 "만물의 어머니"(집회서 40:1)로 표현한다.

바울은 고린도 교회에 보낸 두 번째 편지에서 하나님에게서 보내온 마음속의 빛에 대해서 "우리가 이 보배를 질그릇에 가졌으니"(고후 4:6~7)라고 말한다. 지상의 것에만 집착하면 천상의 것을 손에 넣을 수 없다. 그런 까닭에 바울은 "위의 것을 생각하고 땅의 것을 생각하지 말라"(골

3:2)라고 경고한다. 땅은 무상한 것이므로 땅에 보물을 쌓아 두어서는 안 된다(마 6:19).

요한계시록에 "땅 위에 사는 자"라는 말로 지명되어 있는 것은 특히 그 생각과 열의가 지상의 것에만 향하고 그 이름이 "죽임을 당한 어린 양의 생명책"(계 13:8)에 기록되어 있지 않은 인간을 말한다. 어린 양 주위에 모인 선택된 사람들은 "땅에서 속량함을 받은" 사람들이다(계 14:3). 그들은 지상의 것의 법칙에서, 그리고 죽음에서 멀어진 사람들이다.

지상에 속한 것의 무상함과 부패함을 나타내는 의식적 상징은 재(災)이다. 가톨릭에서는 사순절 첫날, 재의 수요일에 사제가 머리에 십자 모양으로 재를 뿌리면서 "오, 사람아 너는 티끌이요, 티끌로 돌아갈 자인 것을 잊었는가"라고 말한다. 이것은 인류의 시조 아담과 하와의 낙원 추방을 상기시키기 위한 말이다.

교부들의 글에서 땅에는 지나쳐가는 것, 육체적인 것, 죄가 깊은 것이라는 성격이 부여되어 있다. 땅은 인간의 육체(caro humana)와 동일시된다. 육체는 매장됨으로써 땅으로 돌아가며, 장차 영적인 몸으로 변모한다. 그러한 까닭에 최근까지 가톨릭에서는 화장이 허락되지 않았다.

떡

떡과 포도주는 생명의 음식과 음료 중 가장 중요한 부분이다. 바빌론의 종교 의례에서 떡과 포도주는 신성한 음식물이었고, 아담은 여호와의 빵을 만드는 사람으로 간주하였다.

미트라의 비밀의식에서는 떡과 물로 성찬을 행했는데, 이것은 미트라(Mitra)가 승천을 앞두고 행한 식사를 기념하기 위함이다. 엘레우시스(Eleusis)의 비밀의식에서는 밀가루와 물과 향료를 혼합해서 만든 것을 먹는데, 이것을 먹으면 신의 생명을 자기 몸에 받을 수 있다고 믿었다.

사람 모양의 빵을 굽는 풍습은 신의 몸을 빵의 형태로 먹는 옛날의 종교 의례를 상기시킨다. 떡은 일반적으로 음식, 양식을 의미했다. 창세기에 기록된바 아담이 얼굴에 땀을 흘려야 떡을 먹게 된다고 말한 구절(창 3:19)부터가 그것이다. 즉 빵은 나무에서 따기만 하면 되는 열매나 과실 이상의 것이요, 햇빛과 대지의 협동의 선물일 뿐만 아니라 인간 노동의 산물이다.

떡과 포도주는 하늘과 땅의 신비한 선물이다(시 104:13~15). 그러나 인간이 굽지 않은 빵은 선택된 사람에게만 주어진다. 굶주린 이스라엘 백성을 위해 준비된 만나는 하늘의 음식이었다(출 16:14~15). "그들에게 만나를 비같이 내려 먹이시며 하늘 양식을 그들에게 주셨나니 사람이 힘센 자의 떡을 먹었으며 그가 음식을 그들에게 충족히 주셨도다"(시 78:24~25).

잠언을 기록한 시인이 의인화한 여호와의 지혜는 식탁을 갖추고 "너는 와서 내 식물을 먹으며 내 혼합한 포도주를 마시고"(잠 9:5)라고 말했다.

빵을 정신적 의미와 물질적인 의미로 구분하기도 하는데, "빵만으로는 살 수 없다"라고 할 때는 물질적인 음식만으로 살 수 없다는 뜻이다. 성경에서는 "너를 낮추시며 너를 주리게 하시며 또 너도 알지 못하며 네 조상들도 알지 못하던 만나를 네게 먹이신 것은 사람이 떡으로만 사는 것이 아니요 여호와의 입에서 나오는 모든 말씀으로 사는 줄을 네가 알게 하려 하심이니라"(신 8:3)라고 말한다.

예수께서는 40일 동안 금식하신 후 세상의 발상으로 예수를 유혹하려 한 마귀에게 이렇게 말씀하셨다. "사람이 떡으로만 살 것이 아니요 하나님의 입으로부터 나오는 모든 말씀으로 살 것이라"(마 4:3~4).

예수께서 "오늘 우리에게 일용할 양식을 주시옵고"라고 기도하라고 하신 것은 육체와 혼을 위한 양식을 의미한다. 하나님의 떡이 "하늘에서 내려 세상에 생명을 주는 것이니라"라고 말할 때(요 6:33), 이것은 일반적인 의미에서의 구원의 선물이라고 해석할 수 있다. 그러나 계속된 예수님의 발언은 성체의 신비와 성체배령에 의한 하나님의 생명에의 관여를 가리킨다: "내가 곧 생명의 떡이니 내게 오는 자는 결코 주리지 아니할 터이요"(요 6:35); "나는 하늘에서 내려온 살아 있는 떡이니 사람이 이 떡을 먹으면 영생하리라 내가 줄 떡은 곧 세상의 생명을 위한 내 살이니라"(요 6:51).

떡과 포도주는 그리스도와 "결합"(communio)한다는 상징적인 의미를 나타낸다. 마지막 만찬 때 예수께서는 떡을 들고 기도하신 후 떼어 제자들에게 주면서 "받아서 먹으라 이것은 내 몸이니라"(마 26:26)라고 말씀하셨다. 여기에서 우리는 십자가상의 죽음과 가장 깊은 관계를 지닌 상징을 본다. 구세주는 자신을 내던지심으로써 주시는 것이다.

원시 기독교 교회에서는 성체의 신비, 떡과 포도주를 받는 성체배령이 하나의 현실로서 실제로 주님이 눈앞에 계시고 주의 생명과 결합한다고 해석했다: "우리가 떼는 떡은 그리스도의 몸에 참여함이 아니냐 떡이 하나요 많은 우리가 한 몸이니 이는 우리가 다 한 떡에 참여함이라"(고전 10:16~17).

먹는 것과 삼키는 것은 "자신 안에 받아들이는 것"과 같은 뜻이다. 로고스에 의해서 변화된 떡은 "내 살을 먹고 내 피를 마시는 자는 내 안에 거하고 나도 그의 안에 거하나니 살아 계신 아버지께서 나를 보내시매 내가 아버지로 말미암아 사는 것 같이 나를 먹는 그 사람도 나로 말미암아 살리라"(요 6:56~57)라고 말씀하신 분을 상징한다.

띠(帶)

띠는 고리처럼 한 바퀴 돌아 묶기 때문에 특별한 힘을 준다고 생각되었다. 종종 띠는 화려하게 장식되고, 여러 가지 상징적인 표시와 악마를 제거한다는 뜻을 나타내어 지배와 권력, 순결과 청정의 상징이 되고, 마술적 수단도 되었다. 페르시아와 그리스에서는 하늘에 별로 수놓은 띠가 걸려 있다는 관념이 등장한다.

조로아스터교의 경전인 아베스타는 은하수를 하늘의 띠로 본다. 호메로스(Homerēs)의 글에 등장하는 아프로디테(Aphrodite)의 허리띠가 사랑을 얻기 위한 마법의 도구가 아니었다면 우주 지배의 상징일 수도 있다. 고대 그리스·로마에서 띠를 띠는 것은 예의와 미용의 표시였다. 인도에 전해진 조로아스터교인 파시교(Parsiism)에서 성뉴(聖紐) 쿠스티(kusti)는 인간의 몸을 고상한 부분과 천한 부분으로 나누는 것으로 상징했다.

이스라엘 민족에서 띠는 강함과 정의와 성실의 상징이었다. 그 때문에 제사장의 옷을 띠로 매는 것에 특별한 가치가 있었다(출 29:9). 메시아에 대해서는 "공의로 그의 허리띠를 삼으며 성실로 그의 몸의 띠를 삼으리라"(사 11:5)고 기록되었다. 다윗이 "이 하나님이 힘으로 내게 띠 띠우시며 내 길을 완전하게 하시며"(시 18:32)라고 노래한 것은 정의와 성실이라는 두 특성을 염두에 둔 것이다. 요압이 "전쟁의 피를 흘리고 전쟁의 피를 자기의 허리에 띤 띠와 발에 신은 신에 묻혔으니"(왕상 2:5)라는 것은 요압이 폭력과 악행으로 정의를 모독했다는 의미이다.

유월절 만찬은 허리에 띠를 띠고 발에 신을 신고 손에 지팡이를 잡고 급히 먹어야 했다(출 12:11). 이것은 준비를 소홀히 하지 않은 것, 마음의 준비와 각오가 되어 있음을 의미한다. 그 때문에 시편 45장 3절에서는 구원의 왕에 대해 "용사여 칼을 허리에 차고 왕의 영화와 위엄을 입으소서"라고 노래한다. 여호와께서 "권능으로 띠를 띠시며"(시 65:6) 능력의 옷을 입으시고 띠를 띠신다(시 93:1). 하나님께서 강한 자의 띠를 푸실 때 지상의 권력이 사라진다(욥 12:21).

신앙이 독실한 자는 항상 주를 맞이하는 일에 주의를 게을리하지 않으며, 주를 맞을 마음의 준비가 되어 있어야 한다. "허리에 띠를 띠고 등불을 켜고"(눅 12:35) 서 있어야 한다.

천사의 띠에는 단검과 장검, 종종 투석구와 화살통이 갖추어져 있다. 그리스도를 믿는 자에게도 마귀의 공격을 물리쳐 이기기 위한 무기가 필요하다. 그래서 성경은 "진리로 너희 허리 띠를 띠고 의의 호심경을 붙이고"(엡 6:14)라고 말한다.

예수님은 베드로에게 진리에 대한 신앙 표명과 주님에 대한 충성을 위한 궁극적인 마음의 준비와 각오를 요구하시며 "내가 진실로 진실로 네게 이르노니 네가 젊어서는 스스로 띠 띠고 원하는 곳으로 다녔거니와 늙어서는 네 팔을 벌리리니 남이 네게 띠 띠우고 원하지 아니하는 곳으로 데려가리라"(요 21:18)고 말씀하셨다.

밧모섬에 유배된 요한은 인자같은 이가 "발에 끌리는 옷을 입고 가슴에 금띠를 띠고" 있는 것을 목격한다(계 1:13). 세계 지배자의 몸에 띠고 있는 이 상징은 우주적 의의를 지닌 것으로서 하나님의 사랑을 통해 세상 위에 둘려쳐진 세계를 하나로 연결하는 유대로서의 띠이다.

가톨릭에서 제복 밑에 입는 옷을 허리 부분에서 매는 띠인 타이니아(taenia)는 언제라도 정신적 군무에 임할 각오가 되어 있음을 나타내는 표시다. 특히 그것을 욕정의 자리에 있는 허리에 맨다는 이유에서 순결의 상징으로 중시되고 있다.

말(馬)

인간이 사육할 수 있는 동물 중에서 가장 빨리 달리는 말은 일찍 떠올랐다가 빠르게 저무는 태양과 달의 질주를 상징했다. 백마는 빛의 신을 가리키고, 흑마는 밤의 여신을 상징했다.

힌두교의 베다 신화에서는 새벽이 백마, 즉 태양을 이끌고 온다고 했고, 리그베다에서는 태양을 "수말"라고 했다. 이러한 말과 태양의 연결은 다리오(Darius)가 왕으로 뽑혔을 때도 나타났다. 다리오의 말이 제일 먼저 일출을 향해 울었기 때문에 그가 페르시아의 지배자가 되었다. 잘 알려진 것은 백마가 끄는 사두마차를 타고 하늘을 달리는 그리스의 태양신 헬리오스이다.

서셈족의 풍요와 전쟁의 신 아즈탈테는 "말들의 주"였다. 게르만 민족들은 말을 예언의 능력을 갖추고 있는 동물로 여긴다. 고대 그리스의 역사가 헤로도토스는 페르시아에서 신봉된 말의 신탁에 대해 보고하고 있다.

말은 호전적 성질과 자부(自負)의 상징이다: "싸울 날을 위하여 마병을 예비하거니와 이김은 여호와께 있느니라"(잠 21:31). 전투마는 전장에 나오면 힘 있음을 기뻐하며 몸을 떨고 모래를 차며 위엄스럽고 두려운 콧소리를 낸다(욥 39:20~21). 여호와는 바빌론에 대하여 "나의 소유를 노략하는 자여 너희가 즐거워하며 기뻐하고 타작하는 송아지 같이 발굽을 구르며 군마 같이 우는도다"(렘 50:11)라고 말씀하신다.

수말이 방종한 관능의 쾌락을 암시하는 경우도 있다(렘 5:8). 시편에서는 "너희는 무지한 말이나 노새같이 되지 말지어다 그것들은 재갈과 굴레로 단속하지 아니하면 너희에게 가까이 가지 아니하리로다"(시 32:9)라고 경고한다.

말은 고귀한 동물로서 거룩한 것을 계시하는 담당자도 된다. 스가랴 14장 20절에서는 말 방울에 "여호와의 성결"이라 기록된다고 하였다. 스가랴서에서 말은 하나님을 섬기는 것으로 등장한다.

스가랴는 환상 중에 한 사람이 붉은 말을 타고 골짜기 속 화석류나무 사이에 섰고 그 뒤에 붉은 말과 자줏빛 말과 백마가 있는 광경을 보았는데, "이는 여호와께서 땅에 두루 다니라고 보내신 자들"(슥 1:8~10)이었다. 하나님이 보내신 이 말들을 하늘의 천군으로 추측할 수 있다. 그 뒤에 나오는 네 병거는 하늘의 네 바람인데 온 세상의 주 앞에 서 있다가 나간다(슥 6:1~8).

하나님은 말을 심판하는 손이라는 의미로 사용한다. 셀레오코스조(朝)의 아시아 주(州)왕의 재무관 헬리오도로스가 계략을 꾸며 예루살렘 성전의 보화를 빼앗으려 했을 때 휘황찬란하게 성장한 말이 보기에도 무시무시한 기사를 태우고 나타났다. 그 말은 맹렬하게 돌진하여 앞발을 쳐들고 헬리오도로스에게 달려들었다(마카비하 3:25). 마카비의 군대가 적과 싸울 때 다섯 사람이 황금재갈을 물린 말을 타고 위풍도 당당하게 유대인들의 선두에 섰다(마카비하 10:29). 유다의 왕들은 주변 민족들의 말 숭배에 감화되어 태양에 바치기 위해 여호와의 전 입구에 말의 상(像)을 세웠다. 왕 요시야는 우상숭배를 제거하기 위해 이것을 제하여 버렸다(왕하 23:11).

요한계시록에서 일곱 인 중에서 처음 네 개를 뗄 때 네 필의 말이 차례로 나타난다. 첫째 말은 흰 말인데 "그 탄 자가 활을 가졌고 면류관을 받고 나아가서 이기고 또 이기려" 했다(계 6:2). 둘째 말은 붉은 말이었는데, 그 위에 탄 사람은 사람들이 서로 죽이는 일이 벌어지도록 땅에서 평화를 없애는 권세와 큰 칼을 받아서 가지고 있었다(계 6:4). 셋째 말은 검은 말인데 그 위에 탄 사람은 손에 저울을 들고 있었다(계 6:5). 마지막 넷째 말은 청황색 말인데, 그 위에 탄 사람의 이름은 "사망"이고, 지옥이 그를 뒤따르고 있었다(계 6:8). 나중 세 명의 기수들이 전쟁, 기아, 죽음이라는 것은 알려져 있으나, 흰 말을 탄 기수의 의미는 그다지 확실하지 않다. 이것도 역시 하늘로부터 오는 재앙을 의미하는 것일까? 아니면 요한계시록 뒷부분에 심판자로 등장하시는 그리스도가 등장하는 것일까? 요한계시록 19장에는 "또 내가 하늘이 열린 것을 보니 보라 백마와 그것을 탄 자가 있으니 그 이름은 충신과 진실이라 그가 공의로 심판하며 싸우더라"(계 19:11)라고 기록되어 있다. 결국, 모든 적은 말 타신 분의 입에서 나오는 칼에 맞아 죽었다(계 19:21).

초기 기독교 시대의 지하묘소인 카타콤의 묘석과 부장품에서 찾아볼 수 있는 말은 영원이라는 목표를 향해 화살처럼 지나가버린 생애를 상징하는 것이라고 해석된다. 중세시대에는 교황이 "그리스도의 대리자"(*Vicarius Christi*)로서 황금색으로 장식된 백마를 타는 관습이 있었는데, 이것은 옛날 태양의 상징이었던 백마를 의식적으로 기독교의 "무적의 태양"(*Sol Invictus*)과 그 대리자에 적용한 것이다. 구속의 사적을 취급한 그림과 조각에서 말이 그리스도에게서 얼굴을 돌리고 있는 것은 불신앙에 머물고 있는 것을 의미한다.

망대(탑)

탑 또는 망대에 오르면 산에 오를 때와 비슷한 기분을 맛본다. 일상적인 사물이나 인간은 점점 작아지고 하늘이 가까워지는 듯이 생각된다. 고대 메소포타미아의 계단형 탑(지구라트, Ziggurat)은 우주산을 모방한 것으로서 그 일곱 계단은 일곱 행성으로 이루어진 하늘을 모방한 것이었다. 가장 높은 망대에 올라가는 것은 속세를 벗어남을 의미했다. 탑의 끝부분은 상징적 의미에서 하늘에 닿아 있다.

고대 바벨론 시대로 거슬러 올라가는 "하늘과 땅의 초석"이라는 탑의 명칭의 유래도 거기에 있다고 생각된다. 탑은 위와 아래를 연결한다. 탑과 관련된 많은 신화나 옛이야기가 있다. 탑에 유폐된 다나에가 황금비로 변신한 제우스로 말미암아 임신하여 페르세우스를 낳는다는 이야기를 떠올리는 것만으로도 충분할 것이다. 이집트의 신전의 탑형의 문(망대)은 태양신을 들어 올리는 두 여신과 동일시 되었다.

탑의 끝을 하늘에 닿게 하려 했다는 바벨탑의 건설(창 11:4)은 범죄로 파괴된 하늘과 땅을 연결하는 축을 재건하려는 것, 사정에 따라서는 하나님의 뜻에 어긋나더라도 재건하려는 절망적인 시도였다. 그리하여 바벨탑은 오만과 절도 없음을 나타내는 상징이 되었다. "만군의 여호와의 날이 모든 교만한 자와 거만한 자와 자고한 자에게 임하리니 그들이 낮아지리라…모든 높은 망대와…조각물에 임하리니(사 2:12-15), 그 날은 인간의 오만에 대한 심판의 날이다.

성벽이나 문 위에 설치되어 멀리서도 재빠르게 적을 식별할 수 있는 탑이나 망대는 주의깊음과 경계의 상징이다. 이스르엘의 망대 위에 서 있는 파수병은 예후의 군대가 다가오는 것을 보았다(왕하 9:17). 포도원 한 가운데 세워진 망대(사 5:2)는 악을 적발하며 나쁜 일을 신속히 없애시는 하나님의 전지(全智)의 상징이다.

여기에 아가에 등장하는 신부의 아름다움을 칭송한 찬미의 노래, "네 목은 무기를 두려고 건축한 다윗의 망대 같고"(아 4:4)를 덧붙여도 좋을 것이다. 이것은 "너에게는 나쁜 일이 일어나지 않을 것이며, 너에게 해를 가할 수 없으리라"는 의미이다. 이처럼 망대는 선의 방파제요 방벽이 된다. "여호와의 이름은 견고한 망대라 의인은 그리로 달려가서 안전함을 얻느니라"(잠 18:10). 이 세상 풍파 속에서 여호와는 유일한 참 피

난처요 "원수를 피하는 견고한 망대"(시 61:3)이시다.

예수님의 비유에 이사야서에 기록된바 망대가 있는 포도원이 등장한다(마 21:33). 포도원은 교회의 상징이다. 그러므로 모든 것을 초월하여 솟아 있는 망대는 적을 맞아 신앙을 보호하는 교회의 파수꾼, 즉 사도와 그 후계자들을 말한다.

『헤르마스(Hermas)의 목자』에서 망대의 오랜 상징적 의의가 다시 거론되면서 피난처와 방파제로서 교회의 상징이라 여겨지고 있는데, 교회에 실제로 탑이 설치되기에 이르러(교회에 탑이 부속되는 것은 일반적으로 카롤링거 왕조 시대부터이다[751년]) 탑에 종(鍾)을 설치함으로써 새로운 의미가 덧붙여졌다. 종은 원래 사람에게 경고하는 역할을 하는 것이기 때문에, 그 보관소인 탑도 그렇게 해석되었다. 예를 들면 호노리우스(Honorius)는 종탑을 울려 퍼지는 설교의 상징으로 보았다. 로마네스크 양식의 교회에서 볼 수 있는 네 개의 탑은 네 명의 복음서 기자와 관련이 있다. 꼭대기 부분에 요철 모양의 거벽(鋸壁)을 갖춘 탑은 순결의 상징이다.

중세 기독교 미술에 인간의 허영과 교만을 상징하는 탑도 등장하는데, 이는 탑에서 추락하는 인간을 암시한다.

머리(頭)

인간의 신체에서 가장 중요한 기관은 머리이다. 머리는 상부에 위치하며 하늘을 향해 있다고 하여 일찍부터 종교적 의의를 지녔다. "거꾸로 선다"는 것은 자연에 의해 주어진 질서의 전도(顚倒)를 의미한다. 머리는 의식, 즉 자아의 담당자요 인간 전체를 대표한다. 얼굴에 가면을 쓰면 결국 얼굴을 다른 것으로 바꾸는 것으로서 다른 존재가 된다. 고대 메소포타미아의 전승에 의하면 어떤 신은 자신의 머리를 잘라 떨어뜨려 그 피와 흙에서 인간과 동물을 창조했다고 전해진다. 여신 아테네는 제우스의 머리에서 태어났다.

머리는 인간의 몸을 조종하고 지휘하므로 "머리"라는 말은 상징적으로 "지배"를 의미한다. 무적의 다윗은 스스로 "모든 민족의 으뜸"(삼하 22:44)이라 칭한다. 여호와는 가르침에 순종한 이스라엘에 "여호와께서 너를 머리가 되고 꼬리가 되지 않게 하시며 위에만 있고 아래에 있지 않게 하시리니"(신 28:13)라고 약속하신다.

가장 위대한 지도자는 여호와이시다. "여호와여 위대하심과 권능과 영광과 승리와 위엄이 다 주께 속하였사오니 천지에 있는 것이 다 주의 것이로소이다 여호와여 주권도 주께 속하였사오니 주는 높으사 만물의 머리이심이니이다"(대상 29:11).

하나님은 거역하는 모든 자를 쳐서 깨치시고 원수들의 머리를 치시니, 죄를 짓고 다니는 자들의 덥수룩한 정수리를 치신다"(시 68:21). 머리(얼굴을 중심으로 하는 부분)에서 그 사람의 본질이 빛처럼 스며 나온다. 그 때문에 아가 5장 11절에서 신랑에 대해서 "머리는 순금 같고"라고 말한다. 머리는 몸짓 언어에서도 중요한 역할을 한다.

"머리를 든다"는 것은 즐거움과 확신을 의미한다(시 110:7). "내가 악하면 화가 있을 것이오며 내가 의로울지라도 머리를 들지 못하는 것은 내 속에 부끄러움이 가득하고 내 환난을 내 눈이 보기 때문이니이다"(욥 10:15).

상(喪)을 당했을 때 머리에 흙이나 재를 덮어썼다(렘 9:1; 애 2:10). 원수에게 선을 베푸는 것은 타는 숯을 원수의 머리에 놓는 것과 같다(잠 25:22). 이것은 고귀한 성품으로 적에게 부끄러움을 느끼게 하는 복수의 상징이다.

사도 바울은 "각 남자의 머리는 그리스도요 여자의 머리는 남자요 그리스도의 머리는 하나님이시라"(고전 11:3)고 말했다. 남자는 "하나님의 형상과 영광"이므로 기도할 때 머리를 가리지 않는다(고전 11:7). 하늘이신 아버지는 모든 것을 그리스도의 발아래 두어 그를 따르게 하셨다: "또 만물을 그의 발아래에 복종하게 하시고 그를 만물 위에 교회의 머리로 삼으셨느니라 교회는 그의 몸이니 만물 안에서 만물을 충만하게 하시는 이의 충만함이니라"(엡 1:22~23). 그리스도가 "모든 통치자와 권세의 머리시라"(골 2:10)는 것은 진정한 세계 지배자라는 의미이다.

머리를 생명의 자리로 간주하므로 목을 베는 것은 실제로 생명을 끊는 것뿐만 아니라 상징적인 의미로 생명을 분리한다는 의미를 지닌다. 잘려 쟁반에 담긴 목은 세례 요한을 상징한다(마 14:1~12). 순교자가 양손에 잘린 자신의 목을 가진 것은 하나님께 최후의 희생을 드리는 것으로서, 가장 잘 알려진 예로는 파리의 주교 디오니시우스이다.

성인의 목에는 죽은 뒤에도 신비한 생명력이 머물러 있다고 여기는 민중 신앙 때문에 성유물(聖遺物)로서 머리 및 그 모조품(예를 들어 그림으로 그려진 요한의 머리를 얹은 쟁반의 모티프)을 숭배하게 되었다. 머리(목)가 전 인격을 대표한다는 것은 몸이 없이 "날개 달린 머리"만 천

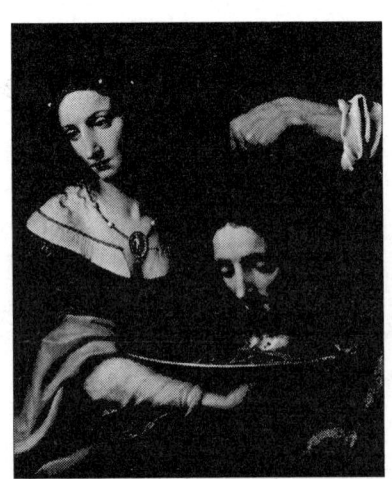

세례요한의 머리를 건네받는 살로메
—베르나르디노 루이니

사와 피렌체의 오르산미케레(Orsanmichele) 성당 성궤의 삼위일체 부조(머리만 세 개 합체시켜 그려져 있다)에서 알 수 있다.₩

머리털

많은 민족은 머리털이 육체적인 힘, 때로는 신비적인 힘을 담당한다고 여겼다. 이러한 신앙이 생겨난 것은 머리털이 뒤에서부터 새롭게 자라나는 것을 보았기 때문이다. "전체를 대변하는 부분"(pars pro toto)의 원칙에 따라 어떤 사람의 머리채를 잡는 것은 그 사람 전체의 정복을 상징한다.

이집트의 왕이 적을 정복한 것을 왕이 적의 머리카락을 잡은 형태로 구체적으로 표현했다. 신화에서 머리털을 잃는 것이 힘을 잃는 것을 나타내기도 한다. 오시리스의 죽음을 슬퍼하는 이시스는 슬픔을 나타내는 표시로 자신의 머리털을 잘라낸다. 머리를 자르는 것—예를 들면 이집트 제사장들의 삭발—은 공희(供犧) 사상에 기초를 둔바 신적인 힘에 복종하는 것을 상징하기도 한다.

이스라엘의 주민은 긴 머리를 했는데, 이것은 메소포타미아에도 유포되고 있었던 것으로 자유롭고 품행 방정한 인간의 풍습이다. 몸을 하나님께 바치는 나실인의 서원을 한 자는 서원 기간에는 머리털을 잘라서는 안 된다(민 6:5). 삼손은 나면서부터 하나님께 바쳐진 나실인이었기에 머리에 삭도를 대지 않았는데, 들릴라에게 자신의 비밀을 알려주어 머리털 일곱 가닥을 잘려 그 힘을 상실했다(삿 16:17~19). 일반적으로 대머리, 머리털이 없는 것을 치욕으로 간주했다. 엘리사가 아이들에게 조롱을 받은 것은 그 때문이었다(왕하 2:23).

또 죽음과 멸망을 애도하는 표시로 두발과 수염을 잘랐다. 교만 때문에 여호와의 심판을 받아 멸망한 모압 각처에서 슬피 우는 소리가 들리고, 모압 사람들이 모두 머리털을 밀고 수염을 자르고 손에 상처를 내고 허리에 굵은 베를 걸쳤다(렘 48:37). "주께서 하수 저쪽에서 세내어 온 삭도 곧 앗수르 왕으로 네 백성의 머리 털과 발 털을 미실 것이요 수염도 깎으시리라"(사 7:20)에서 "삭도"는 심판의 표시이다. 여호와께서 사용하신 이 삭도는 앗스르 왕으로서 머리털을 상실한 치욕, 포로살이, 죽음을 의미한다.

레위인의 경우에 머리털의 상실에는 다른 의미가 있다. "그들로 그 전신을 삭도로 밀게 하고"(민 8:7)는 하나님께 대한 겸양과 봉사를 나타낸다.

바울도 일정 기간 머리털을 자르지 말아야 하는 나실인의 서원을 세웠으며, 겐그레아에 갔을 때 이 서원 기간이 끝나 머리를 깎았다(행 18:18). 하나님은 "너희에게는 머리털까지 다 세신바 되었나니"(마 10:30)라고 말씀하시며, 믿는 자들의 머리털 하나도 상하지 않도록 마음을 쓰신다고 했다.

예수님은 제자들에게 "너희가 내 이름으로 말미암아 모든 사람에게 미움을 받을 것이나 너희 머리털 하나도 상하지 아니하리라"(눅 21:17~18)라고 말씀하셨다.

성직자가 직분에 임할 때 머리를 깎는 것은 세속과의 인연을 끊는 것을 나타낸다. 베네딕트회 수도사들의 톤스라(삭발, Tonsure)에서는 잘린 부분이 두 개의 평행선을 이루는데, 이것은 가시관을 상징한다. 전설에 의하면 마스트리히트(Maastricht)의 신부 아만드스는 삭발이 악한 생각을 머리에서 쫓아내기 위한 수단이라고 여겼다고 하는데, 이것은 삭발의 본래 의미에 대한 오해이다.

멍에

멍에를 씌는 것은 예속 상태의 상징이다. 여호와께서는 이스라엘이 하나님의 말씀에 순종하지 않고 명령과 규례를 지키지 않으면, 그 목에 철 멍에를 메워서 멸할 것이라고 말씀하셨다(신 28:48). 여호와께서는 예언자 예레미야에게 모든 백성으로 바벨론의 느부갓네살 왕을 섬기게 하려는 하나님의 계획 표시로서 줄과 멍에를 목에 걸라고 말씀하셨다. 그리고 거짓 선지자 하나냐가 예레미야의 목에서 나무 멍에를 빼앗아 꺾어 버린 후에 여호와 하나님은 쇠 멍에로 더욱 가혹한 예속상태가 올 것을 알리셨다(렘 27:1~3, 28:10~14).

멍에를 꺾는 것은 노예 신분의 종식을 의미한다: "나는 너희를 애굽 땅에서 인도해 내어 그들에게 종된 것을 면하게 한 너희의 하나님 여호와이니라 내가 너희의 멍에의 빗장을 부수고 너희를 바로 서서 걷게 하였느니라"(레 26:13). 그 후 여호와는 다시 이스라엘을 긍휼히 여겨 앗수르를 파하고, 앗수르 지배자들이 얹었던 멍에를 벗기셨다(사 14:25).

멍에는 부당하게 압박하는 이방인의 지배뿐만 아니라 하나님의 올바르고 온화한 지배의 상징이 되기도 한다. 패악한 이스라엘은 자주 이 하나님의 멍에로부터 도망치려 했다. 패역한 이스라엘은 멍에를 꺾고 결박을 끊으며 "나는 순종하지 아니하리라"(렘 2:20)라고 말했다.

하나님의 뜻을 따라 살려 하지 않는 자는 하나님의 명령을 강요라고 느끼고 멍에라고 생각한다. 그 때문에 사람이 "젊었을 때에 멍에를 메는 것이 좋다"(애 3:27). 이는 여호와를 따르는 일을 빠른 시기에 배우게 되기 때문이다.

그리스도께서 요구하셨으며 그리스도 자신이 죽기까지 몸으로 나타내신 사랑과 자비가 없다면, 모세 시대에 생긴 율법도 무거운 멍에가 된다(행 15:10). 그러나 주 예수 그리스도께서 신자들을 향해 말씀하시는 것은 온유한 멍에요, 가벼운 짐이며, 영혼의 안식에 도움이 된다(마 11:29). 사도 바울은 자기와 신앙을 같이하는 형제들을 향해 믿지 않는 자와 같은 멍에를 지면 안 된다고 경고하면서 "너희는 믿지 않는 자와 멍에를 함께 메지 말라 의와 불법이 어찌 함께 하며 빛과 어둠이 어찌 사귀며"(고후 6:14)라고 말했다.

메뚜기

바로가 이스라엘 민족이 이집트를 떠나는 것을 거부했을 때 메뚜기 떼가 이집트를 습격했다(출 10:12~15). 하나님의 심판으로 동풍에 실려온 메뚜기떼가 땅의 표면을 다 덮어서, 땅이 새까맣게 되었다. 그것들이, 우박의 피해를 입지 않고 남아 있는 나무의 열매와 땅의 푸성귀를 모두 먹어 치워서 이집트 온 땅에 있는 들의 나무와 푸른 푸성귀는 하나도 남지 않았다(출 10:15). 진노하신 하나님은 이집트 사람들이 애써서 거둔 곡식을 메뚜기에게 내주셨다: "그들이 수고한 것을 메뚜기에게 주셨으며"(시 78:46).

여호와는 자기 백성이 여호와의 명령에 따르지 않으면 "많은 종자를 들에 뿌릴지라도 메뚜기가 먹으므로 거둘 것이 적을 것이며"(신 28:38)라고 경고하셨다. 선지자 요엘은 메뚜기 재앙을 다음과 같이 묘사했다: "팥중이가 남긴 것을 메뚜기가 먹고 메뚜기가 남긴 것을 느치가 먹고 느치가 남긴 것을 황충이 먹었도다"(욜 1:4). 이 말씀이 증대하는 재앙을 단계적으로 묘사하고 있다면, 다음 부분은 죄 때문에 하나님이 보내신 메뚜기를 적의 전사(戰士)의 상징으로 여겨 "그의 모양은 말 같고 그 달리는 것은 기병 같으며 그들이 산 꼭대기에서 뛰는 소리는 병거 소리와도 같고 불꽃이 검불을 사르는 소리와도 같으며 강한 군사가 줄을 벌이고 싸우는 것 같으니"(욜 2:4-5)라고 묘사하고 있는 것처럼 생각된다.

공중에 울려 퍼지는 소리는 메뚜기의 대군을 상징한다. 그것은 종종 햇빛을 가리는 구름이 되어 나타나 하늘을 흐려놓는다. "성중에 뛰어 들어가며 성 위에 달리며 집에 기어오르며 도둑같이 창으로 들어가니"(욜 2:10). 말을 메뚜기로 비유한 것은 욥기에도 나온다: "네가 그것으로 메뚜기처럼 뛰게 하였느냐 그 위엄스러운 콧소리가 두려우니라"(욥 39:20).

메뚜기가 좋은 의미로 사용된 경우도 있다: "떼를 지어 나아가는 메뚜기"(잠 30:27)는 화합과 단결을 상징한다.

요한계시록 9장 2-3절에 요엘이 본 메뚜기의 환상이 두려움을 한층 더하여 나타나 있다: "그가 무저갱을 여니 그 구멍에서 큰 화덕의 연기 같은 연기가 올라오매 해와 공기가 그 구멍의 연기로 말미암아 어두워지며 또 황충이 연기 가운데로부터 땅 위에 나오매 그들이 땅에 있는 전갈의 권세와 같은 권세를 받았더라." 그 모양은 "전쟁을 위하여 준비한 말들 같고…그 날개들의 소리는 병거와 많은 말들이 전쟁터로 달려 들어가는 소리 같으며"(계 9:7-9). 이 환상을 더욱 자세하게 해석할 수 있는 여지가 있을지도 모르지만, 어쨌든 메뚜기는 지옥의 아들, 악귀, 즉 하나님을 적대하는 모든 힘을 상징한다.

성 그레고리는 말을 메뚜기처럼 날게 한다는 것(욥 30:20 참조)을 구세주의 부활과 관련지었다. 르네상스 시대에는 메뚜기를 탈피하는 특성 때문에 부활의 상징으로 간주하였다. 알브레히트 뒤러(Albrecht-Düre)의 『메뚜기와 함께 있는 성모』에서 메뚜기는 이런 의미를 지닌다.

모래

"해변의 모래"라는 이미지는 헤아릴 수 없이 많은 다수를 나타내기 위해 사용된다. 하나님은 아브라함에게 "네 씨가 크게 번성하여 하늘의 별과 같고 바닷가의 모래와 같게 하리니 네 씨가 그 대적의 성문을 차지하리라"(창 22:17)라고 약속하셨다. 이스라엘과 싸우려고 모인 블레셋의 보병은 바닷가의 모래알처럼 많아서 셀 수가 없었다(삼상 13:5). 하나님께서 죄 많은 백성에게서 등을 돌리신 뒤 백성의 아들들이 많이 죽어 과부가 "바다 모래"(렘 15:8)보다 더 많아졌다.

시편에서 모래는 하나님의 사려 깊음의 계측 수단의 진수를 보여주는 상징이다: "하나님이여 주의 생각이 내게 어찌 그리 보배로우신지요 그 수가 어찌 그리 많은지요 내가 세려고 할지라도 그 수가 모래보다 많도소이다"(시 139:17~18). 고난과 고통의 무거운 짐이 모래의 무거움에 비유되기도 한다(욥 6:3).

아브라함에게 많은 자손을 주겠다고 하신 하나님의 약속이 히브리서에 언급된다(히 11:2). 천년왕국 시대가 끝나면 사탄은 옥에서 풀려나서 땅의 사방에 있는 민족들, 곧 곡과 마곡을 미혹하려고 나아갈 것입니다. 그리고 전쟁을 하려고 그들을 모을 것인데, 그들의 수는 바다의 모래와 같을 것이다(계 20:8).

신약에서는 모래가 불안정한 생활 기반을 상징하기도 한다. "나의 이 말을 듣고 행하지 아니하는 자는 그 집을 모래 위에 지은 어리석은 사람 같으리니"(마 7:26).

모퉁이돌

고대 오리엔트 여러 민족에게 모퉁이돌은 큰 의미가 있었다. 모퉁이돌은 건물(성, 집 등)의 모퉁이(두 개의 벽이 직각으로 만나는 곳)에 놓여 벽을 지탱해주는 큰 추춧돌로서 건물에서 가장 중요한 기초석 역할을 한다. 모퉁이돌에는 건물을 세운 사람의 이름, 종교 건물인 경우에는 해당하는 신의 이름을 새긴다. 이집트 사람들은 건물의 네 모퉁이에 복을 가져오는 물건을 두고 거기에 특별한 의미를 부여했다. 돌을 두는 행위, 즉 정초식(定礎式)은 왕 또는 제사장의 거룩한 임무였다. 집과 우주를 종종 동일시했는데, 이 경우에는 정초식은 일종의 천지개벽을 의미한다. 인도 사람은 바르게 놓인 주춧돌을 우주의 중심으로 비견한다.

하나님이 땅의 기초를 놓고 모퉁이돌을 놓으셨다는 것은 땅의 주춧돌을 놓았다는 것이다(욥 38:4~6). 성경에서는 여호와를 우주의 건축사로 비유한다. 주 하나님은 "내가 시온에 주춧돌을 놓는다. 얼마나 견고한지 시험하여 본 돌이다. 이 귀한 돌을 모퉁이에 놓아서, 기초를 튼튼히 세울 것이니, 이것을 의지하는 사람은 불안하지 않을 것이다"(사 28:16)라고 말씀하신다. 이 모퉁이돌은 구세주를 상징한다. 모퉁이돌의 비유적인 의미로는 이스라엘 민족의 지도자를 나타낸다(슥 10:4). 여러 민족에 의해 욕보여진 이스라엘 백성을 "건축자의 버린 돌이 집 모퉁이의 머릿돌이 되었나니"(시 118:22)라고 표현했다.

포도원의 악한 농부들에 대한 비유에서 예수님은 자신을 "건축자들의 버린 돌"(막 12:10)이라고 표현하셨다. 성령이 충만한 베드로는 관리들과 장로들 앞에서 "이 예수는 너희 건축자들의 버린 돌로서 집 모퉁이의 머릿돌이 되었느니라"(행 4:11)라고 말했다. 모퉁이돌이 되신 것은 예수 그리스도가 영광으로 높여졌음을 의미한다. 인간들로부터 버림받으신 예수님은 새 예루살렘의 모퉁이돌이 되신다. 그리스도는 교회의 모퉁이돌, 가장 중요한 돌이 되신다. 그리스도 안에서 건물 전체가 서로 연결되어서 주님 안에서 자라서 성전이 된다(엡 2:20~21). 이 모퉁이돌은 그것을 믿는 사람, 계속 신뢰하는 사람에게만 변하지 않는 의미를 가지며, 믿지 않는 사람에게는 부딪치는 돌과 걸려 넘어지게 하는 바위가 된다(벧전 2:7~8). "이 닦아 둔 것 외에 능히 다른 터를 닦아 둘 자가 없으니 이 터는 곧 예수 그리스도라"(고전 3:11)라는 말씀을 근거로 할 때 기초석은 그리스도의 상징이라고 여겨진다.

목마름(갈증)

목마름은 광야와 스텝 지대에서 생활하는 민족이 겪는 근원적 경험이다. 갈증으로 죽게 된 사람에게 마실 것은 생명의 회복을 의미한다. 원수일지라도 마실 물 주기를 거절해서는 안 된다: "네 원수가 배고파하거든 음식을 먹이고 목말라하거든 물을 마시게 하라"(잠 25:21).

이스라엘 민족의 광야 여행에서 가장 감명 깊었던 경험 중 하나는 하나님의 배려로 굶주림과 목마름에 대해 걱정하지 않게 된 일이다. 광야 여행 도중에 목마른 백성이 마실 물이 없어 모세를 원망하며 대들었을 때 모세가 여호와의 말씀대로 지팡이로 바위를 내리치니 거기에서 곧 물이 흘러나왔다(출 17:15~16).

갈증은 생명을 유지해주는 물에 대한 욕구인데, 비유적으로는 생명의 물, 하나님을 향한 욕구를 의미한다. "하나님이여 사슴이 시냇물을 찾기에 갈급함 같이 내 영혼이 주를 찾기에 갈급하나이다"(시 42:1). 값없이 목마름을 해소해 주시는 것은 구원의 상징이다(사 55:1). 여호와 하나님은 "보라 날이 이를지라 내가 기근을 땅에 보내리니 양식이 없어 주림이 아니며 물이 없어 갈함이 아니요 여호와의 말씀을 듣지 못한 기갈이라"(암 8:11)라고 말씀하신다. 예언에서 굶주림과 갈증을 심판의 표시로 여긴다. 이사야는 이스라엘의 마음이 세속의 즐거움과 잔치와 포도주만 향해 있으므로 이스라엘의 "귀한 자는 굶주릴 것이요 무리는 목마를 것이라"(사 5:13)라고 말했다.

작은 자 중 하나에게 냉수 한 그릇이라도 주는 사람은 절대로 상을 잃지 않을 것이다(마 10:42). 은유적으로 갈증이 의(義)에 대한 절대적인 욕구를 나타내기도 한다. 예수님은 "의에 주리고 목마른 자는 복이 있나니 그들이 배부를 것임이요"(마 5:6)라고 말씀하셨다.

장차 구원의 때에 주림과 목마름, 즉 영원한 생명에의 갈망이 채워질 것이다(계 7:16). "목마른 자도 올 것이요 또 원하는 자는 값없이 생명수를 받으라 하시더라"(계 22:17).

목자

목초지에서 양 떼를 인도하여 들짐승으로부터 보호하는 목자를 얼마나 높이 평가하는지는 고대 왕들에게 "목자"라는 칭호가 빈번하게 사용되었다는 사실에서 알 수 있다. 이집트 왕들의 권위를 나타내는 휘장, 즉 지휘봉과 홀은 원래 목자의 표시, 즉 파리를 쫓는 목자의 지팡이였다. 왕자 파리스(Paris)가 이다산에서 양을 기른다는 그리스 신화에서도 목자와 왕과의 본질적 연관성이 나타난다.

옛사람들은 왕을 지상에서의 하나님의 대리자라고 생각했기 때문에 신도 목자의 이미지로 보았다. 메소포타미아 및 그리스 예술에서 어린 양이나 어린 소를 어깨에 짊어진 목자의 상이 보인다. 그리스의 신 헤르메스(Hermes)도 크리오포로스(kriophoros, 양을 둘러멘 목자) 모습으로 표현되어 있다.

다윗이 양 떼를 따라다니던 목장에서 선택되어 왕으로 부르심을 받은 것은 결코 우연이 아니었다. 여호와는 다윗에게 "네가 내 백성 이스라엘의 목자가 되며 네가 이스라엘의 주권자가 되리라"(삼하 5:2), "내가 너를 목장 곧 양을 따르는 데에서 데려다가 내 백성 이스라엘의 주권자로 삼으리라"라고 말씀하셨다(삼하 7:8).

백성의 지도자는 목자에 비유된다. 여호와는 자기의 충실한 백성의 보호를 목자에게 맡긴다: "내가 또 내 마음에 합한 목자들을 너희에게 주리니 그들이 지식과 명철로 너희를 양육하리라"(렘 3:15). 그러나 백성의 이익에 역행하는 행동을 하는 나쁜 지도자도 있다. 예언자는 이러한 지도자를 가리켜 이렇게 말한다: "화 있을진저 양 떼를 버린 못된 목자여 칼이 그의 팔과 오른쪽 눈에 내리리니 그의 팔이 아주 마르고 그의 오른쪽 눈이 아주 멀어 버릴 것이라"(슥 11:17).

의무를 망각하고 양 대신 자기 자신을 기르는 현세의 많은 지도자는 선한 목자이신 여호와와 대치된다: "목자가 양 가운데에 있는 날에 양이 흩어졌으면 그 떼를 찾는 것 같이 내가 내 양을 찾아서 흐리고 캄캄한 날에 그 흩어진 모든 곳에서 그것들을 건져낼지라"(겔 34:12). 여호와를 믿는 사람은 "그의 기르시는 양"이다(시 100:3).

여호와의 풀밭에 있는 사람은 주리거나 목마르지 않을 것이다(사 49:9~10). 아가에서는 신랑이 백합화 가운데서 양 떼를 먹이는 목자로 등장한다(아 1:7, 2:16). "백합화 가운데서 양 떼를 먹인다"는 것은 신랑과 신부의 사랑의 상징인데, 이 사랑은 신을 향한 인간의 동경을 상징한다. 그러므로 약속된 구세주가 목자로 표현되는 것은 전혀 이상한 것이 아니다. 하나님은 오직 한 사람에게 이스라엘 백성을 기르는 일을 허락하신다.

에스겔 34장 24절에서 하나님 사자의 이름을 시간상으로는 과거에 속한 왕 다윗을 의식적으로 암시하여 다윗이라 부른다. 하나님이 목자 같이 양 떼를 먹이시는 때에 구세주의 때가 도래한다(사 40:11).

예수께서는 자기의 사명을 선한 목자의 비유로 나타내셨고, "나는 이스라엘 집의 잃어버린 양 외에는 다른 데로 보내심을 받지 아니하였노라"라고 말씀하셨다(마 15:24).

목자가 길 잃은 양을 찾는 것처럼, 인자이신 예수님은 잃어버린 영혼을 찾으러 오셨다(마 18:11~13). 목자는 잃었던 양을 찾으면 "즐거워 어깨에 메고"(눅 15:5) 집으로 돌아간다. 위험이 닥치면 양 떼를 버려두고 도망치는 삯꾼 목자들과는 달리 그리스도는 우리 안에 있는 양은 말할 것도 없고, 우리 안에 있지 않은 양, 즉 이방인들도 인도하시는 선한 목자(요 10:12-13, 16), "양들을 위하여 목숨을 버리는" 선한 목자이시다(요 10:11). 목자의 음성을 듣고 귀를 기울이는 양은 "영원히 멸망하지 아니할" 것이다(요 10:27~28).

부활하신 예수님은 목자의 임무를 제자들에게 맡기셨다. 예수님은 베드로에게 "내 어린 양을 먹이라…내 양을 먹이라"라고 말씀하셨다(요 21:15-17). 베드로는 첫째 편지에서 장로들에게 장차 목자장에게서 시들지 않는 영광의 관을 받을 수 있도록 "양무리의 본"이 되라고 충고한다(벧전 5:3~4).

세계의 심판자이신 인자(人子)는 모든 민족을 그의 앞에 불러모아 목자가 양과 염소를 가르듯이 그들을 갈라서 양은 그의 오른쪽에, 염소는 그의 왼쪽에 세우실 것이다(마 25:32~33). 요한계시록의 어린 양은 선택된 사람들의 목자가 되셔서 생명의 샘물로 그들을 인도하실 것이다(계 7:17).

오늘날 교회에서는 목사를 목자라고 부른다. 선한 목자라는 이미지는 초기 기독교 미술에 빈번히 나타나는 주제로서 고대 로마의 지하묘지인 카타콤의 벽화나 석관의 부조, 황금 컵, 모자이크화 등에서 보인다. 종종 세례실에 이 모티프가 그려져 있는 것은 원시 기독교 문서에 거듭 등장하는 관념, 즉 세례를 그리스도가 기르는 양 떼의 귀환 행위라고 보는 견해와 관련되어 있다.

몰약(沒藥)

몰약은 발삼(balsam) 수지(樹脂)를 함유한 수목, 즉 미르라(Myrrha) 나무의 수지로서 향기는 좋지만, 몹시 쓰다. 이집트인들은 미라를 만들 때 방부(防腐) 처리에 이것을 이용했으며, 그리스인과 로마인은 미르라에서 얻은 액체를 화장제로 사용했다. 모세의 제사에서 몰약은 거룩한 관유의 재료로 사용되었다(출 30:23).

몰약은 향기가 좋으므로 여성들은 가슴에 몰약이 든 작은 주머니를 달고 다녔다. 아가서에서 신랑은 신부의 가슴에 품은 향 주머니로 비유되고 있다(아 1:13). 혼례 행렬에서 신랑은 "몰약과 유향"의 향기에 둘러싸인다(아 3:6~7). 신랑이 향 재료를 거두고 꿀송이와 꿀을 먹고 포도주와 우유를 마시는 정원(아 5:1)은 하늘의 향기가 넘쳐 흐르는 풍요를 나타낸다. 하나님의 용사는 영원히 흔들리지 않는 보좌에 앉으며 그가 입은 모든 옷에서는 몰약과 침향과 육계 향기가 풍긴다(시 45:8).

구약성경에서 몰약의 주된 의미는 그 향기에 의거하고, 신약에서는 쓴맛에 역점을 둔다. 동방박사들은 아기 예수에게 경배하고 황금과 유향과 몰약을 선물을 바쳤다(마 2:11). 후기 해석에 의하면, 이것들은 각각 신앙(다른 해석으로는 왕권), 경배, 수난의 상징이라 여겨진다. 즉 그리스도께서 이 세상에서 받을 체험, 지상에서 걸으실 길의 예언적 암시이다.

십자가에 달리시기 전에 주님에게 제공된 몰약을 탄 포도주는 일종의 마취제로서 예수께서 이것을 거절하신 것은 모든 괴로움을 받아들이려 하셨음을 나타낸다(막 15:23).

몰약은 사체의 방부 처리에 이용되었기 때문에, 세상의 고통 중에서 궁극적인 것, 즉 죽음의 상징이 되었다. 니고데모는 예수를 매장하기 위해 "몰약과 침향 섞은 것"을 가지고 왔다(요 19:39).

중세 시대의 성경 주석가들은 아가서 4장 6절의 "몰약 산"을 그리스도 수난의 언덕, 즉 골고다라고 해석했다. 프랑스의 콩데 미술관에 소장된 『영혼을 구원하는 거울』(Le Miroir de l'humaine salvation)에서 성모 마리아는 작은 몰약 가지 다발을 쥐고 있다. 이것은 그리스도의 고통과 죽음을 자기 몸으로 느끼고 있음을 상징한다.

무릎 꿇음

무릎을 꿇는 것은 죄책감의 표시, 간절히 바라는 동작, 공손함의 표현으로 간주하였다. 양 무릎을 꿇는 것은 강한 자에 대한 굴복을 나타낸다. 포로와 범죄자도 양 무릎을 꿇고 살려달라고 빌었다. 특히 신적인 존재를 경배할 때 이 자세를 취했다. 앗수르에서는 제단 앞에서는 왕도 무릎을 꿇었다.

무릎의 흔들림은 불안과 약함을 상징한다. 종말의 공포가 다가오면 사람들은 모두 손에 맥이 풀리고 무릎을 떨 것이다(겔 7:17).

파괴의 폭풍이 임했을 때 니느웨가 공허하였고 황폐하였다. 주민이 낙담하여 그 무릎이 서로 부딪히며 모든 허리가 아프게 되며 모든 낯이 빛을 잃었다(나 2:10). 여호와의 은총을 받은 사람, 여호와의 영광을 본 사람은 약한 손을 강하게 하며 떨리는 무릎을 굳게 한다(사 35:3).

공포심에서 하나님의 뜻에 대한 복종의 표시로 무릎을 꿇는 일도 있다. 솔로몬은 이스라엘의 모든 회중 앞에서 무릎을 꿇고 하늘을 향하여 손을 펴고 기도했다(대하 6:13). 에스라는 근심 중에 일어나서 속옷과 겉옷을 찢은 채 무릎을 꿇고 하나님 여호와를 향하여 손을 들고 기도했다(스 9:5). 여호와는 바알에게 무릎을 꿇지 아니하고 바알에게 입 맞추지 않은 자 칠천 명을 남기셨다(왕상 19:18).

무릎을 꿇는 사람은 간절히 바라는 사람이다. 많은 사람이 예수 앞에 무릎을 꿇었다. 예를 들면 문둥병 낫기를 바라는 사람(막 1:40), 아들의 간질병 치유를 바라는 아버지 등이다(마 17:14-15). 기도하는 사람도 무릎을 꿇는다. 그 예로는 자기 영혼을 주님의 손에 맡긴 순교자 스데반이 있다(행 7:59~60).

예수님은 잡히기 전에 제자들과 헤어져서 돌을 던져서 닿을 만한 거리에 가서 무릎을 꿇고 기도하셨다(눅 22:41). 때가 되면 하늘과 땅 위와 땅 아래 있는 모든 것들이 예수의 이름 앞에 무릎을 꿇을 것이며(빌 2:10), 그리하여 하늘도 땅도 저승도 예수께 경외심을 나타낼 것이다.

초기 유럽 교회에서는 번민이나 속죄의 성격을 가진 날에만 무릎을 꿇었지만, 중세 시대 말부터는 미사에 참석한 신자의 기본자세가 되었다.

무지개

기독교 이전 시대의 여러 민족은 무지개의 양 끝이 수평선과 접한다는 점에서 그것을 신과 인간을 연결하는 매개체라고 생각했다. 특히 비가 부족한 지방에서는 무지개가 신비한 것, 즉 전율과 경외를 동시에 일으키는 기이한 힘의 뚜렷한 표현이라고 여겼다. 동남아시아의 원시 민족들은 아침 무지개를 신령(神靈)이 물을 마시기 위해 나타나는 것으로 여겼다. 무지개가 선 곳을 파면 금은보화가 나온다는 전설이 있는 나라도 있다.

사십일 동안 계속된 대홍수 후에 노아와 노아의 자식들은 제단을 만들어 여호와에게 희생물을 바친 후 여호와의 축복을 받았다. 이때 여호와는 창조주와 피조물 간의 언약의 표시로 무지개를 구름 속에 두셨다: "내가 내 무지개를 구름 속에 두었나니 이것

최후의 심판. 무지개에 앉아 계신 주님. 16세기 목판화

이 나와 세상 사이의 언약의 증거니라 내가 구름으로 땅을 덮을 때에 무지개가 구름 속에 나타나면 내가 나와 너희와 및 육체를 가진 모든 생물 사이의 내 언약을 기억하리니 다시는 물이 모든 육체를 멸하는 홍수가 되지 아니할지라 무지개가 구름 사이에 있으리니 내가 보고 나 하나님과 모든 육체를 가진 땅의 모든 생물 사이의 영원한 언약을 기억하리라"(창 9:13~16).

여호와의 자비와 은혜의 보증인 동시에 영광의 상징인 무지개는 세상을 지배하시는 전능하신 여호와의 보좌 일부를 이룬다: "그 사방 광채의 모양은 비 오는 날 구름에 있는 무지개 같으니 이는 여호와의 영광의 형상의 모양이라"(겔 1:28). 무지개는 거룩한 임무를 행하는 대사제를 포함하여 초현세적인 영광의 상징이기도 하다(집회서 50:7).

요한계시록에서도 하나님의 보좌의 무지개가 언급된다: "또 무지개가 있어 보좌에 둘렸는데 그 모양이 녹보석 같더라"(계 4:3). 이것은 녹색

을 눈에 띄게 함으로써 신의 자애에 대한 희망을 암시한다. 하늘에서 구름에 싸여 내려와서 요한에게 두루마리를 건네준 환상 속의 천사의 머리 위에는 무지개가 둘려 있었다(계 10:1).

구약성경에서 "무지개"라는 말의 원래 의미는 "활"인데, 대홍수 뒤에 여호와는 활에 의한 무장을 풀어 활이 무기인 것을 중지하셨다. 옛 찬가에서는 마리아를 "하나님과 사람을 잇는 아름다운 무지개"(arcus pulcher aetheri)라고 부른다. 독일 르네상스기의 화가 마티아스 그뤼네발트(Matthias Graünewald)의 그림 "마리아와 아기 예수(슈투파흐의 마돈나)"에 나타난 무지개도 이 의미로 해석할 수 있다. 요한계시록을 회화로 구상한 중세의 "최후의 심판"에서 그리스도는 무지개 위에 앉아 있다.

무화과나무와 열매

지중해 동부 지역에 서식하는 무화과 열매는 고대 그리스·로마에서는 주식으로 사용되었고, 그 때문에 풍요의 상징으로 간주되었다. 무화과의 원형은 하늘에 뿌리를 둔 우주나무로 간주되어 비슈누(Vishnu) 신이 무화과와 동일시되었다. 석가모니는 무화과나무 아래서 깨달음을 얻었다고 한다.

성경에서 최초로 무화과를 언급한 것은 모세의 글이다. 무화과는 약속의 땅을 특징짓는 과실로서(민 13:23, 신 8:8) 광야와 대조를 이룬다. 광야에는 파종할 곳이 없고 무화과도 없고 포도도 없고 석류도 없고 마실 물도 없었다(민 20:5). 그 백성에게 진노하신 여호와는 포도나무와 무화과나무를 치셨고(시 105:33), 강하고 무수한 메뚜기 떼가 올라와 포도나무를 망쳐 놓았고 무화과나무도 그루터기만 남겨 놓았다(욜 1:7). 만군의 여호와는 믿음의 열매를 맺지 않는 자들에 대해 이렇게 말씀하신다: "내가 칼과 기근과 전염병을 그들에게 보내어 그들에게 상하여 먹을 수 없는 몹쓸 무화과 같게 하겠고"(렘 29:17).

예언자 하박국은 하나님의 나타나심과 고통의 날을 다음과 같이 묘사한다: "산들이 주를 보고 흔들리며…해와 달이 그 처소에 멈추었나이다…무화과나무가 무성하지 못하며 포도나무에 열매가 없으며 감람나무에 소출이 없으며 밭에 먹을 것이 없으며 우리에 양이 없으며 외양간에 소가 없을지라도 나는 여호와로 말미암아 즐거워하며 나의 구원의 하나님으로 말미암아 기뻐하리로다"(합 3:10~18).

마리아와 이브/생명의 나무와 죽음의 나무. 마리아는 사람들에게 성체를, 이브는 선악과를 나눠주고 있다. 잘츠부르크 미사경본에서. 1481년 베르톨트 푸어트마이어 삽화(15세기)

백성들이 각기 자기 포도나무 아래와 자기 무화과나무 아래 앉아 있는 모습은 하나님께서 인간에게 주신 평안을 나타낸다. 하나님에 대한 경외심이 독실한 마카비, 즉 유다의 형제 시몬이 다스리는 동안 "이스라엘에는 기쁨이 넘쳐흘렀다. 사람마다 자기의 포도나무와 무화과나무 아래 앉았으며 그들의 마음을 괴롭힐 자는 아무도 없었다"(마카비상 14:10~11). 미가는 미래의 구세주의 나라를 상징적으로 말하기 위해 이것과 같은 광경을 사용한다: "각 사람이 자기 포도나무 아래와 자기 무화과나무 아래에 앉을 것이라 그들을 두렵게 할 자가 없으리니 이는 만군의 여호와의 입이 이같이 말씀하셨음이라 사람이 자기 포도나무 아래와 자기 무화과나무 아래에 앉을 것이라 그들을 두렵게 할 자가 없으리니 이는 만군의 여호와의 입이 이같이 말씀하셨음이라"(미 4:4).

예수님은 제자들에게 세상의 종말에 대해 말씀하시면서 무화과나무의 비유를 사용하셨다: "무화과나무의 비유를 배우라 그 가지가 연하여지고 잎사귀를 내면 여름이 가까운 줄을 아나니 이와 같이 너희도 이 모든 일을 보거든 인자가 가까이 곧 문 앞에 이른 줄 알라"(마 24:32~33, 눅 21:29-31 참조). 열매 맺지 않는 무화과나무를 베어 버리라는 것은 상징적 비유로서 믿음의 열매를 맺지 않는 백성에 적용된다(눅 13:6~9).

교부신학에서는 특히 창세기 3장 7절의 무화과 잎사귀를 증거로 끌어들여 이것을 죄의 상징으로 해석하였다. 아담과 하와가 하나님의 말씀을 어긴 뒤 무화과 잎사귀로 몸을 감추었기 때문이다. 반대로 어거스틴은 무화과나무와 잎사귀에서 하나님의 깊은 은총의 표현을 본다: "우리는 한 그루 나무에 의해 죽기도 하의고 살기도 한다. 한 그루의 나무는 우리에게 자신이 나체인 것을 가르치고, 한 그루의 나무는 자비의 잎사귀로 우리들의 몸을 감쌌다." 만다야교(Mandaeism)의 경전 『아담의 서』(Book of Adam)는 낙원에서 쫓겨난 아담과 하와의 생애를 기록한 교훈적 문서로서 기원전 20년경부터 기원 70년경 사이에 유대인에 의해 히브리어나 아람어로 쓰였다고 추측된다. 아담과 하와에 관련된 6~7권의 문헌들 각각의 책 이름이기도 하고, 이들을 통칭하는 낱말이기도 하다.

생명나무를 지키는 그룹이 인류의 시조 아담과 하와에게 낙원의 무화과를 주었다고 전해지는데, 이것도 신의 은혜를 나타내는 것이다. 여러 교부, 예를 들면 제롬은 무화과나무 열매를 성령의 상징으로 해석했다.

문

문은 열고 닫힘에 따라 통과하는 것을 가능하게도 하고 방해하기도 한다. 문, 출입구, 문짝에는 두 영역의 경계, 즉 안과 밖, 오늘과 내일, 성(聖)과 속(俗)의 경계라는 관념이 결부되어 있다.

고대 오리엔트의 신화나 종교에는 천국의 문과 저승의 문이라는 말이 등장한다. 이 세상을 떠난다는 것은 이 세상에서 저 세상으로 들어가는 것이기 때문이다. 이집트인들은 악마의 세력들로부터 신전을 보호하기 위해서 종종 신전 입구에 사자상을 두었다. 대부분의 피라미드의 전실(前室)과 관실(棺室) 사이의 통로에는 "높은 문"이라 새겨져 있다. 이 문은 종종 "누트(Nut)의 문"(하늘의 문)이라 불렸다.

고대 메소포타미아의 여러 전승에는 하늘의 입구와 저승의 입구를 지키는 문지기가 등장한다. 로마인은 문의 신(神)을 갖고 있었으니, 즉 두 얼굴을 가진 야누스이다.

이승과 저승의 경계를 짓는 문은 성경적 사고에서도 익숙한 개념이었다. 하늘까지 닿는 사닥다리의 꿈에서 깨어난 야곱은 "두렵도다 이 곳이여 이것은 다름 아닌 하나님의 집이요 이는 하늘의 문이로다"(창 28:17)라고 말했다. 유다 왕 히스기야는 인생의 중반에 속죄의 노래를 부르면서 이 세상을 떠나야 함을 한탄했다: "내가 말하기를 나의 중년에 스올의 문에 들어가고 나의 여생을 빼앗기게 되리라 하였도다"(사 38:10).

성을 둘러싼 성벽의 문(성문) 안쪽의 광장과 큰길은 공적(公的) 생활의 중심이었으며, 법과 심판의 장소였다(룻 4:1~11; 삼하 15:2; 욥 31:21). 성문의 소유 여부에 따라 그 성 전체를 소유하느냐의 여부가 달려 있었으므로 시온의 문은 하나님의 성 시온 전체를 대표했다: "여호와께서 야곱의 모든 거처보다 시온의 문들을 사랑하시는도다"(시 87:2).

"대적의 성문을 차지한다"는 것은 그 문이 속하는 성을 정복한다는 것을 의미한다(창 22:17). 하나님이 진노하여 은혜를 거두시면 "유다가 슬퍼하며 성문의 무리가 피곤하여 땅 위에서 애통"할 것이다(렘 14:2). "왕의 문"—즉 왕궁의 문—에 앉는다는 것은 왕의 신뢰를 받고 있다는 것과 거의 같은 의미로서 페르시아 왕궁의 모르드개의 이야기에서 그것을 알 수 있다(에 2:19, 21, 3:3).

출입구, 문은 비유적인 의미로 차단이나 한계를 나타낸다. 하나님은 "바다가 그 모태에서 터져 나올 때에 문으로 그것을 가둔 자가 누구냐"(욥 38:8)라고 하셨다. 사망의 문 앞에 온 사람도 하나님에 의해 구원받을 수 있다. 이는 여호와께서 "놋문을 깨뜨리시며 쇠빗장을 꺾으셨기" 때문이다(시 107:16, 18).

신약성경에는 영원한 지복(至福)에 이르는 통로인 문의 종말론적 의의가 증폭되어 나타난다. 구원받을 사람이 적으냐는 질문을 받으신 예수님은 이렇게 대답하신다: "좁은 문으로 들어가기를 힘쓰라 내가 너희에게 이르노니 들어가기를 구하여도 못하는 자가 많으리라 집 주인이 일어나 문을 한 번 닫은 후에 너희가 밖에 서서 문을 두드리며 주여 열어 주소서 하면 그가 대답하여 이르되 나는 너희가 어디에서 온 자인지 알지 못하노라 하리니"(눅 13:23~25). 지혜로운 처녀들은 혼인 잔치에 들어갔으나 미련한 다섯 처녀는 닫힌 문 앞에 남게 되었다(마 25:1~12). 닫힌 문은 잃어버린 구원, 구원받을 기회의 상실을 상징한다.

성경에서 문의 상징의 정점을 이루는 것은 예수님의 증언이다: "나는 양의 문이라 나보다 먼저 온 자는 다 절도요 강도니 양들이 듣지 아니하였느니라 내가 문이니 누구든지 나로 말미암아 들어가면 구원을 받고 또는 들어가며 나오며 꼴을 얻으리라"(요 10:7~9). "믿음의 문"(행 14:27)이 열리면 구원의 길을 걸을 수 있다.

복음이 전파되는 것은 "전도할 문"(골 4:3)이 열리는 것이다. 주님은 사도 바울에게 "광대하고 유효한 문"을 열어 주었는데, 이는 불신자들을 회심시킬 수 있도록 바울의 입을 열어 주셨다는 뜻이다(고전 16:9).

라오디게아 교회의 사자에게 주신 주님의 말씀은 라오디게아 사람들의 마음의 문에 관하여 이야기한다: "볼지어다 내가 문 밖에 서서 두드리노니 누구든지 내 음성을 듣고 문을 열면 내가 그에게로 들어가 그와 더불어 먹고 그는 나와 더불어 먹으리라"(계 3:20).

새 예루살렘의 열두 대문은 열두 진주로 되어 있는데, 그 대문들이 각각 진주 한 개로 되어 있다(계 21:21). 그 문에는 도시 전체의 광채, 즉 하나님의 영광이 나타나 있다. 이 문들은 절대 닫히지 않지만, 속된 자는 통과할 수 없다(계 21:25~27) 통과와 차단이라는 문의 사명이 유감없이 나타나 있다.

상징적으로 보면 교회의 문은 자기 자신을 "양의 문"이라 부르신 구세주이시다(요 10:7). 교회의 문이신 구세주는 정의(正義)로 불신앙자를 막으며, 신자에게는 거룩한 것으로 이어지는 길을 열어 주신다.

문둥병

성경 시대에는 여러 가지 다양한 피부병을 통틀어 문둥병이라고 했으며, 오늘날의 문둥병에 한정되었던 것은 아니다. 문둥병을 앓는 자는 부정한 자로 간주하여 공동체에서 내쫓김을 당했다: "나병 환자는 옷을 찢고 머리를 풀며 윗입술을 가리고 외치기를 부정하다 부정하다 할 것이요"(레 13:45), "그가 부정한즉 혼자 살되 진영 밖에서 살지니라"(레 13:46).

문둥병은 하나님이 죄인에게 내린 벌이라고 간주하였다. 그런 까닭에 여호와는 완악한 바로의 백성에게 "악성 종기"를 보내셨다(출 9:9~11). 여호와는 이스라엘 백성이 패역하였으므로 그들을 "애굽의 종기와 치질과 괴혈병과 피부병"으로 치셨다(신 28:27).

몸 안에서 비롯되는 것처럼 보이는 문둥병은 점차 확대되는데, 죄도 이와 마찬가지다. 문둥병은 깊은 죄의 눈에 보이는 표시, 즉 하나님께 대한 패역의 상징으로 보았다. 여호와께 분향하는 일은 제사장들만 할 수 있는 일임에도 불구하고 웃시야가 교만하여 성전에 들어가서 여호와께 분향하려 했을 때, 그의 이마에 나병이 생겼다. 그는 죽는 날까지 나병을 앓았다. 주님의 성전을 출입하는 것도 허용되지 않았으므로, 나병 환자인 그는 별궁에 격리되어 여생을 보냈다. 왕자 요담이 왕실을 관리하며 나라의 백성을 다스렸다"(대하 26:19~21). 하나님의 진노가 미리암에게 발했기 때문에 미리암은 나병에 걸려 눈처럼 하얗게 되었다(민 12:10).

여호와께서는 문둥병을 앓는 자가 다시 깨끗해질 수 있는 규율을 나타내 보내셨다. 더럽혀진 자는 왕과 사제와 예언자의 기름 바름에만 사용되는 기름을 사용한 정화 의식을 통해서 하나님 앞에서 속죄받을 수 있었다(레 14:15~18).

예수님이 문둥병자들을 고치신 것은 더러움과 죄에 대한 예수님의 승리를 의미한다. 주님은 갈릴리에서 온 열 명의 문둥병자를 말씀으로 치료하셨다(눅 17:11~14). 구세주는 이사야의 예언(사 53:4)이 성취되기 위해 인간의 연약한 것을 친히 담당하시고 병을 짊어지심으로써 인간을 치유하시고 구원하신다(마 8:17).

세례 요한이 제자 둘을 예수에게 보내어 구세주라는 증표를 요구했을 때 예수님은 "너희가 가서 보고 들은 것을 요한에게 알리되 맹인이 보며 못 걷는 사람이 걸으며 나병 환자가 깨끗함을 받으며 귀먹은 사람이 들으며 죽은 자가 살아나며 가난한 자에게 복음이 전파된다 하라"(눅

7:22)라고 대답하셨다.

물(水)

하늘에서 내려와 샘과 실개천을 통해 지표에 나타나는 물은 목마른 자를 윈기 있게 해주고 더러움을 깨끗하게 하며 불과 싸우는 가장 손쉬운 수단이었다. 물은 원물질(原物質), 즉 어머니와 같은 물질이며, 우주는 이 물질에서 아버지인 하나님의 영(말씀)을 통해 창조되었다.

그리스의 자연철학자인 밀레토스의 탈레스(Thalēs)는 세계를 구성하는 자연적 물질의 근원을 물이라 하였다. 고대 이집트인들은 부활 사상과 결부하여 물이 "오시리스에서 나온 유출물"로서 인간을 죽음의 응고에서 녹여 풀어주는 것이라 생각했다. 물속에는 생(生)과 사(死)가 함께 존재하고 있다. 그런 까닭에 바빌론의 여신 이슈타르는 생명수를 손에 넣기 위해 사자(死者)의 세계(저승)로 내려가야 했다.

"천하의 물이 한 곳으로 모이고" 뭍이 드러났다(창 1:9~10). 원초(原初)의 물은 생명의 물로 변한다. 즉 강 하나가 에덴에서 흘러나와서 동산을 적시고 에덴을 지나서는 네 줄기로 갈라져서 네 강을 이루었다(창 2:10~14). 이 네 근원(강)은 하늘의 사방을 암시한다.

육체의 정화(淨化)에 도움이 되는 물에서 정신적·윤리적 정화의 상징을 찾아낸 것은 자연스러운 추세였다. 여호와께서는 아론과 그 아들들에게 회막과 제단에서 제사를 집행할 때 손과 발을 씻어 "죽기를 면하라"라고 말씀하셨다(출 30:18~21).

영과 결부되면 평범한 물도 기적을 일으킬 수 있다. 아람 왕의 군대장관 나아만은 선지자 엘리사의 지시대로 요단강에서 일곱 번 몸을 씻고 나병을 치유받았다(왕하 5:10~14). 지팡이로 바위를 쳐서 물이 솟아나게 한 모세의 기적(출 17:6)은 그리스도로 말미암아 신자에게 열린 구속, 치유의 샘의 선구적인 범례이다. 그 날(여호와의 날)에 생수가 예루살렘에서 솟아날 것이다(슥 14:8). 이 물은 교회가 은혜로 받은 생명의 물이다. 이것은 에스겔 47장 1~12절에 분명하게 나타나 있다. 동쪽 빛, 즉 그리스도이신 태양을 향해 흐르는 강이 성전에서 솟아나며 "물이 흘러 들어가므로 바닷물이 되살아나겠고 이 강이 이르는 각처에 모든 것이 살 것이며."

생명의 물인 원물질로서의 물과 성령과의 일치는 천지창조 때뿐만 아니라 복음서에도 나타난다: "사람이 물과 성령으로 나지 아니하면 하나님의 나라에 들어갈 수 없느니라"(요 3:5). 예수께서 세례받으실 때 하늘이 열리며 "성령이 비둘기 같은 형체로 그의 위에 강림하셨다(눅 3:21~22).

명절 끝날 곧 큰 날에 예수님은 서서 외쳐 말씀하셨다: "누구든지 목마르거든 내게로 와서 마시라 나를 믿는 자는 성경에 이름과 같이 그 배에서 생수의 강이 흘러나오리라." 복음사가 요한은 이 말을 믿는 사람들이 받게 될 성령과 관련짓고 있다(요 7:3~39).

예수께서는 사마리아 여인과의 대화에서 야곱의 우물물과 같은 보통 물과 예수께서 주시는 물의 근본적인 차이를 강조하셨다: "이 물을 마시는 자마다 다시 목마르려니와 내가 주는 물을 마시는 자는 영원히 목마르지 아니하리니 내가 주는 물은 그 속에서 영생하도록 솟아나는 샘물이 되리라"(요 4:13~14). 하나님과 어린 양의 보좌는 생명수의 강이 흘러나오는 진리의 원천이다(계 22:1).

암브로시우스 주교는 물을 그리스도의 은총의 수단으로 본다. 그것은 모든 것을 깨끗하게 하지만 그 자체는 씻겨질 필요가 없는 것이다. "네(은총의 수단으로서의 물) 안에 시작이 있고, 네 안에 끝이 있다. 너의 역할에 의해 우리는 끝을 모르는 존재가 된다." 기독교 전통에서 부활절 전야에 세례수를 축성할 때 사제는 타오르는 부활절 촛불(그리스도의 상징)을 세례수 속에 넣으면서 "이 풍요한 샘에 성령이 강림하시옵소서"라고 세 번 기원한다. 이 행위는 물이 그리스도에 의해 구속의 힘을 획득함을 암시하려는 것이다. 이렇게 한 후에 물은 십자(十字)로 잘려서(낙원의 네 줄기 강으로 나뉘어) 동서남북 사방으로 흩어져 나간다. 가톨릭교회에서 교회에 들어갈 때 성수를 몸에 뿌리는 행위는 정신을 깨끗하게 하는 동시에 세례를 상기시키는 행위이다.

물고기

고대인들은 물고기를 하나의 성을 가진 단성동물로 여겼으므로(아리스토텔레스도 그렇게 보았다) "처녀인 어머니와 구속자이신 아들"을 둘러싼 상징의 세계에서 쉽게 위치를 확보할 수 있었다. 고대 바빌로니아 신화에 의하면 지혜의 신 오안네스(Oannes)는 천지 창조 일년 후에 물고기의 모습으로 육지에 와서 인간에게 밭 경작의 지식과 학문의 초보를 가르쳤다고 한다.

인도의 신 비슈누(Vishnu)는 물고기로 변하여 인류의 시조를 홍수에서 구출했다고 전해진다. 북시리아의 풍요의 여신 아타르가티스(Atargatis)의 제사에 물고기의 성찬이 존재했다. 이 풍습은 물고기에서 부활의 상징을 보는 데서 유래한다고 생각된다―고대 이집트, 고대 그리스의 뮈케나이, 고대 이탈리아의 에투룰리아의 묘비에서 볼 수 있는 물고기도 같은 종류일 것이다.

요나는 여호와의 얼굴을 피하여 배를 타고 도망치다가 바다에서 큰바람을 만났을 때 사공들에게 자신을 바다에 던지라고 말했다. 그러나 여호와께서 이미 큰 물고기를 예비하사 요나를 삼키게 하셨으므로 요나가 밤낮 삼 일을 물고기 뱃속에 있었다." 그는 물고기의 뱃속에서 부르짖었다: "주께서 나를 깊음 속 바다 가운데에 던지셨으므로 큰물이 나를 둘렀고 주의 파도와 큰 물결이 다 내 위에 넘쳤나이다…내가 산의 뿌리까지 내려갔사오며 땅이 그 빗장으로 나를 오래도록 막았사오나 나의 하나님 여호와여 주께서 내 생명을 구덩이에서 건지셨나이다." 여호와의 명령에 따라서 물고기는 요나를 육지에 뱉어냈다.

물고기의 배는 "웅덩이"(시 69:15)를 나타내는 상징적 표현이며, "삼켜지는 것"은 죽음의 문턱을 넘는 것을 암시한다. 선지자 요나는 오직 하나님의 말씀으로 생명에 다시 연결되어 돌아온 것이다.

구약성경에서 인간은 바다에 사는 물고기로 비유되어 있다. "물고기가 재앙의 그물"에 걸리듯이 인간에게도 "재앙의 날"이 임한다(전 9:12). 여호와는 "사람을 바다의 고기 같게" 하신다(합 1:14).

성전에서 솟아나는 기적의 물에 의해 소생하는 물고기는 상징적 의미를 띤다(겔 47:9). 이 경우 물고기는 강가에 자라고 그 잎이 시들지 아니하며 열매가 끊이지 아니하고 달마다 새 열매를 맺는 나무와 같은 차원에 있으며(겔 47:12), 생명과 함께 하나님으로 말미암은 구속을 상징한다.

마태복음 12장 39-40절에 따르면, 요나가 경험한 사건은 그리스도의 죽음과 부활을 상징적으로 나타낸 것이다. 왜냐하면, 주님은 "요나가 밤낮 사흘 동안 큰 물고기 뱃속에 있었던 것 같이 인자도 밤낮 사흘 동안 땅속에 있으리라"라고 말씀하셨기 때문이다. 신약성경에서도 물고기는 인간을 나타낸다. 예수님은 제자들에게 "나를 따라오라 내가 너희를 사람을 낚는 어부가 되게 하리라"(마 4:19, 눅 5:10)라고 말씀하셨다. 산상수훈에서는 물고기와 떡(좋은 아버지의 선물), 그리고 뱀과 돌을 동등한 위치에 두고 비교하셨다(마 7:10). 부활하신 예수님은 디베랴 호수에 물고기 잡으러 나갔지만 아무것도 잡지 못하고 있는 제자들 앞에 나타나셨다. 예수님은 예수를 알아보지 못하는 제자들에게 "그물을 배 오른편에 던지라 그리하면 잡으리라"(요 21:6)고 말씀하셨다. 그 말씀을 따르니 그물을 들 수 없을 만큼 많은 물고기가 잡혔다.

그리스도를 상징하는 물고기와 십자가. 콥트 기독교의 부조(5세기)

일백쉰 세 마리의 큰 물고기를 다 세고 나서 주님은 "와서 조반을 먹으라"고 말씀하시며 제자들에게 숯불에 굽고 있던 생선과 떡을 대접했다(요 21:3~13). 어떤 사람들은 "153"이라는 수를 해석하면서 당시 박물학자들이 알고 있던 물고기의 종류를 헤아린 수라고 생각하여 교회라는 그물에 걸린 인간의 종류를 비유적으로 나타낸다고 여겼다. 또 어떤 사람들은 고대에 유포하고 있던 게마트리아(gematria; 단어나 말을 수치로 치환해서 그 숨은 의미를 아는 방법)를 이용해서 "153"이라는 숫자가 유월절의 희생양을 나타낸다고 주장했다. 그 때문에 "153" 마리의 물고기는 성체를 암시한다고 한다.

어거스틴은 예수님이 제자들에게 조반으로 주신 숯불에 구운 물고기를 "수난의 그리스도"라고 해석했다. 물고기를 구속을 가져오는 자의 상징으로 보는 고대의 사고방식에 따라서 물고기를 그리스도의 상징이라고 해석하며, 물고기를 가리키는 그리스어 익투스(Ichthys)의 문자 배열로 새로운 주목을 끌었다. Jesous Christos Theou Hyios Soter의 머리글자를 연결하여 합하면 Ichthys가 되며, 거기에서 익투스를 "예수 그리스도, 하나님의 아들, 구속자"라고 생각한 것이다. 기독교가 박해를 받던 시대에 물고기의 이미지는 기독교인들의 암호가 되었다.

터툴리안(Tertullianus)은 물고기의 이미지를 통해서 세례를 다음과 같이 구체적 상으로 설명했다: "우리는 Ichtus Jesus Christus(물고기 예수 그리스도)와 마찬가지로 물속에서 태어나 물속에 머무름으로써 구속을 얻는다." 고대 로마의 지하묘지 카타콤 벽화에는 물고기가 그려져 있으며, 9세기에 이르기까지 최후의 만찬을 그린 장면에는 떡과 잔과 함께 물고기가 등장했다.

밀과 이삭

"죽음으로써 태어난다"는 법칙이 가장 분명하게 나타나는 것은 파종과 수확의 과정이다. 밀알이 어두운 땅속에서 그 법칙에 따라 성장하듯이, 인간은 어두운 근원에서 태어난다. 결국에는 다시 죽음으로 끝나는 것이 양자의 운명이다.

고대 그리스에서 "이삭"이라는 말은 밭에서 거두는 씨를 나타냄과 동시에 인간의 태 내에서 나오는 씨도 나타냈다. 엘레우시스(Eleusis) 비밀의식 참가자에게 가장 고귀하면서 가장 낮은 것으로서 한 줄기 이삭이 나타나는데, 이것은 단순한 풍요의 상징 이상의 것, 지하세계(음부)에서 올라오는 여신 코레(Core)를 상징한다. 여신 코레와 함께 모든 생명이 회귀한다. 이집트에서는 성장하는 곡식은 죽음에서 소생하는 오시리스의 상징이었다.

애굽 왕 바로의 꿈에 등장한 이삭은 풍요를 상징한다. 거기서는 칠년 동안의 풍년이 무성하고 충실한 일곱 이삭으로, 칠년 동안의 기근이 "파리하고 흉한 일곱 소"와 "가늘고 동풍에 마른 일곱 이삭"으로 암시된다(창 41:5~27). 모압 여인 룻이 "내가 밭으로 가서 내가 누구에게 은혜를 입으면 그를 따라서 이삭을 줍겠나이다"(룻 2:2)라고 한 말도 의미가 깊다. 행운이 그녀를 보아스(그리스도를 상징함)의 밭으로 이끈다. 보아스는 룻에게 "여호와께서 네가 행한 일에 보답하시기를 원하며 이스라엘의 하나님 여호와께서 그의 날개 아래에 보호를 받으러 온 네게 온전한 상 주시기를 원하노라"(룻 2:12)라고 말했다. 그리하여 밭에서 이삭을 주워 모은 일이 마지막에 열매를 맺었다. 룻은 다윗의 선조의 어머니가 되었으며, 그리하여 예수님의 선조의 어머니가 된 것이다.

예수님은 밀알을 새 생명의 상징으로 사용하셨다: "내가 진실로 진실로 너희에게 이르노니 한 알의 밀이 땅에 떨어져 죽지 아니하면 한 알 그대로 있고 죽으면 많은 열매를 맺느니라 자기의 생명을 사랑하는 자는 잃어버릴 것이요 이 세상에서 자기의 생명을 미워하는 자는 영생하도록 보전하리라"(요 12:24~25). 예수님은 이 비유로써 임박한 자기 죽음의 의미를 분명히 하셨다. 바울은 "죽은 자들이 어떻게 다시 살아나며 어떠한 몸으로 오느냐"라는 물음에 "어리석은 자여 네가 뿌리는 씨가 죽지 않으면 살아나지 못하겠고 또 네가 뿌리는 것은 장래의 형체를 뿌리는 것이 아니요 다만 밀이나 다른 것의 알맹이 뿐이로되"(고전 15:36~37)라고 대답했다. 바울은 어떤 형체로 소생하게 될지 예측하기 어렵다는 것을 자연의 비유로 암시하려 했다.

밀알의 성육 발전은 결국 하나님 나라의 확대 발전의 상징이 된다. 씨는 싹을 내고 자라서 퍼진다. "땅이 스스로 열매를 맺되 처음에는 싹이요 다음에는 이삭이요 그 다음에는 이삭에 충실한 곡식이라"(막 4:27). 하나님 안에서 작용하는 내적인 힘도 이와 마찬가지로 펼쳐져 선한 것이 되고, 그 규칙을 따라 성장한다.

중세시대에는 밀알 안에서 음부로 내려갔다가 죽은 자들 가운데서 부활하신 그리스도의 상징을 보았다.

바다(海)

깊은 땅속까지 이르는 바다, 지극히 평온한 면을 보이면서도 종종 광란하고 포효하는 바다는 옛날부터 오늘에 이르기까지 육지에 사는 사람에게서는 기분 나쁜 존재이다. 어둠에 싸인 원초의 바다(심연)는 아직 질서도 구분이 없지만, 질서와 통일을 갖춘 조화의 세계가 될 맹아(萌芽)를 내부에 간직하고서 하나님의 창조의 말씀을 기다리는 혼돈의 세계의 상징적 표현이다. 이집트의 문서에 의하면 최초의 세계는 고여있는 원초의 물(심연)의 상태였는데, 이윽고 그 가운데서 땅이 섬처럼 떠올랐다고 한다. 수메르인은 에아(Ea)를 "수신"(水神)으로 공경했다.

하늘과 땅이 창조된 후 어둠이 깊음 위에 있고, 하나님의 영은 물 위에 움직이고 계셨다(창 1:2). 하나님은 터를 바다 위에 세우시고 강들 위에 건설하셨다(시 24:2). 위에 있는 하늘만 아니라 "아래로 깊은 샘"도 하나님의 축복의 상징이 된다(창 49:25). 천지창조의 둘째 날에 하나님은 칸막이벽(궁창)으로 궁창 위의 물과 궁창 아래의 물을 나누셨다(창 1:6~8). 칸막이벽(궁창)을 만든 것은 양쪽의 물이 합류해 다시 혼돈의 상태로 돌아가지 않도록 하기 위해서이다. "심연"을 의미하는 히브리어 "테홈"(tehom)은 "나락, 음부"라는 의미도 갖는다. 요나는 큰 물고기에 삼킴을 당했을 때 스올(음부)의 바닥에서 여호와께 부르짖는다: "주께서 나를 깊음 속 바다 가운데에 던지셨으므로…주의 파도와 큰 물결이 다 내 위에 넘쳤나이다…내가 산의 뿌리까지 내려갔사오며 땅이 그 빗장으로 나를 오래도록 막았사오나 나의 하나님 여호와여 주께서 내 생명을 구덩이(음부)에서 건지셨나이다"(욘 2). 욥의 경우에도 "바다의 샘"과 사자(死者)의 나라, 즉 음부가 연결되어 있다(욥 38:16~17). 바다라는 이미지는 여러 민족의 끊임없는 부침(浮沈), 융성과 몰락의 상징으로 자주 이용된다. "많은 민족이 소동하였으되 바다 파도가 치는 소리 같이 그들이 소동

하였고"(사 17:12). "주는 주의 힘으로 산을 세우시며 권능으로 띠를 띠시며 바다의 설렘과 물결의 흔들림과 만민의 소요까지 진정하시나이다"(시 65:6~7).

사도 요한이 밧모섬에서 보았던바 "음녀가 앉아 있는 물", 즉 바닷물은 "백성과 무리와 열국과 방언들"(계 17:15)이다. 그리스도의 비유에서 하나님의 나라는 "바다에 치고 각종 물고기를 모는 그물"(마 13:47)로, 사도들은 "사람을 낚는 어부"(막 1:17)로 비유되는데, 이것으로 바다가 세계의 상징, 인류의 총체 역할을 하는 것을 알 수 있다.

교부들은 바다는 칠흑 같은 어두운 심연, 즉 나락이라는 이유로 악마와 악령의 세계에 속한다고 보았다. 하나님이 깨뜨리신 "물(바다) 가운데 용들의 머리"(시 74:13)는 음부의 세력을 나타낸다. 교황 그레고리는 바다를 "영원한 죽음의 연못"이라고 했다. 오리겐은 하나님의 백성과 싸우는 애굽 왕 바로는 악마의 상징이며 악마가 바다(홍해)에 빠졌다고 했다(출 14:27~28).

12세기의 헤라드 폰 란츠베르크(Herrad von Landsberg)는 『기쁨의 동산』(*Hortus Deliciarum*)에서 하나님이 그리스도를 미끼로 사탄을 깊은 바다 바닥에서 낚아 올린다고 했다. "세상이라는 바다에 떠 있는 교회라는 배"의 이미지는 초기 기독교 시대부터 사용되었다.

바람(風)

자연 상태를 벗어나지 않은 단순한 사람들은 자연 현상이 생기는 원인을 몰랐으므로 바람의 술렁거림과 폭풍의 포효를 인격화해서 생각했다. 그리하여 바람을 대지가 쉬는 숨, 우주의 생명 활동의 징후로 여겼다.

바람은 눈에 보이지 않기 때문에 바위와 나무 같은 물질로 되어 있다고 생각할 수 없었으므로, 그 안에 무언가 보다 높은 힘이 숨겨져 있다고 믿었다. 많은 민족이 폭풍의 신과 바람의 영을 갖고 있다. 수메르의 신 엔릴(Enlil)은 "하늘, 바람, 폭풍우"를 지배하는 신이다. 천문학에서 엔릴은 태양에서 흑점이 폭발해 방출된 미립자가 지구에 언제 얼마나 도착할지를 예측할 때 쓰는 태양풍 분석 모델의 이름이다.

구약성경에서 휘몰아치는 바람은 하나님의 나타나심과 관계가 있다. "그룹을 타고 다니심이여 바람 날개를 타고 높이 솟아오르셨도다"(시 18:10). 에스겔이 경험한 하나님의 강림은 북쪽에서 불어오는 폭풍에 의해 예고된다(겔 1:4).

호렙산 기슭에서 여호와가 엘리야의 옆을 지나가실 때, 여호와의 예고로 크고 강한 바람이 산을 가르고 바위를 부수며 지진이 일어나고 불이 났다. 주목해야 할 것은 여호와는 바람이나 지진이나 불과는 근본적으로 다르다는 것으로서 이렇게 기록되어 있다: "바람 가운데에 여호와께서 계시지 아니하며…지진 가운데에도 여호와께서 계시지 아니하며…불 가운데에도 여호와께서 계시지 아니하더니"(왕상 19:11~13).

욥이 고난 중에 여호와의 음성을 들을 때의 폭풍우(욥 38:1)는 하나님 강림의 매개물에 불과하다. 회오리바람과 광풍은 여호와께서 지나가시는 길이다(나 1:3).

성경의 상징언어에서 폭풍은 하늘의 벌과 위협을 의미하는 것이기도 하다: "보라 여호와의 노여움이 일어나 폭풍과 회오리바람처럼 악인의 머리를 칠 것이라"(렘 23:19). 에브라임의 술 취한 자는 쏟아지는 우박, 파괴하는 광풍같이 강한 자에 의해 땅에 던져져 쓰러진다(사 28:2).

신약 성경에서 바람은 하나님의 영(성령)와 연관된다. 성육하신 로고스(하나님의 말씀, 예수)는 니고데모에게 이렇게 말씀하신다: "내가 네게 거듭나야 하겠다 하는 말을 놀랍게 여기지 말라 바람이 임의로 불매 네가 그 소리는 들어도 어디서 와서 어디로 가는지 알지 못하나니 성령으로 난 사람도 다 그러하니라"(요 3:7~8). 거듭남과 바람을 연결한 것은 창세기에서 흙으로 만든 사람에게 생명을 넣기 위해 하나님이 불어 넣으신 "생기"를 상기시킨다(창 2:7). 오순절에 그리스도의 제자들이 모여 있을 때 갑자기 하늘에서 세찬 바람이 부는 듯한 소리가 나더니 그들이 앉아 있는 온 집안을 가득 채웠다. 그리고 그들은 모두 성령으로 충만하게 되었다(행 2:2~4). 바람과 생기와 성령의 상징적 관계를 강하게 주장한 사람은 알렉산드리아의 키릴(Cyril of Alexandria)이다. 그는 아담에게 생명이 부여된 것과 부활하신 날 저녁의 그리스도의 행위를 연결지어 생각했다. 그때 그리스도는 제자들을 향하여 숨을 내쉬면서 "성령을 받으라"라고 말씀하셨다(요 20:22).

로마의 성 히폴리투스(St. Hippolytus)는 아가서 주해에서 "북풍아 일어나라 남풍아 오라 나의 동산에 불어서 향기를 날리라"(아 4:16)의 북풍과 남풍과 향기를 부활하신 그리스도의 생명의 호흡과 관련지었다. 스콜라 학자 움베르토 에코(Umberto Eco)는 "범선은 참된 신앙이요…하나님의 거룩한 숨은 바람이다"라고 노래하였다.

바벨론

수도 바벨론을 "신의 문"이라고 생각한 바벨론 제국 사람들과는 달리 성경에서는 이 명사를 "혼란, 혼돈"과 결부시키고 있다(창 11:9). 바벨탑 건설 때부터 바벨론은 하나님을 대적하는 힘의 중심으로 나타난다. 꼭대기가 "하늘까지 닿는 바벨탑"(창 11:9)의 건설에 얽힌 여러 사건은 인간의 교만, 나아가서는 여호와께 대한 배반의 정점을 이룬다.

세월이 흐른 뒤 바벨론은 느부갓네살 2세(기원전 605-562년) 치세 하에 신바벨론 제국의 수도로 새로이 번성하게 되었다. 느부갓네살은 유대인의 민족적 독립에 종지부를 찍고 유대 왕족들, 고관들, 내시들, 용사들을 포로로 삼아 바벨론으로 데려갔다(왕하 24:12~16). 그리하여 고국에서 멀리 떨어진 곳에 거주하게 된 사람들은 바벨론 강변에 앉아 고향의 마을 시온을 생각하며 울었다: "멸망할 딸 바벨론아 네가 우리에게 행한 대로 네게 갚는 자가 복이 있으리로다"(시 137:8). 택함 받은 백성의 원수는 여호와를 의뢰하는 것을 업신여긴다. 느부갓네살은 교만하고 방자하게 "이 큰 바벨론은 내가 능력과 권세로 건설하여 나의 도성으로 삼고 이것으로 내 위엄의 영광을 나타낸 것이 아니냐"라고 말했다(단 4:30). 바벨론 최후의 지배자 벨사살 왕이 큰 잔치를 베풀고 취해서 예루살렘 성전에서 빼앗은 그릇을 가져다가 술을 부어 마심으로써 하나님을 모독했을 때(단 5:2~3), 불가사의한 손가락이 나타나서 벽에 기록한 문자—"메네 메네 데겔 우바르신"(*Mene mene tekel upharsin*)—는 "시대를 세다, 저울에 무게를 달다, 왕의 나라가 나뉜다"라는 뜻으로 벨사살뿐만 아니라 바벨론의 최후를 예고하는 것이었다(단 5:25~28). 이사야도 바벨론 왕의 멸망을 조롱하는 노래를 부른다(사 14:4~23). 높은 하나님의 별들 위에 왕좌를 두려고 하는 자는 그 교만 때문에 죽은 자의 나라, 저승의 바닥에 떨어진다.

요한계시록에서는 바벨론이 반기독교 제국의 본거지로 등장한다. 바벨론 붕괴 전에 땅의 왕들이 큰 음녀와 더불어 음행하였고, "땅에 거하는 자들도 그 음행의 포도주에 취하였다." 구약 예언자들은 신앙심이 없고 도리에 어긋난 생활(특히 우상숭배)을 음행이라고 표현했다.

요한은 바벨론을 자줏빛과 붉은빛 옷을 걸친 여자의 모습으로 보았다. 그 여자는 가증한 것들과 자기 음행의 더러운 것들이 가득한 잔을 손에 들고 있었고, 성도들의 피와 예수의 증인들의 피에 취하여 있었다 (계 17:1~6). 바벨론—죄 많음, 교만, 하나님께 대한 배반의 상징—은 여기에서 악덕과 타락의 제국 로마와 기독교인들의 공동체에 임하는 권력을 칭한다. 그곳은 하늘로부터 소리가 나서 신도들에게 나오라고 경고하는 마을이다: "내 백성아, 거기서 나와 그의 죄에 참여하지 말고 그가 받을 재앙들을 받지 말라"(계 18:4).

중세 시대에는 바벨탑을 인간의 도리에 어긋남과 불신앙의 원형으로 간주하였다. 바벨탑 건설의 결과로 생긴 언어의 혼란은 오순절 성령 강림과 거기에서 생긴 언어의 기적(행 2:1~4)의 대칭형이라고 여겨진다.

바위(반석)

원시인은 거대하고 괴이한 형태의 바위에서 강렬한 인상을 받았다. 유라시아 대륙 전역에 널리 퍼져 있는 거석문화는 선사시대에 바위를 숭배했다는 증거이다.

유대교가 지배하기 이전의 아랍에서는 인간의 모습과 닮은 붉은색의 돌출한 바위를 "알팔스"(al-Fals)라는 신성의 구현으로 간주하여 거기에 희생을 드렸다. 주의해야 할 것은 대개의 경우 예배의 대상은 바위 자체가 아니라 그 바위에서 생긴 신의 계시, 혹은 그곳에서 맺어진 신과의 계약이었다는 사실이다.

고대 소아시아 히타이트 신화에서 세 번째 주신 쿠마르비(Kumarbi)는 피부가 섬록암(Diorite)으로 된 아들 울리쿰미(Ullikummi)을 낳았다.

창세기 49장 24절에 반석이 하나님의 상징으로 등장한다. 다윗은 사울의 손에서 구원받은 날에 이렇게 노래했다: "여호와는 나의 반석이시요 나의 요새시요 나를 건지시는 자시요 나의 하나님이시요 나의 피할 바위시요 나의 방패시요 나의 구원의 뿔이시요 나의 높은 망대시요 나의 피란처시요 나의 구원자시라"(삼하 22:2~3).

여호와는 이스라엘 백성이 안전하게 피할 수 있는 난공불락의 성에 비유된다: "주는 나의 반석과 산성이시니"(시 31:3). 그러나 주변 여러 민족의 우상숭배 대상인 바위와 여호와를 상징하는 바위는 엄연히 구별된다: "그들의 반석이 우리의 반석과 같지 아니하니"(신 32:31).

구원의 하나님을 잊어버리며 능력의 반석을 마음에 두지 않는 자들에게 화가 있을 것이다(사 17:10). 왜냐하면, 만군의 여호와는 믿음이 없어 열매 맺지 못하는 자에게 "걸림돌과 걸려 넘어지는 반석"이 되시기 때문이다(사 8:14).

바울의 해석에 의하면 모세가 하나님의 명령에 순종하여 내리쳤을 때 물이 솟아 나온 광야의 바위(출 17:6)는 그리스도를 나타낸다(고전 10:4). 교회에서 반석이 특별한 의미가 있게 된 것은 예수께서 제자 시몬을 베드로라 하시며 다음과 같이 말씀하셨기 때문이다: "또 내가 네게 이르노니 너는 베드로라 내가 이 반석 위에 내 교회를 세우리니 음부의 권세가 이기지 못하리라"(마 16:18). 그리하여 "반석"인 이 사도는 흔들리지 않는 신앙의 상징이 되었다.

바위가 불굴의 의지와 확고부동한 영원성을 암시하는 경우도 있다. 주님은 "그러므로 누구든지 나의 이 말을 듣고 행하는 자는 그 집을 반석 위에 지은 지혜로운 사람 같으리니 비가 내리고 창수가 나고 바람이 불어 그 집에 부딪히되 무너지지 아니하나니 이는 주추를 반석 위에 놓은 까닭이요"(마 7:24~25)라고 말씀하셨다.

암브로시우스는 바위에서 흘러나온 물이 그리스도의 옆구리에서 흘러나온 피를 상징한다고 주장했다. 고대 로마의 지하 묘지인 카타콤의 벽화, 특히 석관의 부조에는 출애굽기 17장 6절에 따라 모세가 호렙의 바위를 쳐서 물이 흘러나오게 하는 모습이 그려져 있다. 교회에서 그리스도를 종종 반석에 비유하듯이, 연금술에서는 그리스도를 "현자의 돌"(lapis philosophorum)이라고 불렀다.

중세 초기의 미술에서는 어린 양(그리스도)이 바위 위에 섰는데, 그 바위에서 낙원의 네 개의 샘이 흘러나오는 모습을 그리곤 했다. 예수님의 세례를 다룬 15, 16세기의 회화에서는 하늘을 향해 우뚝 솟은 한 무더기의 바위가 하나님의 아들을 표현하고 있다.

바퀴

바퀴는 가장 오래된 태양의 상징 중 하나이다. 태양은 바퀴가 있는 탈것으로서 동에서 서로 하늘을 가로지른다는 견해도 있으며, 태양 자체가 바퀴처럼 구르면서 운행한다는 견해도 있었다.

바퀴가 거침없이 교차하는 축으로 사분된 둥근 모양의 태양의 궤도를 의미하는 경우도 있다. 이 경우 바퀴는 우주를 체현한다. 끊임없이 회전하는 바퀴는 변천을 상징하기도 한다. 예를 들면 그리스의 운명의 여신 티케(Tyche)가 바퀴 위에 서 있는 것이 그것이다.

바퀴는 재판의 상징이기도 하다. 네메시스(Nemesis)는 율법의 여신으로서 선악의 구분 없이 분수를 넘어서는 모든 종류의 과도에 대한 신의 보복을 의인화(擬人化)한 것이다. 그녀는 한 손에 사과나무를 들고 다른 손에는 바퀴를 든 모습, 또는 괴수(怪獸)가 끄는 전차를 탄 모습으로 표현된다. 고대 그리스의 서정시인 아나크레온(Anacreon)은 "인간의 삶은 수레바퀴처럼 끊임없이 회전하며 변한다"고 말했다.

에스겔은 환상 중에 하나님의 출현에 수반하는 네 개의 생물 곁에 각기 하나의 바퀴가 있는 것을 보았다: "그 바퀴의 모양과 그 구조는 황옥 같이 보이는데…그들이 갈 때에는 사방으로 향한 대로 돌이키지 아니하고 가며"(사방은 동서남북을 암시한다). "향한 대로 돌이키지 않았다"라는 수수께끼 같은 말은 초지상적 차원을 암시한다. 즉 인간이 만든 수레가 아니라 하늘의 수레라는 것이다(겔 1:16~17). "그 둘레는 높고 무서우며 그 네 둘레로 돌아가면서 눈이 가득하며"(겔 1:18)는 하나님의 전지(全知)하심을 나타낸다. 장대한 바퀴의 형상과 구조는 에스겔을 매료시키며, 그의 이해를 초월하는 것이었다: "내가 들으니 그 바퀴들을 도는 것이라 부르며"(겔 10:13). 다니엘의 꿈에서 불꽃이 하나님의 "보좌는 불꽃이요 그의 바퀴는 타오르는 불"이었다(단 7:9). 시편에서 바퀴는 하나님의 숭고하면서 소름이 끼칠 듯한 위엄과 영광의 상징으로 등장한다: "회리바람 중에 주의 우렛소리가 있으며 번개가 세계를 비추며 땅이 흔들리고 움직였나이다"(시 77:18). 때로 바퀴가 마음의 동요를 상징하기도 한다. 그 때문에 집회서에서는 "어리석은 자의 감정은 수레바퀴와 같고 그의 생각은 수레바퀴의 축과 같이 빙빙 돈다"고 한다(집회서 33:5).

교부 중에 에스겔이 환상에서 본 네 개의 바퀴를 사대(四大: 地水火風), 혹은 사계(四季)를 가리킨다고 해석하는 사람도 있었다. 그룹을 상징하는 바퀴가 선악을 아는 지식의 나무와 함께 닫힌 낙원의 상징이 되는 경우도 있다. 즉 하나의 그룹이 낙원에 들어갈 수 없도록 입구를 지키고 있다는 것이다. 중세의 신비 사상, 특히 힐데가르트 폰 빙엔(Hildegard von Bingen)은 바퀴를 신적 존재의 상징으로 빈번히 사용했다.

중세의 대성당에서 파사드(facade) 중앙의 장미창은 라틴어로 *rota*(바퀴)라고 불렸는데, 이 바퀴살의 중심은 그리스도를 상징한다. 바퀴는 인간의 삶과 그 변천의 상징도 된다. 운명과 행운의 여신 포르투나(Fortuna)의 표시인 키(舵)는 인간 사회의 운명을 조종하는 것으로 생각된다. 그녀의 예언은 신탁의 능력이 있으며, 그리스의 신화에 나오는 티케(Tyche)와 같은 신으로 생각된다. 이 여신은 원래 생산과 풍요를 가져다주는 여신으로 믿고 존경되어 왔다.

순교자인 알렉산드리아의 성 카타리나(Caterina)를 고문할 때 사용된 바퀴는 고문하기 전에 천사의 검, 또는 번갯불에 파괴되었는데, 그때 고문하던 사형 집행인의 수하들이 죽었다. 결국, 그녀는 참형되어 순교했고, 천사가 유해를 시내 산으로 가져가 매장했다고 한다. 12세기 이후 이 성녀는 수레바퀴 등으로 상징되고 있다.

반지

반지의 상징적 의미는 둥근 형태에서 비롯된다는 점에서 원의 상징적 의미와 비슷하다. "영원"을 나타내는 고대 이집트의 상형문자는 일종의 반지이다. 그것은 하나의 끈으로 매듭을 만들어 고리 모양으로 둔 것 같은 형태를 하고 있다.

근동 지방 전역에서 마법의 반지는 병이나 재앙에서 몸을 보호하는 역할을 했다. 그리스에서 반지를 끼는 것은 자유 신분의 남자에게 허락된 특권이었다. 로마에서 황금 반지는 지위를 나타내는 특별한 징표로서 이것을 끼는 것은 원로원 의원과 주피터 신전의 사제에게만 허락되었다.

결혼할 때 두 사람의 결합을 상징적으로 나타내는 의사 표시의 의례로 반지를 교환하는 고대 로마의 풍습이 후일 기독교의 결혼 의식에 전해졌다.

고대 세계에서 인장(印章)이 딸린 반지가 큰 의의를 지녔다. 그것은 권리, 지배권을 나타내는 것이었다. 이집트 왕 바로는 요셉에게 전권을 위임할 때 자기의 인장 반지를 빼어 요셉의 손에 끼우고 그에게 세마포 옷을 입히고 금목걸이를 목에 걸어 주었다(창 41:42). 페르시아 왕 아하수에로는 하만에게 유대인 박해의 전권을 위임할 때 그 표시로 자신의 반지를 하만에게 넘겨주었다(에 3:10). 인장, 혹은 봉인과 인장이 달린 반지는 만져서는 안 되는 불가침의 표시이다(단 6:17, 14:11). 또 그것은 크게 존경을 받고 있음의 표시이다. 여호와께서는 잘못된 방식으로 살고 있는 유다의 왕을 가리켜 이렇게 말씀하셨다: "유다 왕 여호야김의 아들 고니야가 나의 오른손의 인장 반지라 할지라도 내가 빼어 네 생명을 찾는 자의 손과 네가 두려워하는 자의 손 곧 바벨론의 왕 느부갓네살의 손과 갈대아인의 손에 줄 것이라"(렘 22:24~25). 스룹바벨처럼(학 2:23) 의롭게 살아 선택된 자만이 여호와의 인장 반지가 될 수 있다.

신약성경에서는 반지를 지위의 징표로 보는 고대 그리스·로마적인 견해가 보인다. 야고보서 2장 2절에서는 금반지가 부자의 표시이다. 아버지에게 돌아온 탕자는 반지를 받음으로써 천한 심부름꾼이나 노예로 취급되지 않고 아들의 권리를 회복한다(눅 15:22).

결합의 상징인 반지는 기독교에도 전수된다. 결혼반지는 정절의 증표, 진실을 나타내는 상징이다. 중세 시대에 반지는 대관(戴冠)의 징표로서 왕과 그 나라의 결합을 나타냈다. 수녀의 반지는 하나님께 바쳐진 수녀의 영혼과 그리스도와의 결혼의 상징이다. 이런 의미에서 회화에서는 성녀를 상징하는 것으로 반지를 그렸다. 예를 들어 알렉산드리아의 카타리나의 경우가 그러한데, 그녀는 꿈에 아기 예수가 그녀의 손가락에 약혼반지를 끼워주는 것을 보았다.

주교의 반지는 "신덕(信德)의 징표"(sighaculum fidei)이며, 가장 오래된 시대의 해석에 의하면, 이 반지를 끼고 있는 자, 즉 주교가 교회의 신랑임을 나타냈다. 교황만 낄 수 있는 것으로서 도장의 역할을 하는 어부의 반지의 상징적 의미는 주교의 반지와 일치한다.

발

두 발은 몸을 지탱하여 걸을 수 있게 해준다. 인간은 두 발로 대지 위에 설 수 있고, 인간이 밟고 지나간 자리에는 발자국이 남는다. 고대 오리엔트와 그리스·로마에서는 발을 정복의 상징으로 간주하였으며, 승리자가 적을 완전히 제압했다는 표시로 땅에 드러누운 적을 발로 밟는 풍습이 퍼져 있었다. 고대 이집트 미술에는 패배한 적들을 꿇어 앉혀 발판을 만들고, 그 위에 왕이 다리를 얹고 있는 모습이 그려져 있다.

인생이 한 줄기의 길로 비유되는 것처럼, 발도 중요한 비유적인 의미를 지닌다. 시편 73장 2절에서 "나의 걸음이 미끄러질 뻔하였으니"라는 구절을 문자 그대로 이해해서는 안 된다. 그것은 윤리적·종교적인 생활방식, 생활 태도의 관계를 말하는 것이다. 지존자는 "지존자의 은밀한 곳에 거주하는 자"를 위하여 사자들에게 명하여 그 사람이 걷는 모든 길에서 그 사람을 지켜 "발이 돌에 부딪히지 아니하게" 하신다(시 91:1~12).

다윗은 자신이 완전하게 행하려 하므로 자기 발이 평탄한 데 서 있다고 말했다(시 26:11~12). 욥은 "내 발이 그의 걸음을 바로 따랐으며 내가 그의 길을 지켜 치우치지 아니하였고"라고 말했다(욥 23:11). 주께서 만물을 인간의 발 아래 두셨다는 것은 만물을 인간의 소유로 맡겼다는 의미이다(시 8:6~8). 여호수아는 승리를 확실히 나타내기 위해 붙잡힌 다섯 왕을 자기 앞에 끌어낸 후 자기와 함께 싸운 지휘관들에게 명하여 패배한 왕들의 목을 발로 밟게 했다(수 10:24). 적을 정복하면 그를 발판이 되게 한다(시 110:1). 하늘은 하나님의 보좌요, 땅은 그 발판이다(사 66:1). 신발을 벗는 것이 신성한 것에 대한 겸양과 존숭의 생각에서 행해지는 경우도 있다(예. 출 3:5). 그러나 맨발은 비참함과 굴종을 의미하기도 한다. 그 때문에 이사야는 삼 년 동안 벗은 몸과 맨발로 다니면서 이집트와 에티오피아에게 표징과 징조가 되었으며, 이집트와 구스의 사로잡힌 사람들이 이스라엘과 같은 운명을 밟아 수치를 당할 것이라고 예언했다(사 20:2~4).

누군가의 발아래 엎드리는 것은 탄원의 행위인 경우도 있다. 회당장 야이로는 예수님의 발아래 엎드려 딸의 병을 고쳐달라고 간청했다(막 5:22). 그러나 그것이 경배의 표시인 경우도 있다(계 22:8). 과거에는 물건을 취득했을 때, 특히 토지나 영토를 취득했을 때 그곳에 발을 놓는 일로 증거를 삼는 법적 풍습이 있었다. 부유한 신자들이 소유를 판 대금을 사도들의 발 앞에 놓았다(행 4:35)는 점에서 그 풍습의 영향이 확실히 인정된다. 바울은 매일의 생활 방식에 대해 이렇게 쓰고 있다: "너희 발을 위하여 곧은 길을 만들어 저는 다리로 하여금 어그러지지 않고 고침을 받게 하라"(히 12:13). 하나님은 궁극적인 승리를 분명히 하기 위하여 사탄을 우리 발밑에 짓밟히게 하신다(롬 16:20). 발은 심판의 도구이다. "그의 발은 풀무불에 단련한 빛난 주석 같고"라는 요한계시록의 묘사도 여기에서 유래된 것일 수 있다(계 1:15).

그리스도께서 승천하신 곳, 예루살렘 근교의 감람산에 있는 승천교회에는 구세주께서 승천하실 때 바위에 남기신 발자국이 있다고 한다. 가톨릭교회에서는 볼 수 없는 하나님을 대신하여 성인들의 발에 입 맞추는 일이 행해지는데, 이 점에서 상기되는 것은 로마의 성 베드로 대성당에 있는 베드로 상의 발에 입을 맞추는 순례자들의 풍습이다.

밤

낮과 밤은 빛과 어둠의 대립에 호응한다. 그 경우 옛사람들에게는 비밀에 싸이고 기분 나쁜 밤은 낮보다 더도 중요한 의미를 가지며, 선한 영혼이나 악한 영혼이 동시에 인간의 기원과 가까운 관계에 있다고 느껴졌다.

해와 달이 창조되기 전에 존재했던 것은 원초의 밤이었다. 고대 그리스·로마의 신앙에 의하면 인간은 암흑 속에서 비밀의 세력들과 맹약을 맺고 미래를 탐구하여 보물을 발견할 수 있다고 생각되었다. 밤은 윤리적인 관념들과 관계되어 있으므로 악의 무리에 들어가고 생(生)의 측면에 등을 돌린다고 보게 되었다. 고대 메소포타미아의 신화에 의하면 태양신은 밤에 저승을 돌며 죽은 자들에게 먹을 것과 마실 것을 준다고 한다.

하나님의 피조물인 해와 달은 여호와를 찬미해야 한다. 예를 들어 외경 다니엘서에 있는 세 젊은이의 노래에서는 "해와 달이여, 주님을 찬미하여라. 주님께 지극한 영광과 영원한 찬양을 드려라…밤과 낮들이여, 주님을 찬미하여라. 주님께 지극한 영광과 영원한 찬양을 드려라"라고 말한다(단 3:62, 71).

밤에는 어둠 때문에 사물을 볼 수 없으므로 밤은 공포와 재앙과 죽음의 상징이 된다. 밤중에 여호와께서 애굽 땅에서 모든 처음 난 것 곧 왕위에 앉은 바로의 장자로부터 옥에 갇힌 사람의 장자까지와 가축의 처음 난 것을 다 치셨다(출 12:29).

엘리후는 욥에게 "그대는 밤을 사모하지 말라 인생들이 밤에 그들이 있는 곳에서 끌려가리라"라고 말했는데(욥 36:20), 여기서 "밤"은 죽음을 의미하며, "그들이 있는 곳"은 무덤을 달리 표현한 것이다. 하나님을 신뢰하는 자는 "밤에 찾아오는 공포"와 "어두울 때 퍼지는 전염병"을 두려워하지 않는다(시 91:5~6). 하나님은 밤에 노래하게 하신다(욥 35:10). 여호와께서만 아시는 날은 낮도 아니고 밤도 아니며 "어두워 갈 때에 빛"(슥 14:7)이 있을 것이다.

밤에는 일반적으로는 숨겨져 있는 존재의 깊은 곳으로의 통로가 열린

다: "밤에 내 영혼이 주를 사모하였사온즉 내 중심이 주를 간절히 구하오리니"(사 26:9). 선지자 스가랴는 깊은 어둠의 시간(밤)에 여덟 가지 환상을 보았다(슥 1:7).

밤이 특별한 의미가 있게 된 것은 이스라엘 백성의 애굽 탈출 전야(前夜) 때문이다: "이 밤은 그들을 애굽 땅에서 인도하여 내심으로 말미암아 여호와 앞에 지킬 것이니 이는 여호와의 밤이라 이스라엘 자손이 다 대대로 지킬 것이니라"(출 12:42).

밤은 무지와 죄의 시간이다. 그러나 어둠의 추이, 밤의 경과는 낮(해)의 도래로 이어진다: "밤이 깊고 낮이 가까웠으니 그러므로 우리가 어둠의 일을 벗고 빛의 갑옷을 입자"(롬 13:12). 신자는 "낮의 아들"이요 "밤이나 어둠"에 속하지 않는다(살전 5:5).

신약에서도 어둠의 도래는 죽음의 접근을 암시한다. 예수님은 "때가 아직 낮이매 나를 보내신 이의 일을 우리가 하여야 하리라 밤이 오리니 그 때는 아무도 일할 수 없느니라"(요 9:4)라고 말씀하셨다.

그리스도를 세상의 빛이라고 한다면, 구원사적 관점에서 볼 때 밤은 그리스도 부재의 시간을 의미한다. "밤에 다니면 빛이 그 사람 안에 없는 고로 실족하느니라"(요 11:10)라고 하신 주님의 말씀을 이런 맥락에서 이해할 수 있다.

출애굽기의 밤과 관련하여 잠자지 않고 지키는 것, 밤 중에 눈을 뜨고 주의를 게을리하지 않는 것은 종말론적 기대의 중요한 요소가 되었다. 하늘의 신랑은 예고 없이 갑자기 한밤중에 오신다(마 25:6). "그런즉 깨어 있으라 너희는 그 날과 그 때를 알지 못하느니라"(마 25:13). "주의 날이 밤에 도둑같이 이를 줄을 너희 자신이 자세히 알기 때문이라"(살전 5:2). 새 예루살렘에는 밤이 없을 것이다(계 21:25, 22:5).

그리스도가 날이 밝기 전에 부활하셨으므로 부활절 행사는 밤의 축제로 집행된다. 4세기에는 부활절 양초 봉헌의식이 행해졌는데, "그리스도의 빛"(Lumen Christi)이라고 외치면서 점화된 초를 어두운 교회 안으로 들여갔다. 콥트 기독교는 다음과 같은 전승을 전하고 있다: 아담과 하와는 하루의 끝에 낙원에서 쫓겨나 한밤중에 지상으로 왔다. 그리고 제2의 아담, 예수 그리스도는 한밤중에 태어나서 저녁 무렵에 십자가 위에서 돌아가시고 한밤중에 죽은 자들로부터 부활하셨다.

방위(方位)

동과 서, 두 방위는 태양의 운행 때문에 특별한 의의를 획득했다. 하늘의 한 쪽에서 빛과 온화함과 생명이 다가오는 것처럼 느껴지는 데 반해, 일몰하는 쪽은 어둠과 냉기와 죽음을 느끼게 한다.

이집트의 네크로폴리스(Necropolis, 도시 가까이에 있는 묘지)는 대개 나일강 하류에 있는 풍요의 땅 서쪽에 위치하였으므로, 죽은 자들은 완곡한 말로 "서쪽 사람들"이라 불렸으며, 죽은 사람을 매장할 때는 떠오르는 태양을 바라볼 수 있도록 뉘었다.

인도의 파르시 교도들(Parsi)은 영원한 한랭과 암흑이 지배하는 북쪽에 악령이 살고 있다고 생각했다. 그러나 근접하기 어려운 북쪽에 신들이 사는 경우도 있어서 페니키아의 신 바알은 "북쪽"이라는 형용사를 덧붙여 "바알스본"(Baal-zephon), 즉 "북방의 바알"(Lord of the North)이라고 불렸다.

세계의 네 모퉁이(4방위)를 쥔 자가 세계의 지배자이다. 바빌론의 신화에 의하면, 태양신 샤마시(Shamash)가 세계의 네 모퉁이를 하늘에 걸었다고 한다. 황도 12궁으로 경계가 지어진 세상(우주)의 네 모퉁이에서 사람들은 네 개의 성좌—목우좌(牡牛座), 사자좌, 독수리좌, 물병좌—를 발견했다.

방향과 위치를 확인할 때는 대개 태양이 뜨는 동쪽을 기준으로 했다. 동(東)은 전방(前方)이라고도 불렀다. 에덴동산은 동쪽에 있었다(창 2:8). 그러나 이것은 낙원에서 추방된 인간의 현세적이고 지상적인 시공(時空)의 관점에서 도출된 이미지로서 이에 정신을 빼앗겨 이 시원(始源)의 장소가 존재계(세상)의 중심에 있음을 간과해서는 안 된다. 즉 이 중심에서 네 개의 강이 발원하여(창 2:10~14) 동서남북 네 방향으로 흘렀다.

"4"라는 수는 원래 4방위를 암시하며, 따라서 우주 혹은 세계의 전체성의 상징이다. 제단은 이 세상의 구조를 모방하여 신의 세상 창조 의도에 맞추어 사각형이어야 했다(출 27:1). 제단의 "네 모퉁이"(출 27:2)는 세계의 네 모퉁이(4방위)에 일치한다. 성전을 둘러싸는 성역도 사각형이며, 그 네 개의 측면은 정확히 동서남북 4방위에 면하고 있었다(겔 42:15~20). 하나님의 보좌도 땅의 제단과 일치한다. 그것은 네 가지 생물(사람, 사자, 소, 독수리)의 얼굴로 둘러싸여 있었는데(겔 1:10), 영이 어떤 쪽으로 가면 그 생물들도 그대로 가되 돌이키지 아니하고 일제히 앞으로 곧게 행했다(겔 1:12).

세계의 4방위가 네 가지 바람, 즉 동풍, 서풍, 남풍, 북풍으로 암시되는 경우도 있다. 선지자 다니엘의 꿈에서 "하늘의 네 바람이 큰 바다로 몰려 불었다(단 7:2). 북쪽은 인간에게 알려지지 않은 감춰진 세력이 사는 기분 나쁘고 불길한 방향이요, 북쪽에는 신들이 모이는 집회의 산이 있다(사 14:13). "터가 높고 아름다워 온 세계가 즐거워함이여 큰 왕의 성 곧 북방에 있는 시온 산이 그러하도다"(시 48:2).

산 제물로 제사를 지낼 때 제단 북쪽이 특별한 거룩성을 띤다(레 1:11). 그러나 이스라엘에 내린 멸망의 심판도 북쪽에서 다가온다(렘 1:14~15). "내가 북방에서 재난과 큰 멸망을 가져오리라"(렘 4:6).

동방 박사들은 예수를 경배하려고 동쪽, 즉 동방에서 왔다(마 2:1). 요한계시록에서 살아 계신 하나님의 인(印)을 가진 천사가 "해 돋는 데로부터 올라와서 땅과 바다를 해롭게 할 권세를 받은 네 천사를 향하여 큰 소리로 외쳐"(계 7:2) 일렀다. 이 네 천사는 땅의 네 모퉁이에 서서 땅의 네 바람을 붙잡아서 땅이나 바다나 모든 나무에 바람이 불지 못하게 막았다(계 7:1). 에스겔의 환상에서처럼 요한계시록에서도 네 생물(사자, 송아지, 사람, 독수리)이 하나님의 보좌 가운데와 주위에 있는데(계 4:6~7), 그 생물들은 보좌에 앉으사 세세토록 살아 계시는 이에게 영광과 존귀와 감사드린다(계 4:9).

원시 기독교 시대에 세례받는 자는 악과 암흑의 세력과 절연(絕緣)하는 표시로 서쪽을 향해 침을 뱉은 후 동쪽으로 돌아서서 "구원의 태양"(sol salutis)이신 그리스도께 기도했다. 세례받는 자가 흰옷을 입고 교회의 서쪽에 있는 세례반에서 동쪽에 있는 제단으로 걸어가는 길은 지는 것에서 뜨는 것, 죽음에서 부활로 향하는 상징적인 길이다.

"아담"(Adam)이라는 단어가 동서남북을 표시하는 그리스어(Ariatole, Dysis, Arktes, Mesembria)의 첫 문자들을 짜 맞춘 것이라는 신비적 해석에서는 원죄를 범하기 전의 인간을 우주의 세계의 전체성의 상징으로 본다.

교부들의 해석에 의하면 4방위와 그리스도의 십자가의 네 갈래에 은유적 관계가 존재한다. 중세의 회화에서 세계를 원형으로 그려 그 한가운데 그리스도가 위치하고, 그리스도로부터 낙원의 네 줄기 강과 네 명의 복음사가의 가르침이 사방을 향해, 전 세계를 향해 흘러나온다. 세상을 구성하는 이 십자축(十字軸)에는 구약성경에 등장하는 네 명의 대선지자인 이사야, 예레미야, 에스겔, 다니엘; 네 가지 덕인 지혜, 정의, 용기, 절제; 네 가지 원소인 땅(地), 물(水), 불(火), 바람(風)이 들어가 있는 경우도 많다.

방주

많은 민족에게 대홍수 전설이 있는데, 모두 극소수의 사람이 선택되어 구원받는다는 이야기도 전하고 있다. 길가메시 서사시에 등장하는 현인 우트나피쉬팀(Utnapishtim)은 신 에아(Ea)에게서 인류를 벌하기 위해 보내진 대홍수의 예고를 받고, 그 명령에 따라 큰 배를 만들고 가족과 동식물을 싣고 홍수를 피한다. 그리스의 데우칼리온(Deucalion)과 아내 피라(Pyrrha)의 전설도 같은 내용을 전하고 있다. 유일하게 둘만이 대홍수의 난을 면했는데, 그것은 프로메테우스(Prometheus)가 밀폐된 상자(방주)를 만들라고 충고했기 때문으로 그들은 이 상자 안에서 9일 밤낮을 표류한 뒤 포키스의 파르나소스 산 정상에 도착했다.

홍수에서 구출된 사람은 대개 문화를 받아들이는 사람, 혹은 구원받은 사람의 역할을 다한다. 이것은 여러 신화에 등장하는 버려진 남자아이의 경우와 같다. 후일 강대한 왕이 되는 아카드의 사르곤(Sargon of Akkad)은 갈대 바구니에 담겨 유프라테스강에 떠내려왔다고 한다.

비슷한 것으로 로물루스(Romulus)와 레무스(Remus)의 전설이 있다. 이 둘은 쌍둥이 형제인데, 가축을 치는 시종 파우스툴루스는 갓난아이들을 제거하라는 아물리우스의 명에 따라 쌍둥이를 바구니에 담아 테베레 강에 띄워 보냈는데, 늑대가 먹여서 살렸다, 무사히 성장한 이들은 카피톨이라는 일곱 개의 언덕에 도시를 건설했고, 이 도시가 고대 로마이다.

"방주"를 나타내는 히브리어 "*tebah*"는 원래 사각형의 상자라는 의미이다. 땅에 불법과 불의가 가득 찼으므로 여호와께서는 살아 있는 모든 것을 근절하기로 하셨다. 그러나 노아와 그 가족 및 모든 생물을 각기 한 쌍씩만 구해주려 하셨다(창 6:13~22). 그들 모두가 배에 탄 뒤 여호와께서 직접 방주의 문을 닫으셨다(창 7:16). 이리하여 방주는 여호와의 배려와 노아의 구원의 상징이 되었다. "죄로 인하여 온 세상이 홍수에 휩쓸렸을 때에 지혜는 한 의인을 보잘것없는 나뭇조각 위에 실어서 또 한 번 세상을 구해 주었다"(지혜서 10:4).

방주는 "정의를 나타나게 한 나무"이다(지혜서 14:7). "tebah"라는 말은 아기 모세를 담아서 나일강 가 갈대 숲에 버릴 때 사용한바 역청과 나무 진을 칠하여 방수한 갈대 상자(출 2:3~9)를 의미한다. 여기에도 여호와의 배려가 작용하고 있고, 바구니는 구출과 구원의 상징이 된다.

그리스도 탄생의 상황, 즉 그리스도께서 이 세상에, 특히 마구간에서 탄생하신 상황은 갈대 상자에 넣어져 나일강에 버려진 모세의 사건으로 비유된다.

사도들의 편지에서 방주는 구원의 상징으로 보인다. 노아 시대에 방주가 만들어졌는데, 그 방주에 들어가 물에서 구원받은 사람은 겨우 여덟 사람밖에 없었다(벧전 3:20). 그 뒤에 함축이 풍부한 표현이 온다. "물은 예수 그리스도께서 부활하심으로 말미암아 이제 너희를 구원하는 표니 곧 세례라"(벧전 3:21). 방주는 죄 많은 세계를 파멸에서 구원하는 수단으로서 세례와 관련되어 있다. "믿음으로 노아는 아직 보이지 않는 일에 경고하심을 받아 경외함으로 방주를 준비하여 그 집을 구원하였으니 이로 말미암아 세상을 정죄하고 믿음을 따르는 의의 상속자가 되었느니라"(히 11:7). 그리스도 재림 때의 상황은 노아 시대와 같을 것이다. 노아의 때에 결정적 구원을 가져온 것은 방주에 타는 것이었다. "노아의 때와 같이 인자의 임함도 그러하리라 홍수 전에 노아가 방주에 들어가던 날까지 사람들이 먹고 마시고 장가들고 시집가고 있으면서 홍수가 나서 그들을 다 멸하기까지 깨닫지 못하였으니 인자의 임함도 이와 같으리라"(마 24:37~39).

초기 기독교 변증가 저스틴은 방주가 그리스도의 십자가, 구원의 나무와 관계가 있다고 해석했다. 어거스틴은 방주가 이 세상을 순례하는 교회를 예견한 것으로 생각하고, 교회는 "하나님과 인간의 중매가 되는 쪽이 매달린 나무로 말미암아 구원을 받는다"라고 말하였으며, 또 방주와 그리스도의 몸을 동일시해서 방주의 문(창 6:16)을 십자가에 매달린 주님의 옆구리 상처에 연관 지어 구원으로 통하는 길은 이 문, 즉 상처를 통한 길뿐이라고 해석했다.

장례와 제사의 상징에서는 방주가 죽은 사람의 혼을 죽음의 물에서 구해낸다. 예를 들면 석관에 새겨진 그림에 노아(혼의 상징)가 기도하는 자세로 비교적 작은 상자 위에 서 있는 모습이 그려져 있다. 중세 회화에서는 홍수로 둘러싸인 방주가 그리스도의 세례라고 본다.

배(腹)

몸의 상반부 흉부에 심장과 폐 등 귀한 기관이 있는데, 여기에 생각하는 이성적 기능이 있으며, 하부의 배에는 본능적 욕망 중추가 숨어 있다고 생각한다.

성경에서 배에 대한 최초의 언급은 뱀에 대한 저주와 관련되어 있다: "배로 다니고 살아 있는 동안 흙을 먹을지니라"(창 3:14). 기어 다니는 것은 모두 가증한 것으로서 먹는 것을 금했다(레 11:42). 배와 땅(지상적인 것)은 상징적 언어로서는 같은 종류이다. 요나는 사흘 밤낮을 물고기 뱃속에 있었는데(욘 1:17), 이것은 요나의 죽음과 저승으로의 하강을 상징한다. 시편에서는 자기의 결백을 주장하는 의인이 여호와를 대적하는 원수를 쳐 죽이고 구원해 주실 것을 간절히 바라면서 다음과 같이 말한다: "여호와여 이 세상에 살아 있는 동안 그들의 분깃을 받은 사람들에게서 주의 손으로 나를 구하소서 그들은 주의 재물로 배를 채우고 자녀

로 만족하고 그들의 남은 산업을 그들의 어린아이들에게 물려 주는 자
니이다"(시 17:14). 이것은 배가 받아들이는 것만으로 사는 자는 죽음의
수중에 맡겨진다는 뜻이다.

사도 바울은 배를 저급한 의미로 사용하여 하나님의 가르침에 역행하
여서 생활하는 사람을 "우리 주 그리스도를 섬기지 아니하고 다만 자기
들의 배만 섬기는" 사람이라고 말했다(롬 16:18). 그는 그리스도의 십자가
를 대적하는 사람들에 대해서 이렇게 말한다: "그들의 마침은 멸망이요
그들의 신은 배요 그 영광은 그들의 부끄러움에 있고 땅의 일을 생각하
는 자라"(빌 3:19). 여기에서 "배"는 저급한 본능적 욕망의 충족을 지향하
는 현세 지향적 태도를 상징한다. 물론 예수님은 죄의 원인이 배에 있는
것이 아니라 마음, 즉 인간의 내면적 근본 태도에 있다는 것을 알고 계
셨다(막 7:19). 거꾸로 "배"가 내적으로 가장 가치 있는 것, 즉 생명의 힘
을 내포한 몸의 성전이 되는 경우도 있다: "나를 믿는 자는 성경에 이름
과 같이 그 배에서 생수의 강이 흘러나오리라"(요 7:38). 그리스도의 배에
서 흘러나오는 강(Flumina de ventre Christi), 즉 주의 복부는 신자들에게는
생명의 샘이다.

배(船)

여러 민족이 하늘을 대양(大洋)에 비유했다. 그 때문에 종종 신들이 타
고 여행하는 하늘의 배라는 이미지가 발견된다. 수메르의 여신 이난나
(Inanna)의 신화를 그 예로 들 수 있다.

메소포타미아의 초사흘 달은 대부분 수평에 걸리는데, 이것이 달의
신(神)인 "신"의 조각배라는 관념이 생겨나는 계기가 되었다. 이집트인
의 소원은 죽은 후에 태양신 레의 작은 배를 타고 죽음의 밤을 건너는

것이었다.

그리스인과 로마인들은 "인생의 뱃길"이라는 이미지를 즐겨 사용했다. 이 뱃길의 최후의 항로는 나루터지기 카론(Charon)의 작은 배로 건너야 한다. 카론은 망자를 저승을 감싸고 흐르는 스틱스강(혹은 그 지류인 아케론강)까지 건네주는 뱃사공이다. 망자가 저승으로 가려면 카론에게 뱃삯을 지불해야 한다.

그리스인은 처음으로 "국가의 배", 즉 나라의 배라는 비유를 사용했다. 특히 플라톤은 키잡이가 정교히 조종하는 "국가의 배"라는 표현을 사용했다.

구약 성경의 방주는 구원의 배로서 노아와 그 가족이 이 배를 타고서 구출되었다. 방주는 우리에게는 알려지지 않은 고페르 나무로 만들어졌는데(창 6:14), 이것은 노송나무나 전나무가 아니라 삼나무의 일종일 것이라 생각된다. 삼나무는 생명 상징과 밀접하게 관련되어 있다. 에스겔서에는 해안 도시 두로의 상선 건조(健造)에 이용된 목재의 종류가 열거되어 있다. "스닐의 잣나무로 네 판자를 만들었음이여 너를 위하여 레바논의 백향목을 가져다 돛대를 만들었도다 바산의 상수리나무로 네 노를 만들었음이여 깃딤 섬 황양목에 상아로 꾸며 갑판을 만들었도다"(겔 27:5~6).

일반적으로 산 자나 죽은 자에게 있어서 배는 여행, 옮겨 건너감의 상징이다. "바다로 지나다니는 배의 자취"는 인간의 이해를 뛰어넘는 불가사의에 속한다(잠 30:19). "공중에 날아다니는 독수리의 자취와 반석 위로 기어 다니는 뱀의 자취와 바다로 지나다니는 배의 자취와 남자가 여자와 함께한 자취"(잠 30:19)라는 구절은 이 세상의 고난을 헤쳐가는 인생 행로를 암시한다.

후일 상징 해석에서 큰 의의가 있게 된 것은 시몬의 작은 배다. 언젠가 예수님은 게네사렛 호숫가에 서 계시다가 호숫가에 대놓은 시몬의 배에 타시고 그에게 배를 뭍에서 조금 떼어놓으라고 하신 다음에 배에 앉아 무리를 가르치셨다(눅 5:3). 이 배는 베드로가 폭풍의 호수를 저어간 배가 아닌 다른 배(마 8:23-27, 14:24-34)와 겹쳐져 그 위에 "사람을 낚는 어부"(마 4:19, 막 1:17)에 관한 예수님의 말과 아울러 교회라는 배가 되었다.

인생을 배를 저어가는 항해에 비유한 것은 바울의 특징이다. 예를 들면 믿음과 착한 양심을 버리는 자는 "파선"한다(딤전 1:19), 즉 인생의 참 목적지에 도달할 수 없다. 항해와 관련된 상징을 이용하여 희망은 "영혼의 닻

베드로가 만든 에클레시아의 배. 범주에 달린 그리스도. 롬바르디아 세밀화(15세기)

같아서 튼튼하고 견고"한 것으로 표현된다(히 6:19).

교부들은 신자가 이 세상이라는 거친 바다를 무사히 건너는 에클레시아의 배, 교회의 배를 여러 가지 이미지로 표현했다. 히폴리토스(Hippolytos)는 숙련된 키잡이로는 그리스도, 돛대로는 십자가, 키를 잡는 두 상아대로는 구약과 신약, 흰 돛으로는 성령을 비유했다.

배 전체를 십자가에 달리신 그리스도의 상징으로 보는 해석도 있다. 에스겔이 본 바 배 본체의 건조에 세 종류의 목재가 이용된 것처럼(겔 27:5~6), 성경 해석에 십자가의 "3종 목재"라는 말이 사용된다. 나무로 만들고 못 박아 조립된 배가 없으면 바다를 건널 수 없다. 마찬가지로

나무로 만들어진 십자가에 그리스도가 못 박히시지 않았다면 우리는 악이 소용돌이치는 세상을 무사히 빠져나갈 수 없을 것이다.

초기 기독교 미술에서 배와 함께 그려진 올리브 가지를 입에 문 비둘기는 평안을 얻은 영혼을 의미하며, 등대는 하늘나라 항구에 무사히 도착하는 것을 상징한다.

4세기 중엽까지 히브리서 6장 19절에 따라 닻은 그리스도와 성체의 상징인 물고기와 함께 상징적으로 신앙을 나타냈다. 로마의 성 베드로 성당 회랑에 있는 지옷토의 그림, "조각배"는 폭풍의 바다를 헤쳐 가는 에클레시아의 배를 묘사하고 있다.

백합(百合)

고대 여러 민족에 있어서 흰 백합은 정결, 순결, 신적인 빛을 상징한다. 고대 메소포타미아 에람에서 달의 신을 "백합신"이라고 불렀으며, 다리우스 1세가 건설한 에람의 수사(Susan Eram)는 이 꽃과 연관지어 황도의 이름을 지었다.

크레타섬에서는 백합의 홀(笏)이 여왕과 여신을 상징하였다. 올림프스의 제우스가 백합으로 장식되어 있었던 것도 우연은 아니라 생각된다. 또 그리스의 신앙에 의하면 죽은 자가 백합의 모습으로 나타나는 경우도 있다.

성경에서 백합은 선택되었음을 나타내는 상징이다. 여호와는 "내가 이스라엘에게 이슬과 같으리니 그가 백합화 같이 피겠고"라 하셨다(호 14:5). 아가에서 신랑은 선택된 신부를 "가시나무 가운데 백합화"(아 2:2)라 부른다. 신랑은(그리스도를 나타낸다) 자신을 "나는 사론의 수선화요 골짜기의 백합화로다"라고 부른다(아 2:1). 그는 "자기 동산으로 내려가 향기로운 꽃밭에 이르러서 동산 가운데에서 양 떼를 먹이며 백합화를 꺾는다"(아 6:2). 이것은 아름다움과 청정과 눈을 즐겁게 하는 것의 탐색을 나타내는 상징적 이미지다. 솔로몬 성전 앞에 세워진 두 기둥(야긴과 보아스)의 기둥머리는 백합화 모양으로 만들어졌다(왕상 7:19, 22). 종교적으로 중요한 건물이나 물품이 백합

감람나뭇가지를 손에 들고 수태를 알리는 날개 달린 대천사 가브리엘과 마리아. 그 사이에 순결의 상징인 백합. 그 위쪽에는 스랍과 같은 외견의 천사들에게 둘러싸인 성령의 비둘기가 보인다. S. 마르티니의 『수태고지』(14세기)

을 닮은 경우(예를 들면 청동으로 주조된 바다의 테두리는 백합화의 양식으로 만들어졌다[왕상 7:26]), 그것은 그 건물이나 물품이 가진 종교적 의미를 나타낸다.

산상수훈에서 예수님은 들의 백합화를 가리켜 "솔로몬의 모든 영광으로도 입은 것이 이 꽃 하나만 같지 못하였느니라"라고 말씀하셨다(마 6:28-29; 눅 12:27).

이탈리아의 라벤나와 로마의 모자이크에 그려진 하늘의 들판은 백합의 보고(寶庫)라 칭하며, 종종 순결의 상징으로 성인이나 처녀들의 발밑에 피어 있다. 수태고지(受胎告知)의 천사는 마리아의 동정녀 수태를 나타내는 표시로서 종종 손에 한 송이 백합꽃을 쥔 모습으로 표현된다. 백합이 세계 심판자의 입에서 나오고 있는 것은 하나님의 은총과 선택의 상징이다. 구약 성경의 "골짜기의 백합"은 현실의 백합과는 달리 은방울꽃이라고 받아들여지며, 이 꽃은 그리스도의 상징이 되었다.

백합(百合)

백향목

곧게 높이 뻗은 모습과 향기를 특징으로 하는 백향목은 특별히 숭앙되었다. 고대인들은 그 재목이 병충해에 강하므로 결코 부패하지 않고 썩지 않는다고 생각했다. 길가메시 서사시에 이 나무는 "운명의 주"인 엔릴의 신성한 수목이었다고 추측된다. 탐무즈(Tammuz) 신은 백향목 아래서 태어났다고 전해진다. 백향목은 영원한 생명을 나타내는 상징이 되었다.

선지자 이사야는 광대한 백향목 숲이 "레바논의 영광"을 이룬 것을 하나님 나라의 상징으로 보았다(사 35:2). 시편에서는 간결하고 직접적으로 "하나님의 백향목"이라고 표현한다(시 80:10). 여호와께서 백향목 꼭대기 높은 가지 끝에서 꺾어 이스라엘 높은 산에 심으신 연한 가지는 무성하게 자라나 열매를 맺어서 아름다운 백향목으로 성장한다(겔 17:22~23).

하나님의 지혜는 레바논의 백향목처럼 무럭무럭 자란다(집회서 24:13). 또 의인은 높이 자라는 백향목으로 비유된다(시 92:12). 예언자 발람은 이스라엘의 거처, 그 장막을 칭송한다: "야곱이여 네 장막이, 이스라엘이여 네 거처가 어찌 그리 아름다운고 그 벌어짐이 여호와의 심으신 침향목들 같고 물가의 백향목들 같도다"(민 24:5~6). 아가에서 신랑의 아름답고 고귀함을 노래할 때 레바논과 백향목이 대구로 사용된다(아 5:15). 시체를 만진 후 더러움을 제거하기 위해 정수(淨水)에 씻을 때 백향목도 역할을 하는데(민 19:6), 거기에는 부패하지 않는 불후불멸(不朽不滅)이라는 생각이 작용하고 있다.

백향목이 나쁜 것, 정신적으로 저속한 것을 상징하기도 하는 것은 상반되는 뜻을 표현하는 것이다. 여호와께서는 에스겔에게 애굽 왕 바로에게 "가지가 아름답고 그늘은 숲의 그늘 같으며 키가 크고 꼭대기가 구름에 닿은 레바논 백향목이었느니라"라고 전하라고 하셨다(겔 31:3~5). 그리고 덧붙여 "그의 키가 크고 꼭대기가 구름에 닿아서 높이 솟아났으므로 마음이 교만하였은즉 내가 여러 나라의 능한 자의 손에 넘겨 줄지라 그가 임의로 대우할 것은 내가 그의 악으로 말미암아 쫓아내었음이라"고 말씀하셨다(겔 31:10~11). 최후 심판 날에 여호와께서는 "레바논의 높고 높은 모든 백향목과 바산의 모든 상수리나무"에 심판을 내리실 것이다(사 2:13).

알렉산드리아의 키릴은 백향목이 그리스도의 불후불멸의 몸의 예표라고 했다. 솔로몬 성전 안쪽 벽은 백향목으로 장식되어 있었고(왕상 6:18), 언약궤가 두기 위한 내소가 있었다.

뱀

뱀은 그 모습과 습성 때문에 인간에게 가장 기분 나쁜 동물 중 하나이다. 바위틈이나 인간이 발을 들여놓을 수 없는 무성한 덤불 속에서 기어 다니는 뱀은 지하 세계에 속한 것으로 생각된다. 그러나 뱀은 태양 빛을 즐기기 때문에 태양과 동일시되기도 한다.

고대 이집트에서는 죽은 자의 나라에 불을 토하는 뱀의 마신이 살고 있다고 여겼다. 뱀은 한편으로는 태양신 라(Ra)의 눈으로서 악을 근접시키지 않으며, 우레우스(Ureus, 머리를 드는 자)라 이름이 붙어서 왕을 보호하기 위한 머리 장식으로 왕의 이마 중앙에 붙어 있었다. 우레우스(Uraeus, 또는 유리어스라고도 하는데, 코브라를 말한다)는 태양신 라의 적을 몰아낸다고 하며, 독수리 네크베트(Nekhbet)와 함께 상부·하부 이집트를 상징하는 대표하는 동물이다.

그리스의 라오콘 전설에 의하면 뱀은 노려보는 것만으로도 상대를 꼼

짝 못 하게 하기 때문에 죽음을 상징한다. 뱀은 껍질을 벗고 재생하기 때문에 이즈러져도 다시 차는 달처럼 생명의 재생, 또는 불사(不死)를 암시하기도 한다. 지팡이를 감고 있는 아스클레피오스(Asklepios)의 뱀은 의사의 직무를 상징한다.

성경에서는 최초로 뱀을 언급하면서 그 주요 특징으로 교활함을 들고 있다. 뱀은 "들짐승 중에 가장 간교하니라"(창 3:1). 뱀의 갈라진 혀는 그 두 겹 혀와 일치하는 것으로 보인다. 즉 뱀은 거짓 약속—"너희가 그것을 먹는 날에는 너희 눈이 밝아져 하나님과 같이 되어"(창 3:5)—으로 최초의 인간을 유혹하여 금단의 나무 열매를 먹게 했다. 낙원의 드라마에서 뱀의 등장은 결정적인 역할을 한다. 뱀은 생명을 약속한다: "너희가 결코 죽지 아니하리라"(창 3:4). 그러나 실제로는 죽음을 초래했다. 결국, 뱀은 하나님의 저주를 받았다: "배로 다니고 살아 있는 동안 흙을 먹을지니라"(창 3:14). 그리하여 인간과 뱀 사이에 적대 관계가 형성되었으며, 하나님은 여자의 자손이 뱀의 머리를 상하게 할 것이라고 말씀하셨다(창 3:15). 하나님을 믿는 자에게는 독사를 밟고 뱀을 발로 누를 힘이 부여된다. "네가 사자와 독사를 밟으며 젊은 사자와 뱀을 발로 누르리로다"(시 91:13).

족장 야곱은 아들 단에 대해 "단은 길섶의 뱀이요 샛길의 독사로다 말굽을 물어서 그 탄 자를 뒤로 떨어지게 하리로다"라고 예언했다(창 49:17).

여호와는 불평하는 이스라엘 백성에게 불뱀을 벌로 보내셨다(민 21:6). 백성이 죄를 고백하고 모세에게 중재를 구했을 때 여호와께서는 구리 뱀을 만들어 장대 끝에 달라고 명하고 "물린 자마다 그것을 보면 살리라"고 말씀하셨다(민 21:7~8). 놀랍게도 하나님의 저주로 말미암아 최저 상태에 떨어졌던 동물이 하나님의 말씀으로 인류의 구원을 가져온 것이다.

구리 뱀은 십자가에 달린 구세주를 나타낸다: "모세가 광야에서 뱀을 든 것 같이 인자도 들려야 하리니 이는 그를 믿는 자마다 영생을 얻게 하려 하심이니라"(요 3:14~15).

예수님은 제자들에게 뱀을 지혜의 상징으로 말하기도 하셨다: "너희는 뱀 같이 지혜롭고 비둘기 같이 순결하라"(마 10:16). 이 부분을 제외하고 뱀은 일관되게 나쁜 의미로만 언급된다. 주님은 제자들에게 "뱀과 전갈을 밟을 권능"을 주셨다(눅 10:19). 뱀은 저승의 세력을 상징하는 것이요, 평강의 하나님에 의해 사도들의 발에 밟혀 상하게 되는 사탄(롬 16:20)의 화신이다.

요한계시록에서는 옛날 낙원의 뱀이 이미지가 강화되어 거대한 붉은 용으로 등장한다. 그것은 "옛 뱀 곧 마귀라고도 하고 사탄이라고도 하며 온 천하를 꾀는 자"(계 12:9, 20:2)이다.

선악 두 가지의 의미를 가진 뱀의 양립적인 성격은 교부신학에도 나타난다. 밀라노의 암브로시우스는 십자가에 달리신 예수를 "나무에 걸린 뱀"이라 했다. 또 교부들은 단에 관한 야곱의 예언을 간계로 주님의 죽음을 초래한 유다(단의 후손)와 관련지었다. 중세시대에는 지혜를 의인화하여 묘사할 때 마태복음 10장 16절에 따라 뱀이 그 상징이 되었다.

비잔틴 및 콥트 주교들의 지팡이 손잡이 부분에는 지혜의 상징으로 두 마리 뱀이 부착되어 있는데, 여기에는 뱀같이 지혜롭게 회중을 인도해야 한다는 의미가 담겨 있다. 12세기 이후 낙원의 유혹을 그린 그림에서 종종 뱀이 여자의 목을 문 형태로 묘사된 것은(상체가 여자로 묘사되는 경우도 있다) 하와에게 접근하는 낙원의 뱀의 교활하고 영리함을 표현한다.

버드나무

　물과 형제처럼 친한 관계에 있으며 봄이 되면 가장 먼저 부드러운 녹색으로 장식되는 버드나무는 일찍부터 상서로운 생명의 상징이었다. 고대 그리스·로마의 포도 농사꾼들이 포도밭에 버드나무를 심은 것은 포도나무를 보호하려는 목적도 있었지만, 아울러 버드나무의 생명력이 옮겨져서 풍부한 포도송이를 맺었으면 하는 바람이 있었기 때문이다.

　버드나무는 열매를 맺기 시작하기 전에 꽃이 지는 것처럼 보이기 때문에 사람들은 이 나무가 수정(受精)과 결실로 번식하는 것이 아니라 뿌리를 통해서, 또는 물 속이나 땅속에 내린 가지를 통해서 생명력을 전해간다고 믿었다. 수정하지 않는 "순결한" 버드나무는 처녀 여신 코레(Core), 즉 지하 세계와 결부된 페르세포네(Persephone)의 성스러운 식물이 되었다.

　하나님은 이스라엘 백성이 애굽의 예속으로부터의 해방을 기념하고 과일과 포도의 수확을 주신 하나님께 감사하기 위해 절기를 지킬 때 "첫 날에는 너희가 아름다운 나무 실과와 종려나뭇가지와 무성한 나뭇가지와 시내 버들을 취하여 너희의 하나님 여호와 앞에서 이레 동안 즐거워할 것이라"고 말씀하셨다(레 23:40). 후에는 탄원의 기도를 읊으면서 일곱 번 돌 때 손에 버드나뭇가지를 쥐는데, 이는 비와 풍요와 생명을 향한 갈망을 나타내는 것이었다.

　버드나무는 상징적으로 국가의 성장과 번영과 결부되기도 했다. 이사야서의 다음과 같은 말은 이를 나타낸다: "나는 목마른 자에게 물을 주며 마른 땅에 시내가 흐르게 하며 나의 영을 네 자손에게, 나의 복을 네 후손에게 부어 주리니 그들이 풀 가운데에서 솟아나기를 시냇가의 버들 같이 할 것이라"(사 44:3~4).

버들은 지하에 근접한 기분 나쁜 나무이기도 해서 순결뿐만 아니라 불임을 나타내기도 한다. 이스라엘의 자손들은 포로 생활을 하는 동안 비애에 사로잡혀 노래했다: "우리가 바벨론의 여러 강변 거기에 앉아서 시온을 기억하며 울었도다 그 중의 버드나무에 우리가 우리의 수금을 걸었나니"(시 137:1~2). 수금을 불모의 나무에 거는 것은 상징적으로 제물을 바침을 뜻한다. 왜냐하면, 그 뒤에 "우리가 이방 땅에서 어찌 여호와의 노래를 부를까"(시 137:4)라고 노래했기 때문이다.

로마인 헤르마스는 『헤르마스의 목자』에서 버들을 우주적 차원에서 받아들여 신의 인간화라는 형태로 땅에 심어진 신의 생명력의 상징이라 보았다. 어거스틴은 어두운 측면으로 눈을 돌려 바벨론의 강변 버드나무를 아무리 좋은 행위를 해도 불모에 그칠 수밖에 없는 현세적이고 지상적인 것에 갇혀 있는 인간으로 비유했다.

전설에 의하면 유다는 예수를 배반한 후 버드나무에 목을 매어 죽었다고 한다. 알브레히트 뒤러(Albrecht Dürer)의 "서재(書齋)의 성(聖) 히에로니우스" 등과 같은 성인화에서 버드나무는 욕망의 사멸(死滅)을 나타낸다.

번개와 우레

인간에게 강렬한 인상을 주는 자연 현상 중 하나가 뇌우(雷雨)이다. 사람들은 뇌우를 일으키는 강대한 존재의 마음을 달래기 위해서 가능한 한 그 존재와 친밀한 인간적 관계를 맺으려고 노력했다. 인간은 번갯불에 맞으면 기댈 곳 없는 기분이 되어 망연자실하게 된다. 그 때문에 사람들은 번개를 신의 무기로 생각했다.

에게해의 신들에서 보이는 두 쌍의 도끼, 폭풍의 신 테숩(Tessub)이 갖고 있는바 선단이 세 쌍으로 나눠진 우레 다발, 인도라의 뇌신(雷神)의 화살 등이 그것이다. 번개의 섬광과 으르렁거리는 우렛소리는 하늘의 심판을 상기시키는 두려운 경고의 표시로 여겨졌다. "여호와께서 하늘에서 우렛소리를 내시고 지존하신 이가 음성을 내시며 우박과 숯불을 내리시도다 그의 화살을 날려 그들을 흩으심이여 많은 번개로 그들을 깨뜨리셨도다"(시 18:13~14). 하나님의 진노는 번개 화살처럼 배반한 자에게 임한다(욥 20:25).

우레는 측량할 수 없이 강대한 하나님의 능력을 알게 한다(욥 26:14). 하나님이 시내산에 나타나셨을 때 "우레와 번개와 빽빽한 구름이 산 위에 있고 나팔 소리가 매우 크게 들리니 진중에 있는 모든 백성이 다 떨었다"(출 19:16). 다니엘은 환상 중에 천사를 보았는데 "그 얼굴은 번개 빛 같고 그 눈은 횃불 같았다"(단 10:6).

하나님의 음성이 그 강대한 능력의 모든 것을 담아 울려 퍼질 때 그것을 이해하지 못하는 사람에게는 우레처럼 생각된다(요 12:28~29). 번개는 예수님을 상징한다. "번개가 하늘 아래 이쪽에서 번쩍이어 하늘 아래 저쪽까지 비침같이 인자도 자기 날에 그러하리라"(눅 17:24). 사탄이 하늘로부터 번

계시록의 네 천사. 뒤러의 목판화(16세기)

개같이 떨어졌다는 것은(눅 10:18) 심판의 하나님이라는 번개의 이미지에 부합된다. 요한계시록의 환상에서 심판자의 보좌로부터 번개와 음성과 우렛소리가 난다(계 4:5). 일곱째 인을 뗄 때 하늘이 잠시 고요했지만 이윽고 한 천사가 나타나서 향로를 가져다가 거기에 제단 불을 가득 채워서 땅에 던지니 천둥과 요란한 소리와 번개와 지진이 일어났다(계 8:5).

중세 후기 회화에서 요한계시록의 우레가 볼을 부풀려서 바람을 내뿜는 인간의 머리 형태를 한 구름 덩어리로 상징화되어 표현되었다. 알브레히트 뒤러의 목판화 연작에 이러한 형태로 묘사된 번개의 소리, 혹은 음성이 "4" 혹은 "8"이라는 수로 등장한다(세계의 모든 방향, 사방팔방으로부터 소리 나는 우레). 또한, 요한계시록 10장 4절에 언급된 일곱 개의 우레(*septem tonitrua*)에 따라 "7"이라는 수도 나온다.

중세 시대에는 번개를 "하늘의 불"의 형태로 표현하고 있는데, 보헤미아의 칼슈타인 성의 프레스코화는 누가복음 10장 18절에 따라서 번개를 타락해 가는 악한 괴물로 묘사하고 있다.

벌레(蟲)

부패한 상처에 생기는 구더기와 장(腸)에 사는 기생충 등을 보고 인간과 벌레 사이에 은밀한 관계가 있다는 관념이 생겨났다. 고대 그리스·로마에서는 벌레를 닮아 흙으로 만들어진 인간은 죽은 후에 벌레들로 해체되거나 벌레들에게 먹힌다는 미신이 유포되어 있었다. 상징 언어에서 벌레와 뱀은 서로 대치할 수 있다.

욥기에서 빌닷은 하나님의 위대함을 칭송하여 다음과 같이 말했다: "그의 눈에는 달이라도 빛을 발하지 못하고 별도 빛나지 못하거든 하물며 구더기 같은 사람, 벌레 같은 인생이랴"(욥 25:5~6). 그러나 창조주 하나님은 인간을 버리지 않으신다: "두려워하지 말라 나 여호와가 말하노니 내가 너를 도울 것이라"(사 41:14).

하나님께 복종하는 의로운 마음을 가진 시편 기자는 자신에 대해 "나는 벌레요 사람이 아니라"라고 말하면서(시 22:6) 불손한 생각, 지고(至高)의 존재와 어깨를 겨루려 하는 프로메테우스와 같은 오만을 버리고, 자신의 지상적인 취약함, 썩기 쉬움을 겸허히 인정한다. 하나님에게 등을 돌린 자의 사체는 힌놈의 골짜기(지옥, 게엔나)에서 꺼지지 않는 불과 죽지 않는 구더기에게 갉아 먹히는 괴로움을 겪게 된다(사 66:24).

헤롯왕은 자신이 하나님인 듯이 백성의 환호를 받으며 영광을 하나님께 돌리지 아니하였으므로 주의 사자가 쳐서 벌레에 먹혀 죽었다(행 12:23). 죄가 깊은 자는 죽어서 구더기에 시달리고 영원히 꺼지지 않는 지옥 불에 삼켜진다는 오랜 관념은 마가복음 9장 43-48절에서 다시 발견된다.

베일(너울)

얼굴을 덮는 베일은 원래는 악의 힘이 미치지 못하도록 몸을 보호하기 위한 것이었다. 상복의 베일은 죽은 귀신으로부터, 신부의 베일은 음탕한 악마로부터 몸을 보호하기 위한 것이었다.

고대 로마의 신부는 결혼식에서 얇은 주황색 베일을 썼다. 이슈타르(Ishtar)는 완전무결의 표시로 일곱 개의 베일을 쓰고 있었다. 그 때문에 악한 존재도 그녀를 공격하여 상처를 입힐 수 없었다.

엘레우시스(Eleusis)의 비밀의식에서는 데메테르(Demeter)를 빛나는 베일의 여신으로 모셨다. 또 별들로 덮인 하늘은 그 배후에 사는 신적 존재를 덮는 베일로 여겨졌다.

얼굴을 덮는 것은 조심스러움, 또는 상대방과 일정한 거리를 두려는 태도의 표현이다. 여호와께서 떨기나무 가운데서 부르셨을 때 모세는 얼굴을 가렸다. 왜냐하면 "하나님 뵈옵기를 두려웠기 때문이다"(출 3:6). 여기에서 덮어 가리는 것은 이른바 강대한 존재의 위광으로부터 몸을 보호하는 일을 한다. 시내산에서 여호와와 만남으로써 얼굴에서 빛이 나게 된 모세는 이스라엘 백성과 이야기할 때 얼굴을 가렸다(출 34:33~35). 여성들은 얼굴을 덮는 것이 예절이었다. 리브가는 장래의 남편 이삭을 최초로 보았을 때 "너울을 가지고 자기의 얼굴을 가렸다"(창 24:65).

바벨론 사람 요아킴의 아내 수산나는 용모가 아름다웠다. 그녀는 두 명의 재판관의 구애를 받고 거절했다. 재판관들은 수산나가 젊은 청년과 정을 통했다는 누명을 씌워 체포했다. 이 두 재판관이 사람들 앞에서 수산나의 너울을 벗게 한 것은 그녀의 품성에 먹칠하고 창피를 주기 위한 것이었다(외경 다니엘 13:32).

한편 어떤 의심스러운 직업의 여인들도 베일을 썼다. 혹시 그것을 보면 그 천성을 알 수 있다고 하는 듯한 특수한 베일이었을지도 모른다. 이러한 이유로 유다는 다말이 "과부의 의복을 벗고 너울로 얼굴을 가리고 몸을 휩싸고" 있었기 때문에 창녀로 여겼던 것이다(창 38:14~15). 비유적 의미에서 베일을 쓰는 것은 판단력의 둔화를 의미한다. "세상이 악인의 손에 넘어갔고 재판관의 얼굴도 가려졌나니 그렇게 되게 한 이가 그가 아니시면 누구냐"(욥 9:24). 그렇지만 세상의 종말 때에 여호와께서 "모든 민족의 얼굴을 가린 가리개와 열방 위에 덮인 덮개를 제하시며 사망을 영원히 멸하실 것이라"(사 25:7~8). 베일이 하늘을 상징하는 경우도 있다: "그가 하늘을 차일 같이 펴셨으며 거주할 천막 같이 치셨고"(사

40:22).

사도 바울은 기도 시간에 여성이 베일을 쓰는 것에 관해서 고린도전서 11장 5-15절에서 자세히 논하고 있다. 바울은 베일을 예절의 표시로 간주하며, 또 머리털도 일종의 베일로 보아 베일을 쓰지 않는 것은 머리카락을 자르는 것과 같다고 말한다. 바울의 말이 그 당시의 풍속과 관습에 좌우되고 있음은 분명하지만, 머리에 무엇을 쓰는 관습이 기독교 시대에도 이어지고 있었으므로, 거기에는 시대의 제약을 초월한 깊은 의미가 있음을 알 수 있다.

하나님께 몸을 바친 처녀는 베일을 써야 했다. 터툴리안은 베일을 "수치심의 방파제"라고 했으며, "유혹의 공격에 대해 경건한 마음에 있어 걸림돌이 되는 감정에 대해 몸을 보호하는" 방패라고 했다. 그러므로 베일은 수녀가 일심으로 하나님의 소유물이 되는 것, 이제 현세를 위해서 일하지 않는다는 것을 나타내는 가시적 표시가 된다.

로마네스크 미술에서 베일은 특히 처녀를 상징한다. 몬테 성 줄리아노 사원(시실리아 섬)의 성모상은 일곱 장의 베일이 씌워져 있는데, 이 베일은 성모승천대축일(8월 15일)에만 제거된다. 전설에 의하면 에트나 화산이 폭발했을 때 사람들은 성녀 아가타의 베일을 내걸어 카타니아 마을을 구했다고 전해진다. 초기 기독교 시대의 석관에는 고대 하늘의 신 우라노스(Uranus)가 천공을 베일로써 양팔 높이 내걸고 있는 것이 그려져 있다.

벽

야수나 적으로부터 보호하기 위한 벽은 옛날부터 도시문화가 발달했던 곳 어디에서나 찾아볼 수 있었다. 고대 페르시아의 전승에 의하면 세계의 사방은 산이 테두리가 되어 있다. 즉 산은 세계를 감싸는 일종의 하늘의 벽인 것이다. 파르메네데스(Parmenides)는 지구 구체설(球體說)의 지지자였음에도 불구하고 만유를 둘러싸고 있는 벽을 말했다.

구약 성경에서 벽(성벽, 돌 울타리)은 재화 방호의 상징이다. 그 때문에 예레미야가 백성을 불신앙의 세력으로부터 보호하려 했을 때 하나님께서는 예레미야를 전 세계에 대해서 "견고한 성읍", "쇠기둥", "놋성벽"이 되게 하셨으며, 유다 왕들과 그 지도자들과 그 제사장들이 그 앞에서 무력했다(렘 1:18). 그러나 예레미야가 싸움에서 이길 수 있었던 것은 여호와께서 예레미야의 편에 서 있었기 때문이다. 하나님의 뜻을 거역하면 견고하게 쌓은 벽도 소용이 없다는 것을 여리고 성의 함락에서 볼 수 있다(수 6:5~21).

하나님을 의뢰하는 자는 적진으로 달리며 성벽을 뛰어넘는다(삼하 22:30). 여호와께서 진노하시면 이스라엘 땅에 큰 지진을 일으키고 "모든 성벽이 무너진다"(겔 38:20).

벽의 붕괴는 무방비, 무력의 상징이다. 그 때문에 시편에서 예스라 사람 에단은 여호와께서 다윗에 대한 자비하심을 버리고, 왕의 집을 붕괴시키는 것을 한탄한다: "그의 모든 울타리를 파괴하시며 그 요새를 무너뜨리셨으므로"(시 89:40). 벽의 붕괴는 자제심 상실의 상징도 된다: "자기의 마음을 제어하지 아니하는 자는 성읍이 무너지고 성벽이 없는 것과 같으니라"(잠 25:28).

하나님의 도우심이 있으면 어떠한 벽도 뛰어넘을 수 있다. 바울은 여리고 성벽이 무너진 것이 신앙의 선물이었음을 지적한다(히 11:30). 예수 그리스도로 말미암아 서로 대립하는 진영으로 나눠진 벽, 즉 유대인과 이교도 사이에 있는 "막힌 담"(엡 2:14)이 제거된다. 새 예루살렘에는 "크고 높은 성곽이 있고…그 위에는 어린 양의 열두 사도의 열두 이름이 있더라"(계 21:12, 14)고 했다.

기초석 위에 열두 사도의 이름이 새겨져 있다는 사실("12"이라는 수는 전체성, 완전의 상징이다)은 144큐빗이라는 성벽의 길이가 "사람의 측량 곧 천사의 측량이라"(계 21:17)는 사실에 상응한다.

중세 시대에는 교회의 벽돌을 영원한 생명이 정해져 있는 신도들의 상징이라고 보았다. 더욱 큰 석벽은 더 높은 완전 상태에 있는 인간을 나타낸다. 전설에 의하면 성 이레네(Hagia Irene)와 성 마르시아나(St. Marcia)는 돌연히 출현한 벽으로 말미암아 학대와 치욕으로부터 보호되었다고 한다.

별

인간의 공상을 북돋우는 것은 하늘에 걸쳐있는 화려한 빛뿐만 아니라 그 배후에 숨겨져 있는 신비이다. 하늘의 별들은 신과 가장 가깝게 있다고 여겨졌다. 그 때문에 고대 이집트인은 별을 오시리스에 속한 것으로 보았다.

바벨론이나 아시리아의 종교에서 별은 신들의 세력 계시로 나타났다. 메소포타미아에서도 하늘의 별들에 나타나는 천상의 신들 사이에서의 사건과 지상의 사건 사이에 대응 관계가 있다는 생각이 등장하여 점성술이 탄생하는 계기가 되었다.

밤하늘의 별은 하나님의 위엄의 증거이다: "그가 별들의 수효를 세시고 그것들을 다 이름대로 부르시는도다"(시 147:4). 이 하늘의 별은 "자기들을 만들어 주신 분을 위하여 즐거움으로 빛을 낸다"(바룩 3:35).

별이 하늘의 거룩한 아름다움을 상징하는 경우도 있다: "별들의 광채는 하늘의 아름다움이며 주님의 높은 곳을 찬란하게 비추는 장식이다"(집회서 43:9).

하나님은 아브라함에게 약속의 상징으로 별을 보여 주셨다: "하늘을 우러러 뭇별을 셀 수 있나 보라…네 자손이 이와 같으리라"(창 15:5). 요셉이 꿈에서 본 나오는 열한 개의 별은(창 37:9) 이스라엘의 열두 지파로서 황도 열두 궁의 열두 별자리이며, 열두 번째 별은 요셉 자신이었다.

다니엘은 환상에서 "지혜 있는 자는 궁창의 빛과 같이 빛날 것이요 많은 사람을 옳은 데로 돌아오게 한 자는 별과 같이 영원토록 빛나리라"는 말을 들었다(단 12:3).

별들이 하나님의 권리를 위한 전사로서 하늘에서 시스라와 싸웠고, 그 다니는 길에서 그와 싸웠다(삿 5:20). 하나님의 말씀을 경청하고 지존자의 생각을 잘 알고 있는 지혜로운 자 발람은 구세주에 대해 이렇게 예언한다: "내가 그를 보아도 이 때의 일이 아니며 내가 그를 바라보아도 가까운 일이 아니로다 한 별이 야곱에게서 나오며"(민 24:17).

그러나 이스라엘 민족은 강력한 경고를 받기도 했다: "네가 하늘을 향하여 눈을 들어 해와 달과 별들, 하늘 위의 모든 천체 곧 너희의 하나님 여호와께서 천하 만민을 위하여 배정하신 것을 보고 미혹하여 그것에 경배하며 섬기지 말라"(신 4:19).

그리스도의 출현, 아기 예수의 탄생이 별을 통해서 세 명의 동방박사에게 알려졌다(마 2:2). 요한은 "인자 같은 이"가 오른손에 일곱 별을 쥐고 있는 것을 보았다(계 1:16). 일곱 별은 일곱 교회의 사자요(계 1:20), 세계의 모든 교회의 상징이다. 별은 하나님이 지으신 우주 조화의 상징인데, 요한계시록에서 여인이 머리에 쓰고 있는 열두 별의 관은(계 12:1) 황도 12궁을 암시한다.

별은 하나님 심판의 상징도 된다. 예를 들면 요한계시록 8장 10~11절에서 하늘에서 떨어져 강들의 삼분의 일과 여러 물샘에 떨어진 횃불

같이 타는 "쑥"이라는 이름의 큰 별이 그것이다. 하늘에서 땅에 떨어진 별 하나가 무저갱의 열쇠를 받고 그것이 무저갱을 열면 그곳에서 메뚜기 떼가 나와 이마에 하나님의 인을 맞지 않은 사람들을 괴롭힌다(계 9:1~12).

바울은 별을 택함을 받아 부활하는 사람의 상징으로 사용한다: "해의 영광이 다르고 달의 영광이 다르며 별의 영광도 다른데 별과 별의 영광이 다르도다 죽은 자의 부활도 그와 같으니"(고전 15:41~42).

원시 기독교 석관의 조각, 등잔, 보석 등에서의 별은 영원한 복을 상징한다. 미술에서는 여섯 개의 광선을 발하는 빛이 종종 마리아 상징의 역할을 하며, 삼각형을 두 개 교차시킨 별 모양은 하늘과 땅의 중개자인 마리아의 역할을 암시한다.

그리스도의 탄생을 알린 별은 여덟 개의 빛을 발하고 있어, 그 기본을 이루는 네 요소 구성, 즉 십자형이 십자가를 상징적으로 예고하고 있다.

보석

보석의 신비한 매혹은 고대 오리엔트 인들의 상상력을 돋우었다. 보석의 광채는 하늘의 눈 부신 빛을 생각하게 한다. 그 때문에 초지상적인 현상의 광휘는 각종 보석의 광채에 비유되었다.

바벨론의 영웅 길가메시는 불로초가 있는 곳에 도달하려면 먼저 탐스러운 과일이 주렁주렁 달린 신들의 나무가 있었고 땅은 보석으로 덮여 있는 마법의 정원을 빠져나가야 했다. 이집트인들은 청금석(lapis lazuli)을 하늘에서 유래한 것이라는 것을 나타내는 신성한 보석으로 여겼다.

왕의 몸을 장식하는 장신구는 황금과 유리로 만들어졌고, 그것을 몸에 지니고 있는 자는 태양과 하늘의 비호(庇護)에 맡겨졌다.

대제사장의 흉배는 열두 보석으로 장식된다. 즉 홍보석, 황옥, 녹주옥, 석류석, 남보석, 홍마노, 호박, 백마노, 자수정, 녹보석, 호마노, 그리고 벽옥인데 "이 보석들은 이스라엘 아들들의 이름대로 열둘이라 보석마다 열두 지파의 한 이름씩 도장을 새기는 법으로 새겼다"(출 28:17~21, 39:10~14). 열두 보석은 다양한 빛을 발하고 모든 것을 비추는 하나님 영광의 상징으로서 대제사장은 세상에서 하나님의 가장 고귀한 종으로 여겨졌다.

하나님이 모세와 이스라엘의 장로들에게 나타나셨을 때 그 발 아래 청옥을 깔아 놓은 것 같았다(출 24:10). 청옥은 하나님의 임재와 하늘의 빛이 빛나는 아름다움을 나타내는 표시로써 거룩한 신랑의 몸은 아로새긴 "상아에 청옥을 입힌 듯"하다(아 5:14). 선지자 다니엘은 천사의 모습을 "그 몸은 황옥 같다"라고 묘사 했다(단 10:6).

두로 왕(적그리스도, 하늘에서 떨어진 루시퍼를 상징)은 오만에 빠져 자신을 하나님이라고 생각하기 전에는 하나님의 동산 에덴에 있어서 각종 보석 곧 홍보석과 황보석과 금강석과 황옥과 홍마노와 창옥과 청보석과 남보석과 홍옥과 황금으로 단장하였다(겔 28:13).

하나님을 경외하는 토비트는 새 예루살렘이 보석으로 장식된 것을 본다: "예루살렘의 성문들은 사파이어와 비취옥으로 만들어지고 그 성벽도 모두 보석으로 이루어질 것이다. 예루살렘의 탑들은 황금으로 지어지고 그 보루들도 순금으로 이루어질 것이다. 예루살렘 거리는 홍옥과 오빌의 보석으로 포장될 것이다"(토비트 13:16~17). 여호와는 고난을 겪고 광풍에 시달려도 위로를 받지 못한 예루살렘을 격려하신다: "보라 내가 화려한 채색으로 네 돌 사이에 더하며 청옥으로 네 기초를 쌓으며 홍보석으로 네 성벽을 지으며 석류석으로 네 성문을 만들고 네 지경을 다 보석으로 꾸밀 것이며"(사 54:11~12).

하나님 흉내를 내어 하나님처럼 보이게 하는 것이 마귀의 상투적 수단인데, 음녀 바벨론도 이 방식을 따라 금과 보석과 진주로 몸을 꾸미고 있다(계 17:4). 그러나 말세에는 상인이 파는 상품──금과 은과 보석과 진주가 언급되어 있다──을 사는 자가 없을 것이다(계 18:11~12).

이와는 반대로 하나님의 가르침에 순종하는 마음이 정직한 자들은 새 예루살렘, 즉 하늘의 도성에 입성하여 하나님 영광의 모든 것을 보게 될 것이다. 거룩한 성의 "빛이 지극히 귀한 보석 같고 벽옥과 수정 같이 맑더라"(계 21:11). 그 성의 성곽의 열두 기초석 위에 열두 사도의 이름이 새겨졌고, 각 기초석은 각색 보석으로 꾸며져 있다(계 21:14, 19~20).

대제사장의 흉패를 장식한 보석과 하늘 예루살렘의 보석이 열두 개라는 것은 중세 시대에 1년의 12달 및 황도 12궁 열두 성좌와 연관 지어졌다.

비잔틴 예술에서 십자가는 종종 하나의 큰 보석과 열두 개의 작은 보석으로 꾸며져 있어, 큰 보석은 그리스도를, 작은 것은 사도들을 암시하였다. 사파이어는 일반적으로 신성함의 상징이었는데, 신부들은 덕의 수호품으로 사파이어 반지를 끼었다. 녹색의 에메랄드는 정결과 순결의 표시로 여겨졌으며, 그 때문에 복음서의 저자 요한과 처녀 마리아의 상징이 되었다. 마인츠의 대주교 프라바누스 마우루스는 모든 보석의 상징적 의의의 해명을 시도했으니, 예를 들어 자수정은 "공손(恭順)한 마음으로 하늘을 생각하는 것", 벽옥은 "신앙의 힘"을 나타낸다고 했다.

보좌

앉은 자세는 신이라는 존재의 본래의 자세이며, 보좌는 지배자이신 신의 존엄의 상징이다. 고대 메소포타미아의 회전식 원통형 도장의 부조(浮彫)에 신들이 보좌에 앉아 있는 장면이 묘사되어 있으며, 이는 그 후 함무라비 법전 석비에 새겨진 샤마쉬(Shamash, 고대 수메르 신화의 태양신이자 정의의 신) 상의 경우이다.

이집트의 여신 이시스는 보좌에 권력을 인격화한 것으로 인간 모습을 한 이시스 상은 머리에 부호화된 문자의 형태를 한 보좌를 쓰고 있다("이시스"란 "보좌"를 신격화한 것에서 유래됨).

히타이트인들도 인격화된 보좌를 신적 존재로 간주했다. 히타이트와 페르시아의 부조에는 기도하는 사람과 전사와 포로가 묘사되어 있는데, 사람들의 무리가 항상 걷거나 서 있는 모습으로 묘사되어 있는데, 유일하게 한 명의 인물만이 앉아 있다. 그것이 신, 혹은 현세의 대리자인 왕이다.

그리스인들은 제우스가 올림포스산에서 보좌에 앉아 있다고 생각했다. 그리스 연극이 시작된 최고(最古)의 시대에 모습이 보이지 않지만 임재하고 있다고 믿어지던 디오니소스를 위해 무대 앞에 관객석을 마련하였다. 이 자리에는 처음에는 아무도 앉지 않았으나, 이윽고 디오니소스의 대리자인 디오니소스의 사제가 앉았다. 로마의 황제에게 배례할 때는 왕관과 홀로 장식된 보좌에 대해서 신에 대한 경의가 표해졌다.

솔로몬도 오리엔트의 다른 왕들처럼 "상아로 큰 보좌를 만들고 정금으로 입혔다"(왕상 10:18). 이 보좌는 본래 여호와께 돌려져야 하는 것이었으며, 솔로몬은 현세의 대리자로서 이스라엘을 지배하고 있었다. 솔로몬의 보좌는 구세주의 심판 자리를 나타낸다: "다윗의 장막에 인자함으로 왕위가 굳게 설 것이요 그 위에 앉을 자는 충실함으로 판결하며 정의를 구하며 공의를 신속히 행하리라"(사 16:5). 지배의 자리와 심판의 자리, 이 두 가지 의미가 융합되어 하나가 된다: "여호와께서 영원히 앉으심이여 심판을 위하여 보좌를 준비하셨도다"(시 9:7).

다니엘이 본 네 왕국의 환상에서는 보좌가 마련되고 그곳에서 심판이 이루어진다(단 7:9~10).

에스겔은 생물의 머리 위에 있는 궁창 위에 보좌의 형상이 있는 것을 보았는데 그 모양이 남보석 같았다. 그 보좌에 앉아 있는 형상의 사면으로 광채가 나며 그를 둘러싼 광채의 모양은 비 오는 날 구름 속에 나타나는 무지개같이 보였다(겔 1:26~28).

하늘은 하나님의 보좌요 땅은 그 발판이다(사 66:1). 유대인이 품고 있는 이미지로는 예루살렘—선택된 백성의 심장—은 여호와의 세상 보좌였다(렘 3:17).

시편에서는 하나님께서 다윗 가문의 선조에게 주셨던 약속을 잊지 않기 위해 하나님의 약속을 반복한다: "그의 후손을 영구하게 하여 그의 왕위를 하늘의 날과 같게 하리로다"(시 89:29). 그 후에 메시아를 암시하여 다음과 같이 노래한다. "그의 후손이 장구하고 그의 왕위는 해 같이 내 앞에 항상 있으며 또 궁창의 확실한 증인인 달 같이 영원히 견고하게 되리라 하셨도다"(시 89:36~37).

수태고지(受胎告知) 천사는 마리아에게 이렇게 말했다: "보라 네가 잉태하여 아들을 낳으리니 그 이름을 예수라 하라 그가 큰 자가 되고 지극히 높으신 이의 아들이라 일컬어질 것이요 주 하나님께서 그 조상 다윗의 왕위를 그에게 주시리니 영원히 야곱의 집을 왕으로 다스리실 것이며 그 나라가 무궁하리라"(눅 1:31~33).

하나님의 보좌가 인간의 머리 위 궁창에 있다고 생각되었음은 율법학자와 바리새인들에게 예수님의 견책하신 말씀에 확실히 드러나 있다: "하늘로 맹세하는 자는 하나님의 보좌와 그 위에 앉으신 이로 맹세함이니라"(마 23:22). 예수님은 자기를 충실히 따르는 사도들에게 약속하셨다: "인자가 자기 영광의 보좌에 앉을 때에 나를 따르는 너희도 열두 보좌에 앉아 이스라엘 열두 지파를 심판하리라"(마 19:28).

요한계시록은 하나님의 보좌에 대해 묘사하면서 하나님을 절대 주권을 지니신 유일하신 분으로 제시한다: "보라 하늘에 보좌를 베풀었고 그 보좌 위에 앉으신 이가 있는데 앉으신 이의 모양이 벽옥과 홍보석 같고 또 무지개가 있어 보좌에 둘렸는데 그 모양이 녹보석 같더라"(계 4:2~3). 요한은 최후 심판의 환상에서 보좌를 보았다: "크고 흰 보좌와 그 위에 앉으신 이를 보니 땅과 하늘이 그 앞에서 피하여 간 데 없더라"(계 20:11).

로마의 성 베드로 대성당은 상징적인 의미로도 교회의 권력과 권위를 구현한 존재가 되며, 교회 공동체(에클레시아)에서 그리스도의 보좌로 간주되고 있다. 회화에서 보좌는 주님 재림의 상징이요, 장차 오실 왕(최고의 심판자)을 위해 준비된 보좌이며, 십자가를 이고 있는 보좌 위에는 생명의 책이 놓여 있다.

불

불은 밝게 비추고 따뜻하게 하는 작용과 파괴하는 작용을 하므로 신적인 것의 상징이 되었다. 수메르의 불의 신 기빌(Gibil)은 빛을 가져온 자로 생각되었으며, 불에는 물건을 정화하는 힘이 있으므로 더러움을 정화하는 자라고도 여겨졌다. 불의 파괴적인 힘은 이집트의 석관에 새겨진 문서의 이미지 형성에 큰 역할을 했는데, 거기에서는 불의 강과 불을 토하는 존재가 사후의 삶을 위협하고 있다.

구약성경에서 불은 여호와의 존재와 활동을 나타내기 위해 자주 등장하는 이미지이다. 여호와는 불이 되어 떨기나무 속에서 모세에게 나타나셨으며(출 3:2), 애굽을 탈출하는 이스라엘 백성의 밤의 행진을 불기둥으로 이끄셨다(출 13:21). 이스라엘 백성이 불이 되어 나타나신 여호와의 가장 매혹적인 모습을 체험한 것은 시내산에서였다: "그들이 산기슭에 서 있는데 시내 산에 연기가 자욱하니 여호와께서 불 가운데서 거기 강림하심이라"(출 19:17~18). 이스라엘 백성에게 율법을 주실 때 산 위의 여호와의 영광이 "맹렬한 불 같이" 보였다(출 24:17).

에스겔이 본 여호와의 모습은 "폭풍과 큰 구름이 오는데 그 속에서 불이 번쩍번쩍하여 빛이 그 사방에 비치었다"(겔 1:4).

다니엘은 환상에서 본 여호와의 영광을 "그의 보좌는 불꽃이요 그의 바퀴는 타오르는 불"이라고 기록했다(단 7:9).

여호와는 "소멸하는 불"이시다(신 4:24). 여호와 활동의 영광은 시편 상징 언어에서 화산 폭발의 두려움에 달하고 있다: "그의 코에서 연기가 오르고 입에서 불이 나와 사름이여 그 불에 숯이 피었도다"(시 18:8).

여호와의 분노가 불처럼 일어나서 불탈 것이니 아무도 끌 수 없을 것이다(렘 21:12). 여호와께서 아담을 쫓아내시고 에덴동산 동쪽에 그룹들과 두루 도는 불 칼을 두어 생명 나무의 길을 지키게 하셨다(창 3:24).

심판의 불에는 종말론적 의미가 있다. "내 분노의 불이 일어나서 스올의 깊은 곳까지 불사르며 땅과 그 소산을 삼키며 산들의 터도 불타게 하는도다"(신 32:22).

이사야 선지자의 종말 이미지에서도 여호와가 불 속에서 나타나신다: "여호와께서 불에 둘러싸여 강림하시리니 그의 수레들은 회오리바람 같으리로다 그가 혁혁한 위세로 노여움을 나타내시며 맹렬한 화염으로 책망하실 것이라"(사 66:15).

최후에 모조리 태워버리는 불은 시련과 정화의 상징이다: "어떠한 일이 닥치더라도 기꺼이 받아들이고 네 처지가 불쌍하게 되더라도 참고 견디어라. 실로 황금은 불 속에서 단련되고 사람은 굴욕의 화덕에서 단련되어 하느님을 기쁘게 한다"(집회서 2:4~5). 정화되기를 원하는 사람은 정련의 불 속을 통과하지 않으면 안 된다(말 3:2~3).

불은 신약성경에서도 빈번히 등장하는 은유이다. 히브리서 12장 29절에서 하나님은 소멸하는 불로 나타난다. 세례 요한은 구세주가 성령과 불로 세례를 주실 것이라고 예언한다(마 3:11). 예수님은 "내가 불을 땅에 던지러 왔노니 이 불이 이미 붙었으면 내가 무엇을 원하리요"(눅 12:49)라고 말씀하셨다.

예수님은 하나님 나라의 완성에 대해 절망하였으므로 불에 의한 정화를 바라신다. 하나님의 날이 임하는 날에는 "하늘이 불에 타서 풀어지고 물질이 뜨거운 불에 녹아질 것이다"(벧후 3:12). 요한계시록의 하나님은 불꽃 같은 눈을 가지고 있다(계 1:14). 살인자들과 행음자들과 술객들과 우상 숭배자들과 거짓말하는 자들은 종말의 날에 "불과 유황으로 타는 못에 던져질 것이다"(계 21:8).

알렉산드리아의 클레멘트에 의하면 구약성경의 불기둥과 타는 떨기나무는 인류의 죄를 속죄하기 위해 십자가의 나무에서 타오른 "하나님의 불"을 상징한다.

죄인을 괴롭히는 지옥 불의 처참한 풍경을 묘사한 것으로 히에로니무스 보스(Hieronymus Bosch, 또는 Jerome Bosch, 1450-1516, 네덜란드의 화가)의 "최후의 심판"이 있다. 불의 혀 같은 형태를 취한 성령의 강림(행 2:3)은 조형 예술의 주제가 되었다. 불이 예수님의 마음에서 빛나는 하나님 사랑의 상징이 되기도 한다.

붉은색(赤)

붉은색은 색 중에서 제일 먼저 상징적 의미를 지니게 되었다. 처음에는 주술적 관념에 기초를 두었다. 선사시대 여러 민족에게는 죽은 사람

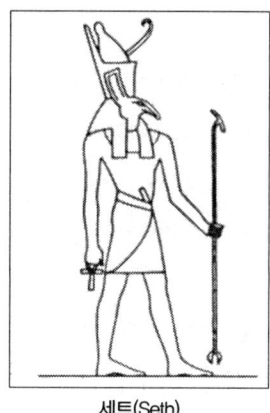
세트(Seth)

에게 붉은 흙과 모래를 뿌리는 관습이 있었는데, 이것은 피와 생명을 상징하는 붉은색에 의해 생명을 세상으로 귀환시키려는 소원을 나타내는 것이었다.

붉은색은 강한 감정을 나타내므로 악마를 제거하는 역할을 하기도 한다. 예를 들면, 고대 그리스에서는 부적을 빨간 아마포로 싸고 빨간 실로 묶었다. 고대 이집트에서는 붉은색이 악마적인 것을 뜻하는 상징으로 간주하여 악의 신 세트(Seth)에 귀속된 색이었다.

붉은색은 증오, 잔인함, 정욕 등 맹목적인 격정과 충동을 표현한다. 방종한 여자는 사랑하는 사람의 마음을 끌기 위해 붉은 옷을 입었다(렘 4:30). 우상을 만들 때는 추한 동물과 비슷한 것을 만들고 거기에 황토칠을 하고 그 위에 붉은색을 칠했다(지혜서 13:14).

죄를 뜻하는 붉은색은 속죄를 뜻하는 붉은색에 의해서만 사할 수 있다. 죄를 정결하게 하는 방법으로 어리고 흠이 없는 붉은 털의 암송아지를 태워 그 재를 사용하였다: "제사장은 백향목과 우슬초와 홍색 실을 가져다가 암송아지를 사르는 불 가운데에 던질 것이며"(민 19:6). 포도즙 틀을 밟는 이의 붉게 물든 옷(사 63:1~3)은 그리스도의 희생의 죽음을 상징한다. 하나님을 위해 싸우며 악을 물리치는 용사들의 방패는 붉고, 그의 무사들의 옷도 붉었다(나 2:3).

사도 바울은 구약성경의 "붉은 털의 암송아지"가 정결하게 하는 능력을 갖는다면, 그리스도의 피는 그보다 훨씬 큰 능력을 갖는다고 했다(히 9:13~14). "땅의 음녀들과 가증한 것들의 어미"인 여자, 큰 바벨론은 자줏빛과 붉은빛 옷을 입었다(계 17:5). 바벨론이라는 괴물의 몸에 "모독하는 이름들이 가득하고 일곱 머리와 열 뿔"이 있었다(계 17:3).

붉은색은 부정적인 의미로는 악마, 또는 지옥과 얽힌 색이다. 붉은 털의 여우와 다람쥐 등은 사탄을 상징한다. 14세기 이후 배반자 유다는 붉은 털의 남자로 묘사되었다.

그러나 붉은색은 세상 창조와 구속의 근본인 하나님의 무한한 사랑을 상징하는 색이기도 하다. 아가서 5장 10절에서 "나의 사랑하는 자는 희고도 붉다"라고 노래했는데, 암브로시우스는 흰색은 하나님의 영광, 붉은색은 하나님의 성육신으로 해석했다.

독일의 화가 마티아스 그뤼네발트(Matthias Grünewald, 1470-1528)의 "그리스도의 부활"에서 그리스도의 옷은 밤의 어둠을 물리쳐 이기고 떠오르는 무적의 태양 빛, 붉은색이었다.

사랑의 색으로서의 붉은색은 중세 회화에서는 큰 죄인이었으나 사함을 받은 막달라 마리아와 그리스도의 사랑하는 제자 요한의 그림에서 거의 예외 없이 확인된다. 전례학(典禮學)에서 붉은색은 성령, 수난 및 순교자의 색이다.

비와 이슬

인간의 손이 닿을 수 없는 곳에 있으면서 곳곳에 존재하는 하늘은 죽음을 초래할 수 있는 무서운 번개를 보낼 뿐 아니라 대지를 적셔 열매를 맺게 하는 비를 내려주기도 한다. 이스라엘 민족의 자연환경에서 비는 생산과 삶의 전제 조건이었다.

고대 바벨론의 아카드(Akkad)의 신 아다드(Adad)는 "하늘의 제방을 지키는 우두머리"로서 풍성한 열매를 맺게 하였지만 하계(下界)에의 둑을 막아 한발과 기근을 일으켰다. 고대 시리아의 신화에서 바알의 딸 중 하나는 "이슬에 젖은 자"로 불렸고 "비의 딸"이라고 했다.

하늘의 물은 하나님 축복의 상징이었다. 하나님은 그런 의미에서 다윗의 백성에게 이렇게 말씀하셨다: "내가 그들에게 복을 내리고 내 산 사방에 복을 내리며 때를 따라 소낙비를 내리되 복된 소낙비를 내리리라"(겔 34:26). 또 시편 147편 8절에서는 하나님께서 구름으로 하늘을 덮으시며 땅을 위하여 비를 예비하시며 산에 풀이 자라게 하심으로 인하여 감사의 찬양을 드린다.

비는 이처럼 자연환경과 관련된 상징이지만, 선지자 호세아는 정신적인 의미로 사용하였다. 호세아는 여호와를 알고 싶은 갈망에 대해서 이렇게 말했다: "그러므로 우리가 여호와를 알자 힘써 여호와를 알자 그의 나타나심은 새벽빛 같이 어김없나니 비와 같이, 땅을 적시는 늦은 비와 같이 우리에게 임하시리라 하니라"(호 6:3).

비와 구름이 하늘에서 내리면 대지를 적셔 씨에서 싹을 낼 때까지 하늘로 돌아갈 수 없듯이, 하나님의 입에서 나온 말씀도 열매를 맺지 않고 헛되이 하나님의 전으로 돌아가지 않는다(사 55:10~11).

왕의 은택은 풀 위의 이슬로 비유된다(잠 19:12). 아가서 5장 2절에서는 "사랑하는 자"의 머리에는 이슬이, 머리털에는 밤이슬이 가득하다고 노래했다. 구약에서 "사랑하는 자"는 그리스도를 나타내지만, 그것이 이렇게 묘사됨으로 축을 가져오는 자로 암시되어 있다.

이슬은 영원한 생명의 상징이 된다: "주의 죽은 자들은 살아나고 그들의 시체들은 일어나리이다 티끌에 누운 자들아 너희는 깨어 노래하라 주의 이슬은 빛난 이슬이니 땅이 죽은 자들을 내놓으리로다"(사 26:19). 이슬과 비가 내리지 않으면 저주가 가득한 메마름이 땅을 덮는다(삼하 1:21).

신약 성경에서도 비는 하나님의 자비를 나타낸다: "자기를 증언하지 아니하신 것이 아니니 곧 여러분에게 하늘로부터 비를 내리시며 결실기를 주시는 선한 일을 하사 음식과 기쁨으로 여러분의 마음에 만족하게 하셨느니라"(행 14:17).

때에 따라서 비는 하나님의 은총의 가시적 표시 역할을 한다. 야고보서(5:7, 18)에서는 하나님의 은총으로서의 비가 주님의 재림에 비유되어 종말론적 의의를 띠고 있다. 이슬에 대해서는 신약성경에서는 나타나 있지 않다.

중세 문학에서는 은총의 비라는 말이 쓰였다. 이슬과 비는 구약성경에서 시적 대구로서 같은 의미를 갖고 있었으며, 중세 기독교 문학에서도 같이 사용되었다.

이사야서에서 "하늘이여 위로부터 공의를 뿌리며 구름이여 의를 부을지어다 땅이여 열려서 구원을 싹트게 하고 공의도 함께 움돋게 할지어다"(사 45:8)라고 한 것은 그리스도의 강림으로 해석된다. 독일에서는 이렇게 찬양한다: "하늘이여, 이슬을 내리라. 구름이여, 의의 사람을 내리라"

비둘기

비둘기가 구애할 때 내는 소리 때문에 인간은 비둘기에 주목하게 된다. 비둘기의 소리는 사랑의 속삭임으로, 또 한탄의 소리로도 해석되었다.

고대 오리엔트에서 사랑의 여신이 숭배된 곳에서는 어디서든지 비둘기가 사랑의 여신에 속하는 새로서 사랑의 여신에게 봉헌된다. 그것은 바벨론의 여신 이슈타르(Ištar), 서 셈족의 여신 아스타르테(Astarte), 또 그리스의 헬라스(Hellas)에 정착한 여신 아프로디테(Aphrodite)의 신성한 새였다.

고대 인도인들은 검은 비둘기에게서 죽음의 사자를 보았다. 또 다른 나라에서는 기분 나쁜 울음소리 때문에 비둘기를 죽은 사람의 혼을 불러내는 새라고 생각했다. 고대 시리아 사람은 묘석 위에 비둘기 집을 만들었다.

노아는 대홍수 후에 세 번 비둘기를 날려 보냈는데, 두 번째에 비둘기가 "입에 감람 새 잎사귀"를 물고 돌아왔다(창 8:11). 이것은 여호와께서 대홍수 뒤에 그 백성에게 주신 평안, 혹은 평화의 상징이다.

비둘기는 희생 동물, 특히 가난한 백성이 드리는 희생 동물로서 희생에 바쳐지는 두 마리의 비둘기 중 한 마리는 번제물, 나머지 한 마리는 속죄 제물로 삼았다(레 12:8, 14:22).

아가서에서는 신부의 아름다움이 비둘기에 비유된다: "내 사랑아 너는 어여쁘고 어여쁘다 네 눈이 비둘기 같구나"(아 1:15), "바위 틈 낭떠러지 은밀한 곳에 있는 나의 비둘기야 내가 네 얼굴을 보게 하라"(아 2:14), "내 비둘기, 내 완전한 자는 하나뿐이로구나 그는 그의 어머니의 외딸이요 그 낳은 자가 귀중하게 여기는 자로구나"(아 6:9).

시편에서는 비둘기가 신속함의 상징이다: "내게 비둘기 같이 날개가 있다면 날아가서 편히 쉬리로다"(시 55:6). 또 다른 곳에서는 여호와를 의뢰하는 사람이 자신을 비둘기라고 부른다: "주의 멧비둘기의 생명을 들짐승에게 주지 마시며 주의 가난한 자의 목숨을 영원히 잊지 마소서"(시 74:19).

예수님은 세례받은 직후 "하늘이 열리고 하나님의 성령이 비둘기같이 내려 자기 위에 임하심"을 보셨다(마 3:16; 막 1:10). 비둘기는 사람이 된 아들을 향한 아버지 하나님 사랑의 말씀이 가시적 형태를 취한 것이다: "내가 보매 성령이 비둘기같이 하늘로부터 내려와서 그의 위에 머물렀더라"(요 1:32).

하나님께서 성령을 비둘기의 모습으로 보내신 것은 고대 오리엔트에 유포되었던 사랑의 상징 언어를 사용하여 하나님께서 택하신 구원의 왕을 계시하는 것이다. 비둘기가 내려온 뒤에 하늘에서 "이는 내 사랑하는 아들이요 내 기뻐하는 자라"는 소리가 들려왔다(마 3:17).

예수께서 성전에서 소와 양과 비둘기 파는 사람들과 돈 바꾸는 사람들을 내쫓기 전에 소를 파는 사람에게 보이신 태도와 비둘기를 파는 사람에게 취한 태도에 차이가 있다. 소 파는 사람들은 노끈으로 만든 채찍으로 쫓아내셨지만, 비둘기 파는 사람들에게는 "이것을 여기서 가져가라 내 아버지의 집으로 장사하는 집을 만들지 말라"라고 말씀하셨다(요 2:14~16).

순교자 저스틴은 세례를 대홍수의 반복으로 해석하고, 그리스도를 새로운 노아라고 보았다. 따라서 노아의 비둘기는 성령을 상징한다. 성령이 비둘기의 모습으로 나타난다는 복음서의 증언은 기독교 미술에 상당한 영향을 미쳤다. 그 때문에 비둘기는 마리아의 수태고지라는 그림이나 성령강림의 기적(행 2:1~4)의 그림에 묘사되어 있다. 또 "하나님의 영은 수면 위에 운행하시니라"라는 창세의 기록(창 1:2)을 표현한 그림에도 여러 가지 형태로 비둘기가 그려져 있다. 비둘기가 설교단 위쪽으로 날아가는 경우도 있다. 왜냐하면, 하나님은 성령을 통해서 진리와 지혜를 설명하고 가르치기 때문이다.

오리겐은 신자를 비둘기라고 부르는데, 마태복음에 이와 유사한 예가 있다. 마태복음에서 예수님은 사도들에게 "비둘기 같이 순결하라"(마 10:16)고 말씀하신다. 여러 전설에서 비둘기가 죽은 사람의 혼이 새로 나타나며, 성인이 죽을 때 생명 없는 육체에서 하늘을 향해 날아오른다. 그러므로 비둘기는 성녀 스호라스티카의 상징이 된다.

빛

시각의 전제는 빛이요, 자연의 아름다움과 인간으로부터 독립한 질서는 빛 속에서 눈에 보이게 된다. 빛은 육체적인 의미로 장님에게도 침투하는 힘을 갖고 있다. 그것은 특히 비육체적 비물질적인 것의 표현이므로 신의 정신성, 영성을 상징하는 데 적당하다.

인간이 얼마나 빛에 의존하고 있는지는 "태어난다"는 것을 "이 세상의 빛을 본다"라고 바꾸어 말하는 것에도 나타나 있다. 빛이 없으면 생명이 없는 것이다.

고대 오리엔트의 신화는 항상 빛의 영웅(예를 들면 Mardoc)과 어둠의 전쟁을 전하며 빛이 어둠에 승리하여 비로소 세계의 창조, 혹은 구원이 가능하게 된다. 고대 이집트의 신전에서는 신들의 상 앞에 등불을 태웠는데, 이 빛에 생명의 상징으로서의 의의와 함께 악마를 쫓는 의의가 있다고 추측한 것이 틀림없다. 마니교의 신앙에 따르면 세계와 인류는 빛과 어둠의 혼합에서 생겼다. 세계와 인류의 구원은 이 혼합 상태에서 빛의 요소를 풀어 줌으로써 달성된다.

본래 빛은 "빛이 있으라"는 하나님의 말씀으로 생겨난 것으로 천체의 존재와는 관계가 없다(창 1:3). 빛은 신성(神性)을 상징하며, 여호와는 "옷을 입음 같이 빛"을 입으셨다(시 104:2). 성경에서 최초의 가치 판단은 빛에 대해서 이루어진다: "빛이 하나님이 보시기에 좋았더라 하나님이 빛과 어둠을 나누사"(창 1:4). 그 후 우주는 두 개의 대립극이 분리되어 빛과 어둠, 낮과 밤이 구별된다. 빛은 하늘, 즉 신적인 것과 결부되어 있다. 선지자 이사야는 구세주 탄생 때에 흑암에 행하던 이스라엘 백성 위에 "큰 빛"이 비쳤다고 했다(사 9:2). 구원 때의 장려함은 빛의 이미지로 나타난다: "여러 사람의 말이 우리에게 선을 보일 자 누구뇨 하오니 여호와여 주의 얼굴을 들어 우리에게 비추소서"(시 4:6).

빛의 정신적, 영적 성격은 그것이 보는 것, 분별하는(인식하는) 것의 기초라는 점으로 나타난다. 지혜는 "하나님의 떨치시는 힘의 바람이며 전능하신 분에게서 나오는 영광의 티없는 빛이다"(지혜서 7:25).

하나님의 공적과 은혜와 은총은 빛 속에서 나타난다: "대저 명령은 등불이요 법은 빛이요"(잠 6:23). 여호와는 어둠 속에서 발생하는 일을 꿰뚫어 보신다. 왜냐하면 "빛이 그와 함께"(단 2:22) 있고, 그 빛은 모든 것에 침투하기 때문이다.

구약성경의 사람들에게 빛 속에서 살아가는 것은 행복과 안녕 속에서 사는 것과 같았다: "의인의 빛은 환하게 빛나고 악인의 등불은 꺼지느니라"(잠 13:9). 여호와를 거역하는 악인의 몰락은 빛이 꺼지고 그의 불꽃은 빛나지 않으며 그의 장막 안의 빛이 어두워지고 그 위의 등불은 꺼지는 것으로 나타난다(욥 18:5~6).

선지자들이 말하는 "큰 빛"은 그리스도요, 그리스도는 "참 빛, 곧 세상에 와서 각 사람에게 비춰는 빛"이다(요 1:9). 그리스도는 자신을 가리켜 이렇게 말씀하신다: "나는 세상의 빛이니 나를 따르는 자는 어둠에 다니지 아니하고 생명의 빛을 얻으리라"(요 8:12). 그리스도를 따르는 사람은 "빛의 아들"이 된다(요 12:36). 그리스도는 "하나님 영광의 광채"이시다(히 1:3). 참되고 절대적인 빛이 있는 곳에는 죽음이 존재하지 않는다. 하나님은 죽지 아니하시는 존재시요 "가까이 가지 못할 빛"(딤전 6:16)에 거하신다.

하나님을 경외하는 시므온은 하나님의 아들, 어린 예수를 본 뒤에 다음과 같이 하나님을 찬송하였다: "내 눈이 주의 구원을 보았사오니 이는 만민 앞에 예비하신 것이요 이방을 비추는 빛이요 주의 백성 이스라엘의 영광이니이다"(눅 2:30~32).

이 세상의 빛을 본다는 것은 태어남을 의미한다. 그러나 바울의 해석에 의하면 세례는 그리스어로 *photismos*(빛으로 비추는 것, 조명)라고도 한다. 세례는 그리스도와의 연합, 그리스도의 죽음과 부활과 연합함으로써 죽음과 새 생명으로 부활하는 것이다(롬 6:3~11).

그리스도의 빛은 제자들에 의해서 전 세계에 전파된다. 예수께서는 산상수훈에서 제자들에게 "너희는 세상의 빛이라 산 위에 있는 동네가 숨겨지지 못할 것이요…너희 빛이 사람 앞에 비치게 하여 그들로 너희 착한 행실을 보고 하늘에 계신 너희 아버지께 영광을 돌리게 하라"고 말씀하셨다(마 5:14~16).

거룩한 성 예루살렘의 빛의 근원은 어린 양이다: "그 성은 해나 달의 비침이 쓸 데 없으니 이는 하나님의 영광이 비치고 어린 양이 그 등불이 되심이라"(계 21:23).

가이샤라의 유세비우스는 창을 통해서 교회 안으로 쏟아져 들어오는 햇빛을 하나님의 빛, 하나님 조명의 상징으로 간주했다. 어거스틴은 『고백록』에서 "하나님 말씀은 참 빛이다"라고 했다. 그리스 정교회의 교회 박사의 믿는 바에 의하면 하나님의 빛은 구하는 사람에게만 내리 흐른다.

고딕 양식의 교회의 어두운 내부에 비추어 들어오는 태양 광선은 그리스도의 상징이라고 간주하고, 빛을 받는 창은 마리아의 상징으로 간주했다. 마리아는 하나님의 태양 광선을 몸에 받고서 비로소 빛났기 때문이다.

중세 미술은 가까이하기 어려운 빛 속에 사는 신성을 묘사하고 있다. 그것은 막 태어난 아기 예수를 둘러싼 광륜(halo)이면서, 부활하는 그리스도를 빛의 꽃처럼 둘러싼 후광이기도 하다.

뿌리

가지나 잎이나 꽃이 말라 죽고 꺾이고 뜯겨도 뿌리가 살아남아 있으면 식물은 생존할 수 있다. 뿌리는 기묘한 형태를 취하기도 하므로 일찍부터 사람들의 미신적 공상을 자극했다. 예를 들어 만드라고라(Mandragora)는 종 모양의 보라색 꽃과 주황색 열매를 가진 식물로 뿌리 부분은 벌거벗은 인간의 형태를 띠고 있는데 검고 독이 있어서 재앙과 악마를 쫓는 데 사용되었다.

상징적 사고에서 뿌리는 태어나는 것의 근원, 눈에 보이지 않는 근원을 나타낸다. 궁극의 시작이 신, 상징적 이미지로 하늘에 있다고 해서 여러 종교에서 뿌리는 위를 향하고 줄기는 땅을 향한 거꾸로 선 우주수(宇宙樹)를 그렸다. 고대 인도의 베다 및 우파니샤드에서는 거꾸로 서 있는 무화과나무에 전 세계가 머문다고 한다. 거꾸로 서 있는 나무는 우주 생명의 원천이 태양에 있으며, 천공에 만물의 종자가 머물고, 전 세계로 확산하는 것을 나타낸다. 따라서 그 뿌리와 열매는 가지이며, 가지가 뿌리이다. 베다에서 이 만물의 초월적 원천은 브라흐만이라고 하는 종자이며, 만물은 아래로 나타난다. 또 이슬람교에서는 "행복수"의 뿌리는 최고천으로 뻗고 가지는 지하로 뻗는다고 한다. 아일랜드와 핀란드의 민간 의례에서는 거꾸로 선 나무를 제단에 세우며, 오스트레일리아의 슈만은 마법의 나무를 거꾸로 심고 거기에 사람의 피를 부은 후 이를 태운다. 중세 시대 유대교 신비주의 종파인 카발라(Kabbalah)에는 신의 현현(顯現)으로서의 우주 창조를 거꾸로 선 나무로 나타내는 이미지가 있으며, 카발라 문헌 『바히르』(Sefer HaBahir, 12세기) 『조하르』(Zohar, 13세기)는 위에서 아래로 뻗은 태양 같은 나무에 관해서 기술하고 있다. 이때 신으로부터 유출하는 힘을 "세피로트의 나무"(The Tree of Sepiroth; The Tree of Life)라고 하는데, 이것이 세 개의 가지로 나뉘어 카발라의 "생명수"를 만든

다. 이 카발라 나무는 르네상스 이후의 신비주의자에게 계승되며 초월적 원천에서의 우주생성의 상징이 되었다.

뿌리를 내리고 뻗는 것은 생명의 원천과 연결되어 있음을 의미한다: "하나님의 힘을 아는 것이 불멸의 근원이다"(지혜서 15:3). 여호와는 "내가 이스라엘에게 이슬과 같으리니 그가 백합화 같이 피겠고 레바논 백향목같이 뿌리가 박힐 것이라"라고 말씀하신다(호 14:5). 의인의 뿌리는 움직이지 않는다(잠 12:3).

이에 반해 여호와를 경외하지 않는 사람은 "살아 있는 땅"에서 뿌리를 뽑히거나(시 52:5). 욥기에 있는 것처럼 밑에서는 그의 뿌리가 마르고, 위에서는 그의 가지가 잘릴 것이다(18:16).

구약성경에서 중요한 의미를 가진 구절은 모든 존재의 기초, 뿌리에 관해 이야기한다(사 53:2). 하나님의 아들은 마른 땅에서 나온 줄기(뿌리) 같다. 말라버린 물을 갈망하는 땅은 이스라엘이다. 그러나 예언자 이사야는 같은 말씀에서 "연한 순 같고"라는 말에 이어서 "뿌리 같고"라고 말한다. 즉 "순"과 "뿌리"라는 식물의 두 부분의 일체화를 통해서 그리스도의 신비를 암시한다. 그리스도는 신비의 뿌리이며 그 뿌리에서 어린 순이 나오므로 그리스도는 죽어야 하는 육체 안에 계시며, 영원한 생명으로 부활하는 것이다.

사도 바울은 하나님을 믿는 사람들을 나타내는 나무의 "거룩한 뿌리"에 관해서 이야기한다: "뿌리가 거룩한즉 가지도 그러하리라"(롬 11:16). 나쁜 가지는 잘리고, 믿음이 없는 사람은 수액을 빨아들이는 뿌리로부터 잘림을 당한다(롬 11:16~24). 그리스도 안에서 행하며 그리스도 안에 "뿌리를 박으며 세움"(골 2:7)을 받은 자만 구원받을 것이다.

뿌리가 없는 사람은 인생의 기반을 가질 수 없으며, 불에 타고 마른다(마 13:6). 요한계시록 마지막 장에서 그리스도가 자신을 계시하는데, 이 자기 계시는 뿌리라는 상징의 구원 의미를 뒷받침한다: "나 예수는 교회들을 위하여 내 사자를 보내어 이것들을 너희에게 증언하게 하였노라 나는 다윗의 뿌리요 자손이니 곧 광명한 새벽 별이라"(계 22:16).

단테의 『신곡』에 등장하는 피안의 광경에서 하늘나라의 계단은 거꾸로 된 한 그루의 나무관 같은데, 그 나무의 뿌리는 위쪽으로 뻗고, 항상 열매가 열리며 잎이 지는 일이 없다.

뿔

뿔은 옛날 여러 민족이 공격이나 방어의 무기로 사용했으며, 물리적인 힘과 초인간적인 힘의 상징으로 간주하였다. 고대 이집트에서는 뿔을 관에 붙여 신들의 머리를 장식하였다. 소박한 백성에게 있어서 뿔은 초자연적인 기운을 띠는 두려운 것이었다. 또 뿔과 태양의 사이에 특별한 상징적 관계가 생겨났다. 북아프리카의 바위에 그려진 암벽화에는 뿔 사이에 태양을 이고 있는 목양과 야생 소가 등장한다. 이집트의 하늘의 여신 하트호르(Hathor)는 머리 위에 태양을 끼운 소의 뿔을 쓰고 있다. 고대 메소포타미

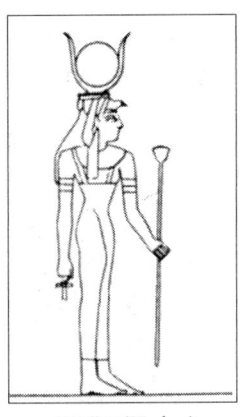

하트호르(Hathor)

아 미술에서 신적 존재는 뿔을 끼워 넣은 관으로 장식되어 있는데, 이것은 초지상적인 힘의 상징이다. 헬레니즘 시대에 세속의 지배자들은 자기의 초상을 이마에 뿔이 있는 모습으로 메달이나 동전에 새겼다.

성경에서도 뿔은 능력과 강함의 표시이다. 여호와께서 자기 백성의 뿔을 무쇠 같게 하며 굽을 놋 같게 하시므로, 많은 민족을 짓밟고 그들이 폭력을 써서 착취한 재물을 빼앗다가 온 세상의 주에게 가져올 것

이다"(미 4:13).

여호와께서는 여호와께 충실한 사람의 뿔을 들소의 뿔 같이 높이시고 신선한 기름을 부으셨다(시 92:10). 이것은 여호와의 은총을 나타내는 상징이다. 여호와를 경외하며 여호와의 율법에 따라 생활하는 사람의 "뿔이 영광 중에 들릴 것이다"(시 112:9). 여호와는 자기 백성의 뿔을 높이신다(시 148:14). 그러나 모압의 뿔은 찍힌다(렘 48:25). 즉 힘이 꺾인다. 여호와께서 악인들의 뿔을 다 베고 의인의 뿔은 높이 드실 것이다(시 75:10).

다윗은 원수와 싸워 이긴 후 감사하는 노래에서 여호와를 "구원의 뿔"(시 18:2)이라고 말했다. 번제를 드린 향을 피운 제단의 네 모퉁이 위에 세워진바 금속으로 싸인 뿔은 여호와의 축복의 힘의 특별한 표시로 보인다(출 27:2, 30:2).

솔로몬의 성전 번제물을 두는 제단 네 모퉁이에 "솟은 뿔이 넷"(겔 43:15)이다. 제단 네 모퉁이의 뿔에 희생된 짐승의 피를 바름으로써 하나님께 대한 생명의 봉헌이 강조되었다. 여호와께서는 아론과 그 아들들의 제사장 임직식 때에 "송아지를 잡고 그 피를 네 손가락으로 제단 뿔들에 바르라"고 명하셨다(출 29:12). 여호와께서 제단의 뿔을 꺾어 땅에 떨어뜨리는 것은 무서운 벌이다(암 3:14). 죄를 범한 사람이 성전에 들어가 제단의 뿔을 잡으면 하나님의 보호 아래 놓이며, 고의로 살인을 범한 경우를 제외하고는 용서를 받는다(왕상 1:50-53 참조).

누가복음에서는 시편에 따라 이렇게 말하고 있다: "찬송하리로다 주 이스라엘의 하나님이여 그 백성을 돌보사 속량하시며 우리를 위하여 구원의 뿔을 그 종 다윗의 집에 일으키셨으니"(눅 1:68~69). 요한계시록의 어린 양에게는 뿔 일곱과 눈 일곱이 있었는데, 그 눈들은 온 땅에 보내심을 받은 하나님의 일곱 영이었다"(계 5:6). 어린 양의 일곱 뿔은 그리스도의 전능의 상징이요, 반면에 큰 붉은 용이 지닌 열 개의 뿔(계 12:3)은 사탄의 힘, 궁극적으로는 무력이 폭로된 악의 힘을 나타낸다.

고대 미술이나 민속 신앙에서 악마는 일련의 동물적 특징을 띠는데, 그중에서도 뿔은 악의 힘이 두드러진다. 뿔이 난 모세상(가장 유명한 것은 미켈란젤로의 조각)은 히브리어 성경(출 34:29~30)의 라틴어 오역(誤譯)에 근거한다. 모세의 얼굴에서 나온 것은 뿔이 아니라 빛인데, 라틴어역에서는 얼굴에서 뿔이 나오고 있다고 되어 있다. 이런 라틴어역 성경의 오역에 기초를 둔 예술적 형상화는 옛날 상징의 표현력을 잘 전해주고 있다. 왜냐하면, 사람들은 모세에게 뿔이 있다는 사실에서 하나님의 힘의 구현을 보았다고 믿었기 때문이다.

4(넷)

4(四)라는 수는 우주(세계)의 전체성을 암시한다. 동서남북의 4방위, 동풍, 서풍, 남풍, 북풍의 네 가지 바람, 춘하추동의 사계절, 그리고 우주를 구성한다고 믿는바 흙, 물, 불, 공기 등 사대(四大) 등에 이러한 사상이 나타난다. 헤르모폴리스 신학에 의하면 우주 생성 이전에는 네 쌍의 신들이 지배하고 있었다.

고대인들은 우주가 일정한 주기로 영원히 존속하는 둥근 모양의 시간 구조로 되어 있다고 생각했는데, 바빌로니아의 우주론에 의하면 우주의 1년에는 4개의 우주 시점이 되는 구분이 존재한다. 고대 페르시아인은 우주의 일 순환을 네 개의 주기로 구분하였고, 헤시오도스는 금·은·동·철의 4세계 년으로서 일순환한다고 생각했다. "4"가 신과 결합하는 경우에는 신적인 것에 의한 지상적인 것의 지배를 상징적으로 나타낸다. 그리스의 조각가 페이디아스는 제우스에 의한 물질계 지배의 표시로서 거대한 제우스 좌상대에 4인의 승리의 여신을 배치했다.

성경에서 "4"는 하나님에 의해 창조된 세계를 가리킨다. 에덴동산에서 발원하는 강은 네 개의 지류로 갈라진다(창 2:10). 에스겔의 꿈에 나오는 전후좌우 어떤 방향으로도 재빨리 나갈 수 있는 네 개의 그룹 혹은 생물은(겔 1:4~14) 사방으로 퍼져 미치는 하나님 활동력의 상징이다.

하나님의 이름도 네 개의 자음(JHWH)으로 이루어진 신성한 문자이다. "4"는 물질적인 것, 지상적인 것을 나타내는 수이며, 땅은 "사방"을 갖는다(겔 7:2). "천하 사방"(단 11:4)이란 지상과 만유에 있는 하나님 질서의 표현이다.

여호와는 불성실한 백성에게 네 가지 벌을 내리신다. 곧 "죽이는 칼과 찢는 개와 삼켜 멸하는 공중의 새와 땅의 짐승"(렘 15:3)이다.

재림 때에 그리스도께서 천사들을 큰 나팔 소리와 함께 보낼 터인데, 그들은 하늘 이 끝에서 저 끝까지 사방에서 그가 선택한 사람들을 모을 것이다(마 24:31; 막 13:27). 요한계시록의 저자는 하나님의 보좌 주위에 있는 "네 생물"(계 4:6)을 보았다. 그것은 하나님에 의해 창조된 세계의 상징이다.

하늘을 둥근 모양(가장 완벽한 기하학적 도형)으로 나타내는 것에 반해서 땅은 사각형의 이미지와 결합된다. 천년왕국이 끝나면 사탄은 옥에서 풀려나서 땅의 사방에 있는 민족들, 곧 곡과 마곡을 미혹하려고 나아갈 것이다. 그리고 전쟁을 하려고 그들을 모을 것이다(계 20:7~8).

요한은 처음 네 개의 봉인이 열렸을 때 여호와께서 재앙을 가져오기 위해 땅에 보낸 네 명의 기수가 나타나는 것을 본다(계 6:1~8).

낙원의 강이 에덴을 적시듯이, 네 복음사가 계시의 물을 동서남북의 사방으로 나른다. "Adam"이라는 이름의 문자 수에도 4방위가 암시되어 있다고 해석되었다.

중세 전성기의 백과사전적 문헌은 "4"를 둘러싼 유사물이나 유사 관념을 모은 체계를 완성했는데, 거기서는 4개의 바람, 사계, 에덴동산의 강, 구약성경에 등장하는 네 명의 대 예언자, 네 명의 복음사가, 네명의 대교부, 4추덕(四樞德; 智義勇節), 네 가지 기질(아혈질, 우울질, 담즙질, 점액질) 등이 동일 그룹을 이루고 있다.

사닥다리

고대 이집트인들은 하늘과 땅을 연결하는 사닥다리는 죽음과 부활의 신 오시리스가 승천하는 것이었다. 둘째로 오시리스가 신을 믿는 사람들이 하늘로 오르기 위한 상징적인 하늘의 사닥다리가 되었다. 미트라를 제사 지내는 신전에는 여덟 개의 문을 피라미드 모양으로 겹쳐 쌓아 만든 사닥다리가 있어서, 혼이 모든 결합과 욕망에서 해방되어 최상단의 하늘에 달할 때까지 걸어가야 하는 과정을 보여준다. 미드라시 문서에서는 생명의 나무가 마음이 바른 사람들이 오르내릴 수 있는 사닥다리에 비유되어 있다.

야곱은 형 에서를 피하여 여행을 떠난 후 한 곳에 이르러 잠을 자려고 누웠다가 꿈을 꾸었다: "사닥다리가 땅 위에 서 있는데 그 꼭대기가 하늘에 닿았고 또 본즉 하나님의 사자들이 그 위에서 오르락내리락하고 또 본즉 여호와께서 그 위에 서서 이르시되"(창 28:11~13). 사닥다리를 의미하는 히브리어 *sullam*은 정확하게는 "계단"으로 번역되어야 한다. 어떻게 번역하든지 승천 및 하늘과 땅의 결합이라는 상징적 의미에는 변화가 없다. 사닥다리와 계단은 위를 향함과 상통한다.

상징적으로 말하면 도달할 수 있는 최고의 존재와 통한다. 이 점에서 솔로몬의 보좌로 오르는 계단(왕상 10:19), 에스겔의 환상에 비친 성전의 돌계단(겔 40:26, 31)도 같다.

하늘은 인간의 머리 위 아득하게 구름과 빛과 헤아릴 수 없는 심원으로 있다. 영혼의 고양, 정신의 상승, 승천은 인간이 옛날부터 가지고 있던 소원의 하나이다: "위의 것을 생각하고 땅의 것을 생각하지 말라"(골 3:2). 확실히 지명되어 있지 않지만, 사닥다리, 혹은 계단의 이미지는 신약성경에도 있다: "하늘이 열리고 하나님의 사자들이 인자 위에 오르락 내리락 하는 것을 보리라 하시니라"(요 1:51).

많은 교부들은 야곱의 사닥다리를 인간이 하늘로 오를 수 있게 해주는 그리스도의 십자가와 관련짓고 있다. 카르타고의 순교자 퍼페투아는 감옥에서 하늘에 달하는 높은 청동 사닥다리 환상을 보았다.

예루살렘 성전의 열다섯 계단은 열다섯 가지 덕을 나타낸다고 해석되었고, 거기에서 사람들은 재차 야곱의 신비의 사닥다리를 보았다. 씨토회와 카르투지오회의 수도원은 하나님과 통하는 길이라는 의미로 "하나님의 계단"(Scala Dei)이라는 이름을 붙였다.

사슴

사슴은 매년 서로 비벼서 뿔을 뺀다. 뿔이 빠지고 다시 난다는 사실 때문에 사슴은 자연계의 순환, 끊임없는 죽음과 재생의 상징이 되었다. 히타이트인들은 사슴을 수렵과 행운의 신 룬다스에 귀속된 동물로 여겼다. 룬다스라는 이름은 "사슴 뿔의 신"이라는 뜻이다. 거룩한 사슴을 사냥하는 것은 기독교 시대 이전으로 거슬러 올라간다. 인도의 신 크리슈나는 지상에서의 임무를 마치고 삼림 속에서 명상에 잠겨 있었는데, 그를 사슴으로 오인한 사냥꾼에게 급소를 맞아 죽었다고 전해진다.

고대 그리스·로마에서는 사슴이 뱀을 적대시한다고 믿었다. 사슴의 우아한 아름다움과 민첩한 움직임은 적당한 비유로 반복되어 이용되었다.

시편 기자는 전쟁에서 승리한 후 하나님께 바치는 감사의 노래에 "나의 발을 암사슴 발 같게 하시며 나를 나의 높은 곳에 세우시며"(시 18:33)라고 했다. 아가서의 사랑하는 자는 노루나 어린 사슴으로 비유된다: "보라 그가 산에서 달리고 작은 산을 빨리 넘어오는구나"(아 2:8~9). 잠언에서는 사랑하는 아내의 모습을 "사랑스러운 암사슴"이라고 부른다.

다음과 같은 시편의 말씀은 후일 성경 해석에서 특별히 중요한 의미가 있게 되었다: "사슴이 시냇물을 찾기에 갈급함 같이 내 영혼이 주를 찾기에 갈급하니이다"(시 42:1).

피지올로고스(physiologos)에 의하면 사슴은 땅의 갈라진 곳으로 도망쳐 들어간 뱀(용)에게 숨을 내쉬든지 입에 머금은 물을 내뿜든지 해서 그곳에서 나오게 하여 삼킨다고 한다. "마찬가지로 여호와께서도 거대한 용, 즉 악마를 하늘의 물, 즉 하나님의 구원의 가르침에 의해 사멸시키신다." 이리하여 사슴은 그리스도의 상징이 된다. 거기에 고대 로마의 순교 성인 유스타키우스(Eustachius)와 성 후베르투스의 전설이 첨가된다. 이 두 성인은 사냥에 나가 숲속에서 뿔 사이에 십자가 형상을 가진 사슴을 목격했다.

교부 어거스틴은 앞서 언급한 시편에 따라 사슴을 하나님 갈망의 대상으로 사용했다. 랑고바르드(Langobard) 미술에서 두 마리의 사슴이 생명의 물이 담겨 있는 그릇 옆에 서 있는 것, 중세 세밀화에서 생명의 샘에 다가가는 두 마리의 사슴이 그려 있는 것도 이러한 의미이다. 생명의 샘(fons vitae) 곁에 사슴이 서 있는 그림은 세례의 상징으로 해석할 수 있다.

사자

"백수의 왕"의 정복하기 어려운 힘, 당당한 활보, 소름 끼치는 포효는 항상 인간에게 압도적인 인상을 주었다. 사람들은 사자의 근본적 성격이 불과 같다고 생각했다. 그 두 눈에서 태양의 불이 짐승적인 힘이 되어 빛나고 있다고 믿었다. 고대 이집트에서 사자를 태양신의 현상으로 간주했고, 왕을 상징하였다. 수메르의 신 닝기루스(Ningirus) 찬가에서 "왕"을 상징하는 것은 사자 머리의 독수리였다. 사자 같은 자만이 사자를 이길 수 있다. 이렇게 해서 닝기루스는 일곱 개의 머리를 가진 사자를, 헤라클레스는 네메아(Nemea)의 괴짐승 사자를 퇴치했다. 사자는 공포심을 일으키기 때문에 마귀 제거의 의의를 획득하였고, 이집트의 신전 문과 보좌를 지키는 파수꾼이 되었다. 사자가 재앙을 가져오는 세력의 상징이 되는 경우도 있으며, 바벨론에서는 역병의 여신 이루라가 사자를 두려워한다고 여겼다.

성경에서 사자는 좋은 의미와 나쁜 의미 사이에서 동요하고 있다. 앗수르와 바벨론 왕들은 양(羊)인 이스라엘을 습격하고 흩어 놓는 사자이다(렘 50:17). 이스라엘의 고관들은 인간을 삼키고 그 우는 소리에 의해 땅을 놀라게 하는 젊은 사자로 비유된다(겔 19:3~7). 죽음의 곤경에 있는 인간을 향해 크게 입을 벌려 부르짖는 사자는 입을 벌린 심연, 즉 음부의 상징이 된다. "나를 사자 입에서 구하소서"(시 22:21)라는 탄원도 이런 의미로 해석할 수 있다. 구약의 선지자들과 시인들은 지상적인 것에 휘말려 있는 상태를 사자에게 구속된 상태로 비유하여 표현했다(시 35:17). 사자 동굴에 던져진 다니엘의 이야기에서 밝혀진 것처럼(단 6), 사자의 수중에 있다는 것은 죽음을 눈앞에 두고 있음을 의미한다. 그러나 여호와는 다니엘을 위해 천사를 보내어 사자들의 입을 봉하셨다(단 6:22). 결국 하나님은 자기의 충실한 종이 삼킴을 당하지 않도록 음부의 문을 닫으신 것이다. 사자의 입을 찢는 삼손은 음부의 입구를 물리쳐 소생하는 그리스도를 예표한다(삿 14:5~6).

때로 정의로 심판하시는 하나님이 사자로 비유된다: "오만한 자는 남을 우롱하고 모욕을 준다. 그러나 복수가 사자처럼 숨어서 그를 기다리고 있다"(집회서 27:28).

솔로몬 왕의 보좌에는 동방의 관습을 본받아 사자가 파수꾼으로 서 있는데, 보좌에 오르는 여섯 계단 양쪽에 세워진 사자는 이스라엘의 열두 지파를 상징적으로 대리하고 있다고 해석할 수 있다(왕상 10:18~20).

지배자로서의 소명이 사자의 이미지를 취해 나타나는 경우도 있다. 족장 야곱은 임종할 때에 지배자가 되어야 할 유다를 새끼 사자로 비유하여 "유다는 사자 새끼로다… 규가 유다를 떠나지 아니하며 통치자의 지팡이가 그 발 사이에서 떠나지 아니하기를 실로가 오시기까지 이르리니 그에게 모든 백성이 복종하리로다"(창 49:9~10)라고 말했다.

사도들의 서신에서 사자는 암흑 세력의 상징으로 등장한다: "근신하라 깨어라 너희 대적 마귀가 우는 사자 같이 두루 다니며 삼킬 자를 찾나니"(벧전 5:8). 바울이 주께서 사자의 입에서 자기를 건져 주셨다고 한 것은

사자의 입을 찢는 삼손. 뒤러의 목판화(16세기

(딤후 4:17) 단순히 자신의 목숨이 구함을 받았다는 사실 뿐만 아니라 죽음의 곤경에서의 구원 자체를 의미한다고 생각할 수 있다. 요한계시록에서는 혁혁한 승리를 거둔 그리스도가 "유대 지파의 사자"(계 5:5)라고 표현한다.

중세 시대 사자상의 의미를 알려면 『피지올로고스』(Physiologos)를 살펴보아야 한다. 우선 눈을 끄는 특징은 사자는 잠 잘 때에도 눈을 뜨고 있다는 사실이다(정면 입구 문의 조각이나 문짝 고리의 금장신구에서 볼 수 있는 파수꾼으로서의 사자). 또 다음과 같은 기록도 볼 수 있다: "사자 새끼는 암사자가 죽고 태어나는데, 아비인 수사자가 사흘째에 숨을 불어 넣어(마치 예수 그리스도가 죽은 자들 가운데서 부활하신 것처럼) 다시 살린다."

한편으로 인간을 삼키고 다른 한편으로는 토해내고 있는 로마네스크 양식의 2쌍 1조의 사자는(예를 들어 프랑스 엑상프로방스의 생 소뵈르 대성당의 사자) 생과 사와 부활을 상징한다. 울부짖는 사자는 기독교 신자들에게는 그리스도에 의한 죽은 자의 부활을 상징한다. 암흑의 세력에 대한 하나님 아들의 승리는 "네가 사자와 독사를 밟으며 젊은 사자와 뱀을 발로 누르리로다"(시 91:13)라고 표현된다. 아프리카의 가장 오랜 기독교국인 에티오피아에서 왕을 "네거스 네가스트"(negus negast: 임금의 임금이라는 뜻; 이는 솔로몬과 시바의 여왕의 관계에서 비롯된 것으로 생각된다)라고 불린다. 에티오피아의 왕은 유대인의 자손으로 생각되며, 사자는 이 유대인의 상징으로 여긴다.

산

종교적인 방식으로 사물을 인식할 때, 산은 평지보다도 신적인 것에 더 가깝다. 산의 정상은 하늘을 향해 솟아 있기 때문에 구름 덮여 보이지 않으며 볼 수 없는 신을 볼 수 있는 곳처럼 여겨진다. 종교의 역사에는 많은 거룩한 산이 등장하는데, 사람들은 그러한 산이 우주의 중심으로서 하늘과 땅을 연결한다고 믿었다. 동방에서는 신들의 산이 신전의 모범이 되어 신전은 산의 모습을 본떠 설계되었다. 그 예로 바벨론의 지구라트(ziggurat)를 들 수 있다. 이집트의 전승에 의하면 세계는 원초의 바다, 혹은 원초의 심연에서 원초의 언덕이 떠오름으로써 생겨났다.

피라미드 문서에서 창조신 아툼(창조의 신 "라"[Ra]의 정식 명칭은 "아툼 라"이다)을 "언덕"이라 했고, 수메르의 주신(主神) 엔릴(Enlil)을 "큰 산"이라는 별명으로 불렀다.

위를 올려다보는 것은 신 쪽을 보는 것이다. 아람 사람들은 이스라엘의 하나님에 대해 "그들의 신은 산의 신"이라고 했다(왕상 20:23).

아브라함이 이삭을 제물로 바치려고 했던 곳은 하나님께서 지시하신 산으로서 아브라함은 그곳을 여호와 이레라고 이름 붙였는데, 이는 "여호와의 산에서 준비되리라"(창 22:14)는 뜻이다.

모세가 양 떼를 따라 호렙산에 이르러 타는 떨기나무를 목격했을 때 여호와께서 떨기나무 속에서 "이리로 가까이 오지 말라 네가 선 곳은 거룩한 땅이니 네 발에서 신을 벗으라"(출 3:5)고 말씀하셨다.

애굽을 탈출한 이스라엘 백성은 시내 광야에 이르러 시내 산 아래에 장막을 쳤고, 모세는 하나님께로 올라갔다(출 19:2~3). 그로부터 사흘 후 모세는 백성을 하나님이 하나님을 만날 수 있도록 진에서 그들을 데리고 나와 산기슭에 세웠다. "시내 산에 연기가 자욱하니 여호와께서 불 가운데서 거기 강림하심이라"(출 19:18). 하나님이 시내 산 곧 그 산꼭대기로 내려오셔서 부르셨으므로 모세가 산꼭대기로 올라갔다(출 19:16~20). 이리하여 여호와는 산의 높은 곳에서 모세에게 십계명을 주셨다.

이사야 14장 13절에서 언급된 "북극 집회의 산", 신들이 모이는 산은 신들이 산에 모임의 장소를 갖고 있다는 고대 동방에 유포되어 있던 관념과 관련되어 있다. 여부스족이 사는 예루살렘이 정복된 후(삼하 5:7) 하나님은 예루살렘의 시온산에 영광의 자리를 획득했다. 시편 기자는 그곳에서 하나님의 구원이 자신에게 주어질 산을 올려다본다(시 121:1).

마지막 때에 "여호와의 전의 산이 모든 산 꼭대기에 굳게 설 것이요 모든 작은 산 위에 뛰어나리니 만방이 그리로 모여들 것이라 많은 백성이 가며 이르기를 오라 우리가 여호와의 산에 오르며 야곱의 하나님의 전에 이르자 그가 그의 길을 우리에게 가르치실 것이라 우리가 그 길로 행하리라"(사 2:2~3)라고 할 것이다. 다른 예언자들도 여호와가 장차 시온산에 살게 되리라고 예언한다(슥 8:3).

종교 언어에 즐겨 쓰이는 산은 신약성경에서도 발견된다. 예수님의 생애에 등장하는 산들은 지상의 골짜기에서 하늘 높은 곳에 이르는 상징적 이정표이다. 예수께서는 최초의 설교를 하실 즈음 산에 올라가 자기의 가르침의 근본 원칙을 나타내 보여 주셨다(마 5:1~12). 그리고 산 위에서 열두 사도를 선택하셨다(막 3:13~14). 오병이어의 기적이 있은 후 예수님은 "기도하러 따로 산에 올라가셨다"(마 14:23). 다볼산에서의 변모(마 17:1~8)와 감람산에서의 죽음의 불안(눅 22:39~46)은 지상에서 높은 곳, 즉 십자가가 서 있는 갈보리 언덕(골고다 언덕)에 이르는 이정표이다. 요한계시록에서는 시온산에 하나님의 영광에 싸인 새 예루살렘이 구축된다(계 21:10~11).

가톨릭교회에서 미사를 드릴 때 최초의 제단에 오르는 가장 아래 단에서 드리는 기도에서는 사제가 시편을 낭송한다: "당신의 빛과 당신의 진실을 보내소서. 그들이 저를 인도하게 하소서, 그들이 저를 당신의 거룩한 산으로, 당신의 거처로 데려가게 하소서"(시 43:3; 한국 천주교 주교회의 "성경").

유럽 신비주의 사상의 언어로 하나님은 종종 산에 비유되는데, 거기에는 우주산을 세상의 축(axis mundi)으로 보는 오랜 옛날의 관념의 영향도 엿보인다. 중세 시대에 성배(聖杯)의 성이 있는 전설의 산 "몬살바츠"(Montsalvatsch)가 지상의 거룩한 산을 상징한다. 대천사 미가엘에게 봉헌된 교회는 대부분 산이나 언덕 위에 있다.

살구나무와 살구

지중해 연안 지방에서는 1월이면 살구꽃이 피기 시작한다. 살구나무는 만물이 잠들어 있는 겨울에도 눈을 뜨고 있기 때문에 주의 깊은 것, 깨어 지키는 것의 상징이 되었다. 고대 그리스·로마에서는 딱딱한 껍질에 싸인 열매는 살구, 호두 등으로 불렸다. 라틴어 nux는 호두나무를 가리키지만, 살구나무를 가리키기도 한다. 고대 오리엔트의 전승에 따르면 우주(세계)는 껍질의 형태를 한 원초의 열매에서 생겨났다고 한다. 소아시아에서 생겨난 큐베레 신앙은 신도가 집단으로 엑스터시 상태에 빠지는 특징이 있는데, 이들의 최고의 신을 살구나무의 이미지를 사용했다.

살구나무를 나타내는 히브리어 shaqed(어근 shaqad)는 "지키는 자"라는 의미이며, 그 때문에 성경 번역에서 "살구나무" 대신에 "지키는 자"로 번역된 것을 종종 볼 수 있다. 예레미야서의 다음 부분도 shaqed의 이중 의미와 관계가 있다: "여호와의 말씀이 또 내게 임하니라 이르시되 예레미야야 네가 무엇을 보느냐 하시매 내가 대답하되 내가 살구나뭇가지를 보나이다 여호와께서 내게 이르시되 네가 잘 보았도다 이는 내가 내 말을 지켜 그대로 이루려 함이라 하시니라"(렘 1:11~12). 여호와 자신이 "지키는 나무"인 것이다.

이스라엘 민족이 광야에서 아론과 그 일족이 제사장으로서 지닌 특권에 대해 불평했을 때 여호와는 이스라엘 각 지파의 가문을 따라 지팡이 하나씩을 취하되 곧 그들의 조상의 가문대로 그 모든 지휘관에게서 지팡이 열둘을 취하고 그 사람들의 이름을 각각 그 지팡이에 쓰되 레위의 지팡이에는 아론의 이름을 써서 증거궤 앞에 두라고 명하셨다. 다음날 모세가 증거의 장막에 들어가 보니 "레위 집을 위하여 낸 아론의 지팡이에 움이 돋고 순이 나고 꽃이 피어서 살구 열매가 열렸더라"(민 17:2~8). 이것은 하나님께 봉사하는 제사장으로서의 레위 지파의 존엄을 나타낸 것으로 살구나무가 모든 나무 중에서 가장 먼저 꽃을 피우는 것처럼 레위 지파가 제일의 지파임을 나타내고 있다.

교부들은 살구나무와 살구를 사제직의 상징으로 사용했다. 사제는 외부에 대해서는 언행을 견고히 하여 조심하고 절제에 힘쓰며, 내면은 보이지 않는 음식인 신앙으로 싸여 있어야 했기 때문이다.

"살구나무는 그리스도이시다"라고 파울리누스(Suetonius Paulinus)는 말했다. 딱딱한 껍질에 싸인 달콤한 열매는 그리스도의 성육신 형상이 되었으며, 다른 여러 가지 의미와 내용을 융합하여 미술사에 잘 알려진 살구 열매, 즉 "만돌라"(mandorla)라는 구체적 형태를 취해 나타났다. 만돌라는 살구 열매 형태를 한 원형, 혹은 타원형의 후광으로서 세계의 심판자이신 그리스도의 묘사에서 자주 볼 수 있다.

성모 마리아가 만도라 안에 그려져 있는 경우에 살구의 핵이 단단한 껍질 속에 형성되는 것처럼, 그리스도가 마리아의 흠 없는 태 안에서 자란 것을 나타낸다.

삼(셋, 3)

모든 민족에게 있어 "3"이라는 수는 다른 수보다 뛰어난 특별한 수로 여겨진다. "3"에 대한 분리 대립은 "3"으로 극복되며, 처음·중간·끝은 "3"에서 하나로 모인다. "3"은 부(父)·모(母)·자(子)를 하나로 하는 가족의 통일을 상징적으로 암시한다.

많은 종교에 3인조 신(三柱神)이 존재한다. 예를 들면 이집트의 오시리스-이시스-호루스, 바벨론의 신-샤마슈-이슈타르 등이 그렇다. 그러나 "3"이 갖는 신성함의 근거는 그것이 원래부터 전체를 포괄하는 수로서의 의의가 있다는 점에 있다. 우주는 하늘과 땅과 지하 세계(음부)로 나누어지며, 비슈누는 우주의 끝에서 끝까지를 세 걸음에 답파(踏破)했다고 한다.

기도, 혹은 마법의 주문에서 신적 존재를 부를 때 세 번 부르면 영험이 한층 더 뚜렷하다고 생각되었다.

구약 성경 전체에서 "3"이라는 수는 우선 삼중으로 거룩하신 하나님을 나타낸다: "거룩하다 거룩하다 거룩하다 만군의 여호와여 그의 영광이 온 땅에 충만하도다"(사 6:3). 다니엘은 하루 세 번 무릎 꿇고 하나님께 감사의 기도를 드렸다(단 6:10). 이스라엘의 모든 남자는 매년 세 번씩 주 여호와께 보였다(출 23:17). 제사장 아론이 말하는 삼중 축복의 말(민 6:24-26)도 예배 때의 3인 1조를 나타내는 것 중 하나이다.

이스라엘 민족은 매년 세 번의 대절기를 지켰다. 무교절, 맥추절, 초막절이 그것이다(출 23:14~16; 레위기 23:6, 15~16, 34~36 참조). 하나님은 삼 년 된 희생물(암소, 암염소, 숫양)을 특히 기뻐하셨다(창 15:9).

"3"은 완전과 전체성을 나타낸다. 예를 들면 이스라엘의 성전은 세 부분, 즉 외진, 내진, 지성소로 되어 있으며, 어떤 의미에서 우주의 상징으로 되어 있다.

세 명의 시조(셈, 함, 야벳; 창 10:1)는 인류의 시원을 상징한다. "3"은 무서운 위력의 상징도 된다. 애굽 온 땅을 덮은 삼 일 동안의 흑암이나(출 10:22~23), 물고기 뱃속에 사흘 동안 갇혀 있던 요나(욘 2:1)의 예가 그것이다.

신약성경에서 "3"의 신성함은 삼위일체 하나님의 계시로 결정된다. 인간은 예수님의 세례(마 3:16~17)를 기념하여 "아버지와 아들과 성령의 이름"(마 28:19)으로 세례를 받아야 한다.

이외에도 "3"은 신성한 수이다. 성령과 물과 피는 예수 그리스도를 증거하는 것이다(요일 5:7~8). 윤리적 영역에서는 믿음과 소망과 사랑이 하나의 쌍을 이룬다(고전 13:13).

"3"이 부정적·위협적,·음부적 측면을 나타내는 경우도 있다. 예수에 대한 마귀의 세 차례 공격(마 4:1~11), 사울이 사흘 동안 앞을 보지 못한 일(행 9:9), 예수께서 죽어 부활하시기까지 삼일의 낮과 밤(마 12:40)이 그것이다. 덧붙여 마지막 예의 경우 "3"이 상징하는 점은 예수님의 죽음과 부활 사이에 실제는 세 밤밖에 없었음에도 밤낮 사흘이라 말해지는 점에 있다.

적그리스도의 세력이 "3"이라는 수와 결합한 경우도 있는데, 요한계시록에 등장하는바 표범의 모습, 곰의 발, 사자의 입을 갖는 짐승(13:2) 등이 그것이다.

"3"은 의식에서도 그 역할을 담당하고 있다. 가톨릭교회의 미사에서 "세상의 죄를 사하여 주시는 하나님의 어린 양"(Agnus Dei)을 세 번 부르며, 자기 잘못을 고백할 때 "내탓이오 내탓이오 내 큰 탓이로소이다"라고 세 번 가슴을 두드리면서 말한다. 사제는 강복할 때 세 번 십자를 긋는다.

동방정교회의 크리소스톰의 의식(요한 크리소스톰의 이름을 기념하기 위한 의식)에서 사제는 신성한 피를 세 번 마신다.

중세 미술에서 하나님의 삼위일체의 신비를 세 개의 머리를 갖거나 세 개의 얼굴을 갖는 하나의 형태를 가진 모습으로 묘사하려 한 시도를 가끔 볼 수 있다. 독일 그뤼네발트(Grunewald)에는 세 개의 머리를 지닌 악의 상징적 모습이 묘사되어 있으며, 프랑스의 여러 세밀화(細密畵)에는 세 얼굴을 가진 악마의 묘사가 있다.

색(色)

신화와 제사에 색이 등장할 때 그것이 구체적으로 무엇을 의미하는지 알려져 있지 않았지만, 대개는 특정의 의미가 있다. 고대 이집트인은 "색"과 "본질"을 같은 말로 부르고 있었다. 따라서 신에 대해서 "사람은 그 색을 모른다"라고 말하는 것은 신의 본질을 측량하기 어렵다는 표현이었다.

이집트의 신들은 푸른 머리를 하고 있다. 힌두교의 신 크리슈나와 시바도 푸른색, 또는 청백색으로 그려진다. 아시아의 여러 민족에 있어서 네 가지 색이 네 방위를 상징한다. 중국에서는 북(北)을 검은색으로 표시하는데, 이것은 악마의 처소로 부르는 파르시교와 같은 생각에 기초를 두고 있는지도 모른다.

히브리어에는 색을 나타내는 언어 방식이 없으므로 색을 표현할 경우에는 그 색의 특징을 잘 나타내는 물건을 빌어온다. 예를 들면 젖은 흰색, 밭은 붉은색, 사파이어는 하늘의 밝은 청색을 나타내고, 녹색은 식물의 색이라는 식으로 바꾸어 말하였다. 모세가 하나님을 위해 꾸민 지성소의 네 가지 색은 청색·자색·홍색·흰색이었고, 성막을 덮는 막과 치는 막은 이 네 가지 실로 짜였다(출 26:1, 31). 지성소의 일을 담당하는 제사장의 옷은 청색으로 만들고, 그 옷 가장자리에 청색, 자색, 홍색 실과 가는 베실로 석류를 수놓았다(출 39:22~24). 자색은 일반적으로 왕위, 또는 왕의 위엄을 나타낸다(에 8:15).

이사야 1장 18절에서는 무죄, 무흠의 눈같은 흰색과 진홍같이 붉은 죄가 대치되고 있다. 하늘이 어두워지는 것은 재앙의 전조이다(렘 4:28). 여호와의 백성들은 죄로 말미암아 눈보다 깨끗하고 젖보다 흰 고귀함을 잃고 얼굴이 숯보다 검게 되었다(애 4:7~8).

땅을 에워싼 네 병거 중에서 첫째 병거는 붉은 말들이, 둘째 병거는 검은 말들이, 셋째 병거는 흰 말들이, 넷째 병거는 어룽지고 건장한 말이 끌고 있었는데, 이는 태양의 운행 행로와 반대의 순서로(상징적 관점에서 보면 나쁜 의미를 갖는 순서로) 배열되어 있다. 즉 붉은색은 동(東), 검은색은 북(北), 흰색은 서(西), 청백색은 남(南)에 해당하여 동—북—서—남의 순으로 되어 있다(슥 6장).

자색은 부(富)를 나타내는 색으로(눅 16:19) 지배자의 위엄, 왕위를 나타낸다. 로마 군인들은 왕으로고 자칭하는 예수를 조롱하면서 유대인 왕의 표시로 가시 면류관을 씌우고 "자색 옷"을 입혔다(요 19:2). 요한계시록 6장 2-8절에 나오는 네 가지 색은 스가랴서의 경우와 다른 순서로 배열되어 있으나 역시 태양의 운행 행로에 반대되는 흰말, 붉은 말, 검정 말, 청황색의 말이 네 가지 재앙을 세상에 뿌린다. 흰말을 탄 기사의 의미는 확실하지 않지만, 그 외의 말을 탄 기사는 각각 전쟁, 기아, 죽음을 상징한다.

색채 상징에 관한 명확한 규범이 형성된 예는 교황 인노센트 3세가 사제복의 기본색으로 정한 전례색(典禮色)의 경우밖에 없다. 이 전례색은 오늘날에도 부분적으로 지켜지고 있다. 즉 흰색은 주 예수 그리스도와 마리아의 축일, 순교자를 뺀 모든 성인의 축일 및 이들 축일에 이어지는 8일간의 축일의 색이다. 붉은색은 성령 강림제와 그것에 이어지는 8일간의 축일, 성 십자가(고난)와 순교자들의 축일의 색이다. 검은색은 성금요일, 만성절과 죽은 자를 위한 미사의 색이다.

기독교 회화에서는 순수히 예술적 효과를 위한 배려에서 색채 상징이 어느 정도 규칙적으로 이용된 것은 특정 인물의 경우뿐이다. 그리스도와 마리아에 있어서는 청색과 붉은색이 지배적인데, 청색은 하늘의 색이요 새벽의 색이며, 붉은색은 그리스도의 사랑과 수난을 나타낸다. 녹색은 단순히 희망의 색이 아니라 하나님께 선택받은 인간들, "감람나무처럼 푸른 잎사귀가 무성한" 사람들의 색이요, 종종 복음서의 저자 요한의 옷 색으로 나온다. 검은색 때문에 "검은 성모"라고 불리는 마리아 상의 경우 오랜 세월 동안 납촉의 그을음과 연기 때문에 검게 된 것이 아니라, 아가서 1장 5절의 "내가 비록 검으나 아름다우니"라는 말을 염두에 두고 처음부터 그렇게 만들어진 것으로 생각한다.

샘

샘(水源)은 숲속이나 바위 밑, 대지의 어두운 곳에 숨겨져 있어 그곳에 균열이 생기면 생명의 물이 솟아 나온다. 옛날 샘은 신성한 것으로 숭배되거나 다른 방식으로 신들과 연관지어졌다. 예를 들면 수메르에서 엔키(Enki)는 진수(眞水)와 풍요를 가져오는 샘의 신으로 여겨졌다. 고대 그리스·로마의 전설에 어떤 신이 바위를 지면에 접함으로써(예를 들면 레아가 막대기로 침으로써) 샘이 솟아 나온 모습을 전하는 것이 있다.

선지자의 약속에는 메시아 시대의 축복이 가득한 물의 이미지가 반복되어 나타나 있다: 모세가 하나님의 명령에 따라 생명을 유지하는 데 필요한 물을 바위에서 솟아나게 한 것(출 17:6), "여호와의 성전에서 샘이 흘러 나와서 싯딤 골짜기에 대리라"(욜 3:18). 에스겔도 성전에서 흘러나오는 샘을 예언한다(겔 47:1~12). 궁극적으로 구원의 물은 여호와로부터 흘러나온다(사 12:3). 시편 36장 8-9절은 여호와께서 신앙이 독실한 사람들에게 "주의 복락의 강물"을 마시게 하신다고 노래한다. "생명의 원천이 주께"(시 36:9) 있기 때문이다. 아가서 4장 12절은 순결한 신부를 "봉한 샘"이라고 부른다.

입으로 전해지는 말, 즉 축복과 저주의 말은 샘의 단물과 쓴 물에 비유된다(약 3:10~11). 바울의 해석(고전 10:4)에 의하면 광야를 여행하던 이스라엘 백성들은 모두 같은 "신령한 반석"에서 물을 마셨는데, 그 반석은 곧 그리스도시다.

예수 그리스도에 대한 신앙은 생명의 샘으로 변한다. 예수께서는 "나를 믿는 자는 성경에 이름과 같이 그 배에서 생수의 강이 흘러나오리라 하시니"(요 7:38)라고 하셨다.

요한계시록 7장 17절에서 인자가 보좌 가운데 계신 어린 양이 되어 마음이 정직한 자들을 생명수 샘으로 인도하신다고 말한다.

로마에 있는 고대 기독교 지하묘지인 카타콤의 벽화에 자주 그려졌던 주제는 모세가 지팡이로 바위를 쳐서 물을 솟게 만든 일을 취급한 장면인데, 교부들은 이 기적이 세례를 말한다고 해석했다.

초기 기독교 시대에 세례에 사용했던 수반에는 흐르는 물을 부었다. 콘스탄틴 황제 이후의 모자이크에서는 시편 42장 1절의 "하나님이여 사슴이 시냇물을 찾기에 갈급함 같이 내 영혼이 주를 찾기에 갈급하니이다"라는 구절에 따라 어린 양, 혹은 사슴(하나님의 말씀을 갈망하는 영혼의 상징)이 한 언덕에서 발원하는 네 개의 샘에서터 물을 마시고 있고, 언덕 위에는 하나님의 어린 양이 서 있는 모습이 그려져 있다.

샘이 마리아(구약에서는 순결한 신부)의 상징인 경우도 있다. 그리스도, 즉 생명의 물이 마리아에게서 흘러나왔기 때문이다.

샛별

무수히 많은 별 중에서 특히 사람들의 주의를 끄는 것은 끊임없이 밤의 어둠을 이겨내며 눈부시게 빛을 발하여 태양 빛의 도래를 알리는 샛별이다. 이집트인들에게 샛별은 영원한 행복(구원)을 가져오는 홀스의 상징이었다. 바벨론에서는 샛별을 이슈타르(Ishtar)의 남성적 분신으로 보았고, 이슈타르의 헌신적인 여성적 측면은 태백성(太白星; Hesperus)이 되어 빛나고 있다고 생각했다.

하늘에서 빛나는 빛은 창조주의 법칙을 따르며, 그 때문에 하나님의 자녀들과 함께 노래하며 기쁜 소리를 낸다(욥 38:7). 그렇지만 별 중에 유일하게 하나님과 어깨를 나란히 하려는 것이 있었으니, 즉 루시퍼이다: "너 아침의 아들 계명성이여 어찌 그리 하늘에서 떨어졌으며"(사 14:12). 비유적인 의미에서 바벨론 왕도 아침의 아들로서 "집회의 산"에 좌정하려다가 음부, 즉 구덩이의 맨 밑에 빠지도록 정해져 있다(사 14:13~15).

마지막 때에 빛나는 새벽별은 예수 그리스도이다. 베드로는 사도들에게 어둠 속에서 빛나는 등불인 예언의 말씀을 잊지 말라고 한다. 예언의 말씀은 등불로서 "날이 새어 샛별이 너희 마음에 떠오르기까지"(벧후 1:19) 계속 빛날 것이다. 사람의 아들인 예수는 모든 약속의 성취라고 자칭하신다: "나는 다윗의 뿌리요 자손이니 곧 광명한 새벽 별이라"(계 22:16).

암브로시우스에 의하면 그리스도가 샛별이라 불리는 것은 정당한 것이다. 왜냐하면, 새벽에 샛별이 떠오를 때 세계에 빛을 가져오듯이, 그리스도 또한 이 세상에 오셨을 때 그 얼굴빛이 뚜렷하게 빛났기 때문이다.

가톨릭교회에서는 인간에게 구원의 손을 뻗친 성모 마리아를 "아베 마리스 스텔라"(Ave Maris Stella, 바다의 별이여)라고 불러 칭송한다. 성모 마리아는 육체적 존재로서 마치 새벽이 태양 빛에 앞선 것처럼 그리스도라는 태양보다 앞섰기 때문에 로레토의 연도(連禱)에서는 성모 마리아를 "스텔라 마튜티나"(Stella Matutina, 샛별)라고 부른다. 연도(連禱)는 사제가 외치면 회중이 응답하는 기도 형식이다. 로레토의 연도는 그 발상지로 간주되는 이탈리아 중부의 로레토에 관련되어 명명되었으며 성모 마리아를 칭송하는 연도이다.

서다

서 있는 자세는 인간에게 어울리는 자세로서 외면적으로 보아 거의 수평의 자세를 취하고 있는 동물과 인간을 구별해주는 특징이다. 자세를 바르게 하고 똑바르게 서 있는 것은 존엄의 상징, 특히 신과 인간의 중개자로 적합한 존엄을 상징한다.

바벨론의 비석에는 함무라비 왕이 직립 자세로 태양신으로부터 법전을 받는 모습이 그려 있다. 일반적 관례로 인간이 신분이나 지위가 높은 사람 앞에서 기립하는 점에서, 서서 기도하는 것은 신적 존재에 대한 경의와 공순의 외적 표시이다.

레위인은 "여호와의 앞에 서서" 섬기도록 구별되었으니(신 10:8), 이것은 서서 여호와께 봉사한다는 것이다. 주인 앞에 서 있는 것이 봉사하는 사람에게 어울리는 태도이다. 다윗이 귀환했다는 소식을 받은 사울은 기브아 높은 곳에서 손에 단창을 들고 에셀 나무 아래 앉았고 신하들은 그의 곁에 섰다(삼상 22:6). 세상 임금에게 이처럼 경의를 표시하였으므로 여호와께 그러한 태도를 나타내는 것은 당연한 일이다.

선지자 미가야는 "여호와께서 그의 보좌에 앉으셨고 하늘의 만군이 그의 좌우편에 모시고 서 있는" 것을 보았다(왕상 22:19). 다니엘은 환상 중에 "왕좌가 놓이고 옛적부터 항상 계신 이가 좌정하셨는데 그의 옷은 희기가 눈 같고 그의 머리털은 깨끗한 양의 털 같고…그를 섬기는 자는 천천이요 그 앞에서 모셔 선 자는 만만"(단 7:9~10)인 것을 보았다.

섬기는 천사들은 항상 서 있는 자세로 등장한다. 사가랴가 성소에 들어가 분향할 때 주의 사자가 나타나 향단 우편에 섰다(눅 1:11). 천사는 밤을 새워가며 양 떼를 지키던 목자들 곁에 서서 예수님의 탄생을 알렸다(눅 2:9). 하나의 앞에 서서 기도하는 사람은 초현세적이고 신적인 것에 대해 마음을 열고 구애됨이 없는 인간으로서 결단하며 하나님의 심판과 은총에 몸을 맡긴다(막 11:25).

예수께서 나사렛 회당에 서서 선지자 이사야의 글을 낭독하셨듯이(눅 4:16), 의식을 담당하는 사람은 서서 하나님의 말씀을 낭독했다. 가톨릭 교회에서 복음서를 낭독할 때 신자들은 일어선다. 초기 기독교 시대에 십자가에 달리신 그리스도의 모습은 늘어져 있는 모습이 아니라 반듯하게 서 있는 모습이었다.

석류와 그 열매

석류는 씨가 많고 화려한 붉은색이므로 넘치는 생명력의 상징으로 본다. 석류는 동방의 식물 신(바알이나 아도니스)과 지중해 지방의 풍요의 여신들(아프로디테)을 나타내는 상징으로 자주 나타난다. 고대 아시리아(Assyria)의 수도 아슈르(Assur)의 "신년제 사원"의 중앙정원에 심어져 있는 석류나무도 끊임없이 갱신되는 불멸의 생명력을 상징적으로 암시하고 있다고 볼 수 있다.

모세가 가나안에 보낸 정찰대는 포도송이가 달린 가지와 석류와 무화과를 가지고 돌아왔다(민 13:23). 이스라엘 백성에게 있어 석류는 하나님과의 언약으로 생기는 넘치도록 풍성한 복의 상징이었다. 솔로몬 성전의 놋기둥 머리에 새긴 석류(왕상 7:18~20; 렘 52:22~23)와 제사장의 겉옷 가장자리를 석류를 수놓아 장식한 것(출 28:33~34)도 이와 같은 견해에 근거한 것으로 추측된다.

아론이 입은 훌륭한 제복의 어깨걸이 술에는 석류와 금방울을 많이 달게 하였다(집회서 45:9). 아가서에서는 석류 열매의 아름다움이 신부를 비유하는 데 사용되어 "너울 속의 네 뺨은 석류 한 쪽 같구나"라고 표현하며(아 4:3), 그 고귀한 매력을 표현하여 "네게서 나는 것은 석류나무와 각종 아름다운 과수"(아 4:13)라고 표현한다.

교부들은 구약성경 말씀에 근거하여 석류를 그리스도의 집(교회)의 상징으로 보았다. 그 예가 아가서의 신부이다. 붉게 타오르는 석류처럼 그리스도의 교회는 구속자의 피로 빨갛게 빛을 낸다.

콥트 미술에서 부활의 상징으로 사용된 석류나무를 볼 수 있다. 15~~16세기 화가들은 종종 마리아 곁에 있는 어린 예수 손에 석류를 쥐게 하는데, 석류는 그리스도에 의해 새롭게 받은 생명을 암시한다.

성전(신전)

옛날 신전은 신자들의 집회소가 아니라 특별한 장소, 즉 신들의 거주지였다. 대부분은 최고로 신성한 것이 신성(神性)을 나타내는 상과 함께 어둠 속에 놓여 신적 존재의 추측하기 어려운 신비를 암시하고 있었다.

고대 오리엔트의 신전은 우주(세계)의 의미를 띠었다. 예를 들면 아카드인(Akkad)의 계단형 탑 지구라트은 우주산의 모사(模寫)라고 볼 수 있다. 이집트의 신전 건축의 경우에 하층부는 대지를 상징하고 그곳에서 식물(기둥 모양을 본뜬 파피루스, 연꽃, 대추나무)이 자라나고 별과 신비로운 새들을 많이 그린 천장이 반구형을 이룬다.

솔로몬은 모리아 산에 성전을 건축했다(대하 3:1). 성전이 완성되고 여호와의 언약궤가 성전의 내소인 지성소로 운반된 후 구름이 여호와의 성전에 가득하였다(왕상 8:10~11). 여기서 성소는 구름이 가득함으로써 "어두운 데 계시겠다"는 여호와의 뜻에 따라서 빛이 없는 작은 방이었다. 하나님은 빛의 창조자이시므로 피조된 빛을 필요로 하시지 않는다.

성전을 보면서 지내는 자는 생명을 얻는다. 왜냐하면, 주의 궁정에서 한 날이 다른 곳에서의 천 날보다 낫기 때문이다: "악인의 장막에 사는 것보다 내 하나님의 성전 문지기로 있는 것이 좋사오니"(시 84:10).

그러나 선지자들은 자기와 같은 시대에 사는 인간들의 몽매(蒙昧)함을 깨우친다. 중요한 것은 성전의 외적 형태가 아니다. 하나님이 이스라엘 백성과 함께하실 것인지 아닌지를 결정하는 것은 그들의 깨끗한 마음과 바른 행동이다(렘 7:3~15). 솔로몬은 하늘과 하늘들의 하늘이라도 여호와를 용납하지 못하는데 하물며 자기가 건축한 성전이 어찌 여호와를 용납할 수 있겠느냐고 말했다(왕상 8:27).

이사야 56장 7절은 성전의 의미를 "만인의 기도하는 집"으로 확대한다. 이로써 예루살렘 성전은 단순히 유대 민족의 종교적 예배의 중심지가 아니라 인류의 중심이 된다.

유대인은 성전이 본래 지니고 있던 우주(세계)로서의 의의를 분명히 인식하고 있었다. 유대인 역사가 요세푸스(Flavius Josephus)의 견해에 따르면 성전을 구성하고 있는 세 부분은 우주의 가시적 구분과 일치하고 있었다. 즉 "성소 앞 주랑"은 바다, "성소"는 육지, "지성소"는 하늘에 해당한다.

구약성경에 나타났던 성전 비판은 "성전보다 더 큰 이가 여기 있느니라"(마 12:6)라는 예수님의 말씀을 거쳐 새로운 의미로 전환된다. 즉 진정한 성전은 이 세상의 돌로 지어지는 것이 아니라 그리스도의 몸으로 건축된다. 구세주 예수께서 유대인을 향해 "이 성전을 헐라 내가 사흘 동안에 일으키리라"(요 2:19; 막 14:58)라고 말씀하신 것은 이런 의미이다.

하나님이 거하시는 성전은 신앙심이 깊은 모든 기독교인의 마음속에 세울 수 있다. 그 때문에 바울은 고린도전서(3:16)에서 "너희가 하나님의 성전인 것과 하나님의 성령이 너희 안에 계시는 것을 알지 못하느냐"라고 말한다. "너희는 사도들과 선지자들의 터 위에 세우심을 입은 자라 그리스도 예수께서 친히 모퉁잇돌이 되셨느니라"(엡 2:20). 새 예루살렘에는 성전이 존재하지 않을 것이다: "성 안에서 내가 성전을 보지 못하였으니 이는 주 하나님 곧 전능하신 이와 및 어린 양이 그 성전이심이라"(계 21:22).

중세 시대 성경 해석자들은 그리스도에 의해 이루어진 그리스도의 몸과 성전의 대비를 그리스도의 생애 연수와 연결했다. 그리스도의 몸이라는 성전이 건축되기에 필요한 연수는 유대인이 신전 건설에 필요했던 연수와 일치한다(요 2:20).

소경(장님)

육체적인 의미의 소경과 아울러 정신적 소경도 존재한다. 그러나 이 둘은 서로 관계가 없다. 신화나 옛날이야기에서는 육체적으로 "보이지 않는다"는 것이 깊은 곳에서 떠오르는 예지, 즉 예언의 전제 조건이라는 관념이 등장할 정도이다. 헤라(Hera)가 장님으로 만든 테이레시아스(Teiresias)는 제우스에게서 예언의 능력을 받았다.

소경은 제사장직을 맡을 수 없는 육체적 결함이 있는 자, 즉 흠이 있는 자에 속한다(레 21:18). "너희는 눈 먼 것이나 상한 것이나 지체에 베임을 당한 것이나 종기 있는 것이나 습진 있는 것이나 비루먹은 것을 여호와께 드리지 말며 이런 것들은 제단 위에 화제물로 여호와께 드리지 말라"(레 22:22). 자기기만의 죄는 정신적 소경과 통한다. 하나님은 하나님의 음성을 듣고 따르지 않는 자를 쳐서 미치게 하고 소경으로 정신병자로 만드실 것이다: "여호와께서 또 너를 미치는 것과 눈 머는 것과 정신병으로 치시리니 맹인이 어두운 데에서 더듬는 것과 같이 네가 백주에도 더듬고 네 길이 형통하지 못하여 항상 압제와 노략을 당할 뿐이리니 너를 구원할 자가 없을 것이며"(신 28:28~29). 이사야가 사용한 상징적인 이미지에 "눈이 있어도 보지 못하고 귀가 있어도 듣지 못하는 백성", "눈이 있어도 보지 못하고 귀가 있어도 듣지 못하는" 우상숭배자가 있다(사 43:8, 44:18). 삼손은 데릴라의 매혹과 책략에 눈이 멀어 자신의 비밀을 털어놓았기 때문에 블레셋 사람에게 눈을 뽑혀 장님이 되었다. 그러나 시력을 잃음으로써 그의 마음이 다시 하나님의 빛에 대해 열렸고, 하나님은 삼손에게 옛날의 능력을 돌려 주셨다(삿 16장). 구속의 때가 시작되는 표시의 하나는 소경이 눈을 뜨는 것이다. 천지를 창조하신 하나님은 "맹인들의 눈을 여신다"(시 146:8). "그 날에 못 듣는 사람이 책의 말을 들을 것이며 어둡고 캄캄한 데에서 맹인의 눈이 볼 것이며"(사 29:18).

예수님은 서기관들과 바리새인들에게 "맹인 된 인도자여 하루살이는 걸러 내고 낙타는 삼키는도다"(마 23:24)라고 말씀하셨다.

마음과 오성(悟性)의 눈을 어둡게 하여 소경으로 만드는 장본인은 어둠의 세력이다. "그의 형제를 미워하는 자는 어둠에 있고 또 어둠에 행하며 갈 곳을 알지 못하나니 이는 그 어둠이 그의 눈을 멀게 하였음이라"(요일 2:11). 이 세상 신은 믿지 않는 자들의 눈을 멀게 하여 "그리스도의 영광의 복음의 광채"(고후 4:4)를 볼 수 없게 한다. 구세주의 네 가지 사명 중 하나는 "눈먼 자에게 다시 보게 함"을 전파하는 것이다(눅 4:18). 예수께서 눈먼 자를 고쳐주신 것은 이러한 관점에서 이해되어야 한다. 예수님은 단순한 의사가 아니라, 구세주요 구원자이시다. 눈먼 사람이 치유되는 것은 "하나님이 하시는 일을 나타내고자 하심"(요 9:3)이다. 건강한 눈으로 현세적인 세상의 것밖에 보지 못하는 자는 하나님의 영광을 볼 수 없을 것이다. 예수님은 이렇게 말씀하신다: "내가 심판하러 이 세상에 왔으니 보지 못하는 자들은 보게 하고 보는 자들은 맹인이 되게 하려 함이라"(요 9:39). 이 세상의 재물과 부에 대해 소경인 자의 눈은 하늘에서 열린다.

중세 미술에서 토비아가 눈먼 아버지 토비트의 눈을 뜨게 하는 외경의 이야기(토빗 11:7~14)로 그리스도께서 소경의 눈을 뜨게 해주신 것을 나타냈다. 샤르트르 대성당(Chartres Cathedral) 북쪽 입구에서 그 예가 보인다. 세비야의 이시도어(Isidore of Seville, 560- 636)는 소경을 치유하는 것은 영혼의 "어둠과 죽음의 그늘에 앉은 자들"(눅 1:79)에게 빛을 부여한 "조명"(계시)의 상징이라고 했다.

세례도 "조명"(photismos)이라 불렸기 때문에, 소경을 치유하는 장면을 그린 묘사를 세례의 상징으로 간주할 수도 있다. 세례로 말미암아 영적 소경에게 은총의 내적인 빛이 부여되는 것이다.

소금

소금은 방부제 및 향신료로서 효과가 있어서 특별한 생명력의 담당자라고 볼 수 있다. 고대 시리아의 전승에 의하면 인간은 소금 사용을 신들에게서 배웠다. 또 소금은 정화 작용이 있다고 하여 부정을 쫓기 위한 상징으로 사용한다. 로마에서는 갓 태어난 아기 입술에 소금을 뿌리는 풍습이 있었는데, 이는 어린 생명을 여러 가지 위험에서 보호하려는 것이었다. 대체로 오랜 민간신앙에서는 악마나 악령이 소금을 싫어한다고 생각해왔다. 연금술에서 "정신"과 "소금"이 하나로 결합하여 있다. 예를 들면 독일의 연금술적 신비사상가 하인리히 쿤라트(Heinrich Khunrath, 1560~1601)는 소금을 땅의 중심일 뿐만 아니라 "지혜의 소금"(salt of wisdom, sal sapientiae)으로 여겼다.

구약성경은 생명을 유지하고 지속성을 부여하는 능력이라는 관념을 소금에 연결한다. 소금은 인간이 살아가는 데 필요한 것—"싱거운 것이 소금 없이 먹히겠느냐"(욥 6:6)—에 그치는 것이 아니다. 모세의 율법은 모든 희생제물에 소금을 사용하도록 정하고 있다: "네 모든 소제물에 소금을 치라 네 하나님의 언약의 소금을 네 소제에 빼지 못할지니 네 모든 예물에 소금을 드릴지니라"(레 2:13). 소금은 인간과 하나님을 잇는 상징적 매개물임에 틀림없다. 번제로 바치는 동물에는 소금을 쳐야 한다(겔 43:24). 여호와께 드리는 모든 성물은 "영원한 소금 언약"(민 18:19)이다. 그러므로 소금은 하나님과의 언약의 불가침성과 변하지 않는 신의의 상징이 된다. 엘리사는 좋지 못한 물 때문에 토산(土産)이 익지 못하거나 떨어지는 원인이 되어 있던 물 근원에 소금을 던짐으로써 그 물을 고쳤다(왕하 2:19~22). 그러나 소금이 하나님의 저주와 분노의 상징이 되는 경우도 있다: "여호와께서는…그 주민의 악으로 말미암아 옥토가 변하여 염전이 되게 하시며"(시 107:33~34). 여호와는 패역한 백성에게 온 땅이 유황불에 타며, 소금이 되어 아무것도 뿌리지 못하고 나지도 않으며, 아무 풀도 자라지 않게 하시겠다고 하셨다(신 29:23). 인간의 하나님에 대한 관계 여하에 따라 생과 사 모두 소금으로 표현된다. 아비멜렉은 성을 쳐서 취한 후 그 성을 헐고 소금을 뿌렸는데, 이 경우 소금을 뿌리는 행위는 성의 완전한 파괴를 상징한다(삿 9:45).

산상수훈에서는 소금의 보존력이 비유로 사용된다. 예수님은 세상의 악행과 제자들의 사명을 대조하신다. "너희는 세상의 소금이니"(마 5:13). 이것은 진리의 말씀을 명심하고 보유해서 지상의 모든 곳에 전파하는 것이 제자들의 사명이라는 뜻이다. 그러나 "소금이 만일 그 맛을 잃으면…아무 쓸데없다"는 것은 제자들이 진가를 발휘하지 못하고 신뢰할 수 없는 사람이 된다면 아무런 도움도 되지 않는다는 것이다(마 5:13). 화목(和睦)과 소금(하나님의 진리로 사는 일)은 일체를 이루고 있다(막 9:50). 바울은 골로새 교회에 보낸 편지에서 부패를 막는 소금의 힘을 염두에 두고서 "너희 말을 항상 은혜 가운데서 소금으로 맛을 냄과 같이 하라"(골 4:6)고 했다.

교부 제롬(Jerome, Eusebius Hieronymus)에 의하면 그리스도는 천지에 생명력을 부여하시는 힘이 충만한 "하늘의 소금"이다. 로마의 세례 의식에서는 지혜의 상징으로서 세례받는 자의 입에 소금을 물게 한다.

손

손은 외적인 일이나 행위를 하는 가장 중요한 기관이다. 손은 파괴하고 죽일 수 있지만, 병을 고치고 축복할 수도 있다. 셈족의 언어에서 "손"은 "힘, 세력"도 의미했다. 페니키아(Phoenicia)의 돌로 된 묘비나 신전에 바친 돌에 새겨진 손은 신적 존재를 돕는 손을 상징적으로 암시한다. 바위에 새겨진 그림에 자주 등장하는바 손가락을 방사 모양으로 뻗은 벌린 손이나 호메로스의 장밋빛 손가락을 가진 새벽의 여신은 태양을 상징한다. 이집트의 신 아툼("아툼 라")을 태양으로 묘사한 그림에서 원반 모양의 태양에서 나온 팔의 앞쪽은 손 모양을 하고 있으며 생명의 고리를 잡고 있다.

손은 물건의 거래, 혹은 무엇을 주는 행위를 나타내는 이미지로 성경에 여러 차례 등장한다. 시편 104장 27-28절은 모든 생물이 때를 따라 먹이 주시기를 기대하며 여호와를 기다리며 바라고 찬미한다: "주께서 주신즉 그들이 받으며 주께서 손을 펴신즉 그들이 좋은 것으로 만족하다가." 어떤 사람의 수중에 있다는 것은 그 사람의 뜻대로 한다는 것을 의미한다(창 16:6): "여호와께서는 긍휼이 크시니 우리가 여호와의 손에 빠지고 내가 사람의 손에 빠지지 아니하기를 원하노라"(삼하 24:14). 여호와는 이집트에서 생활하는 자기 백성의 비참함을 보시고 "내가 내려가서 그들을 애굽인의 손에서 건져내고"라고 하셨다(출 3:8). 여호와는 "손을 들어 애굽 중에 여러 가지 이적으로" 치신다(출 3:20).

여호와의 손은 인도하심, 구원, 혹은 또 벌하는 능력을 나타낸다: "왕의 손이 왕의 모든 원수들을 찾아냄이여 왕의 오른손이 왕을 미워하는 자들을 찾아내리로다"(시 21:8). 하나님의 손은 죄를 고백하지 않은 사람을 주야로 무겁게 누른다(시 32:4). 계시받은 인간의 상징인 욥은 공중의 새, 바다의 고기, 땅 등 모든 것이 여호와의 손으로 지음 받았다는 것, 그리고 생명이 있고 살아가는 것이 여호와의 수중에 있음을 알고 있었다: "모든 생물의 생명과 모든 사람의 육신의 목숨이 다 그의 손에 있느니라"(욥 12:10). 여호와는 자기의 손으로 하늘과 땅을 만들었다고 이사야에게 말씀하셨다(사 66:1~2).

여호와의 손의 상징적 의미는 에스겔의 예언에 명료하게 나타난다. 에스겔은 주의 영광의 모습을 목격할 때 손 하나가 그 앞으로 뻗쳐 있고 그 손에는 두루마리 책이 있었다(겔 2:9). 벨사살 왕이 큰 잔치를 베풀었을 때 "사람의 손가락들이 나타나서" 왕궁 촛대 맞은편 석회벽에 글자를 썼다. 이 글자를 다니엘이 해독했는데, 그 손은 여호와께서 보내신 것이었다(단 5:5, 24).

하나님께서 기적을 행하시는 데는 손 전체가 필요하지 않다. 예수 그리스도는 선한 양에게 생명을 주신다고 하시면서 "저희를 내 손에서 빼앗을 자가 없느니라"(요 10:28)고 하셨다. 참 신자는 항상 하나님의 보호 아래 머문다는 것이다.

베드로는 "그러므로 하나님의 능하신 손 아래서 겸손하라 때가 되면 너희를 높이시리라"(벧전 5:6)라고 권면했다. 예수님은 운명하시면서 큰 소리로 "아버지여 내 영혼을 아버지 손에 부탁하나이다"라고 외치셨다(눅 23:46). 이때 태양이 빛을 잃고 성전의 휘장이 찢어졌다.

교부들은 구약성경의 하나님의 손을 살이 붙은 로고스의 상징으로 해석했다: "곧 하나님 아버지는 이 살이 붙은 로고스를 통해서, 말하자면 하나님 자신과 손으로 만물을 만드셨다"(알렉산드리아의 키릴).

기독교 미술에 널리 사용되는바 아버지이신 하나님을 표현한 가장 오래된 상징은 구름 속을 뚫고 나온 손이다. 고대 로마의 지하묘소 카타콤과 원시 기독교 시대의 석관에 새겨진 손은 하나님이 확실히 계심을 표시하는 것인데, 이삭을 제물로 바치는 장면이나 모세의 소명 장면에 그려져 있다.

중세 시대 교회 안의 뒷면이나 둥근 천장에도 하나님의 손이 보인다. 카롤링 왕조의 초기 로마네스크 미술에서 예수님의 세례와 변모를 묘사한 그림에 등장하는 손은 복음서에 언급된 아버지 하나님의 소리를 상징한다.

수(數)

시간과 공간은 수를 통해서 상세히 구분되어 질서를 이룬다. 아주 옛날 인간은 이미 우주의 리듬과 자신의 신체가 관련이 있다는 것을 느끼고 여러 가지 관계를 만들었다. 수의 비밀과 그것의 참 가치를 아는 것은 세계(우주)를 가장 내적인 관련에서 해석하는 것을 의미했다.

신 수메르 시대(B.C.21세기경) 라가슈의 유명한 엔시(승왕[僧王]) 구데아(Gudea)에게 나타난 신은 수를 알고 있다. 천체의 균형이 취한 규칙, 바른 운행은 우주의 질서를 유지하는 힘이라고 믿었다. 고대 메소포타미아의 수의 상징과 마술은 인접한 여러 민족에게 영향을 주었을 뿐 아니라 그리스에도 알려졌다.

피타고라스는 존재하는 모든 것의 원리(原理, arche)가 수라고 했다. 홀수와 짝수가 대립을 이루고, 그 양극의 긴장 속에 우주가 존재한다는 것이다. 여러 문화권에서 짝수는 정신적으로 남성적인 것, 홀수는 물질적으로 여성적인 것으로 연결하여 생각했다. 문자를 숫자로 이용했던 그리스의 관행으로부터 개개의 문자, 또는 말 전체를 수로 바꾸어 나타내는 가능성이 생겼다.

성경에서 수는 수량을 나타내는 순수히 숫자로서의 의미 외에 종종 상징적 의미도 갖는다. "하나"는 하나님에게 속한다. 왜냐하면, 하나님은 유일하신 분이기 때문이다: "우리 하나님 여호와는 오직 유일한 여호와시니"(신 6:4).

원죄와 함께 하나님이 창조하신 통일이 무너지고 선과 악, 남과 여, 삶과 죽음 등의 분리 및 대립이 생긴 것처럼 바벨탑의 건립은 언어의 통일에 종지부를 찍는다(창 11:6).

"2"는 대립과 상호 보완을 나타내는 수이다. 그래서 동물들은 둘씩

한 쌍으로 노아의 방주에 들어갔다(창 6:19~20). "2"는 대립을 이루면서도 조화를 이루기 때문에 신적인 숫자 "1"을 상기시킨다. 모세의 십계를 기록한 석판은 둘이요, 솔로몬의 성전 입구의 기둥도 둘이었다.

"5"도 단순한 수학적 수 이상의 의미가 있다. 그것은 희생제물로 바쳐지는 동물의 수이며(민 7:17, 23, 29), 다윗이 골리앗과 싸움에서 물맷돌로 사용한 돌의 수이며(삼상 17:40), 구약성경의 모세오경의 수이다.

"8"은 새로운 시작을 나타낸다. 노아의 방주로 말미암아 구원받은 사람의 수는 여덟이며(창 6:18; 벧전 3:20), 할례가 행해지는 것은 생후 팔일째이고(창 21:4), 이새의 아들 중 하나님에 의해 이스라엘 왕으로 선택된 다윗은 여덟째 아들이었다(삼상 16:10~11). "9"에는 확실한 상징적 의미가는 없다.

"40"은 고난, 극기, 또는 징벌의 시간을 나타낸다. 노아의 홍수 때에 비가 40일 40주야를 계속해서 내렸고(창 7:12), 이스라엘 민족이 40년 동안 광야를 방황했고(출 16:35), 모세는 사십 일 사십 야를 시내 산에 있었고(출 24:18), 니느웨 성의 멸망까지의 기간이 사십 일이었다(요나 3:4).

"50"은 하나님과 연결된 즐거움을 나타낸다. 이스라엘 백성은 "곡식에 낫을 대는 첫날부터" 세어 오십 일이 되는 날에 여호와께서 복을 주신 대로 자기 힘을 헤아려 자원하는 예물을 드려야 한다(신 16:9~11). 이스라엘에서 오십째 해는 모든 주민에게 자유가 주어지는 "희년"이다. "희년"은 "나팔의 해"라는 의미이다(레 25:8~12).

이스라엘 사람에게 "70"은 전부가 갖추어져 있는 것, 전체성, 충만을 나타내는 수였다. 이스라엘 백성은 광야를 여행하는 중 열두 개의 샘과 일흔 그루의 종려나무가 있는 엘림에 이르러 그 물 곁에 장막을 쳤다(출 15:27). 여호와 앞에서 이스라엘은 칠십 인의 장로로 대표된다(출 24:1). 유대의 전승에 의하면 칠십 민족이 존재했다고 한다(창세기 10장에 3인의 선조가 제외된 70씨족 이름이 열거되어 있다).

신약성경에서 "2"는 성전에서 기도하던 두 사람(눅 18:10~14), 좁은 길(생명으로 통하는 문)과 넓은 길(멸망으로 통하는 문) 등 두 갈래 길의 비유 등에 나타나 있는 것처럼(마 6:24), 선택과 결단을 나타내는 수이다. 왜냐하면, 사람은 두 주인을 섬길 수 없기 때문이다.

예수께서 오천 명에게 먹이신 다섯 개의 빵(막 6:38~44), 지혜로운 다섯 처녀와 미련한 다섯 처녀(마 25:1~2), 여행을 떠나는 주인이 종에게 맡긴 다섯 달란트(마 25:14~30) 등은 그 의미가 확실하지 않지만, "5"라는 숫자에 상징적 의미가 있음을 보여준다.

"3"은 3일째에 일어난 예수님의 부활 때문에 의미 깊은 것이 되었다. "40"도 중요하다. 예수께서 광야에서 금식한 날이 사십 일이요, 예수님의 부활과 승천과의 사이의 기간도 사십 일이다(눅 4:1~2; 행 1:3). 그리스도께서 부활하신 후 오십일 되는 날이 성령강림절이다(성령강림은 그리스어로는 Pentekoste로 문자 그대로 "50일째"라는 의미이다). 전체성, 완전함을 나타내는 수 "70"은 예수님이 파견하신 칠십 문도의 수이다(눅 10:1). 이것은 창세기 10장에 기록된 칠십 족속에 호응하여 상징적으로 전 인류를 포괄하려고 한 것이다. 일곱을 칠십 배 만큼 용서했을 때 완전한 용서가 된다(마 18:21~22).

성경의 수(數) 상징은 초기 기독교, 특히 어거스틴에 의해 발전되었다. 주목해야 할 것은 동일한 수가 대립하는 두 개의 의미를 나타내기도 한다는 점이다. 예를 들어 "2"는 대조를 이루고 있는 것의 일치를 표현한다(십계명을 새긴 두 개의 돌판, 신·구약 성경, 신인이신 그리스도의 두 가지 본성). 그러나 다른 한편으로는 하나인 것의 분리도 나타내고 있다(빛과 어둠, 유대교와 기독교, 세리와 바리새인).

어거스틴은 "5"라는 수와 인간 오감(五感)의 관계를 지적했다. 마태복음 25장 1-13절에 기록된바 어리석은 다섯 처녀가 오감의 즐거움(관능적 향락)에 몸을 맡긴 데 반해 슬기로운 다섯 처녀는 자제하며 몸을 보호하고 있었다는 것이다.

옛 신앙에 의하면, 수(數)에는 애초부터 하나님에 의해 부여된 고귀한 의미가 있다고 하는데, 수의 상징으로서의 참된 의미는 이 점에 있다고 생각된다. 예를 들면 "6"은 하나님이 세상을 6일 동안 창조했기 때문에 완전한 의미가 있는 것이 아니라, "6"이라는 숫자 자체가 완전수이기 때문에 엿새 동안 천지를 창조하셨다는 것이다. 예술 작품, 교회력, 그리고 민간신앙에서는 더욱 수 상징의 흔적이 인정된다.

불길한 수인 "13"은 그리스도의 마지막 만찬과 관계가 있다. 13번째 인물인 그리스도는 만찬 뒤 곧 십자가상의 죽음으로 제자들과 이별할 운명을 밟았기 때문이다. 속죄의 수 "40"에 맞추어 사순절의 회개 정진은 40일간 계속된다.

수금(거문고)

수금은 이미 고대 이집트인과 수메르인에게 알려져 있었고, 종교 음악에 사용되었다. 유명한 이집트의 하프 노래는 생명의 덧없음과 인간이 죽은 뒤의 불확실함을 노래하고 있다.

구약성경에 나오는 현악기에는 긴노르와 네베르 등 두 종류가 있다. 연주는 기쁨과 감사와 찬미를 나타낸다: "다윗과 이스라엘 온 족속은 잣나무로 만든 여러 가지 악기와 수금과 비파와 소고와 양금과 제금으로 여호와 앞에서 연주하더라"(삼하 6:5).

전쟁에서 승리한 이스라엘 사람은 사람들은 거문고와 수금과 나팔을 합주하며 예루살렘에 이르러 주님의 성전으로 나아갔다(대하 20:28).

시편에는 현악기로 연주하는 찬송이 여러 번 울려 퍼진다: "수금으로 여호와께 감사하고 열 줄 비파로 찬송할지어다"(시 33:2). 아침이나 밤에 십현금과 비파와 수금을 연주하여 하나님께 감사하며 주의 이름을 찬양하는 일은 좋은 일이다(시 92:1).

유대인들이 바벨론 강가 버드나뭇가지에 수금을 걸어 놓은 것은 고향을 잃은 슬픔을 암시한다(시 137:1~2).

악신에 시달리는 사울의 마음을 진정시키고 평온하게 하려고 다윗이 수금을 타니 악신이 사울에게서 떠났다(삼상 16:14~23).

사울을 괴롭히던 악령을 수금을 연주하여 내쫓는 다윗. 루카스 판 라이덴의 "다윗과 사울"(16세기)

이스라엘 왕에게서 여호와의 명을 알려 달라는 부탁을 받은 선지자 엘리사는 거문고를 연주하는 사람을 불러오라고 하였으며, "거문고 타는 자가 거문고를 탈 때에"(왕하 3:15) 여호와의 권능이 엘리사에게 임했다.

여호와에 대한 진정한 경외심은 외적인 것과는 관계가 없다: "화 있을진저 시온에서 안일한 자와…비파 소리에 맞추어 노래를 지절거리며"(암 6:1, 5).

어린 양과 봉해진 두루마리의 환상에서 네 생물과 이십사 장로들이 그 어린 양 앞에 엎드려 각각 거문고와 향이 가득한 금 대접을 가졌는데, 그 향은 성도의 기도이다(계 5:8). 수금과 기도가 연결된 것은 양자 모두 하나님 찬미를 상징하기 때문이다.

최후의 심판이 시작될 때 짐승과의 싸움에서 승리한 사람들이 거문고를 가지고 하나님의 종 모세의 노래와 어린 양의 노래를 부른다(계

수금(거문고)

15:2~3).

중세 미술에서 삼각형의 수금은 삼위일체, 혹은 삼위일체의 찬미를 상징한다.

수레(병거)

고대 오리엔트인이 품고 있던 신의 이미지에 의하면 신들은 인간처럼 발로 왕래하지 않고 수레를 타고 하늘을 달린다. 고대 메소포타미아인들은 태양의 이동이 신 샤마시(Shamash)가 수레로 달리는 것이라고 생각했다. BC 2000년대에 고대 오리엔트에서 활약한 후르리인(Hurrian)의 신화에 뇌우(雷雨)의 신 테슙(Teshub)의 수레를 끄는 "낮"과 "밤"의 두 마리의 소가 등장한다. 그리스의 태양신 헬리오스(Helios)는 코에서 불김이 나는 날개 달린 네 마리의 말이 끄는 수레를 타고 동에서 서로 질주한다.

지상에서 수레는 왕이 타는 것이었다. 수메르인의 설형문자에서 왕의 병거는 신으로의 귀속을 나타내는 지시 기호를 첨가해서 쓰여 있으며, 그것이 신성시되고 있었음을 말한다. 아케메네스 왕조(Achaemenian dynasty)인 페르시아의 지배자 다리우스(Darius, 구약성경의 다리오)가 사냥 마차에서 사자를 화살로 쏘는 그림이 남아 있는데, 이것은 단순히 사냥의 묘사가 아니라 신화에 등장하는 악의 원리와의 전쟁을 상징적으로 표현한 것이라 해석된다.

수레(병거)는 권세와 전쟁의 상징이다(출 14:6~7). 병거의 파괴는 평화의 도래를 의미한다(미 5:9). 하나님께서 에브라임의 병거와 예루살렘의 말을 끊겠고 전쟁하는 활도 끊으리니 그가 이방 사람에게 화평을 전할 것이요 그의 통치는 바다에서 바다까지 이르고 유브라데 강에서 땅 끝까지 이르를 것이다(슥 9:10). 바벨론 사람들에게 친숙한 이미지, 즉 수레를 타고 나타나는 신의 이미지는 유랑생활을 계속하는 이스라엘인들의 관념 세계에도 파고든다.

에스겔 이전에 숙지되어 있던 왕좌의 이미지가 에스겔의 꿈에서 그룹(생물)으로 임하거나, 혹은 왕좌의 수레가 되어 나타난다: "생물들이 갈 때에 바퀴들도 그 곁에서 가고…이는 생물의 영이 그 바퀴들 가운데에 있음이니라"(겔 1:19~21). 에스겔은 여기에서 그룹에 의해 움직여지는 보좌를 "병거"(수레, 히브리어로는 merkaba)라고 하지 않았지만, 에스겔 이후의 성경 기자들은 에스겔의 꿈을 언급할 경우에 수레(병거)라는 표현으로 받아들였다.

다윗이 "날개를 펴서 여호와의 언약궤를 덮는" 그룹의 수레를 만들 계획을 세웠다는 구절(대상 28:18)은 에스겔서보다 먼저 기록된 것처럼 보이지만 열왕기에는 이것과 유사한 기술이 없으며 오히려 에스겔 쪽에 의거하고 있다고 추측된다. 어쨌든 그것이 "탈 것"임은 다음 구절에서 확실히 언급되고 있다: "그 모양이 내가 본 환상 곧 전에 성읍을 멸하러 올 때에 보던 환상 같고 그발 강 가에서 보던 환상과도 같기로 내가 곧 얼굴을 땅에 대고 엎드렸더니"(겔 43:3).

이사야가 언급한 하나님의 수레는 에스겔의 것보다 시적인 이미지이다: "보라 여호와께서 불에 둘러싸여 강림하시리니 그의 수레들은 회오리바람 같으리로다 그가 혁혁한 위세로 노여움을 나타내시며 맹렬한 화염으로 책망하실 것이라"(사 66:15).

하나님은 "구름으로 자기 수레를 삼으신다"(시 104:3). "하나님의 병거는 천천이요 만만이라"(시 68:17)는 것은 하나님의 권능은 필설로 다할 수 없다는 뜻이다. 엘리야를 태우고 승천한 수레, 불말들이 끄는 불수레는 하나님의 수레이다(왕하 2:11).

교부신학에 하나님 수레의 사자, 그리스도라는 이미지가 등장한다. 이 사자(使者)는 승리의 수레로 어둠(묘지)에서 소생하는 유일한 신이 되는 헬리오스로 간주하는 경우도 있고, 신앙심이 두터운 사람을 불사(不死)로 이끌기 위해 하늘에서 내려준 사자로 보는 경우도 있다(예, 알렉산드리아의 클레멘트의 해석).

티치아노(Tiziano Vecellio)는 복음사가를 상징하는 네 생물이 이끄는 그리스도의 승리의 수레를 그렸다. 성 프란치스코의 신봉자들은 프란치스코가 불수레를 타고 하늘로 승천하는 것을 목격했다고 한다.

수탉

수탉의 다양한 상징적 의미는 기본적으로 강한 생식 본능, 투쟁심, 그리고 때(새벽)을 알린다는 세 가지 특성에 기초를 둔다. 수탉이 그리스의 전쟁의 여신 바라스 아테네와 관련된 것은 이 질투심 강한 동물의 끊임없는 투쟁심 때문이다.

조로아스터교 경전 아베스타(Avesta)에서 수탉은 새벽을 알리는 자로서 아후라 마즈다(Ahura Mazdah) 신에게 봉헌되는 거룩한 동물이다. 또 아폴론의 탄생에 수탉이 함께 있었던 것은 신적인 빛의 발현을 예고하기 위해서였다. 어둠과 악의 힘을 몰아내는 수탉의 울음은 눈을 크게 뜨고 경성하는 것과 죽음의 잠의 극복의 상징이 되었다.

예수님은 잡히시기 전날 밤 베드로에게 "내가 진실로 네게 이르노니 오늘 밤 닭 울기 전에 네가 세 번 나를 부인하리라"라고 말씀하셨다(마 26:34). 그리고 예수님이 말씀하신 대로 되었다. 닭이 두 번 울었을 때 베드로는 예수님의 말을 생각해내고 통곡하였다(막 14:66~72).

또 예수님은 세상의 종말에 앞선 여러 환란, 그리고 그 뒤에 이어지는

"인자"의 재림에 대해서 말씀하셨다: "그러므로 깨어 있으라 집주인이 언제 올는지 혹 저물 때일는지, 밤중일는지, 닭 울 때일는지, 새벽일는지 너희가 알지 못함이라"(막 13:35).

닭의 울음, 그것은 새로운 날의 시작임이 확실하다. 고대 기독교의 묘석과 석관에 그려져 있는 닭은 죽음의 밤 뒤에 오는 새날을 암시하고 있어 부활의 상징임이 확실하다.

베드로에 대한 회화적 묘사에 닭이 그려져 있는 것은(닭은 종종 기둥 위에 있다) 회개한 죄인의 상징이다. 교회의 탑 위에 세운 닭(風見鷄)은 우선 벼락과 우박으로부터 교회를 보호하는 것이 목적이지만, 기독교적인 특별한 의미로는 "인자의 도래"에 대비하여 항상 경성하여 깨어 있는 것의 상징으로 참 빛의 고지자(告知者)이다.

교회의 탑 위에 닭이 있는 것은 신자들이 교회에 대해서 베드로가 예수님께 취했던 것 같은 태도를 보이지 말라는 경고를 위한 것이라는 민간신앙도 여러 지방에 남아 있다.

수확

옛날에는 인간의 모든 활동, 특히, 수렵, 어업, 파종, 수확 등 생명 유지에 직접 관계가 있는 식생활에 관한 행위에는 상징적 의미가 있었다. 농경제, 그중에서도 많은 주술적, 종교적 풍습을 동반한 추수제는 가장 오랜 축제 중 하나이다. 고대 이집트인은 처음 수확한 과실이나 나무 열매를 감사의 헌물로 신전에 바쳤다. 특히 인간은 자연과의 일체감 때문에 파종과 수확의 이미지를 자신의 생명 활동과 관련지었다.

유대인들은 추분 뒤에 토지 소산, 즉 농작물을 거두어들인 후 초막절을 지켰다(레 23:39). 이때 수확의 은혜를 주신 여호와를 받들도록 정해져 있었다. 제단에 바치는 "나무 실과와 종려나뭇가지와 무성한 나뭇가지와 시내 버들"(레 23:40)로 만든 다발은 수확을 감사하는 의미 깊은 표시였다. 시편 중 초막절에 바친 시에 "여호와께 감사하라 그는 선하시며 그의 인자하심이 영원함이로다"(시 118:29)라고 되어 있다. 수확은 파종의 성과이며, 땀을 흘리지 않으면 수확을 얻을 수 없다(잠 20:4).

파종과 수확의 이미지는 정신적·윤리적인 것을 말하기 위한 비유로 자주 사용된다: "악을 뿌리는 자는 재앙을 거두리니 그 분노의 기세가 쇠하리라"(잠 22:8), "너희가 자기를 위하여 공의를 심고 인애를 거두라"(호 10:12). 인간의 악이 절정에 이를 때 보습을 쳐서 칼을, 낫을 쳐서 창을 만든다. 그리고 하나님의 용사에게 호령이 내려진다: "너희는 낫을 쓰라 곡식이 익었도다"(욜 3:10~13).

여호와는 바벨론의 심판이 가까이 왔음을 알리시면서 "딸 바벨론은 때가 이른 타작마당과 같은지라 멀지 않아 추수 때가 이르리라"고 하셨다(렘 51:33).

바울이 갈라디아 교회에 보낸 편지에서 파종과 수확은 서로 호응하는 한 쌍의 이미지로 등장한다: "하나님은 업신여김을 받지 아니하시나니 사람이 무엇으로 심든지 그대로 거두리라 자기의 육체를 위하여 심는 자는 육체로부터 썩어질 것을 거두고 성령을 위하여 심는 자는 성령으로부터 영생을 거두리라"(갈 6:7~8).

예수는 자기의 일을 하나님의 수확을 위한 작업으로 간주하시고, 추수할 것은 많되 그것을 거두어들일 일꾼이 부족하다고 하셨다(마 9:37~38). 예수께서 뿌린 것을 거두기 위해 제자들이 보내진다. "한 사람이 심고 다른 사람이 거둔다"라는 말이 실현되는 것이다(요 4:37).

가라지의 비유에서 수확은 세상 끝을 의미하고 추수꾼은 천사들이다(마 13:39). 밧모섬의 예언자 요한은 장차 임할 심판을 하나님의 수확 광

경으로 목격한다: "또 내가 보니 흰 구름이 있고 구름 위에 인자와 같은 이가 앉으셨는데 그 머리에는 금 면류관이 있고 그 손에는 예리한 낫을 가졌더라…큰 음성으로 불러 이르되 네 예리한 낫을 휘둘러 땅의 포도송이를 거두라 그 포도가 익었느니라 하더라 천사가 낫을 땅에 휘둘러 땅의 포도를 거두어 하나님의 진노의 큰 포도주 틀에 던지매"(계 14:14~19).

순(筍), 어린가지

순(筍)에서 미래의 큰 나무가 예감되는데, 이에 반해서 가지는 나무의 일부에 불과하다. 그러나 상징 세계에 거듭 등장하는바 "일부분을 언급하여 전체를 나타냄"(pars pro toto)의 원리에 따라 가지는 인류의 신앙 역사에서 중요한 역할을 하고 있으며, 때로 순의 의의를 맡는 경우도 있다.

푸른 잎을 달고 있는 가지가 행복과 건강을 가져온다는 것은 옛부터 존재하는 민간 신앙이다. 예를 들면 부인들은 생명의 가지로 몸을 치면 자식 복을 받는다고 믿었다. 고대 메소포타미아에서는 종려나뭇가지와 꽃을 꽂은 화병 모양의 대(臺)가 제단 역할을 하였다. 왕의 홀은 본래 생명나뭇가지를 나타냈다.

비둘기가 노아의 방주로 물고 온 "감람 새 잎사귀"(창 8:11)는 물이 빠졌음을 알림으로써 새롭게 눈 뜨는 생명 및 하나님과의 화해의 상징이 되었다. 이사야는 작은 가지에서 구세주를 보았다: "이새의 줄기에서 한 싹이 나며 그 뿌리에서 한 가지가 나서 결실할 것이요 그의 위에 여호와의 영 곧 지혜와 총명의 영이요 모략과 재능의 영이요 지식과 여호와를 경외하는 영이 강림하시리니"(사 11:1~2).

하나님의 사자인 구세주는 마른 땅에 묻힌 뿌리에서 연한 순이 돋아 나듯이 나오신다(사 53:2). "만군의 여호와께서 이같이 말씀하시되 보라 싹이라 이름하는 사람이 자기 곳에서 돋아나서 여호와의 전을 건축하리라"(슥 6:12). 여호와는 "이스라엘 집과 유다 집"에 이른 약속의 말씀을 다윗에게 "공의로운 가지"가 나게 하심으로써 실행하신다(렘 33:14~15).

새싹의 구세주 이미지는 에스겔에 의해서 다시 나타난다: "주 여호와께서 이같이 말씀하시되 내가 백향목 꼭대기에서 높은 가지를 꺾어다가 심으리라 내가 그 높은 새 가지 끝에서 연한 가지를 꺾어 높고 우뚝 솟은 산에 심되 이스라엘 높은 산에 심으리니 그 가지가 무성하고 열매를 맺어서 아름다운 백향목이 될 것이요 각종 새가 그 아래에 깃들이며 그 가지 그늘에 살리라"(겔 17:22~23).

잠자는 노인에서 자라는 이새의 나무(15세기)

마태는 어린 가지 또는 새싹을 나타내는 히브리어 "네제르"(nezer)가 갈릴리 지방의 작은 마을 "나사렛"(Nazaret)과 비슷하다는 점에서 깊은 의미를 발견했다. 애굽으로 피했던 요셉은 마리아와 아기 예수를 데리고 갈릴리 지방 나사렛에 가서 살았다. 그것은 "나사렛 사람이라 칭하리라"고 한 선지자의 예언을 실현하기 위해서였다(마 2:23).

예수님이 예루살렘에 입성하실 때 사람들이 갈릴리의 선지자를 맞기 위해 나뭇가지를 베어 길에

순(筍), 어린가지

편 것은(마 21:8) 옛 오리엔트의 전통에 일치한다. 고대 로마의 지하묘소 카타콤의 벽화에서 볼 수 있는바 비둘기가 물고 있는 감람나뭇가지는 죽음의 고통으로부터의 영혼 구원을 상징한다.

중세 미술에서는 예수의 조상 이새가 잠자는 노인으로 표현되고, 그 몸에서 한 그루 푸른 나무가 자라나며, 그 줄기에 예수님 선조들의 모습이 그려져 있는 것이 보인다. 이 이새의 나무는 예언자 이사야가 보았던 연한 가지이다. "이새의 어린 가지"에서 사람들이 마리아 상징을 보았던 것은 반드시 잘못은 아니다. 그리스도는 이새의 어린 가지에서 생겨난 최후의 새싹이기 때문이다. 사람들이 마리아 상징을 보았던 배경에는 라틴어 "비르가"(virga=가지, 새싹)와 "비르고"(virgo=처녀)의 음이 유사했던 점도 작용했을지도 모른다.

숯(숯불)

현재까지 팔레스타인 지역에서 석탄이 사용된 증거가 없으므로 성경에서 말하는 "숯, 숯불"은 목탄이었다고 추측된다. 에스겔은 하나님의 두렵고 무서운 위엄을 "불이 번쩍번쩍하여 빛이 그 사면에 비추는" 모습으로 보았다(겔 1:4). 그 속에 네 생물이 있었는데, "숯불과 횃불 모양 같은데 그 불이 그 생물 사이에서 오르락내리락" 하였다(겔 1:13).

타는 숯불은 하나님의 내부에 존재하는 생명이요, 제단은 하나님의 지상의 왕좌로서 거기에 주어져 있는 생명의 상징이다. 하나님께서 이사야를 선지자로 세우실 때 스랍 중의 하나가 부젓가락으로 제단에서 집은 바 핀 숯을 손에 가지고 날아와서 그것을 이사야의 입술에 대며 "이것이 네 입에 닿았으니 네 악이 제하여졌고 네 죄가 사하여졌느니라"고 말했다(사 6:6~7). 여기에서 "숯"을 "타는 돌"로 번역하기도 한다.

그것은 빵을 굽는 데 사용되는 돌이다.

한 가문의 마지막 자손을 제거하고 "이름과 씨를 세상에 끼쳐두지 아니한다"는 것은 그 가문의 숯불을 끄는 것과 같다(삼하 14:7). 타는 숯불은 여호와의 노여움의 표시이기도 하다: "그의 코에서 연기가 오르고 입에서 불이 나와 사름이여 그 불에 숯이 피었도다"(삼하 22:9). 타는 숯불은 보통 대단한 공포를 불러일으키는 것, 위협적인 것을 상징하는 것이다. 예를 들면 상어를 닮은 괴물 악어의 표시가 된다(욥 41:1). 악어의 벌어진 입에서 "횃불이 나오고…그의 입김은 숯불을 지피며 그의 입은 불길을 뿜는구나"(욥 41:11, 19~21).

그리스 교부들은 이사야가 본 타는 숯불에서 그리스도의 상징을 보았다. 민속 신앙에서 떡갈나무로 된 통나무(벼락이 떨어진 나무)를 태워서 만든 숯에 특별한 축복의 힘이 있다고 여겨 그것으로 출입구의 문에 십자가를 그리기도 한다.

시내

오리엔트에서는 흐르는 물이 그 내부에 힘을 숨기고 있어서 외적 더러움뿐만 아니라 죄도 씻어 정하게 할 수 있다고 생각했다. 신화에서 신성한 시내는 신들이 거처하는 장소와 연관 지어져 있다. 우가리트의 신 엘(El)은 두 개의 시내를 발하는 근원, 심연의 흐름의 한복판에 산다. 바벨론의 신 중에는 "구원의 샘"이라는 이름의 신이 존재한다. 이집트에서는 나일강을 존경하는데, 어떤 전승에 의하면 나일강은 오시리스의 시체가 잠들어 있는 산의 동굴에 근원을 두고 있다고 한다. 그리고 토지의 비옥함에 영향을 미치는 나일강의 범람은 신의 소생과 동일시 되었다.

물 없이 비옥한 토지를 생각할 수 없다. "강이 에덴에서 흘러 나와 동산을 적시고 거기서부터 갈라져 네 근원이 되었으니"(창 2:10). 네 근원이 지리적으로 어디에 위치하는지 확인된 것은 유프라테스와 티그리스(힛데겔 강) 뿐이다. 그 강은 에덴동산의 중심적 위치에 있었으며(창 2:11~14), 상징적 관점에서 말하자면, 동산에서 흘러나온 시내는 각각 세계의 네 방위, 동서남북을 향해 흐르고 있다. 여호와는 예루살렘을 향해 "내가 그에게 평강을 강 같이, 그에게 뭇 나라의 영광을 넘치는 시내 같이 주리니"라고 하셨다(사 66:12).

하나님의 구원은 강물처럼 흐르는데, 강물이 마르면 재앙이 찾아온다(사 19:5). 나일강이 마른다는 것은 무서운 예언이다(겔 30:12). 하나님의 계약의 글월인 지혜의 풍부함은 시냇물의 풍부함에 비유된다(집회서 24:23~27). 이스라엘 민족이 요단강을 건넌 것은(수 3:4) 세례를 나타내는 것으로 해석되었다.

흐르는 물의 치유력은 문둥병을 앓는 아람 왕의 군대장관 나아만에게 나타난다. 그는 선지자 엘리사의 명령에 따라 요단강에 일곱 번 몸을 씻고 치유되었다(왕하 5:9~14).

신약성경에서도 요단강은 중요한 종교적 사건의 무대가 된다. 유대 사람들은 세례 요한에게 와서 자기들의 죄를 자복하고 요단강에서 그에게 세례를 받았다"(마 3:5~6). 예수님도 갈릴리를 떠나 요단강에 와서 요한에게 세례를 받으셨다(마 3:13~17).

죄 사함의 구속사적 해석에는 물이라는 모태로부터의 재생이라는 태고의 관념이 연결되어 있었다. 그 때문에 때가 되면 "수정 같이 맑은 생명수의 강"이 하나님의 보좌로부터 흘러나올 것이라고 한다(계 22:1).

기독교 미술에서 강을 묘사할 때는 대개 고대 그리스·로마의 예를 모방하여 물의 신들이 물이 흘러나오는 병을 들고 앉아 있거나 비스듬히

누워있는 형태로 나타난다. 초기 기독교의 석관 조각에는 요단강이 인격화되어 병과 갈대와 키를 든 수염을 기른 물의 신의 모습으로 그려져 있다. 중세 시대의 세례반에는 종종 에덴동산에서 발원한 네 근원이 동서남북의 방향으로 흐르는 것이 표현되어 있고, 세밀화에서는 에덴동산의 네 근원이 사명의 복음서 기자와 관련지어져 있다.

닛사의 그레고리는 구약성경에 등장하는 하나님의 동산과 신약성경을 통해 알게 된 낙원의 상태의 관계를 은총의 강이라는 이미지를 사용하여 이렇게 말하였다: "은총의 강은 온 땅의 주위를 빠짐없이 흘러 낙원으로 흘러든다. 즉 에덴동산의 네 근원과는 역방향으로 흘러서 그 네 근원이 가져오는 것보다 훨씬 큰 여러 가지 보석을 낙원으로 운반해간다."

신발

대지(大地)와의 밀접한 관계의 표시로서 신발(바닥의 가죽에 끈을 달아 복사뼈 있는 곳에서 묶는 샌들 모양의 간소한 신발)은 여러 율법적인 가르침에서 중요한 역할을 한다. 발과 마찬가지로 신발도 소유와 권력의 상징으로 사용되었다. 즉 신발 밑에 깔리는 자는 타인의 지배를 받는다.

그림문자로 쓰인 히타이트의 비문에서 신발은 신에게 귀속됨을 지시하는 첨부 기호로서 나온다. 전령의 지팡이와 차양이 넓은 여행 모자와 함께 날개가 달린 샌들은 그리스 신화에서 헤르메스(Hermes)가 항상 휴대하는 상징적인 물건이다. 만물의 모태인 대지의 생산력은 신발을 통하여 인간의 몸으로 옮겨진다. 때로 신발 자체가 생산력의 상징이 되기도 한다. 신랑이 신부에게 신발을 선물하는 동양의 혼례 풍습, 신데렐라 이야기 같은 옛날이야기, 또는 분묘에서 발견되는 점토나 금속제 신발은 이런 의미로 해석된다.

신발이나 샌들을 신는 것은 자유민의 특권이었으며, 포로와 노예는 맨발로 다녀야 했다(사 20:2~4). 법적이고 관습상의 행위로서 신발을 벗는 것이 자립적 결정의 단념과 법적 권리의 포기를 의미하는 경우도 있었다. 보아스는 룻과 그 유산을 법적 권리 계승자로부터 매입했을 때 거래 성립의 증거로 상대방의 신발을 벗게 했다(룻기 4:6~10).

죽은 남편의 형제의 아내 되는 일을 거부당한 과부는 그에게 나아가서 "그의 발에서 신을 벗기고 그의 얼굴에 침을 뱉으며 이르기를 그의 형제의 집을 세우기를 즐겨 아니하는 자에게는 이같이 할 것이라"라고 말해야 한다. 그의 이름은 이스라엘 중에서 "신 벗김 받은 자의 집"이라 칭하게 된다(신 25:9~10).

신발은 점유, 정복의 상징이다. 여호와께서 에돔에 신발을 던지시는 것은(시 60:8) 그 땅을 예속시킨다는 의미이다. 또 여호와께서 타는 떨기나무 속에서 나타나 모세에게 신을 벗으라고 요구하신 일(출 3:5)의 배후에는 죄로 더럽혀진 인간은 거룩한 땅을 차지해서는 안 되며, 지배의 요구를 버리고 공손하고 순종하는 마음으로 하나님 앞에 서야 한다는 생각이 깃들어 있다.

여호와께서 땅끝에서부터 불러 모으신바 하나님의 노여움을 집행하는 자의 들메끈은 끊어지지 않는다(사 5:26).

집 안에 들어갈 때는 신을 벗었는데, 그 일을 돕는 것은 하인이나 노예였다. 요한은 자기 뒤에 오실 분, 성령으로 세례를 주실 분에 대해서 말한다: "나보다 능력 많으신 이가 내 뒤에 오시나니 나는 굽혀 그의 신발 끈을 풀기도 감당하지 못하겠노라"(막 1:7; 요 1:27).

방탕한 아들이 돌아왔을 때 아버지는 그를 위해 가장 좋은 옷을 입히고 발에 신을 신겼다(눅 15:22). 이로써 아들은 집을 나가기 전에 지니고 있던 권리를 회복한 것이다.

예수께서 제자들을 파송하시면서 전대나 주머니나 신도 가져가지 말라고 명령하신 것은(눅 10:4; 마 10:10) 이 세상의 재화에 마음을 빼앗기지 말라는 경고일 뿐 간소한 신을 신는 일은 금지되지 않았다(막 6:9). 신발이 평안의 복음을 전 세계에 전하고 전달하기 위한 준비, 마음가짐의 상징이 되기도 한다(엡 6:15).

교회 박사 암브로시우스는 모세에게 신을 벗으라 하신 명령을 육의 속박에 빠지지 말라는 경고로 간주했고, 왕의 신부를 가리켜 언급한바 "신을 신은 네 발이 어찌 그리 아름다운가"(아 7:1)는 모범이 되어 사람들 앞을 걸어가는 교회, 또는 영혼의 발디딤을 의미한다고 생각했다.

생산력 상징의 흔적은 성 니콜라우스 축일에 일부 지방에서 행하는 풍습에서 엿볼 수 있다. 이날이 되면 각 집에서는 문 입구에 신발 한 짝을 내놓고 성 니콜라우스가 거기에 사과, 호두, 후추가 들어간 과자를 가득 채워 주기를 기다린다. 독일 슐레지엔 지방의 토지의 수호성인 성녀 헤트비히(Hedwig)는 겨울에도 맨발로 걸어 다녔으며, 예법상 필요할 때 신을 수 있도록 신발을 휴대하고 다녔다고 한다.

신(神)의 아들

고대 오리엔트에서는 신의 이름과 연관된 고유명사가 비교적 많이 사용되었다. 벤하닷(Ben-Hadad; 신 하닷의 아들), 아비바알(Abibaal; 바알은 "우리 아버지"이다) 등의 이름은 인간이 신들의 부성적인 보호를 신뢰하고 있었다는 증거이다. 그러나 이집트 왕은 육체적 의미에서도 신의 아들이라고 생각되었으며, 태양신 레가 낳은 아이였다. 수메르인과 바벨론인들은 왕을 신의 양자로 생각하였다. 사해의 출토품으로 판단해 볼 때 엣세네파 사람들은 "하나님의 아들"을 장차 오실 구세주이신 대제사장의 이름으로 여겼다고 추측된다.

"하나님의 아들"은 구약성경에서는 종종 다른 의미를 지닌다. 복수형으로 "하나님의 아들들"이라는 형태를 취할 경우에 그것은 하나님의 종자, 하나님께 봉사하는 자, 하나님의 사도로서의 존재이다. 하나님의 자녀들에는 하나님에게서 떨어져 나간 천사들, 즉 하늘에서 태어난 것을 잊고 "사람의 딸들"과 혼인한 천사들도 포함된다(창 6:1~4).

적대자 및 고발자로서 하나님의 천사들 사이에 나타나는 사탄도 하나님의 아들 중에 모습을 나타낸다(욥 1:6). 하나님의 아들이라는 표현은 구원의 대상으로서의 이스라엘 전체에 대한 집합명사로 이용되기도 한다.

이스라엘은 여호와의 아들 또는 장자라고 불린다(출 4:22). 또 이스라엘 백성 모두가 "살아 계신 하나님의 아들들"이라 불리게 된다고 한다(호 1:10). 유대왕도 하나님의 아들이라 불린다(삼하 7:14). "내가 또 그를 장자로 삼고 세상 왕들에게 지존자가 되게 하며"(시 89:27). 하나님은 모범적인 의인, 과부와 고아를 보호하는 사람을 아들처럼 여기신다(집회서 4:10).

신약성경에서 "하나님의 아들"은 구세주이신 예수님의 호칭이다. 예수님이 이 유일한 부자 관계를 언급하셨을 때(마 11:27), 거기에는 모든 피조물보다 나은 절대적 우위의 주장이 표현되어 있다.

예수님의 세례와 변모에 대한 기록에 의하면(마 3:17, 17:5) 하늘에서 "이는 내 사랑하는 아들이요 내 기뻐하는 자라"는 소리가 들려왔다. 마리아에게 수태를 알린 천사는 그녀에게서 태어날 자를 "지극히 높으신 이의 아들"(눅 1:32), "하나님의 아들"(눅 1:35)이라 부를 것이라고 말한다.

예수 그리스도는 "아버지 품속에 있는 독생하신 하나님"이시요, 하나님께서 아들을 세상에 보내신 것은 이 세상이 아들로 말미암아 구원을 받게 하려 하심이었다(요 1:18, 3:16~17). 예수님은 대제사장들에게서 심문

신(神)의 아들

을 받으실 때 자신이 하나님의 아들이라고 언명하셨다(막 14:62). 제자들은 부활하신 예수님이 "능력으로 하나님의 아들로 선포되신" 자이심을 분명히 알았다(롬 1:4).

예수가 하나님의 아들이심은 요한일서 1장 7절, 5장 20절에서 결정적인 신앙고백으로 표명된다. 복음을 받아들이는 자는 모두 하나님의 아들이 된다(요 1:12). "너희가 다 믿음으로 말미암아 그리스도 예수 안에서 하나님의 아들이 되었으니"(갈 3:26). 복음을 받아들이는 자는 하나님의 아들이 되는 신분을 주는 양자의 영을 받았으므로 하나님을 "아빠 아버지"라 부를 수 있다(롬 8:15).

심장, 마음

심장이나 마음이라는 단어는 옛날부터 여러 민족의 신앙에서 중심적 위치를 차지했다. 그것은 인간의 외적 측면과는 다른 내면 전체를 나타낸다. 고대 메소포타미아의 반신(半神) 영웅 길가메시(Gilgamesh)가 생명의 풀을 찾으려 한 것은 "죽음에 대한 공포가 그 심장(마음)에 싹텄기 때문이다."

이집트인들은 심장이 정신 작용과 활동의 중심이라고 여겼다. 그곳은 오성·의지·감정이 있는 곳이며, 더 나아가 생명의 상징이었다. 이 기관이 없이 사후의 생을 생각할 수 없었다. 죽은 자를 미라로 만들 때 내장을 모두 제거했지만 심장만은 원래의 위치에 남겨 두었다. 고대 이집트의 신 프타(Ptah)는 먼저 그 심장으로 우주를 생각해내고, 그 후에 창조의 말로 그 생각에 형태를 주었다.

인간의 참된 본질은 외면의 아름다움이나 힘에 있는 것이 아니라 내면에 존재한다. 그 때문에 하나님은 "내가 보는 것은 사람과 같지 아니하니 사람은 외모를 보거니와 나 여호와는 중심을 보느니라"고 하신다 (삼상 16:7). 다윗은 하나님께서 인간의 마음을 감찰하시는 것을 알고 있었다(대상 29:17). 여호와는 "공의로 판단하시며 사람의 마음을 감찰하시는" 분이시다(렘 11:20).

마음의 상태는 인간 전체에 영향을 끼친다: "마음의 즐거움은 얼굴을 빛나게 하여도 마음의 근심은 심령을 상하게 하느니라"(잠 15:13). 옛날에는 인간의 감정이 하나님에게 옮겨 놓여 여호와가 "마음에 근심하시고"(창 6:6) "마음에 맞는 사람"을 구하시기도 했다(삼상 13:14). 바로가 모세의 부탁과 위협에 "관심을 가지지 아니하였고(출 7:23) 여호와께서 바로의 마음을 "완악하게" 하셨다(출 9:12). 여호와께서 "사람의 죄악이 세상에 가득함과 그의 마음으로 생각하는 모든 계획이 항상 악할 뿐임을 보시고"라는 기록(창 6:5)에서 비관적인 반향을 들을 수 있다.

인간은 죄를 범할 소질을 갖추고 있기 때문에, 마음을 다하고 성품을 다하고 힘을 다하여 하나님 여호와를 사랑해야 한다(신 6:5). 하나님의 율법에 따라 사는 인간은 한나처럼 "내 마음이 여호와로 말미암아 즐거워하며"라고 말할 수 있다(삼상 2:1).

새 마음을 얻는 것은 내적 변모를 이루는 것이다. 여호와는 우리에게서 "굳은 마음을 제거하고 부드러운 마음"을 주실 수 있다(겔 36:26).

신약성경에서도 심장 또는 마음은

마르가리타 마리아 알라코크. 프랑스 가톨릭 교회의 수녀이자 신비가이며, 예수 성심 신심을 퍼뜨리는 데 일조하였다. 1864년 교황 비오 9세에 의해 시복되고, 1920년에는 교황 베네딕토 15세에 의해 시성되었다.

영혼과 정신의 중심을 나타낸다. 바울은 "마음에 큰 눌림과 걱정이 있어 많은 눈물로 너희에게 썼노니"(고후 2:4)라고 했다. 신앙은 사고나 감정과 관련된 것이 아니라 오로지 마음의 문제이다(롬 10:10). 마음에 "책망할 것이" 있다는 것은 양심이 있다는 증거이다(요일 3:19~21).

베드로는 여성의 참된 단장은 "머리를 꾸미고 금을 차고 아름다운 옷을 입는" 등 외모를 꾸미는 것이 아니라 "오직 마음에 숨은 사람을 온유하고 안정한 심령의 썩지 아니할 것"으로 하는 것(벧전 3:3~4)이라고 했다.

인간의 모든 행동의 출발점이 마음이기 때문에 하나님은 율법을 사람들의 마음에 기록하시려는 것이다(히 8:10). "우리에게 주신 성령으로 말미암아 하나님의 사랑이 우리 마음에 부은 바 됨이니"(롬 5:5). 마음은 하나님께 대한 끊임없는 결합의 기관이 되며, 믿음으로 말미암아 그리스도는 우리 마음에 계신다(엡 3:17).

중세 기독교에서 심장이나 마음은 세속적 의미로나 종교적 의미로 점차 사랑의 상징으로서의 색채를 더해갔다. 중세 미술의 묘사에서 성 어거스틴의 심장이 불꽃이 되어 타오르는 것은(때에 따라 화살이 꽂혀 있는 일도 있다) 하나님에 대한 그의 불같은 사랑의 상징이다.

"예수 성심 신심"은 신비 사상가들에게서 나타난 것인데, 중세 말기에는 관통된 심장이라는 이미지에 의해 사랑과 고민의 구세주를 상징적으로 묘사했다. 예수 성심 신심(信心)이 널리 일반에게 침투하기에 이른 결정적 계기는 마르가리타 마리아 알라코크(Marguerite-Marie Alacoque, 1647-1690)의 신비적 환시 체험(1674년경)이다. 17세기 말이 되면서 마리아의 심장 그림이 등장했는데, 이 심장은 늙은 시므온의 예언—"칼이 네 마음을 찌르듯 하리니"(눅 2:35)—을 기념해서 칼에 찔려 있다.

십(열. 10)

"10"은 "전체적 수"이다. 일괄해서 정리한 전체를 이루고 있다는 것이다. 이 생각이 합리적이라는 근거는 인류 최초의 계산기인 열 손가락이었다.

불교의 가르침에는 세속의 신자(在家)에게 주는 오계(五戒)와 승려에게 주어진 오계 등 합해서 10계가 존재한다. 피타고라스학파에서 "10"은 최초의 네 개의 수의 총계(1+2+3+4=10)로서 중시되었다. 결국 네 개의 수가 합쳐서 꽉찬 상태, 즉 완전을 나타낸다는 것이다. 유대교 카발라의 세피로트, 즉 무한의 신성성 유출 상태는 10의 상태이다.

10, 또는 10의 배수는 이스라엘에서 관용적으로 사용하던 수의 체계의 기초였으며, 그 때문에(상징적 의미 없이) 장막과 성전과 관련된 수의 표시나 척도의 표시로 자주 등장한다. 동시에 그것은 초월하여 한데 모은 전체, 완전을 나타내는 수로서도 우선적 지위를 차지하고 있었다.

이스라엘 민족은 이집트에서 열 가지 재앙을 경험한 후 노예 상태에서 해방되는데(출 7:12), 그 후에 하나님은 자신의 모든 요구를 십계로 모으셨다(출 20:1~17). 7월 10일은 스스로 고행하는 날이므로 아무 일도 하지 말아야 했다(레 16:29~30). 이것은 소위 구약의 성 금요일이라고 칭해도 상관없다.

아브라함은 멜기세덱에게 "그 얻은 것에서 십분의 일"을 주었다(창 14:20). 여호와도 이와 같은 기본 공물을 요구하신다: "땅의 십분의 일 곧 그 땅의 곡식이나 나무의 열매는 그 십분의 일은 여호와의 것이니 여호와의 성물이라"(레 27:30).

"10"이 하나님을 대적하는 세력과 결합해서 나타나는 경우도 있는데, 그 경우는 악의 전체를 표현한다. 다니엘의 꿈에 나온 무서운 짐승의 열 개의 뿔은 왕을 의미하지만, 악의 총체적 표현이라고 해석할 수 있다(단 7:7, 24).

모자람이 없는 전체를 나타내는 수로서의 "10"은 복음서에도 등장하는데, 예를 들면 열 달란트(마 25:14~30), 열 처녀(마 25:1~13) 등이다. 열 명의 문둥병자는 예수님에 의해 치유됐다(눅 17:12~19). 서머나 교인 중 몇 사람은 열흘 동안 환난을 참고 견뎌야 한다(계 2:10).

신약성경에 불길한 의미로 열 개의 뿔이 나온다. 그것은 사탄의 세력을 표현하는 것이다: "보라 한 큰 붉은 용이 있어 머리가 일곱이요 뿔이 열이라"(계 12:3). "바다에서 나오는 한 짐승"의 몸에 "하나님을 모독하는 이름들이 가득한" 열 개의 뿔을 가진 모습이 묘사되어 있다(계 13:1, 17:3).

교부들에 의하면 "10"은 기독교의 완전성을 나타내는 수이다. 오리겐에 의하면, 모든 수의 근원과 의미는 "10"으로 귀착된다. 어거스틴은 "10의 배수는 앎의 전체를 나타낸다"라고 말했다. 신적인 "3"과 인간적인 "7"은(십계명 중 처음 3개의 계명은 하나님에 관한 것, 나머지 7개의 계명은 인간에 관한 것임을 상기하기 바란다) 10에서 집합된 전체를 이룬다.

십이(열둘, 12)

"12"는 여러 가지 점에서 중요한 의미가 있는 수이다. 황도 12궁은 하늘의 별들을 12개 영역으로 나눈 것이다. 고대 메소포타미아에 근원을 두고 있는 태음력의 1년의 일수 360과 1개월의 일수 30, 이 완전한 수에서(360÷30) 신적이고 천상적인 수 "3"과 지상적이고 인간적인 수 "4"가 융합 합체하고 있는(3×4) 1년의 달 수 "12"가 발생한다.

특히 "12"는 고대 바벨론에서 사용되었으며, 후일 그리스와 인도로 전해졌고, 오늘날에는 시간과 각도의 계산법에서만 쓰이고 있는 12진법의 기초가 된 수이기도 하다.

길가메시 서사시는 12 서판으로 나뉘어 있었고, 바벨론의 마르두크 신전에는 열두 문이 있었다. 이집트인들은 태양이 하루 12시간의 각 시간이 각기 다른 모습을 취하고 있다고 생각하였고, 음부를 열두 개 영역으로 구분하였다. 고대 여러 나라의 종교는 열두 명의 신을 갖고 있었다. 아테네에서는 도시의 광장에 설치된 열두 신의 제단을 마을의 중심으로 생각했다. 고대 로마의 최초의 성문법인 12동표법(12표법, Leges Duodecim Tabularum, 혹은 공식 축약명 Duodecim Tabulae)은 로마법의 기초가 되었다.

하나님의 백성이 완전한 수로 이루어진 것, 빠진 곳이 없는 전체를 형성하고 있다는 것은 야곱의 열두 아들(창 35:22~26), 그리고 이들로부터 비롯된 열두 지파에서 특히 명료하게 나타난다. 모세는 각 지파에서 한 사람씩 열둘을 택하여 정찰대로 파견했다(신 1:23).

이스라엘 백성은 광야 여행 중에 엘림에서 열두 샘물을 발견했다(민 33:9). 그들은 강물이 말라버린 요단 강을 건넌 후 하나님의 명령에 따라 지파마다 한 사람씩 택하여 돌 열두 개를 그날 밤 유숙할 곳에 두었다. 이곳이 길갈(Gilgal)인데, 이는 "이집트의 수치가 굴러갔다"라는 뜻이다.

제사장의 조직은 "12"를 두 배한 수(24)의 조로 나눌 수 있었다(대상 24). "12"는 소선지서, 즉 12 예언서의 수이다. 제사장이 몸에 붙이는 견대, 에봇에 물리는 흉패의 열두 보석(출 28:17)도 12 지파를 나타내고 있다(출 28:21).

여기에서 우주를 상징하는 요소를 얼핏 볼 수 있다고 생각된다. 즉 고대 오리엔트에서도 잘 알려져 있던 돌과 별을 동일시한다. 우주를 상징한다는 의미에서는 놋을 부어 만든 바다를 등지고, 동서남북, 즉 세계의

4방위를 향하고 있는 열두 마리의 소를 들 수 있다(왕상 7:25).

"12"라는 수의 상징적 의미는 예수님이 택하신 12사도(마 10:2~4), 즉 기독교 정신을 지탱하는 기둥이 된 사도들의 수에 여운을 두고 있음이 틀림없다.

요한계시록에서 "12"는 완성, 성취를 나타내는 수이다. 해를 옷 입은 여자는 "열두 별의 관"을 쓰고 있는데(계 12:1), 그 별은 황도 12궁을 나타낸다. 하나님의 보좌 주위에 12를 두 배한 수인 이십 사 장로들이 흰 옷을 입고 앉아 있다(계 4:4).

어린 양은 열두 지파에서 각기 일만 이천 명, 총 십사만 사천 명의 인 맞은 자들의 예배를 받는다(계 7:4~10).

새 예루살렘에는 이스라엘 열두 지파의 이름을 새긴 열두 문이 있고, 성의 성곽에 열두 기초석이 있고 그 위에 어린 양의 열두 사도의 열두 이름이 있다(계 21:12~14).

어거스틴은 사도의 수 "12"를 사 복음서(땅의 네 부분, 즉 땅 전체를 나타낸다)와 복음서에 의해 고지되는 아버지와 아들과 성령과 결합(4×3)으로 설명했다.

베네딕트 수도회의 "베네딕토 회칙"은 겸손의 12단계를 구분한다. 중세 시대 이노센트 3세 때에 "12"에 관한 하나의 연결 체계가 있었다. 거기서 열두 예언자, 열두 족장, 열두 명의 정찰대, 야곱의 열두 아들, 12지파뿐만 아니라 솔로몬의 보좌 계단의 열두 마리 사자(왕상 10:18~20), 청동의 바다를 등에 진 열두 마리의 암소, 1년의 달의 수, 황도 12궁도 열두 사도와 관련되어 있다.

고대 기독교 미술에서 즐겨 사용한 열두 마리 양의 모티프도 그러하며, 구약성경에서 열두 사도를 나타내는 12지파도 마찬가지다.

씨(파종)

　씨 속에는 장차 싹이 나서 자랄 맹아(萌芽)가 들어있다. 신생아를 파종용 바구니나 소쿠리에 넣고, 그 위에 파종용 곡식 가루를 뿌리는 것은 옛날부터 있었던 농민의 풍습 중 하나이다. 이 풍습은 씨의 생명력이 장차 자라나는 인간에게 옮겨지기를 바라는 소망에서 시작된 것임이 분명하다.

　낟알이 썩어야(상징적으로 사멸) 새 생명이 싹튼다. 그 까닭에 씨는 자라고 번성하는 것의 상징일 뿐만 아니라 부활의 상징도 된다. 고대 이집트에서의 땅을 일구는 의식은 오시리스의 죽음을 암시하는 것인데, 오시리스는 씨라는 상징적 형태로 땅속에 묻히고 씨의 발아와 함께 살아난다.

　(낙원을 제외한) 모든 자연에 해당하는 성장과 사멸, 영고성쇠의 법칙은 여호와께서 창조의 셋째 날 하신 말씀에 나타나 있다: "땅은 풀과 씨 맺는 채소와 각기 종류대로 씨 가진 열매 맺는 나무를 내라"(창 1:11).

　여호와께서는 말씀에 순종하지 않은 이스라엘 백성에게 다음과 같이 경고하셨다: "너희가 파종한 것은 헛되리니 너희의 대적이 그것을 먹을 것임이며"(레 26:16).

　하나님의 수중에서 선발된 사람들은 씨앗이 된다. 인간의 삶 전체가 씨를 뿌리고 거두어들이는 것에 비유된다: "눈물을 흘리며 씨를 뿌리는 자는 기쁨으로 거두리로다 울며 씨를 뿌리러 나가는 자는 반드시 기쁨으로 그 곡식 단을 가지고 돌아오리로다"(시 126:5~6).

　인간은 심은 대로 거둔다(갈 6:7). 씨를 어떤 땅에 심는가도 중요하다: "자기의 육체를 위하여 심는 자는 육체로부터 썩어질 것을 거두고 성령을 위하여 심는 자는 성령으로부터 영생을 거두리라"(갈 6:8). 또 다른 곳에서는 이렇게 말한다: "적게 심는 자는 적게 거두고 많이 심는 자는 많이 거둔다"(고후 9:6).

"씨"는 지상의 것, 피조된 자연으로서의 씨를 의미할 뿐만 아니라 영적인 의미로 해석할 수 있다. 즉 씨는 하나님의 말씀의 상징이 된다. 예수께서는 씨 뿌리는 사람을 비유하여 "뿌리는 자는 말씀을 뿌리는 것이라"(막 4:14)고 말씀하셨다.

누가는 "씨는 하나님의 말씀"이라고 전한다(눅 8:11). 예수님은 좋은 씨는 "천국의 아들들"이라고 하셨다(마 13:38). 또 다른 비유에서 하늘나라를 겨자씨에 비유하셨다: "하나님의 나라를 어떻게 비교하며 또 무슨 비유로 나타낼까 겨자씨 한 알과 같으니 땅에 심길 때에는 땅 위의 모든 씨보다 작은 것이로되 심긴 후에는 자라서 모든 풀보다 커지며 큰 가지를 내나니 공중의 새들이 그 그늘에 깃들일 만큼 되느니라"(막 4:30~32).

땅에 묻힌 씨는 어둠 속에서 빛을 향해 싹을 내고 새로운 식물을 낳기 때문에 죽은 사람 중에서의 부활의 상징이 된다: "죽은 자의 부활도 그와 같으니 썩을 것으로 심고 썩지 아니할 것으로 다시 살아나며…육의 몸으로 심고 신령한 몸으로 다시 살아나나니"(고전 15:42~44).

교부들은 예수께서 비유로 말씀하신 한 알의 겨자씨에서 구세주를 보았다. 구세주라는 한 알의 겨자씨가 인류 사이에 심어져 교회라는 큰 나무로 자란다는 것이다.

씻음

씻는 것은 정하게 하는 가장 중요한 형식으로서 많은 민족의 신앙에서 단순히 몸의 더러움을 깨끗하게 하는 것뿐만 아니라 영혼의 더러움을 씻는 수단이기도 하다. 고대 바벨론인은 물을 "맑게 하는 것"으로 표현했다.

물로 정(淨)하게 함은 부활과 사후 생명의 존속이 가능하도록 돕는 수단이다. 즉 씻는 의식은 한편으로는 부정과 죄를 없애고, 다른 한편으로는 구원을 가져와 새로운 생명이 소생하도록 한다. 이는 하나의 행위 안에 정화와 성별이 동시에 포함되어 있는 것이다.

가장 완벽한 정화는 목욕이다. 그리스의 이시스 제례에서 물을 뿌리는 것은 목욕의 대용으로 볼 수 있다. 바벨론에서는 제사에 앞서 두 손을 씻어야 한다. 이집트의 여러 신전, 또 고대 그리스·로마의 성소 앞에는 손을 씻는 물그릇이 놓여 있었다. 이집트의 사자(死者) 신앙에서는 물을 끼얹음으로써 죽은 자가 다시 살아난다고 믿었다.

정한 자만이 여호와께 나아가는 것이 허용된다. 장막 앞뜰(회막과 제단 사이)에 제사장의 정화 의식을 위해 놋으로 만든 물두멍이 놓여 있어, 회막에 들어갈 때 손발을 "물로 씻어야" 죽기를 면할 수 있었다(출 30:17~20).

모세는 아론과 그 아들들에게 제사장의 의복을 입히기 전에 먼저 물로 씻어 정하게 했다(레 8:6). 속죄의 희생을 드릴 때 대제사장은 거룩한 곳에서 물로 몸을 씻고, 희생의 염소를 광야로 보낸 자는 옷을 빨고 물로 몸을 씻은 후에 진에 들어올 수 있었다(레 16:24~26).

몸을 씻는 행위는 단순히 죄의 정화를 암시하는 것이 아니라 씻어 정하게 하려는 상징적 행위이다. "예루살렘아 네 마음의 악을 씻어 버리라 그리하면 구원을 얻으리라"(렘 4:14)는 말씀이 그 의미를 말해준다.

그러나 궁극적으로 인간의 마음을 깨끗이 씻어 정하게 하시는 분은 하나님이시다: "나의 죄악을 말갛게 씻으시며 나의 죄를 깨끗이 제하소서…하나님이여 내 속에 정한 마음을 창조하시고 내 안에 정직한 영을 새롭게 하소서"(시 51:2, 10).

세례 요한에게 세례를 받는 예수 그리스도. 다라니 수도원 성당의 모자이크(12세기)

여호와께서 에스겔에게 말씀하셨다: "맑은 물을 너희에게 뿌려서 너희로 정결하게 하되 곧 너희 모든 더러운 것에서와 모든 우상 숭배에서 너희를 정결하게 할 것이며"(겔 36:25). 아람 왕의 군대장관 나아만은 요단강에 일곱 번 몸을 씻고서 문둥병이 나았다(왕하 5:9~14).

예수님은 구약성경의 씻음의 절대화를 부정하셨는데, 바리새파 사람들은 이것이 전통을 범하는 것이라고 비난했다. 죄는 밖에서 인간의 내면에 들어온 것이 아니므로 밖을 씻어도 안에 있는 죄를 정하게 할 수 없다: "또 이르시되 사람에게서 나오는 그것이 사람을 더럽게 하느니라 속에서 곧 사람의 마음에서 나오는 것은 악한 생각 곧 음란과 도둑질과 살인과…이 모든 악한 것이 다 속에서 나와서 사람을 더럽게 하느니라"(막 7:20~23).

"중생의 씻음"을 겪은 사람은 이 세상의 매일의 더러움을 씻기만 하면 되는데, 현세의 더러움과 가장 많이 접촉하는 것이 발이므로 발만 씻으면 된다(요 13:10). 씻음은 반복되지만, 세례는 단 한 번으로 완성되는 일회적인 의식이다. 세례 요한의 물세례는 세례받는 자의 죄 고백과 불가분의 관계에 있어 죄 사함을 목적으로 했다(막 1:4~5).

하나님의 독생자이신 예수님은 요단강에서 요한에게 세례를 받으심으로써 현세의 모든 것에 대한 하나님의 심판 규칙의 근본에 서신다. 요한은 물로 세례를 주었지만, 예수 그리스도는 성령과 불로 세례를 주신다(마 3:11). "예수께서 대답하시되 진실로 진실로 네게 이르노니 사람이 물과 성령으로 나지 아니하면 하나님의 나라에 들어갈 수 없느니라"(요 3:5).

바울에 의하면 세례는 그리스도와 함께 죽었다가 다시 살아나는 것의 상징이다: "무릇 그리스도 예수와 합하여 세례를 받은 우리는 그의 죽으심과 합하여 세례를 받은 줄을 알지 못하느냐 그러므로 우리가 그의 죽으심과 합하여 세례를 받음으로 그와 함께 장사되었나니 이는 아버지의 영광으로 말미암아 그리스도를 죽은 자 가운데서 살리심과 같이 우리로 또한 새 생명 가운데서 행하게 하려 함이라"(롬 6:3~4). 큰 환난에서 구원받아 천국에 들어가는 자는 "어린 양의 피에 그 옷을 씻어 희게" 한 자들이다(계 7:14).

초기 기독교 신자들은 기도하기 전에 두 손을 씻었다. 손을 씻는 일은 교회에 들어갈 때도 일반적으로 행해졌다. 초기 기독교 교회당 바실리카 앞뜰에 수반(水盤)이 놓여 있었던 것은 그 때문이다. 이 관습은 그 후 성수를 뿌리는 정신의 정화와 세례의 기억을 상징하는 행위로 바뀌었다.

가톨릭교회에서 미사 때 "봉헌" 뒤에 사제가 손을 씻는 것은 사제가 깨끗한 손과 마음을 갖고 있을 때만 성체의 희생 의식을 집행할 수 있음을 암시하는 것이다.

성 목요일에는 하나님 사랑의 법칙을 잊지 않기 위해서 세족식이 거행되었다. 3세기에 이르기까지 세례는 야외의 시냇물에서 행해졌었다. 당시에는 세 번 물에 잠기는 침례가 있었으며, 머리에 세 번 물을 붓는 의식이 점점 확대되었다.

아침

아침의 상징적 의미는 떠오르는 태양의 상징적 의의와 밀접한 관련이 있다. 고대에는 태양을 향해 아침기도를 드리는 풍습이 널리 퍼져 있었다. 고대 이집트의 사상에 의하면 태양신은 매일 아침 하루의 일정을 시작하기 전에 하늘의 대양(大洋)에서 몸을 씻었으며, 왕도 "아침의 건물"에서 목욕했다.

황천의 세력과 맹약을 맺고 있는 밤이 지난 뒤의 아침은 모든 것이 선한 상태로 있었던 낙원의 원초(原初)의 때, 즉 창조의 새벽을 생각하게 한다.

낙원은 "동방의 에덴"에 위치했다(창 2:8). 동쪽은 태양이 떠오르는 방향이기 때문에 창세기의 이 부분은 그 의미를 담아 "아침 쪽의 에덴"으로 번역된다.

새벽은 좋은 시작을 알린다. 해가 돋으면 사자들은 물러가 그 동굴에 눕고, 사람은 "나와서 노동하며 저녁까지 수고"한다(시 104:22~23). 송사는 아침에 한다(삼하 15:2). 다윗왕은 시편(101:8)에서 "아침마다 내가 이 땅의 모든 악인을 멸하리니 악을 행하는 자는 여호와의 성에서 다 끊어지리로다"라고 말했다.

아침은 특히 기도의 시간이다(시 5:3). 즉 하나님께서 인간에게 긍휼을 베푸시는 시간이다. 여호와는 "저녁에는 울음이 깃들일지라도 아침에는 기쁨이 오리로다"라고 말씀하신다(시 30:5). 이집트 군대가 바다에 빠지고 이스라엘 백성이 해방된 것은 새벽이었다(출 14:27~28). 여호와께서 시내산에 모습을 나타내신 것도 아침이었다(출 19:16~18).

신약성경에도 결정적인 부분에서 아침의 의의가 전면에 드러난다. 예수께서 제사장들과 장로들에게 결박되어 재판을 받기 위해 빌라도에게 넘겨진 것은 새벽의 일이었다(막 15:1). 예수께서 죽은 자 가운데서 다시 살아나신 것은 이른 새벽이었다(눅 24:1~3). 믿는 자에게는 영원의 새벽이 찾아온다: "잠자는 자여 깨어서 죽은 자들 가운데서 일어나라 그리스도께서 네게 비춰시리라"(엡 5:14).

무속신앙에서 아침은 영령과 요귀들이 자유로이 배회하는 밤에 종지부를 찍는 때이다. 세례가 아침과 태양의 상징적 의의와 연결되어 있었기 때문에 오리겐은 "어떤 형태로든 그리스도의 이름을 받는" 모든 인간을 "새벽의 자녀"라고 불렀다.

안수, 손을 얹음

길가메시 서사시의 홍수 신화에서 홍수 후에 신 엔릴(Enlil)이 우트나피쉬팀(Utnapishtim)의 손을 잡고 배로 인도해 내려가는 사건의 경로를 이야기하는데, 엔릴은 우트나피쉬팀과 그의 아내에게 영원한 생명을 부여하고 그 손을 우트나피쉬팀의 이마에 대었다. 카리스마를 준 인간(예를 들면 투아나의 아폴로니우스)은 안수함으로써 구원을 가져오고 병을 고쳤다고 한다. 특히 종교적으로 거룩한 인물(예언자, 사제, 혹은 또 현세에서 하나님의 대리자인 왕)의 오른손에는 구원과 치유와 축복의 힘이 있다고 믿었다.

손을 얹는 것은 축복 중개의 가시적 표현이다. 야곱(이스라엘)은 에브라임과 므낫세의 머리에 오른손과 왼손을 얹고 축복했다(창 48:14). 같은 동작이 직책을 맡는 의식에도 행해진다. 모세가 여호와의 명에 따라 여호수아에게 안수함으로써 여호수아가 이스라엘 공동체의 최고 지도자로 임명되었다(민 27:18). 이스라엘 자손이 레위인을 여호와 앞으로 걸어 나오게 하여 그들에게 안수한 것은(민 8:10) 일종의 축성이다.

레위인은 희생 짐승의 머리에 안수한다(민 8:12). 손을 얹음으로써 상징적으로 무거운 짐을 제거하는 경우도 있다. 손을 얹음으로써 더러움과 죄라는 무거운 짐을 상대방에게 떠맡기는 것이다. 그 때문에 아론은 "두 손으로 살아있는 염소의 머리에 안수하여" 이스라엘 사람들의 모든 죄과를 고백하고 그 죄를 염소의 머리에" 두었다(레 16:21).

예수님의 만져주심을 바라고 아이를 데려온 사람을 꾸짖는 제자들에게 예수님은 "어린아이들이 내게 오는 것을 용납하고 금하지 말라 하나님의 나라가 이런 자의 것이니라"라고 말씀하시고, 어린아이들을 안고 안수하시고 축복하셨다(막 10:14~16).

안수함으로써 축복이 중개되는 것은 종종 예수님이 외적으로 병을 고치는 기적으로 등장한다(눅 13:13). 많은 사람이 "그 손으로 이루어지는 이런 권능이 어찌됨이뇨" 하며 놀라고 이상하게 여겼다(막 6:2).

베드로와 요한이 사마리아에서 세례받은 사람들에게 안수하니 그들이 성령을 받았다(행 8:17). 특별한 은총을 받은 하나님의 종들은 그들의 카리스마를 전수할 수 있다. 그 때문에 바울은 디모데에게 보낸 둘째 편지(1:6)에 "나의 안수함으로 네 속에 있는 하나님의 은사를 다시 불일듯 하게 하기 위하여"라고 썼다. 스데반 및 여섯 집사가 선택되어 사도들 앞에 세워졌을 때 사도들은 기도하고 그들에게 안수하였다(행 6:6).

의식을 행할 때 안수하는 것은 축복의 행위로서 이것에 의해 성사를 받을 때 성령을 전하려는 것이다. 이것은 교회의 목사 및 감독의 임직식(안수식)에도 계속되었다. 프랑스의 왕들은 병자에게 손을 얹고 "왕은 너를 접한다. 하나님이 너를 치료해 주실 것이다"라고 말했다.

앉다

앉는 자세는 편안함과 위엄의 표현이다. 앉아 있는 사람은 편안히 있으면서 모든 것을 살핀다. 앉은 사람은 서 있는 사람의 지배자요, 왕좌는 권력과 존엄의 표시이다.

오리엔트의 신적 존재는 인간과는 대조적으로 항상 앉은 모습으로 표현되었다. 가나안의 므깃도(현재는 이스라엘의 도시)에서 발굴된 바알의 소조상, 법률을 내려주신 바벨론의 태양신 사마시, 죽은 사람의 재판자로 묘사된 오시리스도 모두 앉은 자세를 취하고 있다.

머슴이나 하인은 서고 주인들은 앉는 것이 타당하다. 사울은 석류나무 아래 앉았고 신하들은 그 곁에 서 있었다(삼상 22:6). 이것은 예언자 미가가 본 하늘의 질서를 표현한 것이다. 미가는 "내가 보니 여호와께서 그의 보좌에 앉으셨고 하늘의 만군이 그의 좌우편에 모시고 서 있는데"라고 했다(왕상 22:19). 여호와는 왕좌에 앉으신 분이시다(단 7:9).

스가랴는 "그가 여호와의 전을 건축하고 영광도 얻고 그 자리에 앉아서 다스릴 것이요"라고 예언했다(슥 6:13). 교만하여 신의 자리를 차지하려는 사람은 "나는 신이라 내가 하나님의 자리 곧 바다 가운데에 앉아 있다"라고 말한 두로 왕과 같은 운명을 겪는다(겔 28:2).

예수님은 제자들에게 말씀하신 뒤에 하늘로 들려 올라가셔서 하나님의 오른쪽에 앉으셨다(막 16:19). 앉아 있는 것은 심판자의 모습이다. 최후 심판의 날이 도래하면 예수님은 "자기 영광으로 모든 천사와 함께" 오셔서 "자기 영광의 보좌에 앉으신다"(마 25:31).

요한계시록에는 보좌에 앉아 심판하시는 하나님의 이미지가 여러 차례 등장한다. 하나님이 하늘에 마련된 보좌에 앉으시며(계 4:2), 땅의 임금들과 왕족들과 장군들과 부자들과 강한 자들과 종과 자유인이 모두 두려워 떨며 그 보좌에 앉으신 자의 얼굴을 피하여 숨을 것이다(계 6:15~16). 하늘도 땅도 보좌와 그 위에 앉으신 자의 앞에서 사라진다(계 20:11).

알파와 오메가, 시작과 끝

시작과 끝은 시간과 공간, 모든 피조물을 특징짓는 표시이다. 시작과 끝이 사라질 때 현세의 제약이 극복되고 완전함이 달성된다. 시작과 끝을 지배하는 신은 시간과 공간을 지배하는 신이다. 오르페우스(Orpheus) 찬가에서는 제우스를 최초의 것이요 최후의 것, 머리요 동체, 땅과 하늘이라고 노래한다. 고대로부터 중세를 거쳐 이라크 남부 및 이란 남서부(후지스탄 지방)에 현존하는 종파인 만다교(Mandaism) 경전에서도 신을 시작이요 끝이라고 말한다.

고대 그리스 신앙에 의하면 문자는 우주의 원소를 나타내고, 최초의 문자와 최후의 문자, 즉 알파와 오메가는 모든 것을 포괄하는 일체임을 상징적으로 나타낸다. 유대교의 율법학자인 랍비의 해석에 의하면 "진실, 사실"은 신의 본질을 표시한다고 한다. 왜냐하면 "알레프"(א)는 히브리어 알파벳의 첫째 글자이고 "타브"(ת)는 마지막 문자로 이것에 의해서 신의 모든 본질을 나타내기 때문이다. 연금술 문헌에는 알파와 오

"세상의 통치자". Maester Dominil

메가가 아가토다이몬(Agathodaemon)을 부르는 주문으로 나온다.

창세기 서두에서 여호와는 하늘과 땅, 공간과 시간을 창조하신 분, 전부를 포괄하는 자로 나타난다(창 1:1). 온 세상을 세우신 분은 누구인가? 누가 그 일을 완수했는가? "이 일을 누가 행하였느냐 누가 이루었느냐 누가 처음부터 만대를 불러내었느냐 나 여호와라 처음에도 나요 나중 있을 자에게도 내가 곧 그니라"(사 41:4). 시작과 끝을 포괄하는 자가 존재의 핵심을 이룬다. 그러므로 여호와는 이렇게 말씀하신다. "나는 처음이요 나는 마지막이라 나 외에 다른 신이 없느니라"(사 44:6). 또 다른 곳에서 이사야는 모든 것을 포괄하는 여호와의 본질, 시작이요 끝이신 존재를 하늘과 땅의 창조에 연관 짓는다: "나는 그니 나는 처음이요 또 나는 마지막이라 과연 내 손이 땅의 기초를 정하였고 내 오른손이 하늘을 폈나니 내가 그들을 부르면 그것들이 일제히 서느니라"(사 48:12~13). 여호와의 천지창조가 없었다면 시작과 끝이라는 개념은 존재하지 않았을 것이다.

요한계시록(1:8)에서 "이제도 있고 전에도 있었고 장차 올" 분이신 하나님이 스스로 "알파와 오메가"라고 칭함으로써 그리스어 알파벳의 첫 글자와 끝 글자가 모든 것을 포괄하고 모든 것을 결정하는 하나님 지배의 상징이 된다. 세상의 시작은 새롭고 끝이 없는 시작이요, 완전한 끝으로서의 완전으로 이행한다. 시작과 끝을 결정하며 동시에 파기하는 전능의 힘을 갖는 하나님은 "새 하늘과 새 땅"을 창조하신다(계 21:1). 새롭게 창조된 하늘과 땅은 하나님의 영원성과 일치한다. 왜냐하면, 하나님은 "알파와 오메가요 처음과 나중이요 시작과 끝"이시기 때문이다(계 22:13).

3세기에 알파와 오메가가 로마 북쪽 변두리 프리실라의 카타콤(Catacomb of Priscilla)의 묘비명에 넣은 기념비에 나타났으며, 4세기 이후 그리스도 모노그램과 연결되어 아리우스주의를 대적하여 그리스도와 성부 하나님과의 동질성을 주장하는 논거가 되었다.

이 두 문자는 부활에 대한 소망의 표현으로서 묘비나 석관 등 장례와 제사의 상징으로도 받아들여졌다. 또 중세 시대에 그려진 이콘에 그리스도의 후광(glory)에 이 문자들을 써넣었다. 산 클레멘테 데 타울(San Clemente de Tahull) 성당 천장 중앙부에 그려져 있던 예수의 초상화인 "마이에스타스 도미니"(Maiestas Domini, "세상의 통치자")에서 볼 수 있다.

양날의 검

양날 검도 다른 무기와 마찬가지로 신비한 힘의 담당자로 간주된다. 사람들은 칼이 불이나 태양과 관계가 있다고 상상하고 칼의 번쩍임을 번개에 비유했다. 소아시아의 기후의 신들은 양날의 검을 상징적인 것으로 지녔고, 로마인들은 생사여탈권을 "칼의 권리"(ius gladii, right of the sword)라고 불렀다.

여호와께서는 아담과 하와를 낙원에서 추방하신 뒤에 에덴동산 동편에 "그룹들과 두루 도는 불 칼을 두어 생명 나무의 길"을 지키게 하셨다 (창 3:24). 이 칼은 격리의 상징이다.

이 무기는 전쟁의 상징으로도 거듭 나타난다. 유다 마카비는 자기 군대에게 승리의 확신을 주기 위해 자신의 꿈 이야기를 해주었다. 꿈속에서 예언자 예레미야가 나타나 그의 오른손을 내밀어 유다에게 황금검을 주며 다음과 같이 말하였다: "하나님의 선물인 이 거룩한 검을 받으시오. 이 검을 가지고 적군을 쳐부수시오"(마카비하 15:16).

적에 대한 여호와의 보복은 생생한 이미지로 묘사된다. "그 날은 주만군의 여호와께서 그의 대적에게 원수 갚는 보복일이라 칼이 배부르게 삼키며 그들의 피를 넘치도록 마시리니"(렘 46:10).

칼은 만군의 여호와 수중에서 징계의 도구가 된다: "나 곧 내가 칼이 너희에게 임하게 하여 너희 산당을 멸하리니"(겔 6:3). 소위 "칼의 노래"(겔 21:8~17)는 시험의 때를 거친 뒤 여호와께서 인간에게 주신 칼을 예언한다: "그 칼이 날카로움은 죽임을 위함이요 빛남은 번개 같이 되기 위함이니…이 칼은 죽이는 칼이라 사람들을 둘러싸고 죽이는 큰 칼이로다…오호라 그 칼이 번개 같고 죽이기 위하여 날카로웠도다 칼아 모이라 오른쪽을 치라 대열을 맞추라 왼쪽을 치라 향한 대로 가라." 따라서 욥은 여호와의 분노의 칼을 주의하라고 경고한다(욥 19:29).

독하고 악의가 있는 말은 날카로운 칼에 비유된다(시 57:4; 64:3). 좋은 의미에서 날카로운 칼이 선지자의 입에서 나오는바 여호와의 말씀의 박력의 상징이 되기도 한다(사 49:2). 시편 45장 3절에서 칼은 구세주의 상징이 된다: "용사여 칼을 허리에 차고 왕의 영화와 위엄을 입으소서." 그것은 생과 사에 군림하는 하나님, 왕이신 그리스도 승리의 무기이다. 하나님의 말씀은 살아 있고 "좌우에 날 선 어떤 검보다도 예리하여 혼과 영과 및 관절과 골수를 찔러 쪼개기까지 한다"(히 4:12). 구세주 예수님은 두 개로 절단한다는 이미지, 지상 것으로부터의 분리(이것이 죽음을 극복하고 통일에 이르는 유일한 길이다)라는 이미지에 맞추어 다음과 같이 말씀하셨다: "내가 세상에 화평을 주러 온 줄로 생각하지 말라 화평이 아니요 검을 주러 왔노라"(마 10:34).

칼은 생과 사에 관계되는 이중 의미가 있는 상징이며, 그 소유와 사용의 성질에 따라 의미가 변한다. 늙은 시므온은 예수님의 모친 마리아에게 "칼이 네 마음을 찌르듯 하리라"고 예언하였다(눅 2:35). 이것은 그녀를 기다리고 있는 괴로움과 비탄의 상징적 암시이다. 밧모섬의 예언자 요한은 인자에 대해 묘사하면서 그 입에서 좌우에 날 선 검이 나온다고 말한다(계 1:16; 2:12).

중세 말기의 세계 심판의 그림에 그리스도의 입에서 좌우에 날 선 검이 등장한다. 이것은 영겁의 벌을 받는 사람들에게 내려진 하나님의 판결을 상징한다. 하나님을 위해 싸우는 자, 저승의 세력에 승리하는 자인 대천사 미가엘은 종종 양손으로 한 자루의 칼을 든 모습으로 묘사된다.

로마의 『주교용 예식서』(Pontificale Romanum)에 의하면 국왕의 축성 의례에 사용되는 칼에는 성사의 의미가 있다. 따라서 주교는 "용사여 칼을 허리에 차고"(시 45:3)라고 말하면서 왕에게 칼을 넘겨주었다. 사도 바울이 두 자루의 칼과 함께 묘사된 경우 첫째 칼은 그의 순교의 모습을 의미하며, 둘째 칼은 "영혼의 칼"로서 그의 신앙의 힘과 하나님 말씀의 계시를 암시한다.

양털(羊毛)

양털은 더러운 것을 빨아내는 힘이 있기 때문에 정화(淨化)의 의미를 지닌다. 엘레우시스 밀교에 가입한 자는 오른손 손가락 끝 관절 둘레에 양털로 꼰 실을 감았다. 주피터의 사제가 몸에 걸친 토가(toga)는 양털로 짠 것이었다. 이에 반해 이집트인과 오르페우스 교도(Orphist)는 양털을 불순한 것으로 여겼다. 그들은 양의 털을 깎는 것을 죽음의 상징으로 보았으므로 도살된 짐승의 일부를 종교 제례의 옷에 이용하기를 거부했다.

이스라엘 백성 사이에서 양의 털을 깎는 일은 일종의 축제로 집행되었다. 간교한 지혜가 많았던 압살롬은 양털 깎는 때를 복수에 이용하여 다윗의 왕자 모두를 초대하여 남김없이 죽이려 했다(삼하 13:23~33). 양털 깎기가 끝나면 마지막 털을 성소에 바쳐야 했다(신 18:4). 양털은 대개 희거나 깨끗하다고 묘사된다.

다니엘의 환상에서 보좌에 앉으신 "옛적부터 항상 계신 이"의 옷은 눈과 같이 희고 그 머리털은 "깨끗한 양의 털"과 같았다(단 7:9). 여호와는 그 창조력으로 눈을 양털 같이 내리게 하신다(시 147:16).

흰 양털은 무구(無垢)함의 상징이다. 하나님은 말씀에 귀 기울이는 자에게 이렇게 약속하신다: "오라 우리가 서로 변론하자 너희의 죄가 주홍같을지라도 눈과 같이 희어질 것이요 진홍같이 붉을지라도 양털 같이 되리라"(사 1:18).

홍색(양모) 실은 정결하게 하는 데 사용되었다: "그 집을 정결하게 하려고 새 두 마리와 백향목과 홍색 실과 우슬초를 가져다가 그 새 하나를 흐르는 물 위 질그릇 안에서 잡고…그는 새의 피와 흐르는 물과 살아 있는 새와 백향목과 우슬초와 홍색 실로 집을 정결하게 하고 그 살아 있는 새는 성 밖 들에 놓아 주고 그 집을 위하여 속죄할 것이라 그러면 정결하리라"(레 14:49~53). 대제사장은 성전에서 하나님을 섬길 때 가는 베로 만든 옷을 입어야 하며, 양털로 만든 의복을 입는 것은 금지되었다(겔 44:17). 다니엘의 환상을 연상시키는 요한계시록에서 "인자 같은 이"의 머리와 털은 희기가 "흰 양털 같고 눈 같으며 그의 눈은 불꽃" 같았다(계 1:14).

어둠

태초에 어둠이 있었다. 모든 것은 하나님 계시의 빛에 의해서만 완전한 밝음에 달한다. 계시의 빛을 받지 않은 눈, 참으로 열려 있지 않은 눈으로 볼 때 어둠은 닫힌 암흑의 세계에 불과하다. 그런 까닭에 죄에 빠져 흐려진 인간의 눈으로 볼 때 어둠은 비밀스럽고 무섭고 위험한 것,

더 나아가 악의 소굴처럼 비친다.

고대 메소포타미아와 이집트의 전승에 의하면 어둠은 아직 형태를 이루기 전의 혼돈된 것, 창조 이전의 상태를 상징한다. 이 암흑 속에 신들 및 인간에게 대적하는 세력들이 살고 있는데, 그 세력들은 종종 동물의 모습(용이나 뱀)으로 상상되었다.

구약성경의 인간에게 있어서 어둠은 빛이 결여된 상태가 아니라 빛과 마찬가지로 물질적인 것, 창조된 것이었다: "나는 빛도 짓고 어둠도 창조하며"(사 45:7). 하나님은 빛과 어둠의 피안에 존재하신다. "낮도 주의 것이요 밤도 주의 것이라"(시 74:16). 상징 사고에 의하면 어둠은 태초의 상태, 원초의 상태와 결부된다: "땅이 혼돈하고 공허하며 흑암이 깊음 위에 있고"(창 1:2).

어둠 속에 있는 심연의 물, 태초의 물속에서 빛에 의해 피조물이 생겨나는바, 그것은 "제1 질료"였다. 어둠은 선에 의해 형태가 갖춰지지 않으면 어떠한 법칙에도 묶여 있지 않은 원물질의 특성 중의 하나이다. 구체적 이미지가 정신화되어서 암흑이라는 개념에 규칙 없는 상태, 또는 신으로부터의 이반(離反)이라는 관념이 결부되었다(예를 들면, 욥기 36:20).

예언자의 눈에는 심판 날에 하나님께 등을 돌리는 자들에게 어둠이 덮치는 광경이 보였다: "너희가 어찌하여 여호와의 날을 사모하느냐 그 날은 어둠이요 빛이 아니라"(암 5:18).

신약성경에서 밤은 악의 세력권을 의미한다: "밤에 다니면 빛이 그 사람 안에 없는 고로 실족하느니라"(요 11:10). 그러나 그리스도를 따르는 자는 어둠 속에 서는 일이 없다. "너희는 다 빛의 아들이요 낮의 아들이라 우리가 밤이나 어둠에 속하지 아니하나니"(살전 5:5).

밤과 관계된 것은 죽음 및 음부의 것과 밀접한 관계에 있다. 예수께서 운명하시는 순간에 온 땅을 덮은 어둠(눅 23:44)은 고대 기독교도들에게 그리스도의 "지옥행"의 가시적 표시였다. 요한계시록에 종말의 날에 악에 대한 승리와 죽음의 극복을 상징하는 예언의 말이 기록되어 있다: "다시 밤이 없겠고 등불과 햇빛이 쓸데없으니 이는 주 하나님이 저희에게 비취심이라"(계 22:5).

그리스도는 어둠에서 태어나셨다. 이것은 그리스 정교회의 전통에서 탄생의 동굴이라는 이미지를 통해 아직도 역설되고 있는 점이다. 2세기 말의 것인 『야고보 복음서』(The proto-Gospel of James, 이 기록은 예수의 형제 야곱의 이름을 빌려서 기록되었는데, 주후 150년경에 널리 회람되었다. 예수의 어머니 마리아의 출생부터 시작했다고 해서 원 복음서[proto Gospel]이라고 불린다)는 예수님의 동굴에서의 탄생 경위를 상세히 보고하고 있다.

그리스도의 탄생일을 12월 25일로 정한 것도 빛과 어둠의 관점에서 이해할 수 있다. 즉 밤이 가장 긴 동지(冬至)를 기점으로 낮이 더 길어지는 현상을 보고 태양신 "라"의 탄생일로 제정하고 축제를 벌였는데, 이 로마의 축제일을 크리스마스로 정한 것이다.

어린양과 염소

양은 악의가 없고 안내심이 강하기 때문에 경건한 사람을 나타내는 상징이 되었고, 종교 언어에서 하나의 은유, 즉 "하나님의 목자"와 호응해서 한 쌍을 이루었다. 염소는 풍요, 또는 생식력의 상징으로 간주하였다.

고대 이집트의 다산(多産)과 창조의 신 쿠눔(Khnum, Chnum, Knum, Khnemu)은 나일강의 신이다. 크눔은 폭포 지대의 신으로서 굽은 뿔이 난 수양의 머리를 한 남성으로 표현되었다.

어린 양과 염소는 고대 오리엔트와 지중해 연안에서 제물로 바쳐진 희생물이었다. 그리스의 전설에서 제물로 정해졌지만, 제우스가 보낸 황금털의 양 때문에 플릭소스(Phrixos) 왕자가 살아났다. 이 황금양이 그 후 인간을 대신하여 제우스에게 희생물로 바쳐진다. 특별한 의미가 있었던 것은 제사의 희생물인 염소인데, 프리기아(Phrygia) 지방에서는 아티스(Attis)의 비밀의식 기간에 벌목된 노송나무 옆에서 한 마리의 염소를 도살하였는데, 이것은 태양 숭배 및 따뜻하고 풍부한 결실의 계절이 다시 오도록 희망하는 것과 관련이 있었다고 생각된다. 히타이트인들은 태양신에게 흰 어린 양을 제물로 바쳤다.

성경에 등장하는바 목자에 대한 양의 순종과 신뢰는 인간의 하나님에 대한 관계의 상징이다. 모세는 여호와께 "여호와의 회중이 목자 없는 양과 같이 되지 않게 하옵소서"라고 아뢰었다(민 27:17). 여호와는 "목자 같이 양 떼를 먹이시며 어린 양을 그 팔로 모아 품에 안으시며 젖 먹이는 암컷들을 온순히 인도하신다"(사 40:11). 도살장에 끌려가는 어린 양은 가장 흔한 희생물이었다. 매일 아침과 저녁에 일 년 된 어린 양 한 마리를 제단에 바쳤다(출 29:38~39). 상징적 관점에서 구약에 등장하는 이 희생의 어린 양들은 신약에서 인류를 위해 희생으로 바쳐진 어린 양을 상징한다. 그런 의미에서 이사야서에 하나님의 종에 관한 예언적인 말이 기록되어 있다. "그가 곤욕을 당하여 괴로울 때에도 그의 입을 열지 아니하였음이여 마치 도수장으로 끌려가는 어린 양과 털 깎는 자 앞에서 잠잠한 양 같이 그의 입을 열지 아니하였도다"(사 53:7).

아람어에서 "종"과 "어린 양"을 의미하는 말이 같은 것은 단순한 우연 이상의 뜻이 있다. 아브라함과 이삭의 사건에서 밝혀진 것처럼 아브라함은 수풀에 뿔이 걸린 숫양을 가져다가 아들을 대신하여 번제로 하나님께 드렸다(창 22:13). 하나님의 군대가 이집트의 모든 처음 난 것을 치는 패망의 밤을 앞둔 저녁 유월절의 어린 양도 대속물이었다(출

12:1~14). 왜냐하면 여호와는 집 문 좌우 설주와 인방에 칠해진 어린 양의 피로 이스라엘 사람들의 집에는 재앙이 내리지 않고 지나갔기 때문이다. 어린 양의 피는 하나님의 분노로부터 몸을 보호하는 속죄의 수단일 뿐만 아니라 유월절 만찬에 둘러앉은 신앙심 깊은 사람들의 표시이기도 하다.

어린 양의 뼈를 꺾어서는 안 된다는 것은 의미가 깊다(출 12:46). 이날 밤을 잊지 않기 위해서 매년 유월절을 기념하여 지켜야 했다. 그리하여 매년 2, 3월(태양력 3-4월) 14일에 가장들은 하나님과 그 백성을 화해시켜 결합하는 구원의 표시로서 예루살렘 성전 뜰에서 하나님이 정하신바 흠 없는 일 년 된 어린 양을 희생으로 바쳤다.

희생의 어린 양과 함께 속죄의 염소도 그리스도를 암시한다: "아론은 그의 두 손으로 살아 있는 염소의 머리에 안수하여 이스라엘 자손의 모든 불의와 그 범한 모든 죄를 아뢰고 그 죄를 염소의 머리에 두어 미리 정한 사람에게 맡겨 광야로 보낼지니"(레 16:21). 인간을 죄에서 구하고 해방하기 위해 여러 가지 죄를 짊어진 산 염소가 광야로, 죽음으로, 악마의 품으로 내몰리는 것이다.

세례 요한은 예수 그리스도가 고난을 짊어진 하나님의 종이요 유월절의 어린 양이심을 알고서 "보라 세상 죄를 지고 가는 하나님의 어린 양이로다"라고 말했다(요 1:29).

예수님은 잡히시기 전날 밤에 제자들과 함께 유월절 만찬을 베푸셨다. 그때 하신 말씀을 들으면 예수께서 자신을 유월절 어린 양으로 간주하고 계셨음이 분명하다. 예수께서는 "받아서 먹으라 이것은 내 몸이니라…너희가 다 이것을 마시라 이것은 죄 사함을 얻게 하려고 많은 사람을 위하여 흘리는바 나의 피 곧 언약의 피니라"(마 26:26~28)고 말씀하셨다.

예수님은 성전에서 유월절 어린 양이 잡히는 시간과 같은 시각에 죽으셨다. 유월절 희생양의 뼈를 꺾으면 안 되었던 것처럼, 예수님도 뼈를 꺾이지 않았다. 그것은 "그 뼈가 하나도 꺾이지 아니하리라 한 성경을 응하게 하려 함"이었다(요 19:31~36).

바울은 "우리의 유월절 양 곧 그리스도께서 희생이 되셨느니라"(고전 5:7)라고 직접적으로 묘사했다. 베드로는 신자들이 구속된 것은 부질없는 것에 의한 것이 아니라 "오직 흠 없고 점 없는 어린 양 같은 그리스도의 보배로운 피로 된 것"이라고 지적한다(벧전 1:19). 요한계시록에 기록된바 보좌의 어린 양도 희생의 상처를 지니고 있어 "일찍 죽임을 당한 것" 같았다(계 5:6).

최후 심판의 날 임금들과 왕족들과 장군들과 부자들은 산과 바위 틈에 숨어 "우리 위에 떨어져 보좌에 앉으신 이의 얼굴에서와 어린 양의 진노에서 우리를 가리라"고 소리친다(계 6:16). 그러나 "보좌 가운데에 계신 어린 양"이 "어린 양의 피에 그 옷을 씻어 희게 한 자들"의 목자가 되어 그들을 생명 샘으로 인도하실 것이다(계 7:14~17). 하나님 나라의 완성은 어린 양의 모습을 한 그리스도와 그 아내인 하나님의 회중의 혼인으로 비유되어 있다(계 19:7).

예수님은 양무리를 먹이는 목자라는 구약성경의 이미지를 받아들이셨다. 예수님은 베드로에게 "내 어린 양을 먹이라"고 말씀하셨다(요 21:15). 최후 심판 때 인자이신 예수님이 모든 민족을 "목자가 양과 염소를 구분하는 것 같이" 구분하신다(마 25:32). 교회는 영원한 유월절을 기념한다. 즉 "세상의 죄를 지고 가신 하나님의 어린 양"을 끊임없이 상기한다.

상징으로 어린 양은 세례 요한이다. 왜냐하면, 요한이 하나님의 어린 양을 가리키기 때문이다. 성경해석자들은 양털 뭉치(삿 6:37~40)를 마리아의 상징이라고 해석하였다. 마리아가 "예수를 수태할 때 그녀의 모든 존재로 그를 맞아들였으며, 더욱이 아무런 육체적 손상을 입지 않았기 때문이다."

어부

포수와 목동과 함께 어부는 철저히 자연에 의존한다고 여겨진 고대의 직업 중 하나이다. 고대 오리엔트의 여러 문서에 신적인 어부와 생각하는 존재가 자주 등장한다. 수메르의 신 둠지도 "어부"라고 불린다. 히타이트의 옛이야기에 아이 없는 어부와 그 아내가 태양신의 아이를 자기들의 아이로 키우는 이야기가 있다.

하박국서에서 하나님의 뜻의 실천자로서 강대국 갈대아는 하나님의 뜻의 실천자로서, 물고기로 표현된바 하나님을 거역한 이스라엘 민족을 "낚시로 모두 낚으며 그물로 잡으며 투망으로 모았다"(합 1:14~15). 여러 나라로 뿔뿔이 흩어진 이스라엘 민족은 하나님의 명령을 받은 많은 포수에게 사냥되었고, 그들을 낚기 위하여 많은 어부가 파견된다: "보라 내가 많은 어부를 불러다가 그들을 낚게 하며 그 후에 많은 포수를 불러다가 그들을 모든 산과 모든 언덕과 바위 틈에서 사냥하게 하리니"(렘 16:16).

예수님이 택하신 첫째 제자는 어부였다(막 1:16~20). 예수님은 베드로가 많은 고기를 잡게 하신 후 그에게 "무서워 말라 이제 후로는 네가 사람을 취하리라"고 말씀하셨다(눅 5:10). 천국은 그물로 비유된다: "또 천국은 마치 바다에 치고 각종 물고기를 모는 그물과 같으니 그물에 가득하매 물가로 끌어내고 앉아서 좋은 것은 그릇에 담고 못된 것은 내버리느니라"(마 13:47~48).

2세기 말 이후 세례는 낚싯바늘과 그물에 잡힌 물고기의 이미지로 표현되었다. 어부는 세례자를, 물고기는 세례를 받는 자를 상징한다. 수녀원장이었던 란츠베르크(Landsberg)의 헤라트(Herrad, 1130-1195)의 『기쁨의 동산』(Hortus deliciarum)에서 아버지이신 하나님이 어부로 등장하여 십자가의 바늘로 악의 상징인 악어를 낚아 올린다. 오스트리아 북부에 있는 트라운키르헨(Traunkirchen) 교회의 설교단은 고깃배의 형태로 만들어져 세베대의 아들 야곱과 요한이 그물을 끌어 올리고 있다.

어부 상징은 오늘날에 이르기까지 영향력을 발휘하고 있다. 그 예로 가톨릭교회의 교황반지, 또는 어부의 반지(Ring of the Fisherman, Fisherman's Ring, Pescatorio)가 있는데, 어부의 반지라고 불리는 이유는 최초의 교황인 베드로가 어부였고 반지에 그물을 던지는 성 베드로의 그림이 새겨져 있기 때문이다.

어깨

어깨는 짐을 운반하는 기능을 한다. 튼튼한 어깨로 인생의 무거운 짐을 지며, 또 책임을 질 수 있는 자는 복 있는 사람이다. 어깨의 상징적 의미는 "어깨를 감싼다" 혹은 "어깨를 잡는다"는 형태로 고대 오리엔트에서 발견된다. 이집트에서 어깨에 손을 얹는 행위는 국가나 당국에 의한 책임 위양(委讓)의 가시적 표시였다.

임종을 앞둔 야곱은 아들 잇사갈에 대해서 "잇사갈은 양의 우리 사이에 꿇어앉은 건장한 나귀로다 그는 쉴 곳을 보고 좋게 여기며 토지를 보고 아름답게 여기고 어깨를 내려 짐을 메고 압제 아래에서 섬기리로다"고 예언하였다(창 49:14~15).

어깨는 충실한 봉사의 상징이다: "모세가 여호와의 말씀을 따라 명령한 대로 레위 자손이 채에 하나님의 궤를 꿰어 어깨에 메니라"(대상 15:15). 패역한 이스라엘 백성은 "고집하는 어깨를 내

그리스도를 어깨에 맨 성자. 쿠엔틴 마시스(Quentin Massys, 1465~1530)

밀며 목을 굳게 하여 듣지 아니하였다"(느 9:29). 그들은 듣기를 싫어하여 등을 돌리며 듣지 아니하려고 귀를 막았다(슥 7:11). 굳은 목과 돌린 어깨는 불순종의 상징이다.

그러나 여호와는 순종하는 자의 어깨에서 짐을 벗겨 주신다(시 81:6). "그들이 무겁게 멘 멍에와 그들의 어깨의 채찍과 그 압제자의 막대기를 주께서 꺾으시되"(사 9:4). 여호와는 자기 백성의 어깨에서 앗수르가 부과한 무거운 짐을 벗겨주신다(사 14:25).

지배자의 책임, 즉 지배받는 자들에 대한 봉사의 의무는 그리스도를 가리키는 말인 "그 어깨에는 정사를 메었다"에 나타나 있다(사 9:6). 책임 있는 봉사자인 아론은 여호와 앞에서 이스라엘 자손들의 이름을 새겨 넣은 보석을 두 어깨에 짊어졌다(출 28:12). 만군의 주 여호와는 충실한 종 엘리아김의 어깨에 다윗 집의 열쇠를 두고 그를 예루살렘의 지배자로 명하셨다(사 22:22).

임종을 앞둔 모세는 베냐민 지파에 대하여 "여호와께서 그를 날이 마치도록 보호하시고 그를 자기 어깨 사이에 있게 하시리로다"라고 말했다(신 33:12). 이것은 예루살렘 성소를 감싸고 있는 산등성이를 의미한다

고 생각된다. 온유한 목자가 잃었던 양을 찾고 기뻐하며 어깨에 메는 것은 봉사, 즉 지배의 상징이다(눅 15:5).

중세 로마교회는 이사야서 9장 6절의 "그 어깨에는 정사를 메었다"에 근거를 두고서 왕을 성별할 때 머리에 기름을 붓던 것을 어깨에 붓는 것으로 고쳤다. 로마 가톨릭교회는 신부의 성별에 있어서 사제가 복음서를 성별을 받는 자의 목과 어깨, 그리고 양손에 둔다.

언약궤

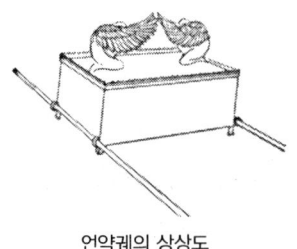

언약궤의 상상도

여러 종류의 상자, 궤, 함 등은 자연 속에서 동굴이 하는 것과 같은 역할을 한다. 그것은 내면적인 것, 비밀스럽게 채운 것을 숨기고 보호한다. 이집트에서는 신적 존재의 상이 들어 있는 성궤가 신전에서 독자적인 공간을 차지하며, 성궤는 하늘의 모양을 본뜬 하늘의 상징으로 간주되었다.

궤나 상자는 간단하게 말하면 관이며, 그 안에 들어 있는 내용물은 생명의 상징이다. 이집트인은 관을 "생명의 주"라고 불렀다. 세트(Seth)가 준비한 관은 오시리스가 새로운 삶으로 이행하는 통로 구실을 하는 결과가 되었다. 엘레우시스 밀교(Eleusinian Mysteries)에서 신비한 궤의 내용물이 무엇인지 분명하지 않지만(남근, 혹은 이삭), 그것이 생명의 상징임은 틀림없다.

구약성경에서 여호와의 언약궤는 산과 동굴과 관련되어 있다. 그것은 하나님의 지시에 따라 시내산 기슭에서 만들어졌다(출 25:10~12). 예언자 예레미야는 그것을 적으로부터 보호하기 위해 동굴에 숨겼다: "예레미야는 모세가 하나님께서 주신 땅을 보려고 올라 갔던 그 산으로 갈 때에 하나님의 지시를 받고 장막과 언약궤를 따라 다니게 하였습니다. 예레미야가 그곳에 이르렀을 때에 동굴 속에서 방을 하나 발견하고 그 속에서 장막과 계약궤와 분향제단을 안치했습니다 그리고는 그 입구를 막아 버렸습니다"(마카비하 2:4~5).

산과 궤는 신이 현존하는 곳으로 볼 수 있다. "하나님의 궤"라는 표현(삼상 3:3)은 언약궤를 하나님 재림의 표시로 본다는 말이다. 히브리어 *arown*(궤, 함)은 요셉의 관에도 사용되고 있다(창 50:26). "언약궤"(aron habberit)라는 말은 여호와와 이스라엘 백성의 언약의 표시인 십계명을 기록한 두 돌판을 궤 안에 넣었다는 기록에서 등장한다(왕상 8:9). 여호와는 모세에게 "내가 네게 줄 증거판을 궤 속에 두라"고 명령하셨다(출 25:16). 궤 뚜껑(속죄소) 위에는 날개를 펴서 신성한 것을 감싸는 두 개의 황금 그룹이 달려 있었고, 대제사장은 이 속죄소에서 백성과 하나님의 화해를 도모하는 속죄의 의식을 집행했다(레 16:15~16). 예레미야는 언약궤가 필요하지 않을 때가 도래할 것이라고 예언했다(렘 3:16). 다윗은 언약궤를 "우리 하나님의 발등상"이라고 했다(대상 28:2).

신약성경은 구약성경의 사적을 돌아보면서 언약궤의 내용물을 확대하여, 그 안에 "만나를 담은 금 항아리와 아론의 싹난 지팡이와 언약의 돌판들"(히 9:4)이 있다고 말한다. 그러나 만나와 아론의 지팡이는 하나님이 택함을 받은 자들에게 허락해주시는 생명의 상징에 불과하다. 하나님이 선택하신 백성과의 언약을 언젠가 이루어 주겠다고 약속한 것을 성취하시는 가시적 표시로서 요한은 하늘에 있는 하나님의 성전이 열려 "하나님의 언약궤가 보이는" 모습을 목격한다(계 11:19).

여기서 언약궤는 장래에 성취되어야 할 완성의 상징이다. 언약궤는 그 신성하면서 경외해야 할 내용물 때문에 신약성경의 신비, 성육하신 하나님의 아들을 둘러싼 여러 가지 신비를 나타내는 상징이 되었다. 하나님의 말씀을 담은 신성한 궤는 로고스(하나님 말씀, 혹은 그 구현이신 예수 그리스도)의 상징이 된다.

여우

고대 그리스·로마에서 여우는 붉은색을 띠고 있기 때문에 불의 정기로 여겨졌다. 그리하여 곡물의 화상(예, 흑수병, burnt)을 막기 위해서 여우의 꼬리에 타는 햇불을 묶어 밭 가운데로 쫓아다니기도 했다.

간교한 지혜와 악의라는 특성이 성경의 여우상을 결정한다. 작은 여우가 꽃이 핀 포도원을 망친다(아 2:15). 예루살렘의 멸망을 탄식하는 예레미야 애가에서는 황무한 시온산을 여우가 배회하고, 그 결과 사람들의 마음이 즐거움을 잊고 애통한다고 했다(애 5:15, 18). 이 교활한 동물은 적의 편에 선다. 그러므로 예루살렘 성벽 건축을 본 암몬 자손 도비야는 조소를 섞어 말한다: "그들이 건축하는 돌 성벽은 여우가 올라가도 곧 무너지리라"(느 4:3).

여우의 꼬리에 불을 붙인 홰를 달아서 곡식단에 몰아들이는 삼손.
―성 루이의 시편 사본에서 발췌(13세기)

그러나 삼손은 여우나 적보다 훨씬 현명하였다. 그는 여우 삼백 마리를 잡아 꼬리에 꼬리를 서로 비끄러매고는 그 두 꼬리 사이에 가지고 간 홰를 하나씩 매달

앉다. 그는 그 홰에 불을 붙여 블레셋 사람의 곡식 밭으로 내몰았다(삿 15:4~5).

예수 그리스도는 헤롯의 살의를 알리는 바리새인들에게 아버지 하나님의 말씀을 근거로 전혀 흔들림 없이 말씀하셨다: "가서 저 여우에게 이르되 오늘과 내일은 내가 귀신을 쫓아내며 병을 고치다가 제삼 일에는 완전하여지리라 하라"(눅 13:32).

중세 시대 성경해석자들은 포도원을 망치는 작은 여우를 참된 신앙을 위협하는 이교도로 보았다.

미술에서 여우는 악한 것, 음부의 것을 상징한다. 예를 들면 성당의 조각 중에 여우가 수도복을 입고 거위들에게 말씀을 낭독하면서 거위들을 덮칠 기회를 엿보고 있는 광경 등이 그것이다.

열쇠

오리엔트 지방에서는 도시 문화의 발달로 일찍부터 문을 잠그는 데 목제나 청동제의 빗장이 이용되었다. 종종 이 빗장에 부속되는 열쇠는 대단히 컸는데, 궁전의 문과 성문의 열쇠를 문에 붙여 운반할 정도였다.

고대인들은 천국이나 음부가 모두 문으로 닫혀 있다고 생각했기 때문에 열쇠는 종교 관념에서도 적지 않게 중요한 역할을 했다. 예를 들면 그리스 신화에 나오는 헤카테(Hecate)는 저승으로 통하는 문을 지키는 문지기로서 하데스(음부)에 들어가는 열쇠를 소유하고 있었다. 3세기 이집트 영지주의(Gnosticism) 문서인 『믿음의 지혜』(Pistis Sophia)에서 "열쇠"라는 말은 상징적으로 신앙의 진리를 구하는 자에게 천국의 문을 열어주는 것을 의미한다. 신축된 집의 열쇠, 또는 정복된 마을의 열쇠를 넘기는 것은 토지, 재산, 혹은 권력의 양도를 표현하는 것이다.

성경에서 열쇠를 언급하지는 않지만 몇 부분에서 "닫히다"라는 상징적 이미지가 보인다. 포학한 자의 "마음은 기름에 잠겼으며"(시 17:10)는 마음의 문을 닫는다는 뜻이다.

하나님이 진노하시면 은혜 베푸심을 잊고 그 긍휼을 막으신다(시 77:9). 하나님이 진노하시면 비를 내리지 않으려고 하늘 문을 닫으신다(신 11:17).

이사야서에서 하나님의 뜻에 합당한 엘리아김이 정권을 맡는 부분(사 22:21~22)은 후일 매우 중요한 의미를 띠게 된다. 여호와는 "그가 예루살렘 주민과 유다의 집의 아버지가 될 것이며 내가 또 다윗의 집의 열쇠를 그의 어깨에 두리니"라고 말씀하셨다. 다윗의 집은 후일 교회로 해석되며, 충실한 종 엘리아김은 구세주의 이미지로 간주하였다.

그리스도는 베드로에게 천국 열쇠를 주셨다: "내가 천국 열쇠를 네게 주리니 네가 땅에서 무엇이든지 매면 하늘에서도 매일 것이요 네가 땅에서 무엇이든지 풀면 하늘에서도 풀리리라"(마 16:19).

맺고 푸는 이중 열쇠를 베드로에게 주시는 그리스도. ―성 안셀무스의 명상록의 부분(12세기

열쇠는 지식의 문을 여는 것의 상징도 된다. 그 때문에 주님은 율법사들에게 "너희가 지식의 열쇠를 가져가서 너희도 들어가지 않고 또 들어가고자 하는 자도 막았느니라"(눅 11:52)라고 말씀하셨다. 이것은 율법사들이 하나님의 지식에 이르는 문을 닫았다는 뜻이다.

하나님은 음부의 입구를 열쇠로 여신다. 다섯째 천사가 나팔을 불 때 요한은 "하늘에서 땅에 떨어진 별 하나가 있는데 그가 무저갱의 열쇠"를 받는 것을 보았다(계 9:1). 천년왕국 건설 때 천사가 무저갱 열쇠와 큰 쇠사슬을 가지고 하늘에서 내려와 어둠의 세력을 붙잡아 결박하여 무저갱 속에 던져 넣고 잠근다(계 20:1). 음부의 지배자에게 힘을 발휘할 수 있는 분은 동시에 사망과 음부의 열쇠를 소유하며 죽은 자들의 세계의 문을 열어 죽은 자들을 소생시키는 힘도 갖고 있다(계 1:18).

초기 기독교 저술가들은 엘리아김의 열쇠를 그리스도께서 천국 문을 여는 데 사용한 십자가라고 해석했다. 5세기 이후의 석관과 모자이크화에는 베드로에게 열쇠를 주는 모습이 그려져 있다. 시대가 흐르면서 베드로의 상이 교회의 정면 현관에 세워졌는데, 이 상(像)은 맺고 여는 힘의 상징인 큰 이중 열쇠를 갖고 있다. 상징적으로 믿음이 열쇠로 나타나는 경우도 있는데, 이 열쇠는 불변하는 믿음을 나타낸다.

오른쪽과 왼쪽

좌우라는 대립하는 짝의 상징적 의미는 양손에 관한 인간의 일상적 경험에서 유래한다. 인간의 압도적인 다수가 오른손잡이이다. 그런 까닭에 오른손은 "의롭고 우월한 손"이며, 사람은 오른손에 성공과 행복을 기대한다. 이에 반해서 왼손은 서투른 손, 즉 재주 없는 손이며 불행을 초래할지도 모른다. 치료 분야에서 동종요법(homeopathy)의 원칙, 즉 "동종의 것은 동종으로 치유된다"(similia similibus curantur)라는 원칙에 따라 고대 오리엔트에서 왼손은 마귀를 쫓는 역할을 한다고 생각했다. 이집트에서는 종교 행렬 때 이시스의 왼손을 운반했다.

많은 민족이 몸의 오른쪽 절반은 남성적이며 하늘을 지향하고, 왼쪽 절반은 여성적이며 땅에 속한다고 여겼다. 오른쪽은 태양의 편이고, 왼쪽은 달의 편이다. 팔미라(Palmyra, 구약에서 "다드몰"[대하 8:4])의 최고신 벨(Bel)은 왼쪽에는 달의 신, 오른쪽에 태양의 신을 거느리고 있었다.

창세기에서 오른쪽과 왼쪽은 대립 개념으로 나온다. 야곱이 손자들을 축복할 때 므낫세의 머리에 왼손을 얹었는데, 이것은 작은 축복을 의미한다. 그러나 동생 에브라임에게는 오른손을 얹었는데, 이것은 동생이 형인 므낫세보다 "큰 자가 되고 그 자손이 여러 민족을 이루리라"는 것을 의미했다(창 48:13~19).

난산으로 죽음을 맞은 라헬은 숨을 거두기 직전에 자신이 낳은 아들을 "베노니", 즉 "슬픔의 아들"이라 명명했으나, 아버지는 "베냐민", 즉 "오른손의 아들"이라 불렀다(창 35:18). "오른손의 아들"이란 "구원의 아들"이라는 의미이다.

하나님의 오른손(Dextera Dei)은 능력과 지배의 상징이다. "여호와여 주의 오른손이 권능으로 영광을 나타내시니이다 여호와여 주의 오른손이 원수를 부수시니이다"(출 15:6). 오른쪽은 영광의 자리이므로 솔로몬은 어머니 밧세바를 자신의 우편에 앉게 했다(왕상 2:19). 왕에게는 하나님의 오른쪽, 영광의 자리가 적합하다(시 110:1). 하나님을 의뢰하는 자는 항상 여호와를 앞에 모시며 "그가 나의 오른쪽에 계시므로 내가 흔들리지 아니하리로다"라고 노래한다(시 16:8).

좌우가 대립 개념으로서 선과 악의 상징도 된다. 니느웨 주민이 좌우를 분변하지 못하였다는 것은(욘 4:11) 그들이 옳은 것과 부정한 것을 구별하지 못했다는 말이다.

예수님의 죽음을 슬퍼하던 여인들이 예수님의 무덤에 들어가서 흰옷을 입은 한 청년이 우편에 앉은 것을 보고 놀랐는데, 이 청년은 여인들에게 예수님이 부활하셨음을 알렸다(막 16:5). 여기서 우편은 영예의 자리를 나타내기보다는 그곳에 자리하고 있는 자가 우편, 즉 거룩한 편에 있으므로 그의 말이 진실임을 나타낸다.

오른편이 좋은 편인 까닭에 부활하신 그리스도는 오른편을 차지하신다. 즉 그리스도는 "하나님의 우편에 앉으셨다"(막 16:19). 이리하여 구세주에 관한 구약 성경의 예언이 성취된다(눅 20:41~42).

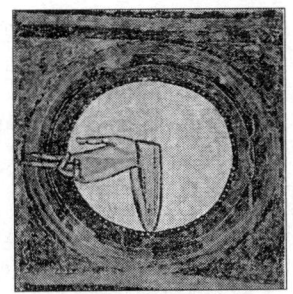
하나님의 오른손

최후의 심판 장면에서 오른편은 종말론적 의의를 띤다. 인자가 오셔서 양들을 자기의 오른편에 두고 그의 나라에 받아들이신다. 염소들, 즉 저주받은 자들은 그의 왼편에 놓여 마귀에게 넘겨진다(마 25:33~41). 해가 뜨는 방향인 동쪽, 그리고 낮에 호응하는 남쪽은 좋고 바른 우편으로 간주하고, 서쪽과 북쪽은 재앙을 초래하는 쪽, 몰락과 밤을 지향하는 좌편으로 간주하였다.

미술에서 "성전의 앞면이 동쪽을 향하였는데, 그 문지방 밑에서 물이 나와 동쪽으로 흐르다가 성전 오른쪽 제단 남쪽으로 흘러내리더라"(겔 47:1)는 말씀에 기초를 두고 구속자의 옆구리 상처가 왼쪽에 있음에도 불구하고 오른편 가슴 부근으로 묘사되었다. 세 개의 못으로 십자가에 달리신 예수님의 양쪽 발 중에서 오른발이 항상 왼발 위에 겹쳐져 있는데, 이것은 악에 대한 선의 지배, 감성적이고 육적인 것에 대한 정신적이고 영적인 것의 지배를 암시하려 한 것이다.

십자가의 오른편에 있는 것들은(마리아, 회개하는 도적, 태양) 유대 회당의 원형으로 보았다.

올무(밧줄)

고대 오리엔트의 비석에 포로들이 밧줄에 묶여 끌려가는 장면이 잘 묘사되어 있다. 베다 종교에서 야마라자(Yamarāja, 閻魔王)라 불리는 죽음의 신은 사람의 혼을 포박한다. 이 점에서 고대 로마의 시인 호라티우스(Quintus Horatius Flaccus)의 인간을 잡는 죽음의 끈이라는 표현을 상기시킨다.

밧줄에 묶인 것은 도덕적으로 깊은 죄에 빠져 있음의 표현이기도 하다. 생의 유혹은 악인이 장치한 올무에 비유된다(시 119:110). "교만한 자가 나를 해하려고 올무와 줄을 놓으며 길 곁에 그물을 치며 함정을 두었나이다"(시 140:5). 하나님의 백성이 우상을 섬기는 사람들을 동정하는 것은 그들에게 "올무"가 된다(신 7:16). 나아가 거짓 신들 자체가 올무가 된다(삿 2:3). 하나님을 경외하지 않는 사람은 자기의 불신앙의 밧줄에 묶인다. 즉 "악인은 자기의 악에 걸리며 그 죄의 줄에 매인다"(잠 5:22).

밧줄, 혹은 포승은 구속, 속박의 상징이다. 삼손은 블레셋 사람에게 결박되었는데, 여호와의 영이 그에게 임하시니 그의 팔을 동여매었던 밧줄이 불에 탄 삼 오라기같이 되어 팔에서 맥없이 끊어져 나갔다(삿 15:12~14). 하나님을 믿는 자를 속박할 수는 없다. 자연적인 지상의 것에 예속되어 살아가는 인간은 땅이 땅에서 생겨난 지상의 것을 자신에게로 끌어당기는 최후의 결정적인 밧줄을 벗어날 수 없다.

이렇게 해서 밧줄과 올가미는 죽음의 힘, 음부의 위협의 상징이 된다(시 116:3). "스올의 줄이 나를 두르고 사망의 올무가 내게 이르렀도다"(삼하 22:6). "사망의 그물"에서 벗어나기 위한 생명의 샘은 하나뿐이니 곧 "여호와를 경외하는 것"이다(잠 14:27).

죽음의 올가미에 대치되는 것은 하나님의 "사람의 줄"과 "사랑의 줄"(호 11:4)이다. 하나님은 이것으로 지상의 것의 속박으로부터 인간을 해방하려 하신다.

부(富)를 추구하는 것은 사람을 파멸에 빠지게 하는 올가미이다(딤전

올무(밧줄)

6:9). 바울은 하나님의 말씀을 전하는 하나님의 종들에게 반항하는 사람을 온유하게 대하라고 타일렀다. "혹 하나님이 그들에게 회개함을 주사 진리를 알게 하실까 하며 그들로 깨어 마귀의 올무에서 벗어나 하나님께 사로잡힌 바 되어 그 뜻을 따르게 하실까 함이라"(딤후 2:25~26).

옷

옷은 인간의 외면적인 모습이다. 옷은 외면을 꾸미는 데 도움을 주지만 어느 정도 내면을 반영한다. 고대 사람들은 특정의 옷을 입음으로 변신할 수 있다고 믿었다. 예를 들면 사자의 가죽을 걸침으로써 사자와 같은 힘을 획득하기를 원했다. 옷은 자신의 신분, 일종의 "제2의 자아"(alter ego)로서 옷을 바꿔 입는 것은 내면에 있는 자신을 바꾸는 것을 의미한다. 고대 바벨론의 의례판(儀禮板)에 의하면, 환자가 병에서 벗어나려면 입고 있는 옷을 벗어야 했다. 옷을 바꿔 입음으로써 새롭게 다시 태어난다. 그 때문에 그것은 종종 제사에 참여하는 자의 전제 조건이 된다.

그리스인들은 신전에 들어가기 전에 흐르는 시냇물에 목욕하고 새 옷이나 깨끗이 세탁한 옷을 입어야 했다. 오리엔트와 고대 그리스·로마에서 제사장들이 입었던 특별한 옷은 거룩한 종교 세계와 속된 현세의 구별을 강조하기 위한 것이었다.

모든 것이 완전한 상태였던 태초에 인간은 몸을 가릴 옷이 필요하지 않았다. 후일의 해석에 따르면 이는 인간이 하나님의 빛에 싸여 있었기 때문이다. 아담과 하와는 범죄함으로써 자기들이 벌거벗은 것을 알고 무화과나무 잎으로 치마를 엮어서 몸을 가렸다(창 3:7). 요나단이 입고 있던 겉옷을 벗어 다윗에게 선물로 준 것은 혈맹 관계를 맺겠다는 증거이다(삼상 18:3~4).

옷을 입혀 주는 것이 직무의 위탁을 의미하는 경우도 있다. 모세는 하나님의 명령에 순종하여 임종하는 아론의 옷을 벗겨 그의 아들 엘르아살에게 입혔다(민 20:28). 그 일로 대제사장의 직무가 엘르아살에게 위임된 것이다.

하나님은 이스라엘에게 "대대로 그들의 옷단 귀에 술을 만들고 청색 끈을 그 귀의 술"에 붙이라고 하셨다. 이 술(tassel)은 그들이 보고 여호와의 모든 계명을 기억하게 하기 위함이었다(민 15:38~39). 엘리야는 엘리사가 선지자의 소명을 받을 때 그에게 외투를 던졌는데, 이렇게 외투를 던지는 행위는 여호와께서 그 사람을 소유하신다는 상징이다(왕상 19:19~20).

회개의 가시적인 표현은 굵은 베옷을 입는 것이었다. 니느웨 사람들은 악의 길을 떠난 표시로 굵은 베옷을 입었다(욘 3:8). 더러운 옷은 죄 많음의 상징인데(슥 3:3), "네 의복을 항상 희게 하며"라는 전도서(9:8)의 경고는 그 때문이다. 비물질적 의미로 가장 정결한 옷을 입으신 분은 하나님이시다: "주께서 옷을 입음 같이 빛을 입으시며"(시 104:2). 그러나 여호와는 "보복을 속옷으로 삼으시며 열심을 입어 겉옷으로 삼으신다"(사 59:17).

옷이 추상적 특성을 상징하는 경우도 있다. 욥은 "의로 옷을 삼아 입었으며", "정의"는 그의 "겉옷과 모자 같았다"(욥 29:14). 선지자는 예루살렘에게 슬픔과 재난의 옷을 벗고 하나님의 은총의 옷을 입으라고 요구한다. "예루살렘아, 슬픔과 재난의 옷을 벗어버리고 하느님께로부터 오는 영광의 아름다운 옷을 영원히 입어라. 하느님께로부터 오는 정의의 겉옷을 걸치고 영원하신 분의 영광스러운 관을 네 머리에 써라"(외경 바룩 5:1~2).

구원과 승리의 옷은 메시아의 나라 상징이다(사 61:10). 요셉의 형제들이 요셉의 죽음의 증거로 아버지 야곱에게 보여준 요셉의 피로 물든 옷(창 37:31~33)은 후일 그리스도의 수난의 옷과 관련하여 상징적 의의를 지니게 되었다.

율법학자와 바리새인들은 그 옷단을 길게 하여 율법에 충실한 것을 나타내려 했지만, 이는 그들의 다른 행위와 마찬가지로 단지 사람에게 보이기 위한 것이었다(마 23:5). 죄로 더러워진 채 천국에 들어가려 하는 것은 예복을 입지 않고 혼인 잔치에 참석하려는 사람과 같다(마 22:11~12). 변화산에서 예수 그리스도의 옷은 "빛과 같이 희어졌다"(마 17:2).

세상에서 의의 길을 걸어 옷을 더럽히지 않은 사람은 장차 흰 옷을 입게 될 것이다(계 7:9). 선택받은 자들은 "흰옷을 입고 손에 종려 가지를 들고" 보좌 앞과 어린 양 앞에 서게 된다(계 7:9). 바울의 말에 의하면 승리의 날에는 이 썩을 몸은 불멸의 옷을 입어야 하고 이 죽을 몸은 불사의 옷을 입게 된다(고전 15:53). 그 때문에 바울은 그 시대 사람들에게 예수 그리스도로 옷을 입으라고 경고한다(롬 13:14).

그리스도의 세례를 받아 그리스도와 하나가 된 자는 그리스도를 옷으로 입게 된다(갈 3:27). 그렇게 되면 누구나 "의와 진리의 거룩함으로 지으심을 받은 새 사람"을 입을 수 있다(엡 4:24).

초기 기독교 시대에는 세례받을 때 낡은 옷을 벗어 버림으로써 동시에 옛 죄인의 모습이 벗겨졌다. 흰 세례복은 부활의 영광을 상징하는 것으로서 천국 왕의 혼인 잔치에 참석하는 것을 허락받기 위한 예복이다. 가톨릭교회에서는 수도사로서 허원 받은 자는 그 이름과 함께 세속의 옷을 벗고 관보를 덮어쓴다. 이것은 새로운 생에 앞선 죽음을 상징한다.

로마 군사들이 제비뽑기로 나누어 가진 예수님의 옷(요 19:23~24)은 귀중한 성유물이 되었다. 시리아의 성 에프렘(St. Ephraem; 306-374)에 의하면 옷은 예수 그리스도의 인성의 덮개이며, 이에 반하여 예수 그리스도의 육체는 신성을 가렸다고 한다.

왕

옛 지배자들은 특별한 힘의 소유자로 간주되었으며, 특히 신들과 연관이 있다고 생각되었다. 때때로 왕을 신의 현현(顯現), 신의 아들로 여긴 일도 있었고, 신에 의해 선택된 신의 대리자로 보는 경우도 있었다. 이집트의 왕은 태양신 레(Re)의 아들, 태양신의 화신이었다. 그는 현세의 생 및 천계의 생명을 보증한다는 표시로 앙크(Ankh)를 들고 있다.

고대 바벨론의 수메르의 전승에서 왕위는 하늘에서 내려온 것으로 여겨졌다. 지배자의 직무는 원래 최고위 제사장의 직무와 연결되어 있었다. 그 예는 고대 메소포타미아에서 볼 수 있는데, 제사장직과 왕위를 겸비해 갖춘 제사장 여왕이 그 예이다.

고대 페르시아 아케메네스조(Achaemenid Persia)의 왕들은 아후라 마즈다(Ahura Mazdah)의 은총으로 왕위를 손에 넣었다고 주장했다. 지배자 숭배가 크게 확대된 것은 헬레니즘 시대로서 로마제국의 황제들은 신격화되기에 이르렀다.

이집트 및 고대 메소포타미아의 지배자들과는 달리 이스라엘의 왕은 민족의 힘의 중심으로 세워진 적이 없다. 이 지위를 소유하는 분은 여호와뿐이다. 여호와는 이스라엘 민족의 진정한 지배자, 진정한 왕이었다. "이스라엘은 자기를 지으신 이로 말미암아 즐거워하며 시온의 주민은 그들의 왕으로 말미암아 즐거워할지어다 춤추며 그의 이름을 찬양하며 소고와 수금으로 그를 찬양할지어다"(시 149:2~3). "대저 여호와는 우리 재판장이시요 여호와는 우리에게 율법을 세우신 이요 여호와는 우리의 왕이시니 그가 우리를 구원하실 것임이라"(사 33:22).

이스라엘이 주변 여러 족속의 선례를 따라 왕을 세우려 했을 때 왕은 하나님의 대리인으로 간주되었다. 사무엘은 사울에게 이렇게 말했다: "여호와께서 네게 기름을 부으사 그의 기업의 지도자로 삼지 아니하셨느냐"(삼상 10:1).

다윗은 잘못을 범했음에도 불구하고 여호와로부터 다음과 같은 약속을 받았다: "여호와가 너를 위하여 집을 짓고 네 수한이 차서 네 조상들과 함께 누울 때에 내가 네 몸에서 날 네 씨를 네 뒤에 세워 그의 나라를 견고하게 하리라"(삼하 7:11~12). "규가 유다를 떠나지 아니하며 통치자의 지팡이가 그 발 사이에서 떠나지 아니하기를 실로가 오시기까지 이르리니 그에게 모든 백성이 복종하리로다"(창 49:10)라는 말씀에 비추어 보면, 이 부분이 구세주와의 관련된 것으로 이해되고 있다고 생각해야 한다. 그 뒤에는 이렇게 이어진다. "나는 그에게 아버지가 되고 그는 내게 아들이 되리니"(삼하 7:14).

여호와는 시편 기자의 입을 통해 이렇게 말씀하신다: "내가 나의 왕을 내 거룩한 산 시온에 세웠다 하시리로다…너는 내 아들이라 오늘 내가 너를 낳았도다…내가 이방 나라를 네 유업으로 주리니 네 소유가 땅 끝까지 이르리로다"(시 2:6-8). 거룩한 산 시온에 세운 왕위는 그리스도의 영원한 왕위를 나타내는 것으로서 왕이신 그리스도 앞에서 세상 왕들의 권력은 덧없이 사라져갈 것이다(행 4:26; 히 1:8).

메시아, 즉 주에 의해 "기름 부음 받은 자"가 되는 예수님의 권리는 마리아의 수태고지에서 계시된다. "보라 네가 잉태하여 아들을 낳으리니…주 하나님께서 그 조상 다윗의 왕위를 그에게 주시리니…그 나라가 무궁하리라"(눅 1:31~33). 동방에서 온 세 명의 박사가 아기 예수께 드린 귀한 선물은 메시아이신 왕에 대한 공경의 상징적 표현이다(마 2:2~11).

예수로 말미암아 의심을 해결한 나다나엘은 예수가 어떤 분인지 깨달았다: "당신은 하나님의 아들이시요 당신은 이스라엘의 임금이로소이다"(요 1:49). 선지자의 말이 예수에게서 성취된다: "네 왕이 네게 임하나니 그는 겸손하여 나귀, 곧 멍에 메는 짐승의 새끼를 탔도다"(마 21:5; 슥 9:9 참조).

예수님은 스스로 왕이라 칭하셨다(요 18:37). 그러나 그것은 정치적 의미가 아니었다. 머리에 가시관을 쓰신 예수가 받으신 "유대인의 왕이여 평안할지어다"라는 조롱(마 27:29)은 "내 나라는 이 세상에 속한 것이 아니라"(요 18:36)는 예수님의 말씀의 진실성을 뒷받침하기에 충분하다.

재림하신 그리스도의 권세는 모든 사람의 눈에 현실의 것으로 보일 것이다. 그리스도는 "땅의 임금들의 머리가 되신…세상 나라가 우리 주와 그의 그리스도의 나라가 되어 그가 세세토록 왕 노릇" 하실 것이다(계 1:5, 11:15).

기독교가 세속 국가의 공인을 받음과 더불어 그리스도의 지배자로서의 성격이 한층 강해졌다. 특히 6세기 이후 요한계시록을 근거로 조형된바 "세상의 지배자"(Maiestas Domini)라 불리는 보좌의 그리스도의 상에 의해 이 지배자 성격이 구체적으로 표현되었다. 보좌의 그리스도는 하늘 보좌가 아닌 황제의 보좌에 앉은 형태로 표현되었는데, 이것은 "영광의 자리에 앉은 인자"(마 19:28)를 구현한 것이다.

로마네스크 시대에는 십자가의 그리스도가 왕 같은 모습으로 가시면류관 대신에 왕관을 쓰신 모습으로 표현되었다. 비잔틴 시대에 들어서면서 고대 오리엔트 및 그리스와 로마에서 지니고 있던바 왕위가 하나님의 은총으로 주어진다는 사상이 다시 받아들여져 서유럽과 중부 유럽에서 왕은 그리스도의 대리인으로 간주하였다. 중세 초기에 왕관은 그리스도께서 왕에게 내리는 선물로 생각되었다.

요새(성채)

방어를 위해 높은 산이나 언덕 위에 쌓아 올린 요새는 접근하기 어려움과 요지부동의 상징이다. 성채, 혹은 사방을 벽이나 성으로 둘러쌓은 마을이 적의 공격으로부터 안전을 목표로 하듯이 이스라엘 백성은 여호와 곁에서 이 세상 모든 악으로부터의 피난처를 구했다. 다윗은 감사의 기도에서 "여호와는 나의 반석이시요 나의 요새시요 나를 위하여 나를 건지시는 자시요"(삼하 22:2)라고 기도했다. 보호하는 것으로서의 성채의 이미지는 시편에 반복되어 나타난다. "내게 견고한 바위와 구원하는 산성이 되소서 주는 나의 반석과 산성이시니 그러므로 주의 이름을 생각하셔서 나를 인도하시고 지도하소서"(시 31:2~3).

여호와를 믿는 자는 보호하심을 받고 있다는 안도감을 가질 수 있다: "지존자의 은밀한 곳에 거주하며 전능자의 그늘 아래에 사는 자여, 나는 여호와를 향하여 말하기를 그는 나의 피난처요 나의 요새요 내가 의뢰하는 하나님이라 하리니"(시 91:1~2; 71:3; 144편).

여호와를 믿지 않는 사람에게 심판이 임하여 하늘과 땅이 진동할 때 여호와는 자기 "백성의 피난처 이스라엘 자손의 산성"이 되신다(욜 3:16). 여호와의 강대한 대적자는 이방 신을 힘입어 견고한 산성들을 취할 것이다. 그러나 이 요새에서 봉사하는 사람들이 받는 것은 하늘의 보장이 아닌 지상의 것, 현세의 것, 따라서 헛되이 썩어가는 것이다(단 11:38~39).

크리소스톰에 의하면 기독교 신앙은 성채나 성루같이 악의 힘에서 인간을 보호한다. 시편에서 여호와에 적용되는 성채의 이미지는 독일 종교개혁기의 가장 유명한 노래의 주제를 낳았으니 "내 주는 강한 성이요"이다.

용

모습만으로도 자연의 것으로 생각할 수 없는 용은 근동(近東)의 대부분 종교에서 신을 대적하는 존재로 등장한다. 신화나 옛날이야기에서 용과 싸워 승리하는 것은 혼돈과 어둠에 대한 승리를 의미한다. 바벨론의 신 마르두크(Marduk)는 원초의 바다(원물질)의 의인화인 티아마트(Tiamat)를 죽이고 그 몸을 두 개로 찢어서 그 양쪽 반신(半身)으로 하늘과 땅을 창조했다. 이 괴물을 대적하여 싸우는 자는 대개 태양신, 혹은 빛의 신이다. 그리스 신화에는 태양신 아폴론(Apollon, Apollo)이 뱀의 모습을 한 용 피톤(Python)을 빛의 화살로 퇴치하는 이야기 있다. 조로아스터교에 의하면 아흐리만(Ahriman)에 의해 해방된 용은 종말론적 의의를 갖는다. 이 용이 인류의 삼 분의 일을 집어삼킨다.

이스라엘의 우주 창조 신화에도 용의 흔적이 보인다. 그것은 레비아단(Leviathan), 또는 라합라는 괴물로서 바다와 관계를 갖는다. 하나님은 "능력으로 바다를 나누시고 물 가운데 용들의 머리를 깨뜨리셨다"(시 74:13~14). 하나님은 능력으로 "바다를 잔잔하게 하시며 지혜로 라합을 깨뜨리시며 그의 입김으로 하늘을 맑게 하시고 손으로 날렵한 뱀을 무찌르신다"(욥 26:12~13).

상징어에서 용과 뱀은 같은 의미로 사용한다. 많은 해석자의 추측에 의하면 원초의 바다를 의인화한 용은 본래 하나님의 신이 운행하시는 곳, 즉 "깊음"(창 1:2)이라는 형태로 등장한다("깊음"을 의미하는 히브리어 *tehhome*은 악카드 바벨론어의 *tiamat*와 유사하다). 그래서 이사야는 하나님께 "여호와의 팔이여 깨소서 깨소서 능력을 베푸소서 옛날 옛 시대에 깨신 것 같이 하소서 라합을 저미시고 용을 찌르신 이가 어찌 주가 아니시며"(사 51:9)라고 외친다. 하나님이 태초의 바다를 복종시키시고, 혼돈의 용을 밟아 부수시고, 어둠의 세력을 이기셨다는 사실은 하나님을 믿는 자들에게 다가올 미래에 주님의 대적들이 박멸될 것이라는 희망을 품게 한다(시 89:9~10 참조).

예레미야는 바벨론 왕 느부갓네살을 용이라 부르고(렘 51:34), 에스겔은 이집트 왕 바로를 "바다 가운데 큰 악어"라 했다(겔 32:2).

요한계시록에서 용은 구세주의 활동을 방해하려 하는 하나님의 적대자를 상징한다. 붉은색과 일곱 개의 머리와 열 개의 뿔은 용에게 반자연적인 괴물의 외관을 부여한다(계 12:3). "그 꼬리가 하늘의 별 삼분의 일을 끌어다가 땅에 던지더라

용을 죽이는 대 천사 미가엘. 11세기의 사본에서 발췌

용이 해산하려는 여자 앞에서 그가 해산하면 그 아이를 삼키고자 하더니 여자가 아들을 낳으니 이는 장차 철장으로 만국을 다스릴 남자라"(계 12:4~5). 이 "해를 옷 입은 여자"(계 12:1)는 하나님의 공동체(교회)를 상징하는 듯하다. "큰 용이 내쫓기니 옛 뱀 곧 마귀라고도 하고 사탄"이라고도 하는 것이 미가엘과 그 사자들에 의해 하늘에서 내쫓긴다(계 12:9). 더 이상 만국 백성을 미혹하지 못하도록 용은 무저갱에 던져져 천 년 동안 갇힌다(계 20:2). 그리고 최후로 한 번 더 해방된 후에 불과 유황 못에 던져져 영원히 괴로움을 받게 된다(계 20:10).

용의 확실한 형태가 정해진 것은 중세 시대 초기이다. 그것은 날개를 달고 있으며 비늘이 있는 파충류로서 종종 악어, 또는 이리를 닮은 머리 모양을 하고 있다. 로마네스크의 조각 및 서적의 첫 장 장식문자에 사용

되는 용의 모티프는 악의 패배를 상징한다. 15세기에는 요한계시록의 용이 대죄의 용, 죄를 나타내는 것으로 생각했다. 용에 대한 승리는 기독교 미술에 자주 사용된다. 마가엘 대천사와 성 게오르기우스(Georgius)는 용으로부터 보호해주는 천사로 상징되고 있다.

샘

신선한 물이 흐르는 우물, 또는 샘은 일반적으로 육체 및 정신의 강화와 정화를 상징한다. 이 기운을 북돋아 주는 곳, 원기를 회복하는 장소를 낙원이라고 부른다. 이슬람교의 메카에 카바가 건립되었던 곳은 옛날부터 신성시되던 우물(샘)이 있는 장소로서 순례자들은 이곳 우물에서 물을 마시고, 또 그 물을 떠가지고 고향으로 돌아가는 관습이 있다. 넘쳐 흘러나오는 물은 새싹과 꽃봉오리를 연상하게 하며 생식력, 풍요를 상징한다.

구약성경에서 족장들의 우물에는 하나님이 택하신 자들에게 주신 물이 있었다. 블레셋 사람은 아브라함의 우물을 흙으로 메웠는데, 이것은 상징적 의미에서 이스라엘 사람을 하나님 축복의 샘으로부터 끊어 멀어지게 하려는 시도였다(창 26:15). 하나님은 "생수의 근원", 즉 구원의 샘이시다(렘 17:13). 택함을 받은 백성이 하나님의 길을 떠나는 것은 "생수의 근원"이신 하나님을 버리는 것이요 "스스로 웅덩이를 판 것인데 그것은 그 물을 가두지 못할 터진 웅덩이들"이다(렘 2:13). 웅덩이에서 발견되는 것은 흐르는 물, 즉 생수가 아니라 신선함을 잃은 더러운 물, 즉 죽음의 물이다.

우물이나 샘은 비유적인 의미로 생명을 주는 여성의 태를 나타낸다(레 20:18). 그 때문에 여호와는 구원을 구하는 사람들에게 이렇게 말씀하신

다: "너희를 떠낸 반석과 너희를 파낸 우묵한 구덩이를 생각하여 보라 너희의 조상 아브라함과 너희를 낳은 사라를 생각하여 보라"(사 51:1~2).

그리스도는 생명의 우물, 생명의 샘(fons vitae)이시므로 신실한 사람들은 이 우물에서 "그의 긍휼하심을 따라 중생의 씻음과 성령의 새롭게 하심"을 구한다(딛 3:5). "우리 조상 야곱이 이 우물을 우리에게 주셨고 또 여기서 자기와 자기 아들들과 짐승이 다 마셨는데 당신이 야곱보다 더 크니이까"라고 묻는 사마리아 여인에게 예수님은 "내가 주는 물을 마시는 자는 영원히 목마르지 아니하리니 내가 주는 물은 그 속에서 영생하도록 솟아나는 샘물이 되리라"고 대답하셨다(요 4:6~14). 야곱의 우물은 유대교의 율법 사상의 상징으로서 그리스도의 참된 가르침이 가득한 샘(우물)은 이것에 대치된다.

중세 시대에 메히트힐트 폰 마그데부르크(Mechthild of Magdeburg)는 『신성의 흐르는 빛』이라는 저술을 남겼다. 로마네스크 세밀화에 즐겨 사용된 모티프 중 하나는 각양각색의 동물이 생명의 우물에서 갈증을 해소하고 있는 광경이다. 네덜란드의 얀 반 에이크(Jan Van Eyck)가 그린 『제단화(祭壇畵)』에서 어린 양을 예찬하는 데 거룩한 우물에서 일곱 줄기의 물이 흘러 떨어지고 있어서 성령의 일곱 가지 은사를 암시하고 있다.

중세 후기에는 그리스도의 수난이 신비적으로 해석되어 피의 우물(샘)이라는 모티프가 등장했다. 즉 십자가에 못 박히신 수난의 그리스도의 피가 하나의 샘으로 흘러 들어가 그 속에서 아담과 하와, 혹은 그 이외의 구원을 구하는 사람들이 목욕하고 있는 장면도 있다. 로마의 클레멘트를 우물로 표현한다.

우박

 농경 국가에서는 공포의 대상이었던바 억수같이 내리는 비와 세차게 퍼붓는 우박을 신의 노여움으로 생각했다. 수메르에서는 기후의 신을 뇌우 속을 질주하는 소의 형상으로 묘사하였다. 이슬람교는 활로 우박 화살을 쏘는 고대 아라비아의 뇌우(雷雨)의 신을 구름을 주관하는 천사로 꾸며냈다.

 여호와께서 이집트 땅에 우박을 내리시니 이집트 전국에 걸쳐 사람을 비롯하여 가축이며 들에 있는 풀들이 모두 우박을 맞았고 나무들도 우박을 맞아 모조리 부러졌지만, 이스라엘 백성이 사는 고센 땅에만은 우박이 내리지 않았다(출 9:22~26). 여호와는 자기 백성을 "곡식을 마르게 하는 재앙과 깜부기 재앙과 우박"으로 치셨다(학 2:17). 여호와께서 진노하시면 우렛소리를 내시고 우박과 숯불을 내리신다(시 18:13).

 에스겔은 하나님이 구약성경에서 적그리스도를 나타내는 곡을 온역과 피로 심판하시며 "쏟아지는 폭우와 큰 우박덩이와 불과 유황으로 그와 그 모든 무리와 그와 함께 있는 많은 백성에게 비를 내리듯 하리라"(겔 38:22)고 예언했다. 진노하신 하나님은 "맹렬한 화염과 폭풍과 폭우와 우박"(사 30:30)으로 치신다.

 적그리스도의 세력과의 최후 전투에서 일곱째 천사가 하나님 진노의 대접을 공중에 쏟으니 "무게가 한 달란트나 되는 큰 우박이 하늘로부터 사람들에게 떨어졌다"(계 16:21). 이보다 앞서 첫째 천사가 나팔을 부니 피 섞인 우박과 불이 나와서 땅에 쏟아졌다(계 8:7).

원

원을 이루는 선은 일주해서 원점으로 회귀하며, 원둘레에 있는 모든 점은 중심으로부터 같은 거리에 있다. 그곳에는 앞뒤, 전후의 구별이 없다. 그 때문에 원은 완전한 것, 무한한 것, 영원한 것의 가장 단순하고 순결한 상징이다. 우주(세계)의 원초의 원은 자기의 꼬리를 문 뱀의 형태로 표현된다. 고대 민족들은 둥근 형태가 옛날 우주의 조화와 통일을 상징하는 것으로 여겼다. 고대 이집트인은 우주를 "태양을 둥글게 싸고 있는 것"이라 했다.

원은 기하학적 도형의 모든 것을 내포하므로 원에서 모든 도형을 그릴 수 있는데, 이것은 신의 무한성에서 모든 피조물이 생성된다는 것과 일치한다. 이런 이미지의 유사성에 기초를 두고 원은 세상 창조와 그 창조자의 상징으로 간주된다. 땅도 하나님의 창조물로서 그 자체가 완전한 것이며 신화적 표현으로 말하면 "둥글다." 그 때문에 "땅의 원"(Erdkreis, 지구 및 지구 위의 생물의 총칭)이라는 개념이 생겼다. 원래는 주술적이었던 개념과 연결되어 어떤 것의 주위를 원을 그리면서 돈다는 상징이 생겼다. 예를 들어 이스라엘 백성이 여리고성 주위를 돌았더니 성벽이 무너졌다(수 6장). 한편 신성한 사물이나 장소의 주위를 도는 것은 구속의 힘을 받기 위한 것이다: "여호와여 내가 무죄하므로 손을 씻고 주의 제단에 두루 다니며"(시 26:6).

만군의 여호와를 둥근 이미지로 보고서 비유적인 의미로 이렇게 말한다: "만군의 여호와께서…영화로운 면류관이 되시며 아름다운 화관이 되실 것이라"(사 28:5).

왕이신 하나님의 보좌는 무지개로 둘려 있고, 보좌 주위에 이십 사 장로들의 보좌가 있고 그 위에 이십 사 장로들이 앉아 있다(계 4:3~4). 이 세상의 종말에 "온 천하를 꾀는 자"인 큰 용이 내쫓긴다(계 12:9).

보나벤투라는 하나님이 "원의 중심점이 이르는 곳에 계시며, 그 원주는 어디에도 없는 원"이라고 했다. 모든 존재의 중심에 계시기 때문이다. 같은 관념을 다른 신비사상가에게서도 볼 수 있다. 하나님이 내재하시면서 세계를 향해 일하시는 곳은 둥근 하늘이라는 관념의 표현이 비잔틴 시대 수도원 성당의 둥근 천장(dome)을 장식한 모자이크화에 나타난다. 예를 들면, 15세기 랭부르 형제에 의해서 삽화 장식이 시작된 유명한 『베리 공의 매우 호화로운 기도서』(Les très riches heures du Duc de Berry)에 나오는 낙원이 그것이다. 하나님을 원의 중심으로 하는 종교적 세계상은 예루살렘을 원형으로 그리고, 그 가운데를 네 개로 구분한다.

육(여섯, 6)

여러 민족의 신앙에서 "6"이라는 숫자는 비교적 작은 의미를 지닌다. 그것은 우주의 주된 방위의 모든 것, 즉 동서남북 등 4방위에 위와 아래 방향을 합친 여섯 방위를 나타내는 우주적인 수로 간주되었다. 여섯 개의 면을 갖는 육면체의 돌은 이상적인 건축용 석재이다. 고대 인도에서는 6이라는 수와 관련하여 2개의 삼각형을 겹쳐서 합한 기하학적 도형, "헥사그램"이라는 모양을 볼 수 있는데, 한쪽 삼각형은 창조하는 신 비슈누(Vishnu)의 모양을, 다른 쪽은 파괴하는 신 시바(Shiva, śiva)의 모양을 암시한다. 이슬람력 이전의 아라비아 달력에는 2개월 단위로 여섯 계절이 있었다.

"6"과 관련하여 성경에서 가장 중요한 것은 천지창조의 엿새에 대한 기술이다. 하나님은 엿새 동안 천지 만물을 창조하셨다. 이 사실에 맞춰 인간도 엿새 동안은 힘써 모든 일을 행하고, 제 칠일은 하나님 여호와의 안식일이므로 일을 하지 말아야 했다(출 20:9~10). 땅도 여섯 해 동안은 파종하여 소산을 거두어야 하지만, 일곱째 해에는 땅을 놀리고 묵혀야 한다(출 23:10~11).

하나님의 도우심으로 이루어진 이집트 탈출을 기념해서 이스라엘 백성은 하나님이 택하신 곳에서 유월절 제물을 드리고 그 고기를 구워 먹고 아침이 되면 자기들의 장막으로 돌아갔다. 그리고 엿새 동안은 무교병을 먹고 일곱째 날에 하나님 여호와 앞에 성회로 모였다(신 16:8).

"6"이 자연에 역행하는 수의 배분으로 사용되는 경우에는 하나님을 적대하는 세력을 나타내기도 한다. 예를 들면 손가락과 발가락이 각기 여섯 개씩 모두 스물네 개인 거인은 이스라엘을 조롱했다(삼하 21:20~21).

요한계시록에서 하나님을 모독하는 짐승의 수는 육백육십육이다(계 13:18). 이것이 지상의 어떤 권력자를 암시하는지와 상관없이, 이 수가 하나님에 대한 반항의 지표가 되어 있는 인간의 불완전함을 지탄하고 있다는 것도 6이라는 수와 6에 의해 조립된 수는 피조물의 표시이며, 어떤 경우에도 하나님의 신성한 수인 7의 하위에 있기 때문이다.

하나님은 세상을 육일 동안 창조하셨지만, 나팔을 부는 여섯 천사는 이 세상의 몰락을 가져온다. 그리고 일곱째 천사가 나팔을 불기 시작할 때 "하나님의 비밀이 그 종 선지자들에게 전하신 복음과 같이 이루어지리라"(계 10:6~7)고 했다. 다음에서의 "6"도 주목된다. 가나의 혼인집의 여섯 돌항아리(요 2:6), 그리고 여섯 가지 자선 행위이다: "내가 주릴 때에 너희가 먹을 것을 주었고 목마를 때에 마시게 하였고 나그네 되었을 때에 영접하였고 헐벗었을 때에 옷을 입혔고 병들었을 때에 돌보았고 옥에 갇혔을 때에 와서 보았느니라"(마 25:35~36).

중세 기독교에서는 세상 창조의 날 수에 호응하여 세계를 여섯 시대로 구분했다. 제1 시대는 아담부터 노아까지, 제2 시대는 노아부터 아브라함까지, 제3 시대는 그 후 다윗까지, 제4 시대는 바벨론 포로 시대까지, 제5 시대는 그리스도의 성육신까지, 그리고 제6 시대는 이 세상의 종말까지이다. 인간의 일생도 여섯 시기로 나누어 본다: 유년기, 소년기, 청춘기, 청년기, 장년기, 노년기.

은

빛나는 백색의 은은 순결과 정화(淨化)를 상징한다. 금이 태양과 관련되듯이, 은은 달과 관련된다. 우르의 고분에서 은으로 만든 초승달 모양의 노 젓는 배가 발견되었는데, 이것은 달의 여신 싱(셀레네)의 배이다. 고대 그리스·로마를 거쳐 중세 후기의 연금술에 이르기까지 금은 태양과 관련되었다고 여겨졌음에 반해 은은 달의 성격을 부여받았다. 히타이트의 신화에는 인격화된 달이 신들의 아버지의 동반자로 등장한다.

여호와는 "금을 가지고 놋을 대신하며 은을 가지고 철을 대신"하실 것이다(사 60:17). 은은 흰 광채 때문에 정화의 상징 역할을 했다. 여호와는 이스라엘 각 사람에게 "생명의 속전 성소의 세겔로 반 세겔"을 요구하셨다(출 30:12~13). 한 세겔은 10g 정도의 은화이다. "하나님이여 주께서 우리를 시험하시되 우리를 단련하시기를 은을 단련함 같이 하셨으며"(시 66:10). 하나님의 심판 날에 온 땅에서 삼분의 이는 멸망하고, 삼분의 일을 불 가운데 던져 은같이 연단하실 것이다(슥 13:8~9). 만군의 여호와는 정련하는 자의 불에 비유된다: "그가 은을 연단하여 깨끗하게 하는 자 같이 앉아서 레위 자손을 깨끗하게 하되 금, 은 같이 그들을 연단하리니"(말 3:3).

바울은 디모데후서 2장 20절에서 금그릇과 은그릇은 귀하게 쓰이고 나무나 흙 그릇은 천하게 쓰인다고 기록했다. 그러나 궁극적으로 물질이 귀중한 것은 아니다. 금이든 은이든 나무든 짚(풀)이든 모두 마찬가지다. 결정적으로 중요한 것은 참된 기초인 예수 위에 집을 세우는 것이다 (고전 3:11~12). 시편에서 하나님 말씀이 은에 비유되고 있음에 따라, 은은 복음사가가 전하는 복음의 진실을 상징적으로 암시하는 역할을 한다.

이름

 이름에는 그 이름의 주인과 연결된 잠재력이 내재하여 있다고 믿는다. 따라서 이름을 알면 그 이름을 가진 인물에게 영향을 미치게 할 수 있다. 부모가 아이에게 붙여준 이름은 아이에게 기대하는 것이 무엇인지를 나타낸다. 인간은 새로운 삶의 환경에 들어갈 때 새 이름이 필요하다고 생각한다. 이집트인들은 지도자의 이름을 기념비에 새겨 넣었는데, 그렇게 함으로써 그 이름을 가진 주인의 사후의 생이 보증된다고 믿었기 때문이다. 그러므로 가장 가혹한 벌은 이름의 박탈이나 말소였다.

 이름을 갖는 것은 성공하는 것이요, 성공하는 것은 중요하게 여겨진다. "여호와께서 오늘 네게 기업 무를 자가 없게 하지 아니하셨도다 이 아이의 이름이 이스라엘 중에 유명하게 되기를 원하노라"(룻 4:14). 이름을 잃는 것은 그에 대한 모든 기억이 땅에서 사라지는 것이며 그의 이름을 기억하는 자가 없어지는 것이다(욥 18:17). 여호와는 모든 별을 수효대로 이끌어내시고 그 이름을 부르시며(사 40:26), 아담에게 생물 하나하나의 이름을 붙이게 하셨다(창 2:19~20).

 인간의 이름은 그의 본질을 잘 나타낸다. "아담"은 히브리어로 "인간"을 의미한다. "아담이 그의 아내의 이름을 하와라 불렀으니 그는 모든 산 자의 어머니가 됨이더라"(창 3:20). "하와"는 "살아 있는 자의 어머니"라는 의미이다. 셈어로 "가인"이라는 말은 대장장이를 의미하고, 어원은 *Kaniti*(창조하다)로서 가인은 생명의 어머니 하와에 의해서 최초로

"생산된" 사람이다.

고유명사는 사람의 본질을 나타낸다. 아비가일은 다윗에게 불량한 사람 "나발"(Nabal)을 개의치 말라고 애원한다: "원하옵나니 내 주는 이 불량한 사람 나발을 개의치 마옵소서 그의 이름이 그에게 적당하니 그의 이름이 나발이라 그는 미련한 자니이다"(삼상 25:25). 여호와께서 아브람, 사래, 야곱의 이름을 각각 아브라함, 사라, 이스라엘로 바꾼 것은(창 17:5, 17:15, 32:28) 여호와께서 그들 및 그들의 삶을 독점하시려는 것을 의미한다.

마을이 어떤 사람의 이름으로 불리면 그 사람의 소유가 되는 경우도 있다(삼하 12:28). 여호와께서 이스라엘 사람의 자녀에게 특별히 이름을 지어 주시는 경우에 그것은 대개 예언적 의미가 있다. 예를 들면 하나님은 호세아에게 딸의 이름을 "로루하마"(긍휼히 여김을 받지 못하는 자)라고 지으라고 명령하셨는데, 그것은 여호와와 부정한 백성 이스라엘의 관계를 표현하기 위함이었다(호 1:6). 선지자 이사야의 아내가 낳은 아들의 이름 "마헬살랄하스바스"(Maher-shalal-hash-baz; "급히 빼앗으라")는 임박한 다메섹의 몰락을 암시한다(사 8:1~4). 죄 많은 사람의 이름은 생명책에서 도말되며, "의인들과 함께 기록되는"(시 69:28) 일이 없다.

마리아가 잉태하기 전에 천사는 아기의 이름을 "예수"라고 붙였다(눅 2:21). 이것은 하나님이 아버지인 것을 암시한다. 사울의 회심은 그가 유대 이름 사울을 버리고 새로운 로마식 이름 바울로 칭한 것에도 나타난다. 예수께서 열두 사도 중 야고보와 야고보의 형제 요한에게 "보아너게(Boanerges) 곧 우레의 아들"이란 별명을 붙여준 것은(막 3:17) 그들의 증언의 힘의 위대함을 암시한다. 예수님은 제자들에게 "너희 이름이 하늘에 기록된 것으로 기뻐하라"고 말씀하셨다(눅 10:20). "이기는 자는 이와 같이 흰 옷을 입을 것이요 내가 그 이름을 생명책에서 결코 지우지 아니하고 그 이름을 내 아버지 앞과 그의 천사들 앞에서 시인하리라"(계 3:5).

이름이 그 주인의 운명과 관계가 있다는 고대 그리스·로마의 견해는 기독교 시대에도 영향을 남긴다. 가톨릭교회에서 사람들이 성인에게 기대하는 것은 그 이름에 연관된 세례명을 가진 아이들의 수호뿐만 아니라 성인의 덕이 아이에게 옮겨 가는 것이다. 새로운 수도 공동체에 들어갈 때나 왕위에 오를 때 이름을 바꾸는 것은 그 인간의 본질이 변하는 것을 나타낸다.

이리(늑대)

광야에 살면서 동물을 습격하는 육식 동물, 썩은 고기를 탐내는 늑대에게는 악마적인 면이 있다. 늑대는 야생동물이다. 자라투스트라(Zarathustra)의 신봉자들은 늑대를 악과 어둠의 신 아리만(Ahriman) 세계의 일원으로 여긴다. 소아시아에 기원을 두고 있다고 생각되는 아폴론(Apollon)은 빛의 신일 뿐만 아니라 트로이를 포위한 그리스 진영에 페스트와 죽음을 들여보낸 "늑대 같은 사람"이다. 무수한 신화와 옛날이야기에서 늑대는 생명을 위협하는 암흑의 세력을 대리하고 있다.

성경에도 늑대는 악의 상징으로 등장한다. 이스라엘 민족은 권력자들에 의해 착취되었다. "고관들은 음식물을 삼키는 이리 같아서 불의한 이익을 얻으려고 피를 흘려 영혼을 멸하거늘"(겔 22:27). 하박국 1장 8절에서 갈대아 사람의 군마가 "저녁 이리보다" 사납다 했고, 스바냐는 "이튿날까지 남겨 두는 것이 없는 저녁 이리"(습 3:3)라고 말했다. 야곱은 임종 시에 베냐민에 대하여 "베냐민은 물어 뜯는 이리라 아침에는 빼앗은 것을 먹고 저녁에는 움킨 것을 나누리로다"(창 49:27)고 예언했다.

이리는 양, 즉 인간의 무리를 습격하는 악마로서 주님은 "이리가 양을 물어 가고 또 헤치느니라"(요 10:12)고 말씀하셨다. 예수께서는 위선자들에게 속지 말라고 경고하시면서 "거짓 선지자들을 삼가라 양의 옷을 입고 너희에게 나아오나 속에는 노략질하는 이리라"고 말씀하셨다(마 7:15). 하나님을 경외하는 자들은 자신을 보호할 줄 모르는 어린 양에 비유되고, 그들의 적은 이리에 비유된다(마 10:16). 사도 바울은 연약한 교회에 다가오는 위험을 예견했다. "내가 떠난 후에 사나운 이리가 여러분에게 들어와서 그 양 떼를 아끼지 아니하며"(행 20:29).

중세 시대 신앙에 의하면 악마는 종종 이리의 모습을 취했다. 어거스틴은 요한복음의 상술 부분을 고려하여 "늑대란 무엇인가? 만약 그것이 악마가 아니라면…"이라고 했다. 로마네스크의 조형 미술에서 이리는 어린 양을 해치거나 배후에서 인간을 습격하는 등 악한 것을 상징한다.

인장(印章), 봉인

인장은 각인(刻印)하는 도장과 각인된 표시라는 두 가지 의미로 해석할 수 있다. 원래는 점토로 만들어 표시(부호)를 새겨 넣은 원통이 인장 역할을 했는데, 점차 인장이 붙은 반지나 목에 거는 인장도 등장했다. 인장에 새겨진 표시는 대개 종교적 상징계에서 취해진 상이나 부호였으며, 인장의 목적은 재산이나 소유물의 보전이었다.

수메르에서 인장은 대체로 보석에 새겨진 것으로서 부적의 의미도 있어, 그것을 몸에 부착하고 있으면 위험으로부터 보호받고 신들에게 보일 수 있다고 믿었다.

유대교 주술에서는 인장에 헥사그램과 펜타그램을 새겨 악령이 접근할 수 없는 주문으로 사용했다. 이 두 가지 표시는 "솔로몬의 인장"으로서 이슬람교에서 계승한 것이다.

봉인한다는 것은 인장을 눌러 찍어 봉하는 것이며, 법적으로 인증하는 것, 서명하는 것과 같은 의미가 있다(왕상 21:8). 인장은 극히 개인적인 것이다. 아가서의 신부는 연인에게 다짐한다: "너는 나를 도장 같이 마음에 품고 도장 같이 팔에 두라"(아 8:6). 또 다른 곳에서 신부는 "봉한 샘"(아 4:12)이라고 불린다.

인장이 찍힌 것은 소유자가 있음을 나타낸다. 봉인은 타인이 건드려서는 안 됨을 나타낸다. 다리오 왕은 다니엘을 가둔 사자 굴을 왕의 도장으로 봉하였다(단 6:17). 하나님은 별들에게 봉인하신다. 즉 별이 떠오르지 못하도록 막아 넣을 수 있다(욥 9:7). 또 계시를 봉인하여 널리 퍼지지 못하게 하시기도 한다. 다니엘도 이것을 경험한 사람으로서 하나님은 그에게 이렇게 명령하셨다: "다니엘아 마지막 때까지 이 말을 간수하고 이 글을 봉함하라"(단 12:4). 허물을 주머니에 봉하신다는 것은 하나님의 죄 사함을 의미한다(욥 14:17).

하나님은 "성령으로 인치심"(엡 1:13)으로써 인간을 자신의 것으로 정식으로 소유하신다. 그런 까닭에 신자들은 다음과 같은 요구를 받는다: "하나님의 성령을 근심하게 하지 말라 그 안에서 너희가 구원의 날까지 인치심을 받았느니라"(엡 4:30). 바울의 편지에서 인(印)은 지우기 힘든 표식을 의미하며, 신앙을 견고히 하는 성격을 가진 표시로 나타난다: "우리를 너희와 함께 그리스도 안에서 굳건하게 하시고 우리에게 기름을 부으신 이는 하나님이시니 그가 또한 우리에게 인치시고 보증으로 우리 마음에 성령을 주셨느니라"(고후 1:21~22).

다니엘이 갇혀 있던 봉인된 사자 굴은 그리스도께서 죽은 자들 중에서 부활하신바 봉해진 무덤을 나타낸다(마 27:66). 하나님은 종말의 파국을 앞두고 천사를 보내어 하나님의 종들의 이마에 인을 찍는다(계 7:2~8).

그들이 최후의 심판을 상처 없이 빠져나갈 수 있도록 하기 위해서이다. 여기에서 인을 치는 것은 하나님께서 자기에게 충실한 자들에게 베푸시는 특별한 배려를 나타낸다.

예루살렘의 주교 키릴은 세례를 "빛의 옷", "지울 수 없는 거룩한 인"이라면서 세례 지원자에게 이렇게 말했다: "성령이 너희 영혼에 인을 찍을 것이다. 이는 너희를 크신 왕을 섬기는 자로 선택하신 표시이다."

그리스 정교회에서는 성유(聖油)를 바르는 것을 *sphragis*(봉인, 각인)라 하며, 세례 받고 기름 부음으로 축성할 때 "이 봉인으로 말미암아 의연하고 흔들리지 않고 불가침하며 파괴되지 않는다"라고 축성한다.

로마의 세례 의식에서는 세례받는 자의 이마에 십자 표시를 한다. 이 세례의 각인은 인간이 본래 신을 닮아 만들어졌음을 혼에 다시 새겨 넣는 것으로써, 이것에 의해 여호와는 충실한 종을 구분하신다.

입맞춤

입맞춤에는 옛날부터 통속적인 의미를 초월하는 의미가 있다. 입맞춤의 원래 동기는 입맞춤을 통해 힘이 옮겨감에 있었다고 추측된다. 또 연합, 합일에 대한 욕구와 숭배, 찬미 욕구의 표현이기도 하다. 고대 그리스·로마에서는 종교의식으로 신전 입구 문지방과 제단과 신상에 입맞춤을 하였다. 이집트에서는 신과 동일시되는 지배자의 양발에 입맞춤하는 것이 관습이었다. 또 입맞춤은 동지적인 결속, 동지적 조직에 대한 귀속의 표시로서 조직에 속해 있는 자들 사이에 교환되었다. 예를 들면 고대 로마에서 해마다 "아르발 사형((師兄)"(Arval Brethren)이라 불리는 12명의 사제가 5월 1일에 풍작을 기원하며 거행한 의식을 들 수 있다. 이슬람교에서 메카 순례의 정점은 카바 신전의 동쪽 구석에 있는 "흑석"(黑石)에 입 맞추는 것이다. 이 입맞춤은 존경과 숭배의 표시이다.

사무엘이 사울에게 입을 맞춘 것은 새로 선택된 왕에게 순종의 뜻을 표한 것이다(삼상 10:1). 우상숭배자는 바알 앞에 무릎을 꿇고 그 상에 입 맞추었다(왕상 19:18). 양발에 입 맞추는 것은 무조건의 복종을 의미한다: "여호와를 경외함으로 섬기고 떨며 즐거워할지어다 그의 아들에게 입 맞추라"(시 2:11~12).

입맞춤을 대신하는 것은 손으로 입맞춤을 보내는 것(던지는 키스)이다. 욥은 태양의 눈부심과 아름다운 달의 참과 이지러짐에 마음이 끌려 "손에 입 맞추었다"(욥 31:27). 아가서에서 신부는 왕인 연인으로부터 입맞춤 받기를 바란다(아 1:2).

포옹을 동반하는 입맞춤은 동등한 자들끼리 나누는 인사이다. 예를 들면 야곱과 에서가 화해할 때 "에서가 달려와서 그를 맞이하여 안고 목을 어긋 맞추어 그와 입 맞추고 서로 우니라"(창 33:4). 이 세상의 종말에 하나님의 은총이 자기 백성에게 내려진다면, "인애와 진리가 같이 만나고 의와 화평이 서로 입 맞춘다"(시 85:10).

입맞춤은 본래 애정과 헌신의 표시였지만 주님을 배반한 유다가 악용함으로써 배반의 표시로 변했다(마 26:48~49). 바울은 방금 눈을 뜬 기독교 공동체에 경고한다: "너희가 거룩하게 입맞춤으로 서로 문안하라"(롬 16:16; 고전 16:20). 베드로도 같은 요구를 했다: "너희는 사랑의 입맞춤으로 서로 문안하라"(벧전 5:14). 바울은 입맞춤으로 에베소의 신자들에게 이별을 고하였다: "다 크게 울며 바울의 목을 안고 입을 맞추고 다시 그 얼굴을 보지 못하리라 한 말로 말미암아 더욱 근심하고 배에까지 그를 전송하니라"(행 20:37~38).

가톨릭교회의 미사에서 마지막에 제단에 입 맞추는 관습의 기원은 4세기로 소급해 올라가는데, 이것이 장려된 것은 제단을 그리스도의 상징으로 보았기 때문이다. 종종 제단에 안치된 순교자의 성유물(聖遺物)에도 입을 맞추었다. 경외의 표시로 교황에게 하는 입맞춤은 로마 및 비잔틴의 황제 알현 의례에서 유래한다.

입맞춤은 신비사상의 언어에도 유포되어 있다. 클레르보의 베르나르의 말에 의하면 믿는 자는 하늘의 신랑을 눈으로 볼 뿐만 아니라 입맞춤을 원한다고 한다.

잔(盞)

잔(盞)은 마실 액체를 담는 기구다. 그 때문에 상징적 의미에서 잔은 중개 수단, 즉 생명의 중개자가 된다. 잔은 생명수를 인간이 마시기 쉬운 방식으로 제공하기 때문이다.

이집트 분묘의 벽화에는 떡, 포도송이, 날짐승고기와 함께 잔이 그려져 있는데, 이 잔은 생명 유지에 필요한 물질을 사후에도 영구히 소유하게 해줄 마술적인 힘을 나타내고 있다. 잔은 신들과 가까운 것이다. 메소포타미아 신화에 등장하는 다산의 신, 연애의 신 이슈타르(Ishtar)는 잔으로 변신했다고 하며, 그 때문에 점성술에서 특별한 역할을 한다.

잔에 나쁜 내용물이 들어 있는 경우도 있고, 좋은 내용물이 들어 있는 경우도 있다. 성경에서 구속사적 관련으로 언급된 잔은 복을 가져오는 경우도 있고, 멸망을 가져오는 경우도 있다: "여호와의 손에 잔이 있어 술 거품이 일어나는도다 속에 섞은 것이 가득한 그 잔을 하나님이 쏟아 내시나니 실로 그 찌꺼기까지도 땅의 모든 악인이 기울여 마시리로다"(시 75:8).

죄 많은 인간은 하나님의 노여움과 분노의 잔을 찌끼까지 마셔야 한다. 이사야는 "여호와의 손에서 그의 분노의 잔을 마신 예루살렘이여 깰지어다 깰지어다 일어설지어다 네가 이미 비틀걸음 치게 하는 큰 잔을 마셔 다 비웠도다"(사 51:17)라고 말하며, 사마리아의 잔은 "놀람과 패망의 잔"이라 불린다(겔 23:33).

하나님의 축복도 잔의 이미지로 표현된다. 여호와는 손님을 대접하는 선한 주인으로 표현된다: "주께서 내 원수의 목전에서 내게 상을 차려 주시고 기름을 내 머리에 부으셨으니 내 잔이 넘치나이다"(시 23:5). "내가 구원의 잔을 들고 여호와의 이름을 부르며"(시 116:13).

하나님을 경외하는 신자는 음부에서 멀어지고 죽음의 법칙을 면할 수 있다는 소망을 품는다. 왜냐하면, 여호와는 그의 산업과 잔의 소득이시기 때문이다(시 16:5). 여기에서 잔은 여호와에 의해 주어진 운명을 나타낸다.

악의 세력을 숭배하는 자는 하나님의 진노의 포도주를 마실 것이다. 그 포도주는, 물을 섞어서 묽게 하지 않고 하나님의 진노의 잔에 부어 넣은 것이다(계 14:10; 16:10). 인생은 잔과 같아서, 인생이란 잔이 넘칠 듯 가득 차 있어 아무리 괴로워도 최후의 한 방울까지 다 마시지 않으면 안 된다고 한다. 주님이서 걸으신 이 세상의 길도 하나의 잔이었다. 그 때문에 예수님은 자기를 잡으려는 사람들에게 저항하는 베드로에게 "아버지께서 주신 잔을 내가 마시지 아니하겠느냐 하시니라"(요 18:11)라고 말씀하셨다. 또 세베대의 아들에게 "내가 마시려는 잔을 너희가 마실 수 있느냐"(마 20:22)라고 물으셨다. 그리고 감람산에서 죽음의 불안에 시달리면서 "아버지여 만일 아버지의 뜻이거든 이 잔을 내게서 옮기시옵소서"(눅 22:42)라고 기도하셨다.

마지막 만찬 때에 예수님은 잔을 손에 들고 제자들에게 건네시면서 "너희가 다 이것을 마시라 이것은 죄 사함을 얻게 하려고 많은 사람을 위하여 흘리는 바 나의 피 곧 언약의 피니라"(마 26:27~28; 막 14:23~24)고

스트라스부르크 성당 남쪽 입구의 에클레시아와 시나고그(13세기)

말씀하셨다. 바울은 이 말씀을 받아 고린도교회 신자들에게 "너희가…이 잔을 마실 때마다 주의 죽으심을 그가 오실 때까지 전하는 것이니라"(고전 11:26)고 편지했다. 그리스도의 재림은 인간의 생의 지속에 대한 소망이 이루어지는 근본이다. 이리하여 최후의 만찬의 잔은 영원의 생의 잔이 된다.

중세 시대의 성배(聖杯) 연구의 기사에 의하면, 예수님의 시신을 십자가에서 내려 매장한 아리마대 요셉은 마지막 만찬의 잔으로—이 잔은 원래는 타락한 천사 루시퍼의 관을 장식하고 있던 수정 그릇이었다— 그리스도의 옆구리에서 흘러 맺히는 피를 받아 모았다고 한다. 이 잔은 서쪽 어느 나라로 옮겨져 그 수호신에게 생명의 양식인 음식과 음료를 베풀었고, 불사의 생명을 얻게 하는 성배가 되었다고 한다.

기독교 미술에서 잔은 그리스도의 희생의 상징이다. 그와 상응하는 것이 구약성경에서 말하는 살렘 왕 멜기세덱이 봉헌한 떡과 포도주이다(창 14:18). 신약성경의 모든 사건의 결정체인 잔과 십자가는 유대인의 회당에 대립하는 교회를 상징하는 것이 되었다.

잣나무

하늘을 향해 높고 곧게 자라는 잣나무는 고대 메소포타미아의 회전식 원통형 인장에 새겨져 종교적 의미를 지녔으며, 고대 페르시아에서는 거룩한 나무로 간주되었다. 더욱이 잣나무는 상록수이기 때문에 영원한 생명을 상징적으로 암시한다. 고대 그리스·로마에서 잣나무를 죽은 자의 나무로 생각했던 것은 잣나무에서 사후 생명의 지속에 대한 희망을 느꼈기 때문이 아닌가 추측된다.

잣나무는 레바논의 아름다운 수목으로 몇 번 언급되어 있다(왕하 19:23). 이사야는 새 예루살렘에서 레바논의 영광인 잣나무와 소나무와 황양목이 하나님의 성소를 장식할 것이라고 하였다(사 60:13). 하나님의 동산에는 백향목과 단풍나무와 잣나무가 심겨 있다(겔 31:8). 호세아에게 임하신 여호와는 자신을 "푸른 잣나무"(호 14:8)로 비유하셨다. 솔로몬은 여호와의 전을 장식할 때 그 대전 "천장은 잣나무로 만들고 순금"(대하 3:5)으로 입혔다.

히브리어 "고퍼"(gopher)를 잣나무로 번역할 수 있을지는 분명하지 않지만, 만약 잣나무를 의미한다면, 노아의 방주도 잣나무로 만들어진 것이 되고(창 6:14), 다른 부분에서의 이 나무의 상징적 의미, 즉 생명의 담당자라는 의미와 부합된다.

비잔틴 미술에서 잣나무는 생명수(arbor vitae)로서 특별한 역할을 하는데, 대개 십자가의 테두리에 붙어 있든가 하늘의 예루살렘에 있는 나무로 나타난다.

장막(천막)

인간을 좋지 않은 기후로부터 보호해주는 장막은 많은 민족에게 막을 치듯이 대지를 덮는 하늘의 상징이 되었다. 욥이 "그가 홀로 하늘을 펴시며 바다 물결을 밟으시며"(욥 9:8)라고 말한 데는 우주의 장막이라는 관념이 작용하고 있다. 비를 "그의 장막의 우렛소리"(욥 36:29)로 비유한 것도 같은 형태이다. 영광과 위엄을 입으신 여호와는 "하늘을 휘장같이 치시는"(시 104:2) 분이요, 대지를 덮는 하늘 보좌에 앉아 "하늘을 차일같이 펴셨으며 거주할 천막 같이 치시는 분"이시다(사 40:22).

하늘 보좌에 앉으신 하나님은 자기 백성들에게 천막을 덮은 성막을 만들게 하신다(출 26:1~14). 모세는 하나님의 명을 받았다: "너는 산에서 보인 양식대로 성막을 세울지니라"(출 26:30). 성막은 초현세적이며 비물질적인 천상의 것을 본뜬 모형이다. 여호와는 그 영광으로 성막을 채움으로써 지상의 주거를 소유하신다(출 40:34). 보호하는 장막이 하나님의 자비와 도우심의 상징이 되기도 한다: "여호와께서 환난 날에 나를 그의 초막 속에 비밀히 지키시고 그의 장막 은밀한 곳에 나를 숨기시며 높은 바위 위에 두시리로다"(시 27:5). 유다 왕 히스기야의 속죄의 노래에서 장막은 인간의 썩기 쉬움, 지상의 것의 무상함의 상징이다: "나의 거처는 목자의 장막을 걷음 같이 나를 떠나 옮겨졌고 직공이 베를 걷어 말음 같이 내가 내 생명을 말았도다 주께서 나를 틀에서 끊으시리니 조석간에 나를 끝내시리라"(사 38:12).

바울은 지상의 장막을 벗어나 "손으로 지은 것이 아니요 하늘에 있는 영원한 집"(고후 5:1)으로 옮겨지기를 갈망하는 인간의 동경에 대해 말한다: "이 장막에 있는 우리가 짐진 것 같이 탄식하는 것은 벗고자 함이 아니요 오히려 덧입고자 함이니 죽을 것이 생명에 삼킨 바 되게 하려 함이라"(고후 5:4). 인간의 육체와 지상의 생은 장막으로 비유되며 장막의 철거는 죽음을 의미한다: "내가 이 장막에 있을 동안에 너희를 일깨워 생각나게 함이 옳은 줄로 여기노니 이는 우리 주 예수 그리스도께서 내게 지시하신 것 같이 나도 나의 장막을 벗어날 것이 임박한 줄을 앎이라"(벧후 1:13~14).

구약성경의 성막은 하늘에 있는 것의 모형이요 그림자이며, 하나님이 세운 참 장막은 하늘에 있다. 이 참 장막을 섬기는 자, 하늘에서 위엄의 보좌 우편에 앉으신 대제사장은 그리스도이시다(히 8:1~5). 새 하늘과 새 땅이 세워지는 새벽에 하나님의 장막이 다시 사람들 사이에 있어 "하나님이 저희와 함께" 거하실 것이다.

장식

옛날 몸을 장식하는 것은 단순히 외관을 꾸민다든지, 모습을 좋게 보이려는 목적만 있었던 것이 아니다. 장식은 그것을 몸에 다는 사람을 보호하고 고귀한 힘을 부여한다고 여겨졌다. 재질로 말하자면 모든 장신구는 일종의 마술적 수단이었다. 쇠사슬과 고리는 부적 역할을 했고, 금속과 보석에는 불가사의한 힘이 있다고 생각했다. 아시리아의 부조(浮彫)를 보면 신들과 보호 영과 왕들은 하나의 로제트(장미형 장식)를 단 팔찌를 달고 있다. 스페인에서 발견된 하늘의 여신상의 특징은 별 장식을 한 목걸이이다.

성경의 세계에서 장식하는 것은 즐거움의 표현으로서 특히 제사 때에 사람들은 몸을 장식한다. 이스라엘 백성은 정결한 몸으로 하나님 앞에 나가야 하며, "거룩한 옷을 입고"(시 29:2) 하나님을 경배해야 한다. "여호와의 이름에 합당한 영광을 그에게 돌릴지어다 제물을 들고 그 앞에 들어갈지어다 아름답고 거룩한 것으로 여호와께 경배할지어다"(대상 16:29).

남자의 팔찌는 지위를 나타내는 듯하다(삼하 1:10). 여호와의 택함을 받은 신부 예루살렘은 금과 은으로 장식하고 팔찌, 목걸이, 귀걸이로 장식했다(겔 16:11~13). 장식을 몸에 단단히 붙이고 떨어뜨리지 않는 것은 하나님께 대한 충성을 나타낸다: "처녀가 어찌 그의 패물을 잊겠느냐 신부가 어찌 그의 예복을 잊겠느냐 오직 내 백성은 나를 잊었나니 그 날 수는 셀 수 없거늘"(렘 2:32). 비유적인 의미로 천지창조가 하나님의 장식이라고 표현된다. 하나님은 존귀와 권위를 입으시고 빛을 옷 같이 입으셨다(시 104:1~3). 인간의 참되고 가장 아름다운 장식은 진리와 지혜인데, 이는 머리의 아름다운 금관이요, 목의 금사슬이다.

사도들이 말하는 장식은 마음의 장식을 의미한다. 여성은 "단정하게 옷을 입으며 소박함과 정절로써 자기를 단장하고 땋은 머리와 금이나 진주나 값진 옷으로 하지 말라"(딤전 2:9)고 했다. 베드로는 "너희의 단장은 머리를 꾸미고 금을 차고 아름다운 옷을 입는 외모로 하지 말고 오직 마음에 숨은 사람을 온유하고 안정한 심령의 썩지 아니할 것으로 하라 이는 하나님 앞에 값진 것이니라"(벧전 3:3~4)고 권면했다. 거룩한 성 새 예루살렘은 "그 준비한 것이 신부가 남편을 위하여 단장한 것"(계 21:2) 같다고 했다.

교부들은 장신구 착용의 폐해를 이야기했다. 이는 장신구 착용에 세속화의 경향이 있을 뿐만 아니라 어떤 종류의 장신구에 종종 부적의 성격이 나타났기 때문이기도 하다.

콥트인의 출토품 중에 나타나는 뱀을 본뜬 팔찌가 고대 이집트의 관념에서 나온 것인지, 그렇지 않으면 "뱀 같이 지혜로우라"(마 10:16)는 성경 말씀에 기초를 둔 것인지에 대해서는 확증이 없다.

전갈

오리엔트의 전갈은 집게발과 독침으로 무장한 꼬리가 있으며 몸길이는 15cm나 된다. 이처럼 소름끼치는 모습 때문에 전갈은 암흑의 상징, 위험한 힘의 상징, 나아가 죽음의 상징이 되었다. 길가메시 서사시에 두 명의 무서운 전갈 인간이 지옥의 문지기로 등장한다. 오이디프스(Oedipus)가 전하는 바에 따르면 헬리오스(Helios)의 아들 파에톤(Phaethon)은 전갈을 보고 놀라 저도 모르게 손잡이를 놓쳤으며, 그 결과 그가 타고 있던 태양 바퀴의 마차가 미친 듯이 땅을 향해 질주하게 되었다. 그는 주피터에 의해 겨우 원래의 궤도로 돌아올 수 있었다.

팔레스타인에서도 전갈은 가장 두렵게 여겨진 동물이다. 집회서는 전갈과 독사에 대해서 "야수들의 이빨과 전갈과 독사, 그리고 죄인들을 없애버릴 복수의 칼, 이 모든 것은 그분의 명령을 이행하는 것으로 낙을 삼고 그분이 쓰실 때를 위하여 이 세상에 마련되어 있다가 때가 되면 그분의 분부를 따른다"라고 말한다(집회서 39:30~31). 에스겔서에서는 패역한 이스라엘 백성이 가시와 찔레 및 독이 있는 전갈로 나타나는데, 여호와의 보내심을 받은 예언자 에스겔은 이것들을 두려워하지 않는다(겔 2:6).

전갈은 기분 나쁜 것, 사악한 것, 악마적인 것의 상징이다. 예수 그리스도는 자기를 따르는 자들에게 "내가 너희에게 뱀과 전갈을 밟으며 원수의 모든 능력을 제어할 권세를 주었으니 너희를 해할 자가 결코 없으리라"(눅 10:19)고 말씀하셨다. 뱀과 전갈은 지옥, 죽음을 상징한다. 떡과 돌이 우리 존재의 삶과 죽음을 암시하듯이 알과 전갈도 마찬가지다. 예수께서는 이 대립물을 사용하여 "너희 중에 아버지 된 자로서 누가 아들이 생선을 달라 하는데 생선 대신에 뱀을 주며 알을 달라 하는데 전갈을 주겠느냐"라고 말씀하셨다(눅 11:12). 요한 계시록에서 다섯째 천사가 나팔을 불 때 무저갱이 열리고 그 구멍에서 황충이 무리가 땅 위에 나온다: "또 황충이 연기 가운데로부터 땅 위에 나오매 그들이 땅에 있는 전갈의 권세와 같은 권세를 받았더라"(계 9:3). 황충은 다섯 달 동안 이마에 하나님의 인을 받지 않은 인간들을 괴롭히는 사명을 띠는데 "그 괴롭게 함은 전갈이 사람을 쏠 때에 괴롭게 함과 같다"(계 9:5).

전갈에 쏘이면 생명을 잃는다는 사실 때문에 전갈은 이단과 악마의 상징이 된다. 회화에서 예수님의 형틀에 첨가된 병사들의 깃발과 방패에 전갈이 그려진 것은 사형을 명한 장본인이 누구인지 나타내 준다.

절름발이

고대 오리엔트 사람의 견해에 의하면 이상한 것이나 병적인 것은 제사적 의미에서 부정했다. 절뚝거리며 걷는다는 뜻으로 파행(跛行)을 마비의 결과로 보았다. 그리스 신화에서 절뚝거림은 높은 곳에 거하는 존재가 불복종이나 반항의 이유로 내린 벌로 여긴다. 대장장이 신 헤파이스토스(Hephaistuss)는 절름발이였는데, 아버지 제우스와 어머니 헤라의 싸움으로 편이 나뉘었을 때 헤라의 편을 들었다는 이유로 제우스가 그를 올림포스에서 하계로 내던져서 절름발이가 되었다.

몸에 결함이 있는 사람은 제물을 바칠 수 없다. 소경이나 절뚝발이는 제사의 임무에 부적격하다(레 21:18~21). 절거나 눈이 멀었거나 흠이 있는 짐승을 제물로 바칠 수 없다(신 15:21). "저는 이"는 나약함, "소경"은 영적인 눈 멈을 상징한다. 엘리야는 바알과 여호와 사이에서 망설이고 있는 백성에게 "너희가 어느 때까지 두 사이에서 머뭇머뭇하려느냐"라고 말했다(왕상 18:21). 여기서 "머뭇거림"은 파행, 즉 절뚝거림을 의미한다. 야곱은 하나님의 사자와 씨름하여 이겼지만, 허벅지 관절이 어긋났다(창 32:25). 예언자 미가는 백성 중 여호와에 의해서 소생된 사람들, 비참함을 맛본 "남은 백성"을 "저는 자"(미 4:6~7)라 했다. 하나님은 그 백성 중 모든 약한 사람을 돌보신다. 그러므로 스바냐는 이렇게 노래한다: "시온의 딸아 노래할지어다 이스라엘아 기쁘게 부를지어다 예루살렘 딸아 전심으로 기뻐하며 즐거워할지어다"(습 3:14). "그 때에 내가 너를 괴롭게 하는 자를 다 벌하고 저는 자를 구원하며 쫓겨난 자를 모으며 온 세상에서 수욕 받는 자에게 칭찬과 명성을 얻게 하리라"(습 3:19).

신약성경에서 절름발이는 일반적으로 발이나 다리가 약한 사람만을 의미하지 않는다. 예수님은 세례 요한이 보낸 사람들에게 자신이 "오실 그 이"라는 것을 나타내는 일곱 가지 증거 중 하나로 걷지 못하는 사람이 걷게 된다는 사실을 들고 있다(마 11:5). 성경 언어에서 "저는 자"는 몸의 장애 이상의 것을 의미한다. 이것은 괴로움을 참고 헤쳐 나가라고 격려하는 사도 바울의 말에서도 엿보인다. "피곤한 손과 연약한 무릎을 일으켜 세우고 너희 발을 위하여 곧은 길을 만들어 저는 다리로 하여금 어그러지지 않고 고침을 받게 하라"(히 12:12~13).

예수께서 바리새인의 집에 초청되셨을 때 하신 말씀에 의하면, 가난한 자들과 몸 불편한 자들과 저는 자들과 맹인들이 하나님 나라의 잔치에 참가하는 사람으로 헤아려진다(눅 14:13, 21).

민간 신앙에 따르면 악마는 절름발이인데, 이는 자신의 탓으로 하늘에서 추락했기 때문이라고 한다. 괴테의 『파우스트』에서 악마 메피스토펠레스(Mephistopheles)는 다리를 전다.

젖

젖은 아기가 최초로 섭취하는 양분이므로 생명의 음료라는 의미를 가지게 되었다. 이 생명의 음료는 무엇보다도 신들에게 속하는 것이었다. 고대 이집트의 문서나 회화적 표현에는 왕이 여신(이시스)의 젖을 먹는 장면이 묘사되어 있는데, 이것은 지배자가 신들의 힘에 관계하는 상징적 의례에 해당한다. 왕이 하늘의 암소 젖을 빨고 있는 모습을 묘사하기도 한다. 베다 종교에서는 신격화된 음료 소마(蘇摩, 산스크리트 어 soma의 음역)가 우유에 비유되고, 희생의 의례로 데운 젖은 신적 생명의 흐름을 나타냈다. 앗디스의 비밀의식의 입회 의례에서는 젖과 꿀을 맛보는 것이 신성한 일로 간주되었다.

젖과 꿀은 낙원을 상징한다. 가나안은 "젖과 꿀이 흐르는" 약속의 땅이었다(출 3:8). 이것은 살아가는 데 필요한 음식과 음료가 넘치는 땅이라는 것이다. 젖은 하나님께서 주신 생명의 원소이다. 욥은 이 생명의 원소로서의 젖에서 생명의 기적의 기원을 보았다: "주께서 나를 젖과 같이 쏟으셨으며 엉긴 젖처럼 엉기게 하지 아니하셨나이까"(욥 10:10). 어머니의 가슴이라는 이미지도 이 점에서 이해된다. 시편 기자는 하나님과 일치하는 자기의 영혼을 어머니의 품에서 쉬고 있는 젖 뗀 아이에 비유하고 있다(시 131:2). 아가에서 젖을 언급한 구절도 역시 상징적으로 이해해야 한다. 하늘의 신부가 마신 동산의 젖은 일반적 젖이 아니라 초자연적 의미에 해당하는 생명의 양식이다(아 5:1). 또 신부(교회를 상징)에 대해서 이렇게 말한다: "네 두 유방은 백합화 가운데서 꼴을 먹는 쌍태 어린 사슴 같구나…네 입술에서는 꿀 방울이 떨어지고 네 혀 밑에는 꿀과 젖이 있고"(아 4:5, 11). 선지자 요엘은 종말의 날을 전망하면서 유다의 모습을 "그 날에 산들이 단 포도주를 떨어뜨릴 것이며 작은 산들이 젖을 흘릴 것이며"(욜 3:18)라고 표현했다. 어머니의 젖이라는 이미지는 여호와의 사랑스러운 딸 예루살렘의 젖으로 나타난다: "너희가 젖을 빠는 것 같이 그 위로하는 품에서 만족하겠고 젖을 넉넉히 빤 것 같이 그 영광의 풍성함으로 말미암아 즐거워하리라"(사 66:11).

신약성경에서 젖은 신앙의 초보 단계를 의미한다. 그러므로 바울은 고린도교회에 보낸 편지에 "내가 너희를 젖으로 먹이고 밥으로 아니하였노니 이는 너희가 감당하지 못하였음이거니와 지금도 못하리라"(고전

3:1-2)고 썼다. 바울은 히브리인들에게 보낸 편지에서 신앙의 표준이 떨어진 것을 질책한다: "때가 오래므로 너희가 마땅히 선생이 되었을 터인데 너희가 다시 하나님의 말씀의 초보에 대하여 누구에게서 가르침을 받아야 할 처지이니 단단한 음식은 못 먹고 젖이나 먹어야 할 자가 되었도다 이는 젖을 먹는 자마다 어린아이니 의의 말씀을 경험하지 못한 자요"(히 5:12~13). 베드로전서 2장 2절에서 젖을 사모하는 것은 그리스도와의 교제를 원하는 동경을 의미한다. 구원, 해방, 진정한 삶으로 인도하는 젖은 거룩한 은총의 상징이다.

알렉산드리아의 클레멘트는 베드로전서(2:2)에 기록된 "신령한 젖"을 "로고스(하나님의 말씀, 혹은 그 구현으로서의 예수 그리스도)의 젖"이라고 해석한다. 말씀은 거룩한 영양소이기 때문이다. 어떤 교부들은 상징화된 젖에서 그리스도의 피를 보았다. 초대교회에서 부활절 전야 예배 때 세례받는 사람들은 성찬을 받은 뒤 젖과 꿀을 섞은 음료를 마셨는데, 이것은 그들이 하나님의 자녀가 되었다는 표시이며, "젖과 꿀이 흐르는 나라"의 약속이 성숙한 표시이기도 하다.

초기 기독교의 프레스코화(벽화)와 석관에는 선한 목자(예수 그리스도)가 양들에게 젖(영원한 생명의 음료)을 마시게 하고 있는 장면이 있다.

제단

제단은 일반적으로 희생제물을 바치기 위한 시설이다. 제단이 설치되는 데에는 함께 희생자를 보았다고 하는 희생 공동체 의식도 큰 작용을 하였을 것이다. 바빌로니아인은 단상에 높게 제단을 쌓았다. 제단의 신성함을 보증하는 것은 종교 의례 형태로 행해진 신적 존재에 대한 제단의 양도이다. 이렇게 해서 신성시된 장소가 "누미노스 체험(numinous experience: 거룩한 존재에 대한 체험)"의 상징이 되는 것은 당연하다. 셈족 세계에서 볼 수 있는 제단의 4각 구석(신적인 힘을 나타낸다)은 거기에 닿는 자를 비호하는 권리를 주었다. 본래 제단은 "우주(세계)의 중심"을 상징했으며, 제단에서는 위와 아래, 하늘과 땅을 연결하는 우주축을 볼 수 있다. 인도의 불의 제단은 이것을 쌓는 과정을 통해서 천지 창조를 종교의식으로 표현하는 것이다.

성경에서 최초로 언급되는 제단은 노아가 방주에서 나온 후에 쌓은 단이다(창 8:20). 그러나 가인과 아벨의 제물은 그 전에 이미 제단이 존재하고 있었음을 추측하게 한다(창 4:3~4).

족장 시대의 제단은 그들의 신의 결합의 표시였다. 아브라함이 하란을 떠나 가나안 땅에 도착했을 때 여호와께서 아브라함에게 나타나 그의 자손에게 그 땅을 주시겠다고 말씀하셨다. 이에 아브라함은 거기에서 자기에게 나타나신 주님께 제단을 쌓아서 바쳤다(창 12:7). 이 경우 제단은 희생의 장소가 아니라 신적 존재와의 만남의 표시이다. 모세도 아말렉 사람들을 쳐서 이긴 후 기념 제단을 쌓고, 그 이름을 "여호와 닛시"(출 17:15)라 하였다.

그러나 단순한 사람들이 제단을 쌓은 돌 가운데 하나님이 살아 계시다고 생각했기 때문에 그 후 이러한 종류의 제단은 폐지되었다. 제단은 흙이나 다듬지 않은 돌로 쌓아야 했다: "네가 내게 돌로 제단을 쌓거든 다듬은 돌로 쌓지 말라 네가 정으로 그것을 쪼면 부정하게 함이니라"(출 20:25). 이것은 결국 제단은 인간의 손을 더함으로써 부정하게 해서는 안 되며, 처녀처럼 청정하고 때가 없는 그대로여야 한다는 의미이다. 비교적 오랜 시대에는 자연 상태에서 딩구는 돌도 제단으로 이용되었다(삼상 6:14 참조).

하나님과 관련된다는 점에서 제단도 전체성, 완전의 상징이다. 그 때문에 엘리야는 "야곱의 아들들의 지파의 수효를 따라 돌 열두 개"를 취하고, 그 돌로 "여호와의 이름을 의지하여 단"(왕상 18:31~32)을 쌓았다. 단은 하나님을 믿는 자들을 하나로 만드는 것, 즉 그들의 눈에 보이는 중심이었으며, 하나님을 믿는 자들은 이 중심의 주위를 돌았다(시 26:6).

신약성경에서 제단은 비유적 의미만 지닌다. 그리스도를 믿는 자들에게 "제단이 있는데 장막에서 섬기는 자들은 그 제단에서 먹을 권한이 없나니"(히 13:10)라고 한 것은 신자에게는 하나의 음식에 대한 규칙, 즉 성체의 규칙밖에 존재하지 않으며, 이 규칙은 다른 사람들, 특히 "장막에서 섬기는 자들"이 성체를 먹는 일을 허락하지 않는다는 의미이다. 제단은 그리스도의 거룩한 식탁이며, 궁극적으로는 계시록을 기록한 요한이 하늘에서 본 제단, 그 아래에 "하나님의 말씀과 그들이 가진 증거로 말미암아 죽임을 당한 영혼들"이 체류하고 있는 곳을 본뜬 모습이다(계 6:9).

예수께서 제자들과 마지막 만찬을 나누신 식탁은(마 26:20~46; 눅 22:14~23) 구약성경의 희생과는 본질에서 다른 것, 새로운 희생을 위한 최초의 제단이다.

하나님의 집에서 가장 중요한 부분이 제단이다. 그 신성함은 헌당식의 라틴어의 전례문에 명료하게 표현되어 있다. 제단의 상징적 의미 중 첫째는 최후의 만찬 식탁의 모방이며, 둘째는 구속의 희생이 이루어진 십자가의 상징이며, 셋째는 그리스도 자신의 상징이다. 돌로 쌓은 제단은 건축자가 버렸으나 집 모퉁이의 머릿돌이 된 돌을 나타낸다(시 118:22).

교부들의 신비적 해석에 의하면 제단은 하나님을 향한 사랑이라는 희생이 영원한 불이 되어 타오르고 있는 한 사람 한 사람의 마음이었다. 암브로시우스는 하나님 앞에 성별된 처녀들을 고귀한 자의 제단으로 보았다. 여러 가지 덕은 제단에 이르는 계단이라고 볼 수 있다.

종려나무

사막에 위치한 나라에서 자라는 야자과의 식물 중에서 경제 생활에 가장 큰 의의가 있는 것은 종려나무(대추야자 나무)이다. 오리엔트 사람들은 종려나무의 모든 부분을 이용한다. 높이나 수명에서도 종려나무는 인간을 능가한다.

고대 메소포타미아에서는 종려나무(palm tree)를 신성한 나무로 여겼으며, 아시리아에서는 태양신을 종려나무를 부채 모양으로 편 나무관 위쪽에 날개를 단 원반 모양의 형태로 묘사했다. 이집트에서는 손바닥 모양의 잎이 달린 종려나뭇가지가 장수(長壽), 혹은 영원한 생명의 상징이었으므로 장례 행렬 때 이것을 손에 들었으며, 종종 관이나 미라의 가슴 위에 놓기도 했다. 로마의 동전에 새겨진 종려나무는 팔레스타인의 땅, 유대의 상징이다.

사람들이 종려나뭇가지를 들고 예수의 입성을 축하하는 모습(11세기)

솔로몬의 성전에 새겨진 종려나무는 생명의 나무를 의미한다(왕상 6:29~35). 성전의 큰 방 천장은 잣나무로 만들고, 그 위에 종려나무와 사슬 형상을 새겼다(대하 3:5). 이것은 여호와를 믿지 않는 사람이나 여호와를 거역하는 사람이 넘어서는 안 되는 거룩한 경계이다.

종려나무는 높고 숭고한 것을 비유한다. 그러므로 여호와의 지혜가 "엔게디의 종려나무처럼…무럭무럭 자랐다"고 한다(집회서 24:14). 의인은 종려나무같이 번성한다(시 92:12).

예수님이 예루살렘으로 오신다는 소식을 들은 무리는 종려나뭇가지를 들고 맞으러 나가 "호산나 찬송하리로다 주의 이름으로 오시는 이 곧 이스라엘의 왕이시여"라고 외쳤다(요 12:13).

요한계시록(7:9)의 환상에서 순교자들은 어린 양의 피에 씻어 희게 한 옷을 입고 손에 종려 가지를 들고 있다. 그들이 손에 들고 있는 종려나뭇가지는 그들이 지상의 것을 극복하고 썩지 않는 영원한 보장을 손에 넣은 것을 암시한다.

교부들은 아가서(7:7)의 "네 키는 종려나무 같고"의 종려나무는 마리아를 상징하며, 종려나무 열매는 그리스도라고 여겼다. 7, 8세기 이후 예수님의 예루살렘 입성을 기념하여 종려주일이 지켜졌다. 민속 신앙에서 사람들은 축성된 "종려나뭇가지"에서 악마의 제거, 재앙의 제거를 기대했다.

기독교 미술에서 종려나뭇가지는 순교자를 상징한다. 초기 기독교 시대의 묘석에 새겨진 종려나뭇가지는 순교자와의 관계를 넘어서 기독교 신자가 부끄러움 없이 현세의 투쟁을 마친 뒤에 얻는 승리의 면류관의 암시라고도 생각된다. 독일의 후기 고딕 시대의 화가인 마르틴 숀가우어(Martin Schongauer, 1450?-1491)의 동판화 『유혹의 시련 뒤의 예수』에서처럼 두 그루의 다른 나무 사이에 서 있는 종려나무는 그리스도의 십자가를 상징한다.

지팡이

지팡이의 뜻은 그것이 생명을 품은 나무에서 얻어진 것이라는 사실과 관련된다. 지팡이는 한편으로는 풍요와 생명을 중개하고, 다른 한편으로는 악마를 쫓는 역할을 한다.

천둥을 일으키는 신의 화살이라는 인도의 브라흐만의 지팡이는 악령을 쫓아낸다. 이집트의 신들과 왕들의 홀(휘어진 목자의 지팡이)은 "다스리다, 지배하다"를 의미했다.

마법사의 지팡이는 신비의 세계와 접촉하는 도구처럼 사용된다. 키르케(Circe)는 지팡이로 오디세우스(Odysseus)의 부하들을 멧돼지로 변하게 했고, 디오니소스는 티르소스(Thyrsos)라는 지팡이로 샘을 솟아나게 했다.

고대 오리엔트와 그리스·로마의 지배자들이 손에 든 홀은 위엄과 권력의 표시요, 재판관의 손에 든 지팡이는 재판의 진실성과 생살여탈권의 상징이었다.

모세는 이스라엘 백성에게 유월절에 식사할 때 허리에 띠를 띠고 발에 신을 신고 지팡이를 손에 잡고 먹으라고 했다(출 12:11). 이렇게 지팡이는 유랑 여행의 상징인 동시에 여호와의 약속 성취의 희망의 상징이 되었다. 여호와는 모세를 이스라엘의 지도자로 천명하고 이렇게 지시했다: "이 지팡이를 손에 잡고 이것으로 이적을 행할지니라"(출 4:17). 모세는 아내와 아들들을 나귀 등에 태우고 이집트 땅으로 돌아갔다. 그 때에 모세는 손에 하나님의 지팡이를 들고 있었다(출 4:20). 모세와 아론은 신적 능력이 가득한 지팡이로 많은 기적을 행했다. 예를 들면 물을 피로 변하게 하고, 우박을 내리고, 번개를 치게 했다(출 7:17~21, 9:22~25). 기적의 지팡이는 이스라엘 백성의 광야 여정을 따라간다. 이 지팡이에 의해서 홍해가 둘로 갈라지고 바위에서 물이 솟아 나왔다(출 14:16~31; 17:5~6). 창세기에서(49:10) 지팡이는 통치의 상징이요, 따라서 지배자, 혹은 왕의 권력을 나타내는 상징이었다. 발람의 예언적 안목에서 지배자의 지팡이, 왕의 홀은 이스라엘에게서 일어나서 이스라엘의 모든 적을 무찌르는 것의 상징이 된다(민 24:17). "철장"은 여호와의 재판의 지팡이로서 여호와를 거역하는 자를 부순다(시 2:9). 하나님의 왕권의 지팡이는 "공평한 규"이다(시 45:6). 여호와의 뜻에 따라 생명의 수액이 흐르는 나무의 능력이 아론의 지팡이에 효험을 나타냈다. 열두 지파의 지도자 중 열한 지도자의 지팡이는 변화를 보이지 않았으나 아론의 지팡이에서는 푸른 싹이 돋고 꽃이 피고 살구 열매가 열렸다(민 17:1~13).

예수께서는 제자들을 전도하기 위해 파송하시면서 지팡이 외에는 아무것도 가지지 말라고 하셨다(막 6:8). 이 지팡이는 신앙에 기초를 둔 여행을 상징한다. 히브리서 1장 8절에서 하나님의 아들에 관해서 "주의 나라의 규는 공평한 규이니이다"라고 하였다. 때가 이르러 이 세상의 종말이 오면 인자이신 예수님이 태양을 몸에 감은 여자와 함께 모든 백성을 다스릴 것이다(계 12:5; 19:15). 이렇게 하여 지팡이는 세계 지배자의 규이 된다.

기독교의 그림과 조각에서는 지팡이를 손에 잡은 사람이 항상 현상의 중심에 위치한다. 지팡이는 하나님의 구원 계획의 도구에 불과하다. 선한 목자이신 그리스도는 목자의 지팡이를 손에 쥐고 있다(시 23:4 참조). 이 지팡이는 목장을 관리하는 직책의 상징인데, 후일 가톨릭교회 주교의 지팡이로 발전했다.

원시 기독교 미술에서 그리스도는 기적의 지팡이로 죽은 나사로를 살리는 "타우마투르구스"(Thaumaturgus, 기적 행적자)로 묘사되어 있다. 대천사 가브리엘은 사신의 지팡이를 손에 들고 있다. 비잔틴 미술에서는 보통의 천사들도 하나님의 사신으로서 가브리엘과 같이 묘사되어 있다.

외경 『야고보의 원 복음』에서 유래한바 마리아의 구혼자들의 지팡이는 말라있어 아무런 이적도 나타나지 않았는데 요셉의 지팡이는 녹색 싹을 틔웠다는 이야기는 요셉이 하나님의 의지로 처녀 마리아의 남편으로 정해졌다는 표시이다. 탄호이저(Tannhäuser)의 전설에 꽃이 핀 교황의 지팡이가 등장한다.

진주

고대 그리스·로마의 신화에 따르면, 진주는 하늘에서 내려오는 번개가 입을 벌린 조개 속에 침입해서 생기는 것인데, 제우스가 번개가 되어 조개 속에 잠입하여 아프로디테를 낳았다고 전한다. 조개의 상징적인 의미는 조개가 물과 달과 관계한다는 점, 그리고 태아가 모친의 태내에서 자라는 것처럼 진주가 조개의 내부에서 형성된다는 점에 근거한다. 힌두교 베다에서는 조개를 효험이 뛰어난 악마 제거의 수단으로 찬양한다. 고대 이란에서 진주는 구속자의 상징이었다.

신약성경에서 진주는 초현세적인 것과 거룩한 것을 나타내는 상징이다. 예수께서 제자들에게 "거룩한 것을 개에게 주지 말며 너희 진주를 돼지 앞에 던지지 말라"(마 7:6)고 경고하신 것은 진주에서 하나님의 빛을 보는 상징적인 관념을 환기시키신 것이다. 예수님의 비유에 등장하는 진주는 천국을 상징한다. 좋은 진주를 찾는 상인은 값진 진주를 발견하면 자기의 소유를 다 팔아 그 진주를 산다(마 13:45~46). 다시 말하면 유일하고 불멸의 가치가 있는 하나님 나라를 위해서라면 어떠한 희생도 아끼지 않는다는 것이다. 진리의 진주를 찾아 구하면 결국에는 하늘나라의 성에 도달한다. 하늘나라의 "문은 열두 진주니 각 문마다 한 개의 진주로 되어 있고"(계 21:21)라고 한다. 진주 문을 빠져나가면 지상 것의 흔적은 완전히 씻겨 사라진다. 하나님의 것이 진주로 이 세상에 내려 오듯이, 이번에는 역으로 진주를 통해 현세적인 것이 하늘로 돌아가는 것이다.

진주는 그리스도 성육신 수태의 기적, 그리스도의 탄생을 암시하는 숭고한 상징이다. 알렉산드리아의 클레멘트는 로고스(하나님의 말씀, 혹은 그 구현이신 예수 그리스도)를 진주라고 했다. 중세 미술에서 조개는 마리아를 상징한다.

집

집은 문화생활을 영위하는 인간에게 가장 중요한 장소이다. 인간은 집 안에 있으면 세상의 중심에 있는 것처럼 느낀다. 다시 말하면 집 자체가 우주의 모상(模像)으로 간주된다.

조로아스터교의 경전 아베스타에서는 하늘을 "집"이라고 한다. 인간은 지붕(하늘) 아래 보호받고, 우주의 빛을 우러러본다.

이집트어로 "집"은 비유적으로는 "모태"를 의미한다. 그 때문에 여신 하토르(Hathor)는 "호루스의 집"이다. 아주 옛날에는 죽은 사람을 집 안에 매장했으리라고 생각된다. 이집트인들은 사람이 집에서 밖으로 나가듯이 죽은 자가 관에서 나올 수 있다고 생각했다. 이것은 외관뿐인 문을 관에 붙여 놓은 것에서 짐작할 수 있다. 로마인은 묘를 "영원의 집"(*domus aeterna*)이라고 했다.

"하나님의 집"이란 여호와께서 특별히 모습을 나타내는 장소로 해석된다. 넓은 의미로 이스라엘 백성이 "하나님의 집"이다. 그 때문에 하나님은 모세에게 하나님의 "온 집"(민 12:7)을 맡기셨다. 좁은 의미로 "하나님의 집"은 지상의 성역으로 해석된다. 특히 장막(여호와의 집, 여호와의 궁전, 출 34:26)과 여호와의 전이 그것이다. 솔로몬은 성전 건축을 완료한 후 아버지 다윗이 성별했던 물건, 금과 은과 모든 기구를 "하나님의 전 곳간"(대하 5:1)에 두었다.

하나님이 나타나시는 곳은 모두 거룩한 곳이 되며, 그 때문에 하나님의 주거로 간주될 수 있다. 야곱은 꿈에서 하늘까지 닿는 사닥다리를 보고 깨어난 후 이렇게 말했다: "여호와께서 과연 여기 계시거늘 내가 알지 못하였도다 이에 두려워하여 이르되 두렵도다 이 곳이여 이것은 다름 아닌 하나님의 집(벧엘)이요 이는 하늘의 문이로다"(창 28:16~17).

이집트 왕 바로의 지배 영역은 "종 되었던 집"이라 불린다(출 13:3; 수 24:17). 죽은 자들의 처소는 "영원한 집"이 된다: "사람이 자기 영원한 집으로 돌아가고 조문객들이 거리로 왕래하게 됨이라"(전 12:5).

마지막으로 집이라는 개념이 그곳에 사는 사람에게 전용되어 가족, 부족, 종족을 의미하는 경우도 있다. "다윗 집"과 "레위 족속"으로 불릴 때의 집이 이러한 의미이다(삼하 3:1; 시 135:20).

신약성경에서는 신자들의 모임, 즉 "에클레시아"(ecclesia, 교회 공동체)가 하나님의 집이다: "너희도 산 돌 같이 신령한 집으로 세워지고 예수 그리스도로 말미암아 하나님이 기쁘게 받으실 신령한 제사를 드릴 거룩한 제사장이 될지니라"(벧전 2:5). 그리스도를 믿고 의지하는 사람은 이방인이나 나그네처럼 이 세상을 방황하며 걸어 다닐 필요가 없으며, 성도들과 동일한 시민이요 하나님의 권속이다(엡 2:19).

주님은 제자들에게 "내 아버지 집에 거할 곳이 많도다 그렇지 않으면 너희에게 일렀으리라 내가 너희를 위하여 거처를 예비하러 가노니"라고 말씀하셨다(요 14:2). 이 경우 집은 천국을 암시한다. "만일 땅에 있는 우리의 장막 집이 무너지면"(지상의 장막이란 죽어야 하는 육체를 말한다) 우리는 하나님으로부터 "하나님께서 지으신 집 곧 손으로 지은 것이 아니요 하늘에 있는 영원한 집"(고후 5:1)을 선물로 받는다.

묘지를 집으로 본 고대인들의 생각은 초기 기독교 시대의 석관에 그려진 문, 그리고 묘비명에 쓰여 있는 "영원한 집"(domus aeterna)이라는 말과 연결된다.

채찍(회초리, 매)

　길다란 나뭇가지로 만든 채찍은 생명을 상징하는 데 사용된다. 오랜 옛날부터 민간 풍습에서 "생명의 채찍"으로 친다는 의식이 이루어지고 있었다. 채찍은 징계의 수단으로 사용되었지만, 그 목적은 생명을 위협하는 악한 세력을 내쫓는다는 점에 있었다. 고대 로마에서 "파스케스"(fasces) 또는 "릭토르(lictor)의 채찍"이라 불린 것은 삶과 죽음을 지배하는 것, 즉 살리고 죽이는 권한을 내타낸다. "파스케스"는 라틴어로 "묶음"이라는 의미를 가진 말로서 우리말로는 속간(束桿)이라 할 수 있다. 고대 로마에서 공권력을 표시하는 상징으로 이용 되었으며, 붉은 띠로 묶은 느릅나무나 자작나무 막대기 다발에 청동 도끼머리를 끼웠다. 고대 로마 황제는 파스케스로 무장한 호위 병사 릭토르를 12명을 거느렸지만, 점차 그 수가 증가하였다. 로마가 멸망한 후에도 파스케스를 권력의 상징으로 사용했으며, 이 말이 이탈리아의 파시스 당의 이름이 되었다.

　성경에서 회초리와 채찍은 하나님의 노여움 및 하나님께 거역하는 자의 징계를 상징하는 데 사용된다. 지팡이와 회초리는 범죄한 인간에게 하나님께서 내리는 벌을 상징적으로 나타낸다: "내가 회초리로 그들의 죄를 다스리며 채찍으로 그들의 죄악을 벌하리로다"(시 89:32).

　인간은 하나님의 진노의 지팡이, 분노의 회초리를 받음으로써 이 세상의 고통을 경험한다: "여호와의 분노의 매로 말미암아 고난 당한 자는 나로다"(애 3:1).

　앗수르에 대한 하나님의 꾸짖으시는 목소리가 두렵게 울려 퍼진다: "앗수르 사람은 화 있을진저 그는 내 진노의 막대기요 그 손의 몽둥이는 내 분노라…주께서 주의 일을 시온 산과 예루살렘에 다 행하신 후에 앗수르 왕의 완악한 마음의 열매와 높은 눈의 자랑을 벌하시리라"(사 10:5, 12). 다른 말씀에는 이렇게 기록되어 있다: "만군의 여호와께서 채찍을 들어 그를 치시되 오렙 바위에서 미디안을 쳐 죽이신 것같이 하실 것이며"(사 10:26).

하나님은 이스라엘 백성이 하나님의 가르침에 충실하지 않으면 이방 족속이 그들의 덫이 되고 올무가 되며 "옆구리에 채찍"이 되며 눈에 가시가 되리라고 경고하신다(수 23:13).

하나님의 채찍을 맞은 자는 궁극적으로는 죽음이 아닌 생명이 확정된다: "네가 그를 채찍으로 때리면 그의 영혼을 스올에서 구원하리라 내 아들아 만일 네 마음이 지혜로우면 나 곧 내 마음이 즐겁겠고"(잠 23:13~14).

억수같이 비를 내리는 비구름은 하나님의 징계의 회초리도 되며 은총도 된다: "그는 구름에 습기를 실으시고 그의 번개로 구름을 흩어지게 하시느니라…그는 땅과 육지 표면에 있는 모든 자들에게 명령하시느니라 혹은 징계를 위하여 혹은 땅을 위하여 혹은 긍휼을 위하여 그가 이런 일을 생기게 하시느니라"(욥 37:11~13).

인류의 죄를 떠맡으신 예수님은 채찍질을 당하셨다(마 27:26). 여기에는 모든 현세적이고 지상적인 것의 근본 법칙, 즉 참된 기쁨에 이르는 길은 고통과 괴로움의 길이라는 법칙이 상징적으로 암시되어 있다: "주께서 사랑하는 자를 징계하시고 그가 받아들이시는 아들마다 채찍질하심이라 하였으니"(히 12:6).

로마 시대에 형벌의 도구로 이용되었던바 작은 가지를 다발로 묶은 회초리는 그리스도의 채찍질, 그리고 그리스도의 채찍질을 예언했다고 전해지는 아그리파의 시빌라(Sibylla of Agrippa)를 상징적으로 나타낸다. 특히 중세 시대에 성직자가 고행을 위해 사용했으며, 평신도 수도사(그 대표적인 예는 채찍질 고행자)의 고행에도 이용되었던 채찍은 그리스도를 본받음을 상징했다.

풍속에서 회초리는 성 니콜라스와 결부된 이미지를 갖는 것 중의 하나이다. 니콜라스는 회초리를 보이면서 혼내주겠다고 경고하거나 혼내주는 척 한 후에 아이들에게 선물을 주곤 한다.

책

문자를 알지 못하던 인간은 사상을 표현하는 매체인 형상이나 기호가 초자연적인 힘, 신비한 힘을 갖추었다고 생각할 수 있었으므로 문자의 발명자는 신이라고 생각되었다. 이집트인의 토트(Thoth), 바빌로니아의 나부(Nabu)가 여기에 해당된다. 신전은 어떠한 형태로든지 신에게 기원을 두고 있다. 그것은 신성(神性)의 유출(emanatio)인 경우도 있고(브라만교의 경전 리그베다는 우주의 최고 원리 브라만의 내뿜는 숨이라고 한다), 신의 창조 행위의 산물인 경우도 있다. 유대교 랍비의 생각으로는 유대교의 최고 경전인 토라(모세오경)는 그것이 만들어지기 천 세대 전에 이미 알려졌다고 한다. 신의 계시의 선물인 경우도 있다. 마호메트는 이슬람교의 경전 코란을 대천사 가브리엘에게서 들었다고 주장한다. 고대 오리엔트인들은 지상에 사는 자의 운명이 하늘의 "운명의 서판"(Tablet of Destiny)에 기록되어 있다고 생각했는데, 이 관념은 조금도 진기한 것이 아니었다. 이집트의 신앙 전승에 의하면, 토트는 왕들의 지배 연한을 신성한 나무인 이집트의 나뭇잎에 기록했다고 한다.

창세기 5장 1-32절에 각 지파의 구성원 이름이 기록되어 있듯이 하나님을 경외하는 신자들의 이름은 생명책에 기록되어 있다. 하나님이 기록하신 생명책은 출애굽기 32장 32절에서 처음 언급되었다. 마음이 정직한 사람들은 최후의 심판에서 살아남을 것이다. "시온에 남아 있는 자, 예루살렘에 머물러 있는 자 곧 예루살렘 안에 생존한 자 중 기록된 모든 사람은 거룩하다 칭함을 얻으리니"(사 4:3).

환난 때에 "네 백성 중 책에 기록된 모든 자"(단 12:1)는 구원을 얻는다. 인간의 행위는 하나님의 책에 기록된다: "내 형질이 이루어지기 전에 주의 눈이 보셨으며 나를 위하여 정한 날이 하루도 되기 전에 주의 책에 다 기록이 되었나이다"(시 139:16). 죄를 범한 자는 죽어야 한다. 그의 이름은 생명책에서 지워지며, 의인과 함께 기록되는 일이 없다(시 69:28). 왕좌가 놓이고 옛적부터 항상 계신 이가 좌정하셨는데 그 앞에서 모셔 선 자가 무척 많으며 심판을 베푸는데 책들이 펼쳐진다(단 7:9~10). 이리하여 책은 하나님의 말씀의 진실 및 하나님 말씀에 약속된 생명의 상징이 된다. 선지자 에스겔에게는 하나님의 뜻이 책을 통해서 전해진다. 즉 하나님이 펴신 두루마리 책을 먹는 것(겔 2:8~9; 3:1~13)은 예언자의 임무를 맡는 것을 상징적으로 나타낸다. 책이나 두루마리를 삼켜서 소화하는 것은 하나님의 말씀을 마음속에 받아들이는 것과 같다.

"생명책"은 "하나님에 의한 선택"의 상징적 표현이다. 신약성경은 생명책, 즉 "하늘에 기록된 장자들의 모임과 교회와 만민"을 이야기한다(히 12:23). 바울은 자기 동역자들의 이름이 생명책에 기록되어 있다고 확신한다(빌 4:3). 예수님은 제자들에게 "너희 이름이 하늘에 기록된 것으로 기뻐하라"(눅 10:20)고 하셨다.

박해받을 때 하나님께 대한 신앙을 고백하는 자의 이름은 생명책에서 지워지지 않는다(계 3:5). 하늘에는 생명책 외에도 몇 개의 책이 더 있다. 거기에 인간의 행위가 모두 기록되어 있으며, 최후의 심판 날에 그 내용에 근거하여 죽은 자들에 대한 심판이 이루어진다(계 20:12). 속된 것은 하나님의 성으로 들어갈 수 없다: "무엇이든지 속된 것이나 가증한 일

또는 거짓말하는 자는 결코 그리로 들어가지 못하되 오직 어린 양의 생명책에 기록된 자들만 들어가리라"(계 21:27). 최후의 심판 때 하늘이 "두루마리가 말리는 것 같이 떠나간다"(계 6:14). 봉인된 요한계시록의 책(계 5:1~9)은 그 실현이 그리스도의 손에 맡겨져 있기 때문에 예측하기 어려운 하나님 뜻을 상징한다. 요한계시록의 기자 요한은 작은 책을 천사의 손에서 받아 먹으라는 지시를 받는다: "갖다 먹어 버리라 네 배에는 쓰나 네 입에는 꿀 같이 달리라 하거늘 내가 천사의 손에서 작은 두루마리를 갖다 먹어 버리니 내 입에는 꿀 같이 다나 먹은 후에 내 배에서는 쓰게 되더라"(계 10:9~10). 작은 두루마리를 먹는 행위는 계시된 것의 완전한 수용을 상징한다. 즉 예언의 사명은 처음에는 달지만(기쁘다), 나중에는 쓰다(무거운 짐이 된다)는 의미이다.

고대 기독교 미술에서 책은 하나님의 율법과 교회의 신앙론의 근본 체계인 교리 신학의 상징이다. 석관의 부조(浮彫)에 두 손을 들고 기도하는 사람(orans)의 발밑에 묶여있는 책은 관 속에 매장되어 있는 사람이 기독교 신앙에 정통하고 있다는 것을 암시한다.

율법 수여(Traditio Legis)의 모티프에서는 그리스도가 율법, 즉 하나님의 가르침인 한 권의 책을 사도에게 수여한다. 보좌에 앉은 그리스도의 그림에서 그리스도는 왼손에 "A"와 "O"라는 문자, 혹은 *Lux Mundi*(세상의 빛)라는 글을 나타낸 생명책을 갖고 있다(계 20:12 참조). 공회의를 개최할 때 복음서가 증명하는 것의 상징으로 복음서를 보좌 위에 놓는 것이 초기 기독교회의 관습이었다.

철

최초에 다량의 철분을 포함한 운석, 즉 운철이 사용되었다. 따라서 수메르인이 철을 "하늘의 금속"이라고 부르는 것은 의미상 알맞은 표현이다. 우가리트 신화에서 대장장이 신 코타르 와 하시스(Kothar-wa-Khasis)는 철 가공 방법을 발견한 신으로서 바알 신전을 건축했다. 코타르는 무기를 제조하는 신으로 숭배된다. 철은 그 무거움과 단단함 때문에 제압과 굴복의 상징이 되기도 했다. 연금술 전통은 철을 화성(火星)과 동일시했다.

철은 여호와께서 정하신 길에서 이탈한 것의 상징이다. 제단을 만드는 데 사용되는 돌은 (철로 만든) 정으로 다듬으면 안 된다(출 20:25). 유다의 죄는 "철필로 기록되어 있다"(렘 17:1). 악덕에 몸을 맡긴 사람은 자신에게 쇠고랑을 채운다. 여호와의 말씀을 거역하는 사람은 "흑암과 사망의 그늘에 앉으며 곤고와 쇠사슬에 매인다"(시 107:10). 이리하여 철은 심판과 벌의 상징이 된다. 시편 2장 9절의 "철장"은 벌하는 정의의 상징이다. 여호와는 불충한 백성의 목에 철 멍에를 메워 멸망에 이르게 하신다(신 28:48). 철은 비유적인 의미에서 땅을 일구어 경작할 수 없는 땅을 나타내는 데에도 사용된다(신 28:23). 철과 진흙의 혼합물은 부조화와 연약함을 암시한다(단 2:41~43).

요한계시록에 언급된 "철장"은 이교의 백성을 다스리게 된 승리자의 손이다(계 2:26~27).

춤

많은 종교에서 춤은 희생제물을 바치는 의례와 함께 가장 중요한 제사 행위를 이룬다. 춤이 마음의 감동의 직접적 표현인 경우도 있다. 예를 들면 즐거움이 춤이라는 형태로 나타나는 경우를 들 수 있다.

고대 이집트의 장례식에서 춤은 환생의 희망을 상징한다. 갈대 관을 쓴 춤꾼들이 오시리스와 동일시된 죽은 자를 맞이하는 묘지 입구에 다가가 죽은 자를 향해 환영하는 기쁨의 환성을 지른다.

가나안의 예언자들은 춤을 몰아(沒我)의 경지에 이르기 위한 수단으로 보았다. 신비적이고 황홀한 춤 속에서 육체가 중력으로부터 해방되는 것으로 생각했다. 페니키아의 "바알 마르코드"(Baal Marqod; Lord of the Dance)는 춤 추는 신, 또는 "춤추는 바알"이다. "바알"은 "주" 또는 "주인"이라는 의미로서 인간사에서 주요한 이름과 연합하여 "~의 주"라는 의미로 사용되었다.

또 인도의 시바는 "춤꾼들의 왕"으로서 우주의 리듬을 상징한다. 그리스의 저술가 루키아노스(Lukianos)는 별들의 운행을 지상의 춤의 모범이라고 했다.

춤은 기쁨과 감사의 보편적인 표현이었다. 이스라엘 백성이 홍해를 무사히 건넌 뒤 모세의 누이 미리암이 소고를 치며 노래하자 여자들이 모두 소구를 들고 나와 그를 따르며 춤을 추었다(출 15:20). "주께서 나의 슬픔이 변하여 내게 춤이 되게 하시며 나의 베옷을 벗기고 기쁨으로 띠 띠우셨나이다"(시 30:11). 이스라엘에서는 싸움에 이기고 귀환하는 자를 "소고를 잡고 춤을 추며" 영접했다(삿 11:34).

모세의 율법에 종교적·제사적 무용에 대한 규정이 보이지 않지만, 이런 종류의 춤이 존재했던 듯하다. 예를 들어 종교적 춤의 전형적인 예는 법궤를 옮길 때 보인다: "다윗이 여호와 앞에서 힘을 다하여 춤을 추는데 그 때에 다윗이 베 에봇을 입었더라 다윗과 온 이스라엘 족속이 즐거이 환호하며 나팔을 불고 여호와의 궤를 메어오니라"(삼하 6:14~15). 시온의 자녀들은 춤추며 하나님의 이름을 찬양하며 소고와 수금으로 그를 찬양한다(시 149:3; 150:4).

금송아지 주위를 돌며 춤을 춘 것은(출 32:19) 신성한 것의 주위를 춤추며 도는 제사적 무용으로 간주할 수 있다. 미혹에 빠진 이스라엘 백성은 신적인 힘을 갖추고 있는 듯이 보이는 송아지 모양의 상 주위를 춤추며 돌며 신적인 힘의 은총을 받기 원했다.

이스라엘 민족에게 춤이 있었다는 것은 "제례"를 나타내는 통상의 히브리어 "hag"가 원래 "행렬", "행렬춤"(行列舞)을 의미하고 있었던 것으로도 알 수 있다. "이스라엘아 내가 다시 너를 세우리니 네가 세움을 입을 것이요 네가 다시 소고를 들고 즐거워하는 자들과 함께 춤추며 나오리라"(렘 31:4).

탕자의 비유에서 탕자의 귀환은 음악과 춤을 동반한 즐거움의 축제로써 축하된다(눅 15:25). 헤롯왕이 생일잔치를 열었을 때 헤로디아의 딸이 들어와서 "춤을 추어" 헤롯을 기쁘게 하였으므로 왕은 그녀에게 원하는 것을 주겠다고 약속하였고, 세례 요한이 그 변덕의 희생이 되었다(막 6:21~29). 금송아지 주위를 춤추며 도는 원무와 헤롯 앞에서 춘 살로메의 춤(살로메라는 이름은 성경에 기록되지 않는다)으로 인한 나쁜 인상, 또한 이교적인 광란무의 관습 사이에 경계를 세워야 할 필요성 때문에 초기 기독교에서는 이런 종류의 춤에 대해서 부정적인 태도를 취했다.

요한 크리소스톰은 "춤이 있는 곳에 악마가 있다"고 했다. 그런데도 춤은 종교적인 관념과 풍습에서 완전히 분리될 수 없었다. 교부 힙폴리투스는 로고스를 "선두에 서서 행렬춤을 인도하는 거룩한 춤꾼"이라고 했다.

13세기 신비사상가 마그데부르크의 메히틸드(Mechthild von Magdeburg)는 "영혼의 춤"을 말했다. 중세 시대 교회의 회랑에서 행한 사제들의 행렬춤은 장차 누릴 천국에서의 기쁨을 나타내는 지상에서의 전주곡이었다.

스페인 세비야(Sevilla) 성당에서 오늘날도 행해지고 있는 소년들의 종교적 배례의 춤은 1439년에 교황의 대칙령으로 인가된 것이다. 비잔틴 교회의 혼례 예식에는 사제가 신랑과 신부를 동반하고 제단과 성상이 놓인 사면대의 주위를 춤추듯이 도는 의식이 있었다.

칠(일곱, 7)

"7"이라는 수가 경외심과 매혹적인 의의를 지닌 신적 성격을 띠게 된 것은 자연 현상 관찰에 근거한다. 첫째는 칠 일을 주기로 변하는 달의 모양이다. 둘째는 고대 그리스·로마에 알려져 있던 행성으로서 토성, 금성, 목성, 화성, 수성 등 다섯 개에 태양과 달을 포함하여 전부 일곱 개의 행성이 하늘을 지배하고 있다고 생각했다. 그 결과로서 무지개색과 일곱 개의 음계는 충족과 완전한 상태를 나타내는 것으로 여겨졌다.

우주가 일곱 개의 하늘로 이루어진다는 관념과 함께 바빌로니아의 신전은 칠층으로 구축되었고 한 주일은 7일로 나뉘고, 여신 이슈타르(Ištar)는 일곱 겹의 베일을 쓰고 있었다.

바알(Baal)의 영원한 적은 죽음의 신 모트(Mot)이다. 구약성경에서 모트를 의인화하여 표현하는데(렘 9:21) 이는 음부(Sheol)와 더불어서 죽음을 의인화한 이름이다. 바알(Baal)과 모트(Mot)는 칠 년씩 교대로 서로를 지배했다.

조로아스터교의 최고신 아후라 마즈다(Ahura Mazdah)는 일곱 개의 "불멸의 성성(聖星)", 즉 7인의 대천사에게 둘러싸여 있고, 베다 신화에서 광명과 관계가 있는 신들은 일곱 신으로 구성된 아디트야(Aditya)이다.

"7"은 하나님의 의지에 의한 전체성, 완전을 나타낸다. 완전한 때의 단위는 7부분으로 나누어진다. 하나님은 천지창조를 일곱째 날에 마치셨다(창 2:2~3). 일곱째 해도 중요한 의미가 있다. 6년간 파종하여 수확한 땅은 7년째에는 경작하지 말아야 한다(출 23:10~11). 제단은 칠일 동안 단을 위하여 속죄하여 거룩하게 성별해야 하며(출 29:37), 성전 성별 축제는 이레 동안을 두 번씩 열나흘 동안 집행된다(왕상 8:65). 여호와는 전지(全知)의 상징으로서 일곱 개의 눈을 가지신다(슥 4:10). 신성한 등대에는 일곱 개의 등잔이 있다(출 25:37).

"7"이라는 수는 구속사에 거듭 나타난다: 노아는 칠 일을 기다렸다가 비둘기를 방주에서 내보냈다(창 8:10). 바로가 꿈에서 본 일곱 마리의 아름답고 살진 암소와 흉악하고 파리한 암소 및 무성하고 충실한 일곱 이삭과 가늘고 동풍에 마른 일곱 이삭(창 41:1~32); 7인의 제사장이 제7일에 여리고의 성을 일곱 번 돈 일(수 6:4); 삼손에게 힘을 준 일곱 가닥의 머리털(삿 16:13). 메시아 도래의 날에 일곱 배의 빛으로 빛나는 태양(사 30:26).

예수님은 세번째 음식의 기적을 행하실 때 일곱 개의 떡으로 굶주린 군중을 배부르게 하셨으며, 배불리 먹고 남은 조각 일곱 광주리를 거두었다(막 8:5~8). 주기도문은 일곱 개의 소원을 포함하고 있다(마 6:9~13).

악이 일곱이라는 수와 결합하는 경우가 있다. 예수님은 막달라 마리아에게서 일곱 귀신을 쫓아내셨다(눅 8:2). 요한계시록의 용은 일곱 개의 머리를 가지며, 각각의 머리에 하나씩 모두 일곱 개의 면류관을 쓰고 있다(계 12:3). 그러나 대체로 "7"은 구원의 수요, 거룩한 수이다. 여호와의 보좌 앞에 일곱 영이 있는데 일곱 개의 등불이라고도 불린다(계 1:4; 4:5). 일곱 개의 인으로 봉한 책은 하나님 뜻의 완전함을 나타내며, 하나님 뜻의 실현은 일곱 뿔과 일곱 눈을 가진 어린 양에게 맡겨진다(계 5:1, 6~7). 요한계시록의 환상에는 일곱 개의 뇌성, 일곱 나팔, 일곱 개의 분노의 대접 등 "7"과 관련된 것이 여러 번 나타난다.

중세시대 기독교는 "7"에 하나님이 지으신 인간의 비밀이 암시되어 있다고 생각하여, 육체는 "4"로, 하나님을 희구하는 영혼은 "3"으로 상징된다고 보았다. 일곱 개의 덕(德)은 네 개의 추덕(四樞德; 智義勇節)과 세 개의 대신덕(對神德; 信望愛)으로 구성된다. 가톨릭교회는 "성모칠고"(聖母七苦; 성모 마리아의 일곱 가지 고통)를 성주간 제 1일 전 금요일에 지킨다. 성모 마리아의 칠고란 마리아가 그리스도로 인하여 받은 일곱 가지 슬픔과 고통을 말한다: (1) 이집트 피난; (2) 시므온의 예언(눅 2:35); (3) 성전에서 예수를 잃음; (4) 십자가를 지신 예수를 찾음; (5) 십자가에서 예수의 죽음(요 19:30); (6) 아들 예수의 시신을 안으심; (7) 아들 예수를 장사지냄. 성모칠고에 상응되는 성모칠락(聖母七樂: 성모 마리아의 일곱 가지의 기쁨)도 있다: (1) 수태고지; (2) 엘리사벳을 방문함; (3) 예수 탄생; (4) 예수의 공현(公顯, 세례); (5) 성전에서 예수를 다시 찾음; (6) 예수 부활; (7) 성모 승천.

"7"이라는 수의 양의적(兩意的) 의미를 나타내는 것이 있다. 요한복음에 나타난 예수님의 일곱 가지 표적: (1) 물로 포도주를 만드심(요 4:46~54); (2) 왕의 신하의 아들을 치유하심(요 4:46~54); (3) 예루살렘에서 38년 된 병자를 치유하심(요 5:1-9); (4) 오병이어로 오천 명을 먹이심(요 6:1~13); (5) 바다 위를 걸으심(요 6:16-21); (6) 날 때부터 맹인된 사람을 고치심(요 6:1~41); (7) 죽은 나사로를 살리심(요 11:1-44). 교황 그레고리 1세는 평신도 교육을 위해 칠죄종(七罪宗, seven deadly sins, *peccata capitalia*) 이을 정립했다.

침

침은 신비한 힘을 가진 물질로 여겨졌다. 사람들은 침이 악마를 쫓는다고 믿어 위험이 다가오는 방향을 향해 침을 뱉었다. 바빌로니아의 신 마르두크의 침은 "생명의 침"이었다. 이집트의 신화에 의하면 입에서 신들이 탄생했고, 태초의 신 아툼(Atum; 나중에 라와 결합한다)은 대기 및 빛의 신 슈(Shu)와 수증기의 여신 테프누트(Tefnut)를 토해냈다고 한다.

사람에게 침을 뱉는 것은 심한 모욕이다(민 12:14). 여호와의 종—예언적 관점에서 보면 그리스도를 나타내는 것 중 하나—은 다음과 같이 고백한다: "나를 때리는 자들에게 내 등을 맡기며 나의 수염을 뽑는 자들에게 나의 뺨을 맡기며 모욕과 침 뱉음을 당하여도 내 얼굴을 가리지 아니하였느니라"(사 50:6).

복음서는 예수께서 병을 고치기 위해 침을 사용하신 일을 전한다. 예를 들면 예수께서 귀먹고 말을 하지 못하는 사람의 혀에 침을 바르시고 "에바다"라고 말씀하시니 그 사람이 말할 수 있게 되었다(막 7:33~35). 날 때부터 장님인 사람을 만났을 때 예수님은 "땅에 침을 뱉어 진흙을 이겨 그의 눈에 바르시고" 실로암 못에서 씻으라고 명하셨으며, 그 명령대로 행한 그 사람은 눈을 떴다(요 9:6~7).

초대 기독교에서 침을 뱉는 것이 세례의 의례로 널리 행해졌다. 즉 사탄과의 절연, 사탄을 거부하는 것을 표현하기 위해 침을 뱉었다. 어거스틴은 예수님이 치료에 사용하신 침과 흙의 혼합물은 정신적으로 눈먼 자를 고치기 위한 그리스도의 신성과 인성 융합의 상징이라고 해석했다.

태양(해)

빛과 열을 발하는 태양의 힘은 선사시대 사람들에게도 알려져 있어서 초지상적인 힘으로 숭배되었다. 이집트 사람들의 눈에는 매일 아침 어둠을 뚫고 떠오르는 태양이 우주 질서의 증거로 보였다. 이집트에서 생겨나서 아시리아와 페르시아에 계승된 날개 달린 태양의 모습은 이 낮의 별을 새로운 시각에서 본 데서 생겨난 것이다.

바벨론에서는 일출, 가라앉음과 떠오름이라는 현상에 생각을 집중한 결과 태양은 죽음의 힘과의 전쟁에서 영웅이나 전사가 되고 신의 나라의 통치자가 된다. 함무라비(Hammurabi) 왕은 태양신 사마시(Shamash)에게서 법전을 받았다고 주장했다.

천지창조의 넷째 날 하나님의 명령으로 태양이 생겨났다. 태양은 낮을 관리한다(창 1:14~19). 태양 빛이 만물을 비추듯이 주님의 업적은 영광으로 가득 차 있다(집회서 42:16). 하늘의 태양은 여호와의 태양을 나타내는 은유이다. 예를 들어 이사야 60장 20절에서 "다시는 네 해가 지지 아니하며 네 달이 물러가지 아니할 것은 여호와가 네 영원한 빛이 되고"라고 한 경우가 그것이다. 고라의 자손들은 살아 계신 하나님을 향해 환호의 소리를 높인다: "여호와 하나님은 해요 방패이시라"(시 84:11).

시편에 태양을 찬양하는 노래가 있다: "해는 그의 신방에서 나오는 신랑과 같고 그의 길을 달리기 기뻐하는 장사 같아서 하늘 이 끝에서 나와서 하늘 저 끝까지 운행함이여 그의 열기에서 피할 자가 없도다"(시 19:5~6). 여호와를 마음에 품은 사람은 떠오르는 태양에 비유된다(삿 5:31). 아가의 신부는 달 같이 아름답고 해같이 맑다(아 6:10).

구약성경 말라기에 태양에 관한 중요한 구절이 있다: "내 이름을 경외하는 너희에게는 공의로운 해가 떠올라서 치료하는 광선을 비추리니"(말 4:2). 히브리어에는 태양 빛을 직접 표현하는 고유명사가 없기 때문에 광선은 "빛의 혀"(집회서 43:4), 또는 "태양의 날개" 등의 비유로 표현된다.

그리스도라는 "돋는 해가 위로부터 우리에게 임하여 어둠과 죽음의 그늘에 앉은 자에게 비친다"(눅 1:78~79). 예수님은 해를 선과 악을 포용하는 하나님의 사랑의 상징으로 사용하셨다(마 5:45). 다볼산에서 예수님의 모습이 변화될 때 "그 얼굴이 해 같이 빛나며 옷이 빛과 같이 희어졌다"(마 17:2). 밧모섬에서 요한이 본 하나님의 아들의 얼굴은 마치 "해가 힘있게 비치는 것" 같았다(계 1:16). 그리스도의 가르침대로 살아가는 의인들은 "자기 아버지 나라에서 해와 같이 빛날 것이다"(마 13:43). 예수님이 운명하시는 순간 해가 빛을 잃고 어둠이 온 땅을 덮은 것은(눅 23:45) 진정한 태양의 죽음을 상징한다. 요한계시록 12장 1절에서 하늘에 큰 표징으로 "해를 옷 입은 한 여자"가 나타났다. 이 여자는 교회의 상징이다.

초대 교회는 고대 그리스·로마의 태양의 날을 그리스도 부활의 신비라는 새로운 의미로 만족시켜 태양의 날, 곧 일요일이 주님의 날이 되었다. 서쪽으로 기운 저녁 해가 아침이 되면 새롭게 동쪽에서 떠오르듯이 그리스도는 죽은 자들 가운데서 부활하셨다. 의의 태양이 "서쪽을 동쪽으로 되돌리고 죽음을 이기고 삶으로 이르렀다"(알렉산드리아의 클레멘트)는 것이다. 초기 기독교 신자들은 떠오르는 태양을 향해 기도했으며, 근대에 이르기까지 교회가 동쪽을 향하여 세워진 예가 상당히 많다.

푸아티에의 힐라리우스에 의하면 "로고스"는 태양 같은 것이며, 인간의 영혼의 창이 열리기만 하면 언제 어디서든 빛을 비출 때를 기다리고 있다. 처음에는 1월 6일로 지켜지던 그리스도의 탄생일이 4세기 중엽에 12월 25일로 변경되었는데, 이날은 당시 로마제국의 태양신의 축일(12월 25일은 로마의 동짓날로서 이날부터 날이 길어지므로 로마의 동지제를 지냈다)였다. 카롤링 왕조의 세밀화에 십자가 옆에 태양신 솔의 상을 그리고 있는데, 진정한 태양이 십자가에 걸린 것에 대한 부끄러움 때문에 얼굴을 가리고 있다.

크눔(Khnum)

토기장이

토기장이라는 이미지는 문화사적으로 도예술(陶藝術)의 발달을 전제로 한다. 이집트 신화에서 창조의 신 크눔(Khnum)은 인간을 만든 도공으로 숭배되었다. 크눔은 녹로대 위에서 아이의 몸을 만들어 어머니의 몸속에 넣어 주었다. 고대 메소포타미아의 전승에 의하면 최초의 인간들은 희생된 신의 피와 진흙을 혼합해서 만들어졌다고 한다. 그리스 신화에서 프로메테우스는 인류의 도공이라고 불린다. 프로메테우스는 점토와 물로 남자들과 여자들을 만들었다.

도공이 만든 그릇에 도공의 본질이 나타나듯이 하나님도 인간을 하나님 자신을 닮도록 만드셨다(창 1:26). 여호와 하나님은 흙으로 사람을 지으시고 "생기를 그 코에 불어 넣으셨다"(창 2:7). 도공이 자신이 만든 그릇을 깨 버리는 것처럼 창조주도 부실한 백성을 죽음의 손에 맡긴다(시 2:9). 성경에서 토기장이(도공)라는 이미지는 창조주가 자기 뜻대로 피조물을 다루시는 지배력을 나타낸다: "이스라엘 족속아 이 토기장이가 하는 것 같이 내가 능히 너희에게 행하지 못하겠느냐"(렘 18:6). 피조된 사람이 자신을 만든 창조주와 동등하다고 생각하면 잘못이다: "너희의 패역함이 심하도다 토기장이를 어찌 진흙같이 여기겠느냐"(사 29:16). 고레스는 여호와의 명을 받고 지배자들을 토기장이의 진흙처럼 밟았다(사 41:25).

바울은 하나님을 진흙(신의 피조물)을 자유자재로 다룰 수 있는 창조자로 보았다: "토기장이가 진흙 한 덩이로 하나는 귀히 쓸 그릇을, 하나는 천히 쓸 그릇을 만들 권한이 없느냐"(롬 9:21). 그러나 하나님은 질그릇 같은 인간 속에 하나님의 보배, 즉 하나님의 진리를 담아주신다(고후 4:7).

요한계시록에서 깨뜨려 버린 질그릇이 심판의 상징으로 나타난다:

"이기는 자와 끝까지 내 일을 지키는 그에게 만국을 다스리는 권세를 주리니 그가 철장을 가지고 그들을 다스려 질그릇 깨뜨리는 것과 같이 하리라"(계 2:27).

투구

투구는 머리를 보호하는 것으로서 원래 테 없는 가죽 모자였는데 나중에 금장식을 붙이게 되었다. 이것은 바빌로니아인, 아시리아인, 그리고 시리아인들 사이에 유포되어 있었으나 이집트인에게는 투구를 쓰는 관습은 없었다.

머리를 보호하는 기능을 지닌 투구는 세월이 흐르면서 보호라는 목적을 넘어선 의의를 띠게 되었다. 머리가 신적이고 거룩한 것과 특별한 관련이 있다고 생각했기 때문에 머리에 쓰는 투구도 그렇다고 믿었다. 시리아의 신 바알과 레셉(Reshep)의 투구에는 뿔이 달려있다. 팔라스 아테나의 장비는 방패와 창과 투구인데, 금화와 은화에 주조된 여러 가지 상을 보면 투구는 하나의 별로 여러 가지 취향으로 장식되어 있다.

투구는 현세의 무기이므로 현세를 초월한 신적인 재화를 둘러싼 전쟁에서는 쓸모가 없다. 블레셋 사람 골리앗과 다윗의 싸움이 이것을 나타낸다(삼상 17:5, 31~51). 단지 하나님에게 있어서만 투구는 완전하게 있을 수 있다. 시온의 적들과의 싸움에서 여호와는 "의로 공의를 갑옷으로 삼으시며 구원을 자기의 머리에 써서 투구로 삼으신다"(사 59:17). 악을 단호히 거부하시는 하나님의 무기는 그 민족에게 축복이 된다.

그리스도를 믿는 성도들은 어둠의 세력의 공격을 피할 수 없지만, 신앙이라는 무기로 승리할 것이다. 그 때문에 바울은 이렇게 말한다: "구원의 투구와 성령의 검 곧 하나님의 말씀을 가지라"(엡 6:17). "우리는 낮에 속하였으니 정신을 차리고 믿음과 사랑의 호심경을 붙이고 구원의 소망의 투구를 쓰자"(살전 5:8).

팔

팔은 손의 활동에 참여한다. 특히 어느 정도의 힘이 필요한 경우에 그렇다. 따라서 상징언어에서 팔의 의의와 손의 의의가 겹치는 경우가 많다. 팔을 위로 올리는 것은 강함의 표시이며 신들의 특징을 나타낸다. 고대 바빌로니아의 신 마르두크(Marduk)는 팔을 번쩍 올려 혼돈의 용을 퇴치했고, 고대 시리아의 기후의 신은 오른손으로 막대기를 들어 올리고 왼손에는 번개의 빛의 다발을 쥐고 있다. 고대 이집트의 신 슈(Shu)는 양팔로 하늘과 땅을 나누고 있다.

여호와는 이스라엘 백성을 애굽 사람의 무거운 짐 밑에서 빼내며 노역에서 건지며 편 팔과 여러 큰 심판들로써 속량하셨다(출 6:6). 모세는 십계명을 명심하게 하려고 이스라엘 사람들에게 이렇게 말한다: "너는 기억하라 네가 애굽 땅에서 종이 되었더니 네 하나님 여호와가 강한 손과 편 팔로 거기서 너를 인도하여 내었나니 그러므로 네 하나님 여호와가 네게 명령하여 안식일을 지키라 하느니라"(신 5:15).

여호와께서 팔을 펴시는 것은 자기 백성에게는 보호의 행위이지만 적에게는 위협과 심판의 행위가 된다: "여호와께서 그의 장엄한 목소리를 듣게 하시며 혁혁한 진노로 그의 팔의 치심을 보이시되 맹렬한 화염과 폭풍과 폭우와 우박으로 하시리니"(사 30:30). 이것은 장대한 이미지이다. 선지자 이사야가 볼 때 파괴적인 자연 재앙은 하나님의 무서운 팔이었다.

시편 89장 9~10절에는 주께서 바다의 파도를 다스리시고 괴물 라합을 격파하시고 원수들을 "능력의 팔"로 흩으시는 모습이 묘사되어 있다. 이사야의 예언에서 여호와의 팔은 우리의 질병을 짊어지고 우리의 죄악을 담당하고 찔리고 부서지는 고난의 종이 된다(사 53:1~12).

요한복음 12장 28절에서 이사야가 말했던 것, 하나님의 팔이 그리스도와 관련되어 선지자의 말이 그리스도에게서 실현되었다고 여겨진다. 하나님의 위대함을 깨달은 마리아는 "그의 팔로 힘을 보이사 마음의 생각이 교만한 자들을 흩으셨고 권세 있는 자를 그 위에서 내리치셨으며 비천한 자를 높이셨고"라고 말한다(눅 1:51~52).

초기 기독교 미술에서는 팔이나 손만으로 하나님을 상징적으로 표현했다. 미켈란젤로의 '천지 창조'에는 쭉 뻗쳐진 팔이 창조의 기관으로 그려져 있다. 특히 주목할 만한 가치가 있는 것은 중세 후기의 살아 있는 십자가 모티프로서 십자가의 네 교차점에서 각각 하나씩 사람의 팔이 살아 나오고 있다. 위쪽의 팔은 열쇠로 천국의 문을 열고, 아래쪽 팔은 망치로 지옥을 부수고, 십자가의 방향에서 보아 오른쪽 팔은 에클레시아의 처녀에게 관을 씌우고, 왼팔로는 검으로 유대 회당의 처녀를 베어 쓰러뜨리고 있다.

포도나무와 포도송이

포도나무는 온난한 지방에서 자라며, 그 열매로 만든 포도주는 양분이 풍부해 활력을 주지만 지나치면 취하게 된다. 고대 오리엔트에서 포도나무는 건강과 부의 상징이었다.

고대 메소포타미아에서 포도나무는 "생명의 풀"과 동의어였고, 수메르에서 "생명"을 나타내는 문자는 원래 포도잎 모양을 하고 있었다. 만다교(Mandaism, 靈知라는 뜻의 아람어 방언에서 파생된 명칭)에서 "땅 위의 포도나무"는 생명 있는 모든 것의 근원이며 그 열매는 별(星)이라고 생각했다. 이러한 하늘을 뒤덮는 포도나무라는 관념에서는 포도나무를 우주 나무로 생각했음이 어렴풋이 엿보인다.

성경에서 포도밭과 포도나무는 선택된 백성의 상징이다: "무릇 만군의 여호와의 포도원은 이스라엘 족속이요 그가 기뻐하시는 나무는 유다 사람이라"(사 5:7).

호세아서에서는 포도밭의 이미지가 포도나무로 바뀌어서 "이스라엘은 열매 맺는 무성한 포도나무라"고 불린다(호 10:1).

아가서에서 신부는 하늘의 연인에게 포도밭으로 나가자고 권유한다: "내 사랑하는 자야 우리가 함께 들로 가서 동네에서 유숙하자 우리가 일찍이 일어나서 포도원으로 가서 포도 움이 돋았는지, 꽃술이 퍼졌는지, 석류 꽃이 피었는지 보자 거기에서 내가 내 사랑을 네게 주리라"(아 7:12).

포도밭은 하늘과 땅을 맺어 주는 하나님 사랑의 표시이다. 애굽에서 옮겨온 포도나무는 사랑으로 심어져 엄청난 크기로 뻗어 간다: "주께서 한 포도나무를 애굽에서 가져다가 민족들을 쫓아내시고 그것을 심으셨나이다 주께서 그 앞서 가꾸셨으므로 그 뿌리가 깊이 박혀서 땅에 가득하며 그 그늘이 산들을 가리고 그 가지는 하나님의 백향목 같으며 그 가지가 바다까지 뻗고 넝쿨이 강까지 미쳤거늘"(시 80:8-11). 그러나 자기 백성의 타락에 대한 여호와의 벌은 무섭다: "숲 속의 멧돼지들이 상해하며 들짐승들이 먹나이다"(시 80:13).

가나안에 파견된 정찰대가 메고 온 "포도송이가 달린 가지"(민 13:23)는 약속의 땅의 풍요로움과 하나님의 약속의 풍요함을 나타내는 상징이다.

포도밭의 상징적 의의를 가장 훌륭히 나타내는 것은 예수께서 말씀하신 포도밭과 농부의 비유이다: 포도원 주인이 포도밭을 농부들에게 소작지로 빌려주고 여행을 떠났다. 수확기가 다가오자 주인은 수확을 거둬들이기 위해 종들을 농부들에게 보냈는데, 불충한 농부들은 종을 잔혹하게 다루거나 죽였다. 결국 주인은 자기 아들을 보냈으나 그들은 아들을 붙잡아 포도원 밖으로 내쫓아 죽였다(마 21:33~39). 포도원 주인의 아들은 예수 그리스도이다. 그는 하나님의 아들일 뿐만 아니라 사람의 아들이었다. 그런 까닭에 예수님은 죽기 전날 밤 자신에 관해 이렇게 설명한다: "나는 참 포도나무요 내 아버지는 농부라"(요 15:1). 그리고 제자들에게 이렇게 말씀하신다: "나는 포도나무요 너희는 가지라"(요 15:5).

교부들은 이러한 포도나무의 이미지를 재해석했다. 예루살렘의 키릴에 의하면 인간은 세례로 말미암아 거룩한 포도나무의 일부가 되며, 하나님과의 일치를 유지하는 자는 풍요한 열매를 맺는 포도나뭇가지로 성장한다. 이리하여 교회라는 큰 신앙 공동체도 민족들 위에 뻗어나가 그 가지가 바다까지 달하는 포도나무가 된다(시 80:8~11). 두 남자가 메고 있는 큰 포도송이는 십자가 위의 구세주의 상징으로 해석된다. 즉 익은 포도송이가 포도주 틀에서 즙이 짜내어지듯이 구세주는 우리를 위해 피를 흘리신 것이다.

회화에서 아기 예수가 손을 뻗치고 있는 포도송이는 최후의 만찬을 암시한다. 마틴 숀가우어(Martin Schongauer)의 "성 가족"(聖家族)이라는 그림에서 마리아는 어린 예수에게 포도송이를 건네주고 있다. 초기 기독교 예술에서 포도나무에 열린 포도송이는 피안에서의 행복한 생활을 상징했다.

포도주

생명의 충만감을 불러일으키는 포도주는 종교의 역사에서도 무시할 수 없는 역할을 해왔다. 취기를 일으키는 이 음료는 최고도의 엑스터시를 의미하며, 생명의 파괴를 상징하기도 한다. 이집트 신화에서 이시스(Isis)는 포도를 먹고 임신하여 호루스를 낳았고, 포도주를 짜는 신 세스무(Schesmu)는 신화에 자주 등장하지는 않지만 포도주의 주인이다. 세스무는 죽은 자에게 생명을 유지하게 하는 포도주를 준다. 그래서 그의 축일에 젊은이들이 포도를 밟으면서 세스무를 위한 노래를 부른다.

포도주는 피를 상징한다. 크레타섬에서는 시체를 뜨겁게 데운 포도주로 씻겼다. 베르질리우스(Vergillius)의 『아이네이스』(Aeneis)에서 카르타고의 여왕 디도가 죽었을 때, 그녀가 향을 곁들여 희생의 헌물로 바쳤던 포도주가 피로 변했다고 한다. 그리스인들은 광희, 난무의 신인 디오니소스를 인간을 고뇌와 걱정에서 자유롭게 해주는 "해방자"(Lysios), 즉 일종의 구원자로 숭배했다. 옛 속담에서 포도주와 진실이 결부된다.

포도주는 삶의 기쁨의 상징이다. 포도주는 인간과 신들(천사들을 말한다)에게 기쁨과 원기를 부여한다(삿 9:13). 하나님은 "사람의 마음을 기쁘게 하는 포도주"(시 104:15)를 인간에게 주셨다. 절제는 왕이 갖추어야 할 덕으로서, 이는 포도주를 즐기는 데도 적용된다: "포도주를 마시는 것이 왕에게 마땅하지 아니하며"(잠 31:4). 한편 죽게 된 자에게는 독주(강한 포도주)를 주어야 한다: "독주는 죽게 된 자에게, 포도주는 마음에 근심하는 자에게 줄지어다 그는 마시고 자기의 빈궁한 것을 잊어버리겠고 다시 자기의 고통을 기억하지 아니하리라"(잠 31:4-7). 하나님의 택함을 받은 자들은 용사 같아서 "포도주를 마심 같이 마음이 즐거울 것이다"(슥 10:7).

여호와는 목마른 자들에게 물뿐만 아니라 포도주도 값없이 주신다(사 55:1). 이는 주께서 그들에게 생명뿐만 아니라 기쁨도 주신다는 것이다. 포도주는 영적 하사품의 상징이기도 하다. 신의 지혜가 "포도주를 혼합하여 상"을 갖춘다는 것이 그런 의미이다(잠 9:12).

야곱이 아들 유다에게 준 축복은 구세주적 의의를 띠고 있다: "그의 나귀를 포도나무에 매며 그의 암나귀 새끼를 아름다운 포도나무에 맬 것이며 또 그 옷을 포도주에 빨며 그의 복장을 포도즙에 빨리로다"(창 49:11). 여호와는 "오래 저장하였던 포도주로 연회"를 베푸실 것이다(사 25:6).

예수님은 최초의 기적으로서 가나의 혼인 잔칫집에서 물을 포도주로 변하게 하셨다(요 2:3~10). 이것은 하나님 나라의 기쁨과 차고 넘치는 복이 싹트고 있음을 나타내는 표시이다. 자비심 많은 사마리아인은 강도들의 습격을 받은 사람의 상처에 기름과 포도주를 부었다(눅 10:34). 누가복음에 기록된 이 비유적인 이야기와 마가복음 뒷부분(막 12:34)을 보면, 이 이야기가 하나님의 나라와 관련되어 있음이 분명하다.

이 외의 부분에서도 기름과 포도주는 함께 등장한다. 이 두 가지는 지상적 의미에서 구원(치유)의 힘을 가졌을 뿐만 아니라, 자연을 초월한 형이상학적인 의미로도 구원(치유)을 가져오는 것이다. 그런 까닭에 재앙을 부르기 위해 지상에 온 검은 말을 탄 기수가 "감람유와 포도주는 해치지 말라"(계 6:6)는 음성형을 듣는다.

성경에서 포도주 상징의 정점은 마지막 만찬에서 예수님이 하신 말씀이다. 예수님은 잔을 제자들에게 건네시며 이렇게 말씀하셨다: "너희가 다 이것을 마시라 이것은 죄 사함을 얻게 하려고 많은 사람을 위하여 흘리는 바 나의 피 곧 언약의 피니라"(마 26:27~28).

순교자 저스틴은 야곱이 유다에게 한 축복에서 그리스도의 전조를 보았다. 그리스도를 믿는 모든 사람이 그 피로 깨끗이 씻겨지기 때문이다.

구약성경에서 포도밭의 노래에 자기 백성에 대한 하나님의 사랑이 표현되어 있듯이, 포도주는 그리스도와 교회의 결혼 약속을 상징한다. 신비 사상가들은 포도주에 의한 도취는 신에 충만한 상태, 신과의 합일을 상징한다고 여겼다.

포도주 틀

고대 이집트인들은 피와 포도주를 같은 것으로 보았는데, 이것은 당연한 일이었다. 기름 짜기와 포도 짜기의 신 제우스는 죄인을 단두대에 결박한 후 그 머리를 포도주 짜는 기구에 걸어서 압박한다. 한편 이 포도 짜는 기구의 신은 죽은 자에게 생명을 유지하는 음료로 포도주를 준다.

성경의 여러 예언서에서 포도주 틀은 하나님의 심판의 상징이다: "낫을 쓰라 곡식이 익었도다 와서 밟을지어다 포도주 틀이 가득히 차고 포도주 독이 넘치니 그들의 악이 큼이로다"(욜 3:13). 여호와는 술틀을 밟는 자로 나타나신다: "주께서 내 영토 안 나의 모든 용사들을 없는 것 같이 여기시고 성회를 모아 내 청년들을 부수심이여 처녀 딸 유다를 내 주께서 술틀에 밟으셨도다"(애 1:15). 성경 해석상 중요한 의미를 갖는 것은 이사야의 예언이다: "에돔에서 오는 이 누구며 붉은 옷을 입고 보스라에서 오는 이 누구냐 그의 화려한 의복 큰 능력으로 걷는 이가 누구냐 그는 나이니 공의를 말하는 이요 구원하는 능력을 가진 이니라 어찌하여 네 의복이 붉으며 네 옷이 포도즙 틀을 밟는 자 같으냐 만민 가운데 나와 함께 한 자가 없이 내가 홀로 포도즙 틀을 밟았는데 내가 노함으로 말미암아 무리를 밟았고 분함으로 말미암아 짓밟았으므로 그들의 선혈이 내 옷에 튀어 내 의복을 다 더럽혔음이니"(사 63:1~3).

또 포도주 틀은 변용의 상징이다. 포도송이가 포도주로 변하고, 괴로움이 기쁨으로 변하고, 죽음에서 새로운 생이 생겨난다. 포도원이 이스

술통을 밟으시는 예수(12세기)

라엘 백성을, 망대가 성전을 상징하듯이, 술틀은 제단을 암시한다(사 5:1~2).

요한계시록에 하나님의 심판이 다음과 같이 묘사되어 있다: "천사가 낫을 땅에 휘둘러 땅의 포도를 거두어 하나님의 진노의 큰 포도주 틀에 던지매 성 밖에서 그 틀이 밟히니 틀에서 피가 나서 말 굴레에까지 닿았고 천육백 스다디온에 퍼졌더라(계 14:19~20). 마지막 전쟁에 모습을 나타내실 때 그리스도는 피 뿌린 옷을 입고 철장으로 만국을 다스리시며 "전능하신 이의 맹렬한 진노의 포도주 틀을 밟으실 것이다"(계 19:15).

교부들은 임종하는 야곱이 아들 유다를 축복한 말에서 그리스도의 수난으로 보았다(창 49:11): "그의 나귀를 포도나무에 매며 그의 암나귀 새끼를 아름다운 포도나무에 맬 것이며 또 그 옷을 포도주에 빨며 그의 복장을 포도즙에 빨리로다." 터툴리안은 이 부분을 이사야의 예언 "어찌하여 네 의복이 붉으며 네 옷이 포도즙 틀을 밟는 자 같으냐"(사 63:2)와 관련지어 술틀에서 짜인 그리스도의 피를 성례식에서 마시는 것으로 생각했다.

중세시대와 르네상스 시대 회화에 "신비의 술틀"이라는 모티프가 빈번히 등장한다. 포도를 밟는 구세주가 피로 인류를 구원하기 위해 술틀의 대들보 위에 눌려 있는 그림이다.

표

바벨론 포수 시대 이전의 페니키아 및 히브리어 알파벳에서는 근대 히브리어로 "타브"라고 발음되는 문자가 셈 문자 "X"로 표시되고, 페니키아 문자로는 상하 좌우의 길이가 같은 "+"로 써서 표기하고 있다. 고대 서체에서 "타브"(Tav)는 심판의 표시라는 본래의 뜻을 나타낸다. 타브는 히브리어 알파벳의 마지막 문자로서 그리스어 알파벳의 마지막 문자 오메가처럼 완성, 완숙을 나타낸다. 그리스 문자 "타브"는 "T자형 십자가"(Crux commissa)와 같이 "T"로 표기하고, 고대 사회에서 십자가와 십자가상의 죽음의 상징으로 알려졌다. 그리스 문자 "타우"는 문자일 뿐만 아니라 300을 나타내는 숫자이기도 하다(히브리어의 타브는 400을 나타낸다).

에스겔은 환상 중에 여호와께서 가는 베옷을 입은 하늘의 서기관을 불러 이렇게 말씀하시는 것을 보았다: "예루살렘 성읍 중에 순행하여 그 가운데에서 행하는 모든 가증한 일로 말미암아 탄식하며 우는 자의 이마에 표(tav)를 그리라." 이렇게 말씀하신 뒤 하나님은 나머지 다섯 사람에게 "타브"(tav)라는 표시를 붙이지 않은 인간은 한 명도 남기지 말고 죽이라고 명하신다(겔 9:4~6).

계시록에서 택함을 받은 사람들의 인은 종말의 환난에서도 하나님께 충실한 사람들에게 베푸신 하나님의 배려의 상징이다. "표(tav)"라는 말이 직접 나오지는 않지만 이것은 에스겔의 환상과 유사하다. 즉 심판을 위해 보내진 천사들은 "살아 계신 하나님의 인"을 가진 천사로부터 이러한 명령을 받는다: "우리 하나님의 종들의 이마에 인치기까지 땅이나 바다나 나무들을 해하지 말라"(계 7:3). "살아 계신 하나님의 인"을 가진 사람들은 죽음을 극복할 것이다.

비유적 성경 해석에서는 300이라는 수(그리스어 알파벳 타브로 표현한다)에 십자 표시의 암시가 숨겨져 있다고 본다. 그 까닭에 미디안과의 싸움에서 기드온을 따른 삼백 명의 용사들(삿 7:6)은 십자가에 달리신 분을 믿는 사람들로 간주된다. 고대 로마의 지하 묘소 카타콤의 석관 뚜껑 위에 그려져 있는 "T"는 구속의 표시이다.

풀과 건초

성경에서 야생의 잡초, 척박한 땅에서 자라는 풀은 이 세상의 덧없음, 무상함의 상징이었다: "내 날이 기울어지는 그림자 같고 내가 풀의 시들어짐 같으니이다"(시 102:11). 이사야서에서는 풀과 꽃이 신과 결부된 존재로 비교하여 허무의 상징이 된다: "모든 육체는 풀이요 그의 모든 아름다움은 들의 꽃과 같으니 풀은 마르고 꽃이 시듦은 여호와의 기운이 그 위에 붊이라 이 백성은 실로 풀이로다 풀은 마르고 꽃은 시드나 우리 하나님의 말씀은 영원히 서리라"(사 40:6~8).

악인은 풀 같이 자란다(시 92:7). 그러나 죄가 깊은 인간은 아침에는 돋는 풀같이 되어 마른다: "주께서 그들을 홍수처럼 쓸어가시나이다 그들은 잠깐 자는 것 같으며 아침에 돋는 풀 같으니이다 풀은 아침에 꽃이 피어 자라다가 저녁에는 시들어 마르나이다 우리는 주의 노에 소멸되며 주의 분내심에 놀라나이다"(시 90:5~7). 생명의 양식을 소홀히 하는 사람의 삶은 연기처럼 사라진다: "내 날이 연기 같이 소멸하며 내 뼈가 숯 같이 탔음이니이다 내가 음식 먹기도 잊었으므로 내 마음이 풀 같이 시들고 말라 버렸사오며"(시 102:3~4). 시들어 말라버린 풀은 가치 없는 것을 상징한다. 마른 풀(겨)을 잉태한 자는 짚을 해산할 것이며 호흡은 불이 되어 그를 삼킬 것이다(사 33:11).

야고보서 1장 10-11절에서 풀은 이 세상의 부(富)의 상징이다. 이 부는 궁극적으로는 무가치하다. 이러한 사상, 앞서 인용한 이 사야서에서 유래하는 사상이 베드로전서 1장 24절에도 나타나서

히에로니무스 보스의 "건초 수레"(16세기)

사람의 생명(육체를 가진 자)이 처음에는 파릇파릇하게 빛나지만 이윽고 시들어 떨어지는 풀에 비유된다.

"이 세상은 누구든 어찌해서든 뽑아내려 하는 마른 풀의 산(山)이다"라는 프랑스의 속담에서 건초는 현세의 쾌락의 상징이다. 네덜란드의 화가 히에로니무스 보스(Hieronymus Bosch)의 그림에 마른 풀이 산처럼 실린 짐차에 사람들이 밀어닥치는 광경이 묘사되어 있는데, 이 건초는 덧없는 것, 궁극적으로는 무가치한 현세의 재화와 기쁨을 의미한다.

풀무

풀무는 변화, 변모(變貌)의 상징이다. 형태 없는 원료를 넣어 형태가 있는 완성품을 내기 때문이다. 풀무를 보고 있으면 마치 인공의 모태라도 있는 것처럼 생각된다. 신화나 옛날이야기에서 풀무는 모태 상징의 하나이다. 아레만 방언에 "풀무가 납작해졌다"라는 표현이 있는데, 이것은 임부가 "아이를 해산했다"는 의미이다. 연금술에서 풀무는 밀봉된 용기, 일종의 "자궁"으로서 그 속에서 "현자(賢者)의 아들", 즉 "불가사의한 돌"이 태어난다.

성경에서 풀무는 수고와 심판을 상징한다. 여호와는 이스라엘 백성을 "쇠 풀무", 즉 애굽에서 꺼내셨는데, 그곳은 무서운 노예 생활의 장소였다(신 4:20; 왕상 8:51). 적에 포위된 예루살렘은 흡사 진노하는 하나님을 섬기는 풀무 같았다: "내가 너희를 모으고 내 분노의 불을 너희에게 불면 너희가 그 가운데에서 녹되 은이 풀무 불 가운데에서 녹는 것 같이 너희가 그 가운데에서 녹으리니"(겔 22:19~22).

융해 과정에서 불순물이 제거되기 때문에 풀무는 변용, 정련, 순화의 상징이 된다. 여호와는 바벨론의 포로로 있는 백성을 향해 말씀하신다: "보라 내가 너를 연단하였으나 은처럼 하지 아니하고 너를 고난의 풀무 불에서 택하였노라"(사 48:10). 순화 정련의 관념은 지혜문학에도 나타난다: "도가니는 은을, 풀무는 금을 연단하거니와 여호와는 마음을 연단하시느니라"(잠 17:3).

풀무는 결국 종말론적 상징이 된다: "보라 용광로 불 같은 날이 이르리니 교만한 자와 악을 행하는 자는 다 지푸라기 같을 것이라"(말 4:1). 하나님을 배반한 자는 심판의 불 속에 던져지지만, 하나님을 따르는 마음이 정직한 자는 느부갓네살 왕이 타는 풀무에 던져 넣었던 세 젊은이처럼 불 속에서 정련되어 새롭게 태어나 변하여 나온다(단 3:11~27).

베드로전서 4장 12절의 "연단하려고 오는 불 시험"의 배경도 풀무라는 이미지라고 생각된다. 심판을 위해 오실 주님의 발은 "풀무에 단련한 빛난 주석 같다"(계 1:15). 다섯째 나팔 소리와 함께 무저갱이 열리면 "큰 화덕의 연기 같은 연기가" 올라올 것이다(계 9:2).

피

몸 안을 순환하는 피는 어떤 기관보다 우수한 능력의 담당자로 간주되었으므로, 옛날 여러 민족의 눈에는 생명이 물건으로 변한 것, 생명의 구현자로 비쳤다. 고대 메소포타미아의 전승에 의하면 피는 인간 안에 있는 신적 요소였다. 왜냐하면 인간은 타살된(희생된) 신들의 피에서 창조되었기 때문이다. 붉은색은 생명의 색이다. 아티스(Attis) 밀의(密儀)의 입문자는 희생된 수소의 피로 세례를 받아야 하는데, 이것에 의해 숭고하게 되고 큰 힘으로 충만하게 된다고 생각되었다. 그래서 밀회 입문자는 자신의 몸에 흐르는 짐승의 피로 말미암아 다시 태어나기를 기대했다. 몸에서 흘러나오는 피는 죽음을 생각하게 하고, 구역질과 공포심을 불러일으킨다. 히타이트인들은 피를 병이나 전쟁 등 기분 나쁜 악의 힘과 함께 저승에 속하는 것으로 간주하였다. 수메르의 여신 이난나(Inanna)는 복수를 위해 우물을 피로 채웠다.

피는 생명의 거처이다. "육체의 생명은 피에 있다"(레 17:11)고 했다. 피는 생명력이 가득하기 때문에 하늘을 향해서 부르짖기도 한다(창 4:10). 생명수인 피는 신성한 금기가 되었다. 생명의 창조자는 흐르는 피로 복수하신다: "다른 사람의 피를 흘리면 그 사람의 피도 흘릴 것이니 이는 하나님이 자기 형상대로 사람을 지으셨음이니라"(창 9:6).

피의 권리는 모든 생명의 주인이신 여호와께 있다. 레위기에는 "내가 이 피를 너희에게 주어 단에 뿌려 너희의 생명을 위하여 속죄하게 하였나니"(레 17:11)라고 기록되어 있다. 희생된 짐승의 피는 제단에 뿌리거나 제단의 네 모퉁이에 바르거나 제단에 쏟았다. 짐승의 피를 흘리는 것은 인간의 피를 대신하기 위한 것이며, 이것은 가해자(죄를 범한 사람)가 그 손을 희생된 짐승의 머리에 두는 행위에도 나타난다. 이러한 제물은 여호와께 "기쁘게 받으심이 되어 그를 위하여 속죄가 될 것이다"(레 1:4). 유월절에 집 문설주에 칠한 어린 양의 피도 속죄와 사면의 힘을 갖는다. 그러므로 애굽을 공격하여 멸망시키기 위해 하나님께서 보낸 천사들은 피의 표시가 있는 집에는 손을 뻗지 않고 넘어갔다(출 12:7~13).

인간은 땅에 예속되어 있다. 인간의 존재 형태는 "살과 피"로 표현된다. 베드로가 예수가 구세주이심을 깨달은 것은 살과 피, 즉 인간의 오성에 의해서가 아니라 하늘 아버지이신 하나님의 계시에 의한 것이었다(마 16:17). 살과 피는 세상적 본질의 것이므로 하나님의 나라를 손에 넣을 수 없다(고전 15:50). "혈통으로나 육정으로나 사람의 뜻으로 나지 아니하고 오직 하나님께로서 난" 사람들만 하나님의 아들로 인정된다(요 1:12~13).

구약성경에서 하나님과 이스라엘 민족의 계약이 희생된 짐승과 피 위에서 성립된 것처럼, 새로운 계약은 예수님의 피 위에 성립된다: "피 흘림이 없은즉 사함이 없느니라"(히 9:22).

근원적으로 깨끗한 생명은 죄로 더럽혀진 생명을 회복시킬 수 있다. 인간이 죄로부터 속함을 받는 것은 오로지 "흠 없고 점 없는 어린 양 같은 그리스도의 보배로운 피"(벧전 1:19)에 의해서이다. 예수께서는 눈앞에 다가온 속죄의 희생(십자가 위의 죽음)을 예고하시고 이렇게 말씀하시면서 성찬을 제안하신다: "이 잔은 내 피로 세운 새 언약이니 이것을 행하여 마실 때마다 나를 기념하라"(고전 11:25).

그리스도의 피는 구속의 상징이다(마 26:28). "어린 양의 피에 그 옷을 씻어 희게 한" 사람들은 하나님의 보좌 앞에 서며 밤낮 그의 성전에서 하나님을 섬긴다(계 7:14~15). 신자들은 성찬을 행하면서 하나님의 아들이 속죄의 피를 흘리신 일을 기념한다.

중세 시대 회화에 피 흘려 인류를 구속하신 구세주가 여러 가지 주제로 그려져 있다. 예를 들면 "에케 호모'(Ecce homo: '보라 이 사람이로다.' 가시관을 쓰고 홍포를 입고 군중 앞에 이끌려 나온 그리스도의 그림), 십자가 위의 그리스도, 미켈란젤로의 3대 조각 작품 중 하나인 "피에타"(Pieta) 등의 주제가 되었다. "피에타"란 이탈리아어로 "자비를 베푸소서"라는 뜻으로, 성모 마리아가 죽은 그리스도를 안고 있는 모습을 표현한 그림이나 조각상을 말한다.

에클레시아(교회 공동체)가 그리스도의 상처에서 솟는 피를 멈추게 하고 있는 묘사도 있다. 전설에 의하면 망상과 의심에 싸여 있던 그레고리 교황은 성찬의 떡이 피로 변할 것을 간절히 바랐다고 하는데, 이것이 회화에서 "그레고리안 찬트"의 주제가 되었다. 교황이 무릎을 꿇고 기도하고 제단에는 그리스도가 수난의 사람으로 재현되어 있는데 그 상처에서 흐르는 피가 성배 안에 흘러 들어간다.

할례

오늘날도 유대인 및 여러 민족이 행하고 있는 할례는 입문 의식(initiation)의 하나로서 대개 성적으로 성숙한 시기에 시행된다. 여기에 위생적이거나 의학적인 동기가 작용하고 있을 가능성이 있지만, 그것은 혹시 작용하고 있어도 부차적인 역할을 하는 데 불과하다.

고대 이집트 후기에 할례는 종교 의식적 정결의 표시로 간주되었으므로 제사장들은 할례를 받지 않으면 안되었다. 가나인들은 결혼할 때 할례를 행하는 것이 관습이었는데, 이것은 남성으로서의 생식능력에 이상이 없는 것을 기대한 것이라고 생각된다. 모든 첫 소생을 제물로 바치는 경우와 마찬가지로 할례에는 일종의 희생 사상도 얽혀 있다고 생각된다.

이스라엘인들은 기대되는 복을 이미 유아기에도 받을 수 있다고 생각하여 생후 8일째에 할례를 행한다. 이것은 하나님과의 계약의 표시이다: "너희 중 남자는 다 할례를 받으라…모든 남자는 집에서 난 자나 또는 너희 자손이 아니라 이방 사람에게서 돈으로 산 자를 막론하고 난 지 팔 일만에 할례를 받을 것이라…할례를 받지 아니한 남자 곧 그 포피를 베지 아니한 자는 백성 중에서 끊어지리니 그가 내 언약을 배반하였음이니라"(창 17:9~12, 14). 이 관습이 매우 오래 된 것임은 돌로 된 작은 칼이 사용되었다는 기술로부터 알 수 있다(수 5:3). 애굽으로 돌아가는 도중 잠자고 있던 모세를 여호와가 죽이려고 했을 때 그의 아내 십보라가 아들의 포피를 베어 모세의 발에 갖다 대며 모세를 "피 남편"이라 한 것은 할례의 피를 대가로 남편을 샀기 때문이다(출 4:24~26). 신명기에는 상징적으로 "마음의 할례"라는 말이 나온다(신 10:16). "네 하나님 여호와께서 네 마음과 네 자손의 마음에 할례를 베푸사 너로 마음을 다하며 뜻을 다하여 네 하나님 여호와를 사랑하게 하사 너로 생명을 얻게 하실 것이며"(신 30:6). "귀가 할례를 받지 못하였다"는 것은 귀가 쓸모가 없고 죄로 더럽혀져 있음을 나타낸다: "보라 그 귀가 할례를 받지 못하였으므로 듣지 못하는도다"(렘 6:10).

예수님 시대에 할례는 명명(命名)과 관련이 있었다(눅 1:59). 유대인들은 할례를 고집하면서 자기들의 조상 아브라함을 증거로 내놓기 때문에 바울은 로마서 4장 9-13절에서 아브라함에게는 신앙이 먼저 있었다는 것, 그리고 아브라함은 "오직 믿음의 의로" 말미암아 "할례의 표시"를 받았다는 것에 주의할 것을 촉구했다.

"육체의 무할례"(골 2:13)는 죄의 상징이다. 믿음으로 세례를 받는 것은 손으로 행하지 않은 할례, 곧 육신의 몸을 벗어버리는 그리스도의 할례를 받는 것이다(골 2:11). 이리하여 구약성경에서 계약의 표시인 할례가 신약성경에서는 세례로 바뀌었다. 할례만이 구원으로 통하는 것은 아니다. 왜냐하면 "그리스도 예수 안에서는 할례나 무할례나 효력이 없으되 사랑으로써 역사하는 믿음뿐"이기 때문이다(갈 5:6).

기독교 신앙에서 할례는 그 최초의 의미를 상실했으나 에티오피아인 및 시리아의 네스토리우스파 사람은 할례의 관습을 보존하고 있다. 전승에 의하면 예수님은 마귀에게 성육신의 비밀을 감추고 악마의 눈을 속이기 위해 할례를 받으셨다고 한다. 왜냐하면, 인간 예수도 다른 인간의 아이들과 마찬가지로 원죄를 지고 있으므로 할례가 필요하다고 마귀가 믿게 하려 했다는 것이다.

향, 유향

향은 나무의 기름을 건조하여 만든다. 향을 피우는 것은 처음에는 정화 또는 악마를 쫓는 의미가 있었다. 고대 이집트인들은 향을 초현세적인 현상 형태로 간주하여 "지상으로 떨어지는 신의 땀"이라고 했다. 죽은 자의 장례에서 위로 올라가는 향 연기는 피안의 안내인이라고 생각했다. 종교적 관념이 순화되면서 향의 연기는 하늘을 향해 올라가는 기도의 상징으로 여겨졌다. 그리스인과 로마인은 신전의 신들의 상 가까이에 찬미와 숭배를 위한 향단이나 향로(foculus)를 두었다. 만다교도들은 향 연기가 퍼져 올라가는 모습에서 신적 존재의 확산을 보았다.

유향을 의미하는 히브리어 *lebomah*는 "희고 빛나는"이라는 의미의 말에서 파생되었다. 유향은 하나님이 정하신 거룩한 향의 성분이었다(출 30:34~37). 특히 곡물의 소제에는 유향을 첨가해야 했다: "제사장은 그 고운 가루 한 움큼과 기름과 그 모든 유향을 가져다가 기념물로 제단 위에서 불사를지니 이는 화제라 여호와께 향기로운 냄새니라"(레 2:2).

향기

향기는 불성실한 백성에게 엄한 심판을 내리지 않도록 여호와를 진정시키는 데 도움이 되었다. 그 때문에 아론은 염병이 돌기 전에 향로에 제단 불을 담고 그 위에 향을 피워 회중에게로 가서 그들을 위하여 속죄의 예식을 행했다(민 16:47). 향, 혹은 유향은 하나님 숭배와 찬미의 상징이다: "신심 깊은 너희들은 내 말을 들어라…유향처럼 감미로운 향기를 뿜고 백합처럼 꽃피어 향내를 풍기어라"(집회서 39:14).

분향과 기도는 동일한 가치를 지니고 있고 서로 교환 가능한 것으로서 양자 모두 하나님께 드리는 예물이다: "나의 기도가 주의 앞에 분향함과 같이 되며 나의 손 드는 것이 저녁 제사 같이 되게 하소서"(시 141:2).

스바 사람들이 금과 유향을 가지고 와서 여호와의 찬송을 전파할 것이라는 예언의 말(사 60:6)은 구세주와 관련하여 의의가 있다. 동방박사들은 유향을 예물로 바침으로써 이 세상의 구주로 태어나신 아기 예수에게 경배했다(마 2:11). 요한계시록에서 이십사 장로들이 향이 가득한 금대접을 가졌는데, 그 향은 성도의 기도이다(계 5:8). 금향로를 들고 제단에 선 천사는 모든 성도의 기도에 향을 더해서 보좌 앞 금제단에 드리려고 많은 향을 받았다(계 8:3).

초기 기독교 시대에 이교 제사에 향이 사용되고 있었기 때문에 의식에서 향을 사용하는 일을 꺼렸다. 그러나 4세기 이후 예루살렘의 성묘 교회에서, 그 후 유럽의 큰 바실리카(초기 기독교 교회당)에서 제단과 순교자의 묘 앞에 향로가 놓이게 되었다. 예배 시작 때에 제단에 향을 피우는 관습을 최초로 언급한 것은 위-디오니시우스이다. 향은 분향되기 전에도 복을 줄 수 있었으므로 향은 정화의 의의가 있는 신성한 것으로 변한다. 손에 든 향로를 십자 모양으로 흔드는 것은 십자가의 희생을 암시하며, 원을 그리며 흔드는 것은 제단의 신성한 예물을 신에게 귀속시키기 위해 성별하는 행위이다.

사람과 물건에 향을 피우는 것은 숭배의 외적 표시로 생각할 수 있다. 그러나 그것이 종교적인 타당성을 갖는 것은 이 표시가 궁극적으로 하나님을 향하고 있는 경우이다. 죽은 자의 시체나 무덤에 향을 피우는 데에는 향이 지니고 있는 악마 제거의 요소가 작용하고 있지만, 여기에 그와 같은 숭배의 뜻을 나타내는 것으로 해석할 수 있다.

많은 종교에서 향기는 현세적 세계에 초현세적 세계가 파고 들어간 것을 확실히 느낄 수 있는 표시의 하나이다. 이집트인은 기분 좋은 향기를 신들의 특징 중 하나라고 믿었다. 향기에는 인간의 본질이 나타난다. 고대 로마에서는 승리를 거둔 장사들이 개선 행진을 할 때 포로들이 향로를 들고 주위에 향을 뿌리며 따라 다녔다.

밭의 좋은 향기는 여호와의 축복의 표시이다(창 27:27). 여호와는 자기 백성이 백합화같이 피고 레바논의 백향목처럼 향기롭게 하겠다고 약속하신다(호 14:5~6). 레바논은 거룩한 장소로서 향기의 화신, 방향의 대명사이다: "내 신부야 네 입술에서는 꿀 방울이 떨어지고 네 혀 밑에는 꿀과 젖이 있고 네 의복의 향기는 레바논의 향기 같구나"(아 4:11).

여호와께서 시온에 두신 지혜는 "계피나 아스파라거스처럼, 값진 유향처럼 향기를 풍겼다. 풍자향이나 오닉스 향이나 몰약처럼, 장막 안에서 피어오르는 향연처럼 향기를 풍겼다"(집회서 24:15). 허영과 향락에 빠진 여자에게서는 향수 내음 대신에 썩는 냄새가 난다(사 3:24).

여호와께 바쳐지는 제물이 "향기"라고 묘사되어 있다(창 8:21). 아론은 한 마리 숫양 전체를 제단 위에서 통째로 살라 바치라는 명을 받는다: "그 숫양 전부를 제단 위에 불사르라 이는 여호와께 드리는 번제요 이는 향기로운 냄새니 여호와께 드리는 화제니라"(출 29:18). 여기에 표현된 것은 제물로 바친 음식을 신이 먹는다는 다른 민족의 신앙과는 달리 여호와는 향기 맡는 것을 기뻐한다는 훨씬 세련된 관념이다.

바울에 의하면 신자는 예수 그리스도에게 사로잡힌 사람이요 예수님의 개선 행진에 향로를 받쳐 든 포로로 동행하면서 향기를 발하듯이 복음을 전파한다: "항상 우리를 그리스도 안에서 이기게 하시고 우리로 말미암아 각처에서 그리스도를 아는 냄새를 나타내시는 하나님께 감사하노라 우리는 구원 얻는 자들에게나 망하는 자들에게나 하나님 앞에서 그리스도의 향기니"(고후 2:14~15). 에베소 교회에 보낸 편지에서는 향기라는 상징이 그리스도의 희생의 죽음으로 옮겨졌다: "그리스도께서… 우리를 위하여 자신을 버리사 향기로운 제물과 희생제물로 하나님께 드리셨느니라"(엡 5:2). 그러나 신자들의 희생도 "향기로운 제물이요 하나님을 기쁘시게" 한다(빌 4:18).

닛사의 그레고리에 의하면 "하나님 향유의 향기"는 후각이 아닌 예지적 능력으로 받아들여지는 것인데, 이 능력은 "영적 호흡으로 그리스도의 방향을 빨아들인다."

허리

히브리어에는 허리를 의미하는 말이 여럿이며, 그중에는 엉덩이 부분에서 가랑이나 넓적다리에 걸친 부분을 포함하는 것도 있다. 허리는 생식능력이 있는 곳으로 여겨지며, 그 때문에 생명의 원천의 상징이 되었다.

하나님은 야곱에게 "한 백성과 백성들의 총회가 네게서 나오고 왕들이 네 허리에서 나오리라"(창 35:11)고 약속하신다. 여호와는 다윗에게 "네 몸에서 낳을 네 아들 그가 내 이름을 위하여 성전을 건축하리라"고 말씀하셨다(왕상 8:19). 구약성경에서 가장 오래된 시대에는 맹세할 때 상대방의 허리 사이(환도뼈 밑)에 손을 넣었는데(창 24:2, 47, 29), 이 경우 허리는 생식기 부위를 완곡하게 표현한 것이다. 비슷한 법적 풍습이 고대 로마에도 있었다. 유대인에게 이 맹세 형식의 의미는 할례에 의한 하나님과의 언약을 상기시켜 자신의 맹세가 신성함을 뒷받침한다는 점에 있다.

"낳는다"라는 의미와 연관 지어 허리를 언급한 곳도 있다: "나의 요통이 심하여 해산이 임박한 여인의 고통 같은 고통이 나를 엄습하였으므로 내가 괴로워서 듣지 못하며 놀라서 보지 못하도다"(사 21:3). 베헤못(베헤못은 일반적으로 하마로 여겨진다)을 가리키며 "그 힘은 허리에 있다"(욥 40:16)고 하듯이 허리는 일반적으로 힘의 상징이다.

현숙한 여인이 "힘 있게 허리를 묶으며"(잠 31:17)는 준비를 게을리하지 않는 것, 마음 준비가 되어 있는 것, 그리고 여행을 떠난다는 상징이다. 이스라엘 회중은 발에 신을 신고 손에 지팡이를 잡고 허리에 띠를 띠고 급히 유월절 음식을 먹어야 했다(출 12:11).

하나님은 욥에게 "너는 대장부처럼 허리를 묶고 내가 네게 묻는 것을 대답할지니라"(욥 38:3)라고 말씀하셨다. 여호와의 능력이 엘리야와 함께 하였기 때문에, 엘리야는 허리를 동여매고 아합을 앞질러서 이스르엘 어귀에까지 달려갔다(왕상 18:46). 하나님의 집을 사모하는 자는 "그들의 눈이 어두워 보지 못하게 하시며 그들의 허리가 항상 떨리게 하소서"(시 69:23)라고 간절히 바란다. "떨리는 허리"는 힘의 상실을 상징한다.

남자의 허리에서 나온다는 것은 그 남자의 핏줄을 이어받는 것, 그 남자로 말미암아 태어났다는 말의 완곡한 표현이다. 그래서 "레위의 아들들 가운데 제사장의 직분을 받은 자들은 율법을 따라 아브라함의 허리에서 난 자라도 자기 형제인 백성에게서 십분의 일을 취하라는 명령을 받았다"(히 7:5)라고 했다. 레위의 아버지인 아브라함이 멜기세덱을 만났을 때 레위는 아직 자기 "조상의 허리에 있었다"(히 7:10).

구약성경에서만 아니라 사도들의 편지에서도 허리를 묶는 것은 준비를 게을리하지 않는 것, 마음의 준비가 되어 있는 것을 나타낸다. 예를 들면, 베드로는 세상에서 성도에게 어울리는 생활을 하라고 권면하였다: "그러므로 너희 마음의 허리를 동이고 근신하여 예수 그리스도께서 나타나실 때에 너희에게 가져다 주실 은혜를 온전히 바랄지어다"(벧전 1:13). 이것은 육체의 허리가 아니라 인간의 내면에 있는 허리이다. 이것은 에베소 교회에 보낸 바울의 편지에서도 엿볼 수 있다: "그런즉 서서 진리로 너희 허리띠를 띠고 의의 호심경을 붙이라"(엡 6:14).

혀

혀는 인간의 언어 활동의 도구로서 좋은 일에서도 나쁜 일에서도 그 역할을 한다. 혀는 말을 만들어내기 때문에 일종의 창조 기관으로 간주된다. 고대 이집트의 우주신 프타하(Ptah)는 심장과 혀, 즉 정신의 힘과 창조의 말로 세상을 만들어냈다. 이집트인의 인간관에 의하면 인간의 행동을 좌우하는 것은 심장과 혀이다. 아멘호테프(Amenophis)의 교훈에 혀를 경계하라는 말이 있다.

여호와를 경외하는 사람의 혀는 여호와를 찬양한다: "우리 혀에는 찬양이 찼었도다"(시 126:2). "의인의 혀는 순은과 같거니와 악인의 마음은 가치가 적으니라"(잠 10:20), "결코 내 입술이 불의를 말하지 아니하며 내 혀가 거짓을 말하지 아니하리라"(욥 27:4).

혀가 인간의 속마음을 이야기한다는 사상이 여러 번 나온다: "명예도 불명예도 말에서 나온다. 사람의 혀가 파멸을 가져온다"(집회서 5:13). 혀와 심장, 말과 의지가 연결되어 있다면, 인간의 행복은 혀에 달려 있다:

"죽고 사는 것이 혀의 힘에 달렸나니 혀를 쓰기 좋아하는 자는 혀의 열매를 먹으리라"(잠 18:21).

집회서에서 "남을 헐뜯고 이간질을 하는 자"를 "제3의 혀"라고 부르며 무서운 무기에 비유했다. "남을 헐뜯고 이간질을 하는 자는 저주받을 것이다…매에 맞으면 맷자국이 날 뿐이지만 혀에 맞으면 뼈가 부서진다. 칼에 맞아 죽은 사람이 많지만, 혀에 맞아 죽은 사람은 더 많다. 혀의 공격을 당하지 않는 사람, 그 광분을 겪지 않는 사람, 혀의 멍에를 지지 않고 그 사슬에 묶이지 않은 사람은 행복하다"(집회서 28:13~19). 위험한 혀는 독사로 비유된다(시 140:3). 사도들은 신자들에게 보낸 편지에서 혀를 삼가라고 권면했다.

스스로 경건하다고 생각하면서도 혀를 다스리지 않고 자기 마음을 속이는 사람의 신앙은 헛된 것이다.(약 1:26). 혀는 몸의 작은 지체이지만 엄청난 일을 할 수 있다고 자랑한다. 아주 작은 불이 굉장히 큰 숲을 태운다(약 3:5). 생명을 사랑하는 사람은 "혀를 금하여 악한 말을 그치며 그 입술로 거짓을 말하지 말라"(벧전 3:10)고 했다. 혀는 본래 진리를 알고 있기 때문에 신앙고백의 기관이다. 혀는 그리스도에 대한 신앙을 고백하고 하나님을 찬양한다(빌 2:11). 성령은 불의 혀 같은 형태로 예수님의 제자들에게 임하였다: "마치 불의 혀처럼 갈라지는 것들이 그들에게 보여 각 사람 위에 하나씩 임하여 있더니 그들이 다 성령의 충만함을 받고 성령이 말하게 하심을 따라 다른 언어들로 말하기를 시작하니라"(행 2:3~4).

오순절 성령 강림 때 나타난 불의 혀 같은 성령은 중세 회화에서 즐겨 사용된 모티프이다. 진리는 혀가 뽑혀도 침묵하지 않는다. 전설에 의하면 레겐스부르크의 주교 에메람(Emmeram von Regensburg)은 혀를 잘린 후에도 계속 말했다고 전해진다. 존 후스(John Hus)는 교회의 정당성을 열

렬히 변호하는 한편 고해사제로서는 끝까지 침묵을 지킨 사람이었다. 그가 죽은 후 200여년이 지나 묘가 파헤쳐졌을 때도 혀는 전혀 손상을 입지 않았다고 전해진다.

혼인

혼인 풍습에는 마술적인 것과 종교적인 것이 많다. 혼인식을 나타내는 떠들썩함과 불을 밝히는 것은 마귀나 악령이 근접하지 못하게 하려는 것이다. 조상을 존경하는 마음이 강하고 조상에 대한 제사가 번성한 민족들은 어떠한 형태로든지 죽은 조상을 혼인식에 참가시켰다.

혼례는 일종의 비밀 의식으로 볼 수 있었는데, 그것은 혼례에 존재의 양극, 즉 남과 여, 천상의 것과 지상의 것이 결합한다는 깊은 신비적 신앙이 있었기 때문이다. 심지어 어떤 의미에서 삶과 죽음이 연관되어 새로운 생명이 태어난다고 믿었다. 이시스는 마법을 구사하여 죽은 오시리스의 유체와 교감을 이루어 임신하여 호루스를 낳았다.

고대의 많은 민족에서는 신적 존재와의 합일에 대한 소망 때문에 "신혼, 성혼" 즉 신적 존재와의 신성한 혼인이 집행되었다. 이때 신적 존재의 대리를 맡은 것은 왕, 제사장 또는 무녀였다. 고대 그리스·로마의 혼인 풍습에서는 신혼 침상에서 신적 존재와의 합일을 실제로 체험한다고 여겼다.

리브가에 관한 전승대로(창 24:65) 신부는 베일을 쓰고 신랑의 처소로 인도되었는데, 이것은 원래는 "악령의 눈"을 피해 몸을 보호하기 위해서였다고 한다. 남편 될 사람이 보호의 표시로 자신의 옷자락을 펼쳐 신부를 덮는 경우도 있었다(룻 3:9). 시편에서는 왕의 혼례 묘사가 메시아적 상징의 역할을 한다. 오빌의 금으로 꾸민 왕후는 교회를 의미한다(시

45:9). "왕이 네 아름다움을 사모하실지라 그는 네 주인이시니 너는 그를 경배할지어다"(시 45:11). 혼례는 가장 신성한 기쁨, 진실한 환희의 절정이다(시 45:15).

여호와는 호세아에게 "너는 가서 음란한 여자를 맞이하여 음란한 자식들을 낳으라 이 나라가 여호와를 떠나 크게 음란함이니라"(호 1:2)라고 말씀하셨다. 여기에서 예언자 호세아는 여호와의 대리자 역할을 하고, 음란한 아내는 불의하고 부정한 이스라엘을 대리한다. 호세아의 행위는 자연의 생산력을 신과 여신의 성교의 결과로 생각한 가나안의 풍양제 의식의 음란한 풍습을 이스라엘 백성이 물려받았음을 폭로하고 있다고도 생각된다. 왜냐하면 여호와의 성전에 "신성한 남창"의 풍습도 있다고 전해질 정도였기 때문이다. 요시야 왕은 성전 가운데 남창의 집을 허물어버렸다(왕하 23:7).

이스라엘은 여호와께 취한 태도에 따라 신부, 아내, 때로는 창부라고 불렸다. 하나님께 대한 패역 때문에 간음의 낙인을 찍힌 것이다. 배역한 이스라엘이 "모든 높은 산에 오르며 모든 푸른 나무 아래로 가서 거기서 행음하였도다"(렘 3:6)는 것은 이교의 신을 숭배했다는 것이다(겔 16:15~6).

바울은 남녀의 결합을 위대한 신비라 하며, 그것을 그리스도와 교회의 결합과 관련짓는다. "아내는 남편을 존경하라"는 말도 이런 관점에서 해석되어야 한다(엡 5:31~33).

슬기로운 다섯 처녀와 미련한 다섯 처녀의 비유는 재림의 상징이다. 슬기로운 처녀들은 예비한 기름으로 밝힌 등불을 들고 혼인 잔치에 들어간다(마 25:10). 혼인 잔치

오순절의 기적: 불의 혀같은 모습으로 사도들에게 임하는 성령
―뮌헨의 성구집(12세기)

가 열리는 방은 미련한 처녀들이 들어갈 수 없는 천국이다. 또 다른 비유에서 임금이 혼인 잔치에 사람들을 초대했으나 청함을 받은 사람들이 오려 하지 않았다. 즉 복음을 무시했다. 결국, 임금의 종들이 길에 나가 만나는 사람들을 데려온다: "악한 자나 선한 자나 만나는 대로 모두 데려오니 혼인 잔치에 손님들이 가득한지라." 그러나 임금은 예복을 입지 않은 자를 바깥 어두운 데에 내던지라고 명령하신다(마 22:1~14).

하나님을 믿지 않고 배척하는 사람들은 "음란하고 죄 많은 세대"라 불린다(막 8:38). 요한계시록에서는 하나님과 믿는 사람들과의 연합의 환희가 혼인이라는 이미지로 표현된다: "우리가 즐거워하고 크게 기뻐하여 그에게 영광을 돌리세 어린 양의 혼인 기약이 이르렀고 그의 아내가 자신을 준비하였으므로…어린 양의 혼인 잔치에 청함을 받은 자들은 복이 있도다"(계 19:7, 9).

초기 기독교 저술가들은(예, 히폴리투스) 아가의 사랑의 찬미를 그리스도와 교회의 관계로 해석했다. 솔로몬과 신부의 인간으로서의 사랑은(아 1:1~3) 훨씬 고귀한 사랑, 즉 인간에 대한 하나님의 사랑 및 창조주에 대한 인간의 사랑으로 받아들여졌다. 오리겐은 영혼을 "로고스의 신부"라고 말했다. 클레르보의 베르나르는 아가서에 전개되는 여러 가지 이미지를 그리스도와 합일한 영혼의 환희로 보았다.

순결한 처녀로서 혼인한다는 금욕적 이미지는 깊은 의미가 있다. "그리스도의 신부들"은 그리스도에게 영혼뿐만 아니라 육체도 바치는 것이다. 7세 때 순결을 지키기로 맹세한 시에나의 카타리나(Catherine of Siena, c. 1347-1380)는 꿈에 그리스도에게서 혼인 반지를 받았다.

화석류나무(소귀나무)

화석류나무는 광엽성 상록 교목이다. 이 상록수의 잎을 문지르면 독특한 향기가 난다. 호리호리하고 우아한 이 수목은 사랑의 여신 아프로디테(Aphrodite)에게 봉헌되었다. 로마의 전사들은 원정에 승리하여 피를 흘리지 않고 귀환하면 소귀나무 관을 썼다. 그렇지 않을 때는 월계관을 쓰는 것이 보통이었다.

낙헌제에 꺾어 오는 나뭇가지에 아름다운 나무 실과와 종려나뭇가지와 무성한 나뭇가지와 시내 버들이 있었다(레 23:40). 느헤미야서 8장 15절의 설명과 후일 유대 전통을 생각해볼 때 잎이 무성한 나무는 소귀나무를 의미한다고 추측된다. 신에게 감사하고 신을 기념하기 위해 위에 언급된 가지들로 축제의 다발을 만들었다. 시온 주위에 찔레(쐐기풀)를 대신하여 "화석류"(소귀나무)가 자랄 것인데, 이것이 "여호와의 기념이 되며 영영한 표징이 되어 끊어지지" 않을 것이다(사 55:13). 선지자 스가랴에게 이스라엘 백성의 귀환과 예루살렘의 재건을 약속하는 하나님의 사자는 붉은 털이 난 말을 타고 "골짜기 속 화석류나무 사이에 섰다"(슥 1:8). 여기에서 이 나무는 사자의 예언이 선하며 기뻐해야 할 성격의 것임을 암시한다.

성 히에로니무스(Jerome)는 화석류나무는 교회에서 흘러나오는 그리스도의 향기를 상징한다고 보았다. 고대 그리스·로마의 혼례 관습에서 이용되었던 화석류나무관은 16세기 이래 중세 유럽에서 신부의 장식으로 점차 자리를 굳혔으며, 기독교적으로 볼 때 이 관은 순결의 상징으로 간주되었다. 이는 무엇보다도 정결한 덕의 소유자인 왕비 에스더와 관련된 것으로 에스더의 유대명 "하닷사"(Hadassa, 에 2:7)는 화석류나무와 동의어다. 마리아도 "하나님의 사랑스러운 화석류나무"가 되었다.

황금(금)

고대 오리엔트에서 황금은 태양이라고 생각되었다. 태양신 레(Re)의 아들, 이집트의 왕 바로는 "온 땅을 빛으로 덮는 황금의 산맥"이라고 일컬어졌다. 날이 밝는 것은 황금만큼의 값어치가 있다. 즉 "아침 시간은 황금을 손에 쥐고 있다"(일찍 일어나는 자는 세 냥 이익)는 속담이 존재하는 근거이다.

우가리트 신화에 의하면 바알의 천상의 집은 금과 은으로 덮여 있다. 금은 수메르의 주신 엔릴(Enlil)에 귀속된 금속이다. 고대 인도에서 황금은 불사(不死)의 상징이었다.

아카시아 나무로 만든 언약궤는 안팎을 순금으로 덮었고, "금으로 그룹 둘을 속죄소 두 끝에 쳐서" 만들었다(출 25:10~18). 솔로몬의 성전은 하나님의 집으로서 황금의 광채로 빛났다. 솔로몬은 성전 전체를 금으로 덮었다(왕상 6:20~30).

금 자체는 거룩한 것이 아니다. 황금을 신성시하여 금송아지를 만든 것은 죄에서 생겨난 오류였다(출 32:4). 그러나 금이 거룩한 것의 상징이 되는 경우가 있다: "그리하면 전능자가 네 보화가 되시며 네게 고귀한 은이 되시리니 이에 네가 전능자를 기뻐하여 하나님께로 얼굴을 들 것이라"(욥 22:25~26). 인간에게 은보다 소중한 것은 하나님의 훈계요, 순금보다 가치가 있는 것은 하나님에 대한 지식이다(잠 8:10).

"스바 사람들은 다 금과 유향을 가지고 와서 여호와의 찬송을 전파할 것"(사 60:6)이라는 이사야의 예언에서 금은 메시아 사상과 관계가 있다. 구속사적 가치관에서 볼 때 귀금속은 현세의 덧없는 재화에 불과하다.

불로 정련한 금보다 귀한 것이 그리스도에 대한 신앙이다(벧전 1:7). 금은 극히 일반적으로 현세적이며 무상하며 썩기 쉬움을 의미한다(행

17:29; 벧전 1:18). 한편 고린도전서 3장 12절에는 심판날 불 시련에 견딜 수 있는 귀금속에 금이 포함되어 있다. 세상의 종말에 인자가 머리에 금면류관을 쓰고 나타나실 것이다(계 14:14). 새 예루살렘은 "정금인데 맑은 유리"(계 21:18) 같은 성으로 묘사된다.

교부들은 금을 하나님의 왕권의 상징으로 보았다. 동방 박사들이 아기 예수께 드린 선물도 그와 같이 해석되어, 그레고리 교황은 마태복음 2장 11절을 염두에 두고 "우리도 새로 태어나신 주를 만유의 왕이라 인정함으로써 주께 금을 바치는 것이다"라고 했다.

중세 회화에서 황금색 밑바탕은 극히 일반적으로는 초현세적이며 눈에 보이지 않는 존재를 암시하며, 특별히 예루살렘의 변용을 암시한다. 제사장의 옷이나 제사 도구에 사용된 금은 영원한 영광의 반영이라 해석된다. 민간 풍습이나 전승에서는 아기 예수가 황금 관을 쓰거나 황금 조랑말을 타고 있다고 한다.

황소와 암소

선사시대부터 황소와 암소는 하늘과 대지의 풍요, 생식력의 상징으로 간주되었다. 땅을 윤택하게 하고 비옥하게 하는 하늘이라는 관념이 우레와 비를 주관하는 인도의 신 인드라(Indra)에 나타나는데, 인드라는 "땅의 황소"였다. 지상의 모든 것은 황소 크리슈나(Krishna)에 의해 창조되었다. 고대 이집트의 나일강 유역에서 하늘의 신 하토르(Hathor)는 암소의 모습으로 숭배되었다.

암소는 천계와 지하 세계(음부) 모두와 관계가 있는 동물이기 때문에 인간이 죽은 뒤에도 계속 살 가능성, 즉 사후의 생에 대한 희망의 상징이 되었다. 그러므로 장례 때에 관이 안치되는 대(台)는 암소의 몸의 형태로 만들었다. 이집트에서는 새 왕조가 시작될 때마다 왕을 "강한 암소"라고 했고, 사람들은 암소 아피스(Apis)의 모습에서 신 프타하의 "영광의 혼"을 보고 숭배했다. 지중해 동부 지방 전역에서 희생으로 도살된 소의 두개골로 신전과 제단을 장식했는데, 이는 그 뿔이 악을 막는다고 생각했기 때문이다.

율법은 거세된 수송아지를 제물로 드리는 것을 금했다: "이는 결점이 있고 흠이 있는 것인즉 너희를 위하여 기쁘게 받으심이 되지 못할 것임이니라"(레 22:25). 황소는 생활상의 실질적 가치 때문에 이스라엘 민족 전체의 행복과 번영에 결정적으로 중요한 특별한 기회에만 희생물로 선택된 것 듯하다. 특별한 기회란 속죄의 날에 드리는 "향기로운 번제"(민 29:8)로서 여호와의 전의 낙성식(왕상 8:63), 혹은 바벨론에서 귀환한 자들이 하나님께 드린 번제(스 8:35) 등이다.

짐승의 암컷이 제물로 도살되는 것은 매우 예외적인 일인데, 예를 들면 "아직 멍에를 메지 아니한" 암송아지이다. 흠 없는 붉은 털의 암송아지는 백향목과 우슬초와 함께 태워지는데, 그 재는 죽은 자와 접촉한 후 부정함을 씻기 위한 물을 만드는 데 사용되었다(민 19:1~12).

솔로몬의 성전에서 세 마리씩 십자 형태로 배치하여 동서남북으로 머리를 향하게 한 열두 마리의 수소(왕상 7:25)는 우주의 상징으로서 공간적으로는 하늘의 네 방위의 통합, 시간상으로는 네 계절을 상징한다. 또 그것은 혼돈의 세력(원초의 바다의 이미지로 표현된다)에 대한 여호와의 승리를 암시하는 것으로 생각된다. 놋을 부어 만든 바다를 하늘(우주)의 대양으로 해석하고, 열두 마리의 수소를 황도 12궁의 12 짐승으로 보는 견해도 있었다.

백성들의 소원에 따라 아론이 만든 금송아지(출 32:1~6) 자체는 하나님에 대한 배반이 아니라 우상을 만들지 말라는 하나님의 율법에 대한 배반이었다. 모세가 의분을 발하여 금송아지를 불살라 부수었음(출 32:20)에도 송아지의 상에서 하나님을 본다는 옛 관념은 없어지지 않았고, 정치적 이유에서 여로보암 왕 때에 다시 전면에 나타난다. 여로보암 왕은 두 개의 황금 송아지를 만들고 백성에게 말한다: "너희가 다시는 예루살렘에 올라갈 것이 없도다 이스라엘아 이는 너희를 애굽 땅에서 인도하여 올린 너희의 신들이라"(왕상 12:28). 그는 금송아지 상을 나라의 남쪽 경계인 벧엘과 북쪽 경계인 단에 하나씩 두었다(왕상 12:29). 이처럼 나라를 여호와의 보호 아래 두려 했지만, 이것은 하나님의 율법을 범한 것으로 간주되었다. 이들 송아지의 상에 의해 인근 여러 민족의 송아지의 모습의 신과 이스라엘의 신의 구별이 모호하게 되었기 때문이다.

많은 성경해석자들은 "놋을 부어 만든 바다를 떠받치는 열두 마리의 수소"를 여러 민족에게 생명의 물을 주기 위해 전 세계로 나아가는 열두 사도와 관련지어 해석했다. 메토디오스(Methodios)에 의하면 정함의 물을 만들기 위해 도살되는 암소는 세계 정화를 위해 성육신하신 그리스도의 몸을 상징한다. 즉 그것은 그리스도의 수난과 관계가 있어서 붉고, 더러움을 모르기 때문에 흠이 없고, 죄와 멀리 있어 정(淨)하기 때문에 재앙을 짊어졌다.

그리스도 탄생화와 모형에 그리스도 탄생에 관한 성경의 기록에 등장하지 않는 소와 당나귀가 등장하는 것은 이사야(사 1:3)의 "소는 그 임자를 알고 나귀는 주인의 구유를 알건마는 이스라엘은 알지 못하고 나의 백성은 깨닫지 못하도다"에서 유래한다고 생각된다. 소와 나귀는 베들레헴 마구간에서 탄생하신 그리스도의 목격자요 증인이다.

희생(제물)

고대의 희생 관념은 교환이라는 관념으로서 인간이 신에게 희생(산 제물)을 바치는 것은 신에게서 그 이상의 것을 받기 위함이라는 생각이다. 물론 기원(祈願)의 희생이 이에 속하지만, 감사의 희생 배후에도 신이 계속 복을 주시기를 바라는 마음이 놓여 있다. 희생은 삶과 죽음에 관련된 인식에서 생긴 것이므로, 그 본래의 목적은 현세에서 질서 유지와 평안이다. 인간이 흔히 드린 희생의 제물은 첫 열매, 즉 처음 수확한 과실, 처음 태어난 동물, 그리고 인간의 첫 자식이었다. 인간을 산 제물로 바치는 것은 신의 노여움을 풀기 위한 속죄 희생의 최고 형태였으나, 점차 인간 대신 동물을 희생으로 드리게 되었다. 그리스 신화에서는 프릭소스(Phrixos) 대신에 양을, 이피게네이아(Iphigeneia) 대신에 사슴을 산 제물로 바쳤다. 정신적 경향이 강해짐에 따라 윤리적인 지조와 행위가 희생으로 여겨지게 되었다. 고대 그리스·로마의 제사에서 제물을 드리는 자가 먹는 음식은 신들과 함께 먹는 것으로 생각했다.

여호와께서 이스라엘 백성에게 빈손으로 하나님 앞에 나오지 말라고 하신 것(출 23:15)은 하나님을 인간화하여 생각하는 신 관념이다. "네 토지에서 처음 거둔 열매의 가장 좋은 것을 가져다가 너의 하나님 여호와의 전에 드릴지니라"(출 23:19). 모든 것의 첫 새끼는 하나님 앞에 성별되어야 한다: "이스라엘 자손 중에서 사람이나 짐승을 막론하고 태에서 처음 난 모든 것은 다 거룩히 구별하여 내게 돌리라 이는 내 것이니라"(출 13:2). 아브라함이 이삭을 산 제물로 바치라는 요구를 받은 것도(창 22:1~4) 이 점으로 이해된다. 처음 태어난 남자아이는 여호와의 소유물로서 대속하지 않는 한 여호와의 백성의 처소에 머물 수 없다(출 13:13).

그러나 참되신 하나님은 페니키아와 가나안의 신들과는 달리 인간이 희생당하는 것을 원하지 않으시며 최고도의 희생심을 요구하신다. 이리하여 희생 자체가 하나님께로의 완전한 귀의의 상징이 된다. 인간 희생의 순화된 형태는 하나님을 섬기는 거룩한 직무를 맡도록 성별한 것이었다. 그 때문에 한나는 아들 사무엘을 낳기 전에 미리 성별했다: "주의 여종을 잊지 아니하시고 주의 여종에게 아들을 주시면 내가 그의 평생에 그를 여호와께 드리고 삭도를 그의 머리에 대지 아니하겠나이다"(삼상 1:11).

구약성경에서 희생은 대체로 피의 희생으로서 그 근저에는 대신 죽인다는 관념이 있다. 죄의식에 사로잡힌 사람이 하나님의 노여움을 풀고 하나님과 화해하는 속죄의 희생은 도살 희생이었다. 죄를 범해 제물을 바칠 사람이 흠 없는 제물의 머리에 손을 얹는 것은 자기의 죄를 그 짐승에게로 옮기기 위한 것이다(레 4:4, 15, 24, 29). 번제단 뿔에 바르는 제물의 피(레 4:25, 30)는 죄를 범한 자를 그곳에 보내는 것(Hingabe, 귀의)을 암시한다.

피를 흘리지 않는 곡물의 제물(곡물의 헌물, 소제)을 드리는 경우에 헌물은 고운 가루로 만들었다(레 2:1). 빻은 가루의 백색은 정결을 암시하는 것으로 생각된다. 그러나 누룩(죄의 상징)은 여호와의 제단에 바치지 않았다(레 2:11~12). 시편에는 완전히 정신화된 희생 사상이 나타난다: "나의 기도가 주의 앞에 분향함과 같이 되며 나의 손 드는 것이 저녁 제사 같이 되게 하소서"(시 141:2).

구약성경의 제물의 상징적 의미는 신약성경에서 확대되고 심화된다. 제물로 바친 헌물은 "하늘에 있는 것의 모형과 그림자"이다(히 8:5). 구약성경의 율법 및 그것에 따라 바친 희생 제사는 "장차 오는 좋은 일의 그림자요 참 형상"(히 10:1)이 아니다.

그리스도는 최후의 만찬에서 구약성경의 제물 대신에 자신을 구원

하나님께 어린 양과 첫 열매를 바치는 그림

의 제물로 바쳤으며(빵과 포도주), 이것을 그다음 날 십자가에서 피 흘리는 모습으로 바치셨다. 그는 "하나님의 어린 양" 즉 "세상 죄를 지고 가는"(요 1:29) 희생의 짐승이다. 그리스도는 "죽은 자 가운데서 다시 살아나사 잠자는 자들의 첫 열매가 되셨다"(고전 15:20). 계시록에서 첫 열매 희생의 이미지가 십 사만 사천 명의 순결한 사람에게 해당한다. 그들은 "사람들 가운데서 구속을 받아 처음 익은 열매로 하나님과 어린 양에게 속한 자들"이다. 하나님이 믿는 자에게 기대하는 것은 피의 산 제물이 아니라 "영적인 산 제물"이다(벧전 2:5). 그러나 그 배후에 그 사람의 전 존재를 바친다는 완전한 귀의의 마음이 있어야 한다: "너희 몸을 하나님이 기뻐하시는 거룩한 산 제물로 드리라 이는 너희가 드릴 영적 예배니라"(롬 12:1).

교황 그레고리는 신자의 영혼을 거룩한 그릇으로 비유했다: "이 거룩한 그릇은 하나님의 말씀을 받아 담는다. 그것은 그릇의 심장부로부터 생명과 기도의 완전한 희생을 드릴 수 있게 하기 때문이다." 그리스도께서 십자가 위에서 이루신 구원의 죽음은 기독교 신앙 세계가 경험한 유일한 피의 희생이다.

흰색

옛날부터 흰색은 제사와 미신에서 큰 역할을 맡아 왔다. 신들에게 바치는 동물의 색 중에 흰색이 우선적 지위를 차지했다. 예를 들면 바빌로니아의 기후의 신 아다드(Adad)를 상징하는 수소는 흰색이었다. 로마에서는 흰 짐승을 하늘의 신들에게 제물로 바쳤다. 이란에서 흰색은 선(善)의 최고 신인 아훌라 마즈다의 색이며, 아훌라 마즈다는 정곡을 찌르는 "하얀 주인"이라는 별명을 갖고 있었다. 그리스의 제사장은 흰옷을 입었고, 마니교의 "선택된 자들"도 흰옷을 입었다. 흰색은 종종 정신적·윤리적인 깨끗함과 완전의 상징으로 사용된다.

흰색은 기쁨과 제사의 색이었다. 전도자는 "너는 가서 기쁨으로 네 음식물을 먹고…네 의복을 항상 희게 하며 네 머리에 향 기름을 그치지 않도록 할지니라"고 말했다(전 9:7~8).

모세의 율법은 성막에 이용할 실, 가늘게 꼰 흰 베실, 또는 그것으로 정교하게 짠 천을 규정한다(출 26:1, 27:9). 제사장의 옷도 "금실과 청색 자색 홍색 실과 가늘게 꼰 베 실"(출 28:5~8)을 사용해서 만들어야 하며, 반포 속옷과 관은 가는 베 실로 만들도록 정해졌다(출 28:39).

다니엘의 꿈에서 하나님은 "옛적부터 항상 계신 이"로 나타나시는데 "그 옷은 희기가 눈 같고 그의 머리털은 깨끗한 양의 털 같았다"(단 7:9). 또 몸이 황옥 같은 천사의 "세마포 옷"도 흰색이다(단 10:5).

굴절하지 않는 흰빛은 기독교에서 신성한 기본색이 되었다. 변화산에서 그리스도의 모습이 변하고 얼굴은 해같이 빛나고 "옷이 빛과 같이 희어졌다"(마 17:2). "그 옷이 광채가 나며 세상에서 빨래하는 자가 그렇게 희게 할 수 없을 만큼 매우 희어졌다"(막 9:3). 예수님의 무덤을 찾아온 마리아가 무덤 안을 들여다보니 흰옷을 입은 두 천사가 예수님의 시체 있던 곳에 앉아 있었다(요 20:12). 요한계시록에서 흰색은 완전한 순결, 청정, 불멸의 영광을 상징한다. 큰 환난을 거쳐 새 예루살렘에 들어오는 사람들은 "그 옷을 어린 양의 피로 씻어 희게 한" 사람들이다(계 7:13~14). 심판의 시작에 즈음해서 성전에 나타나는 일곱 천사는 "맑고 빛난 세마포 옷을 입고 가슴에 금띠를 띠고 있다"(계 15:6). 최후 전쟁에 진군하시는 왕 그리스도는 백마를 타고 계시며(계 19:11), 하늘에 있는 군대들이 "희고 깨끗한 세마포를 입고 백마를 타고 그를 따른다"(계 19:14).

초기 기독교 시대에는 부활절에 세례받은 신자들은 세례 때 입었던 흰옷을 부활주일 후 첫 주일에 벗었다. 부활주일 후 첫 주일인 백의 주일(白衣主日)을 의미하는 라틴어 *Dominica in albis*는 *Dominica in albis deponendis* 혹은 *depositis*(흰옷을 벗는 주일)의 약칭이다. 흰옷을 입던 전 토요일(세례일)은 *Sabbatum in albis*, 즉 흰옷 입는 토요일이다. 신부의 흰색 옷은 청정무구와 처녀성을 암시한다.

용어 설명

가이아(Gaia)
그리스 신화에 등장하는 "대지"의 여신이다. 흔히 혈연관계 없이 태초부터 독립적으로 존재한 신으로 간주된다. "만물의 어머니"이자 "신들의 어머니"로 "창조의 어머니 신"이다. 로마 신화에 등장하는 땅의 여신 "테루스" 또는 "테라"와 동일시된다.

고대 오리엔트
고대 오리엔트란 티그리스·유프라테스강의 유역인 메소포타미아와 나일강 유역인 이집트 등지를 총칭한다. 이 지역에서 BC 3000년 전후에 국가가 성립되고 문명이 시작되었다. 그후 알렉산드로스(알렉산더) 대왕이 이 지역을 통일할 때까지 약 3,000년간 번영했던 문명을 오리엔트 문명이라고 한다.

괴테(Johann Wolfgang von Goethe; 1749~1832)
독일의 시인·극작가·정치가·과학자. 세계적인 문학가이며 자연 연구가이다. 바이마르 공국(公國)의 재상으로도 활약하였다. 주저는 『빌헬름 마이스터의 편력 시대』(1829) 『파우스트』 등이 있다.

구데아(Gudea; B.C. 2080~2060경)
B.C. 2100경 바빌로니아 라가시(Lagaš) 시의 지배자(ensi). 아카드 왕국이 몰락한 후 우르 제3왕조가 아직 성립되지 않았던 시기에 라가시의 번영을 부활시켰다. 정복자이기보다는 예술의 보호자임을 자처하고 라가시의 주신(主神) 닝기르수(메소포타미아의 풍요의 신)와 왕 자신의 수호신 닝기시지다(식물의 생성을 맡은 신)를 위하여 시리아·레바논·아라비아에서 석재·목재·금속을 구하여 신전을 짓고 운하를 만들었다. 또 많은 정치적·종교적 문서를 남겼고, 수메

르 문화의 황금기를 이룩하였다. 그의 비문(碑文) 중에는 빈민과 과부의 보호, 여자의 상속권 확인 등의 사회적 조치가 기록되어 있다.

길가메시(Gilgamesch)

태고 수메르의 도시 우루크의 반신반인의 영웅. 길가메시 서사시의 주인공 엔키두와 힘겨루기를 해서 둘도 없는 벗이 되어, 엔키두와 함께 삼나무 숲의 마신적 지배자. 불을 토하는 거인 후와와와 싸우고 이슈타르가 남긴 하늘의 수양좌와 싸운다. 엔키두의 병사에 접하여 죽음의 공포를 느낀 길가메시는 영원한 생명의 비밀을 구하여 여행을 떠난다. 선조 우토나피슈팀을 만나 대홍수의 죽음의 위기를 면한 이야기를 듣고, 최후로 해저로부터 생명의 풀(젊어지는 영초)을 손에 넣지만, 뱀에게 도둑맞아 모든 노력이 수포로 돌아간다.

나부(Nabu)

바빌로니아 신화에 나오는 서기(書記)와 지혜의 수호신. "나부"라는 말은 원래 "부르는 자", "빛나는 자"를 뜻한다. 마르두크의 아들로, 연초에 자그무크의 제전(祭典)에서 인간들의 1년 운세를 결정하는 신들의 의결사항을 운명의 비문에 기록하는 직분을 맡고 있었다. 그에게 이러한 직분이 주어진 것은 그와 그의 아내 타슈메툼이 문자를 발명했기 때문인데, 그래서 그는 학문을 주관하기도 하였다.

네메시스(Nemesis)

그리스 신화에 나오는 복수의 여신이다. 선악의 구분 없이 분수를 넘어서는 모든 종류의 과도함을 응징한다는 점에서 주로 친족 살해의 범죄자를 뒤쫓은 복수의 여신 에리니에스 자매와 구별된다. 제우스의 구애를 피해 거위로 변신하였다가 백조로 변신한 제우스에게 겁탈당한 뒤 알을 낳았는데, 이 알에서 미녀 헬레네가 태어났다고 한다.

네크베트(Nekhbet)

이집트 신화에 나오는 여신. 네케베트(Nekhebet)라고도 한다. 오래

전부터 상부(上部) 이집트, 특히 네케브(엘카브)의 수호신으로 숭배를 받았다. 독수리의 여신으로 고대 이집트의 왕인 파라오는 코브라와 독수리로 이루어진 이중의 왕관인 우라에우스(uraeus:성스런 독사라는 뜻)를 착용하였는데, 상부(남방)의 독수리는 네크베트를, 하부(북방)의 코브라는 와제트(Wadjet)를 상징한다. 또 어머니의 여신으로서 산파 역할도 하고, 왕이나 왕가(王家)의 자식에게 젖을 먹이는 유모 역할도 하였다. 이 때문에 안티노에의 개구리 모습을 한 출산의 여신 헤케트(Heket)와 동일시되었고, 나중에는 태양신의 외눈박이 딸로도 알려졌다. 그리스, 로마인들은 월신(月神) 에이레이티아니르시나와 동일시하였다. 네 방위 가운데 남방을 다스리는 여신이며, 와제트가 상대역으로 북방을 다스렸다. 그밖에 동방은 바스트(Bast)가, 서방은 네이트(Neith)가 다스렸다.

누스쿠(Nusku)
고대 바빌로니아의 빛의 신. 암흑을 추방하고 여러 도시를 건설하였다. 그의 본성인 광명(光明)의 신으로서 암흑을 추방한다는 역할 때문에 월신(月神) "신(Sin)"과 동일시되며, 후에 카시트족(族)의 "산(山)과 전투의 신"인 슈카무나와도 동일시되었다. 램프로 표현된다.

누트(Nut)
대지의 신과 헤어진 여신. 고대 이집트인의 우주관은 한 차례 큰 변화가 있었다. 그들은 세계가 아툼이라는 태양신에 의해 창조되었다고 생각했다. 이렇게 창조된 세계는 천공, 창공, 대기, 대지, 물, 지하 세계 등으로 구성되어 있었다. 이 여섯 곳에는 각기 그곳을 관장하는 신이 있었다. 그중 천공의 신이 누트였다. 창공은 네네트, 대기는 슈, 대지는 게브, 물은 누, 지하계는 다트가 다스렸다. 물의 신 누는 그 후 이집트의 신들을 낳았으며, 바다를 상징한다. 바다는 '커다란 숲'으로 불리며, 대지를 휘감았다. 사람들은 누의 힘이 지하와 대지에도 미치며, 지하수와 함께 많은 혜택을 베풀어준 나일강을 누라고 생각했다. 즉 물 자체를 신격화했다. 게브는 대지의 신으로, 당시 사람들은 대지가 둥근 원반 형태로 생겼다고 생각했다. 그래서 신화에서는 대지 위로 길게 뻗어 있는 산들을 타고 다니는 천공의 신 누트가 게브와 사랑하는 사이였다고 전한다. 하지만 아툼은 누트에게 대기의 신 슈와 결혼하라고 명령했다. 그래서 누트는 게브와 헤어져 인간이 사는 지상으로 내려왔다고 한다.

니누르타(Ninurta)
고대 메소포타미아의 태양신. 기르수 지방의 수호신이며, 대기의 신 엔릴과 닌릴의 아들로 폭풍의 신(神)이기도 하다. 그가 젊은 왕이었을 때의 일이다. 하루는 니푸르의 왕궁에 앉아 있는 그에게 군대장관이 와서 아누(Anu:하늘)와 에아(Ea:땅)의 아들 아자그(Azag)가 반란을 일으켰다고 보고하였다. 아자그는 식물들의 추대로 왕이 되었으며, 돌들은 그의 전사(戰士)들이었다. 니누르타는 배로 싸우러 나갔으며, 아자그는 이 싸움에서 패사하였다. 반란이 진압되자 니누르타는 새로 얻은 영토를 재정리하였으며, 후르사그(hursag)라는 석벽(石壁)을 산맥 가까이에 쌓아, 노상 산으로 차오르던 물을 모아 곧장 티그리스강으로 흐르게 하였다. 그는 이 석성을 자기를 찾아온 어머니에게 선물로 드렸으며, 이런 이유로 석성은 "후르사그 부인"이라는 뜻의 닌후르사그로 불리게 되었다. 그는 아자그의 군인이었던 돌멩이들을 재판하여 자기에게 특별히 적의를 품은 것들은 처벌하고 나머지는 용서해 주었다.

다나에(Danae)
그리스 신화 아르고스의 왕 아크리시오스의 딸이다. 아크리시오스 왕은 딸이 낳은 손자에 의해 살해당할 것이라는 신탁을 듣고 다나에를 아무도 접근할 수 없는 청동 탑에 가두었다. 제우스는 황금비로 변신하여 다나에에게 접근하고, 이에 다나에는 임신하여 페르세우스를 낳았다.

다리우스(Darius; B.C. 550-486)
고대 페르시아의 전성기를 가져온 페르시아의 왕 다리우스 1세. 구약의 "다리오."

단테(Durante degli Alighieri; 1265-1321)
이탈리아 최대의 시인. 『신곡』의 저자.

데메테르(Demeter)
그리스 신화에 나오는 올림포스 12신 중 하나이다. 대지의 여신으로 대지에서 자라는 곡물, 특히 밀의 성장과 땅의 생산력을 관장하는 여신이다. 데메테르 여신의 딸 페르세포네는 하계의 신 하데스에게 납치되어 그의 아내가 되었다. 데메테르는 밀 이삭으로 만든 관을 쓰고 손에 횃불이나 곡물을 든 모습으로 표현된다. 로마신화에서는 농업의 여신 케레스가 데메테르와 동일시된다.

데우칼리온(Deukalion)
그리스 신화에 나오는 신. 테살리아 지방의 프티아(Phthia) 주변을 다스렸다. 프로메테우스와 클리메네의 아들로서 에피메테우스와 판도라의 딸인 피라와 결혼하여 그리스인의 조상 헬렌을 낳았다. 그의 신화는 구약성경의 노아의 방주 이야기와 유사한 구성을 하고 있다.

뒤러 알프레히트(Albrecht Dürer; 1471-1528)
독일 뉘른베르크의 화가, 판화가, 미술 이론가, 독일 최대의 미술가. 1498년 요한계시록의 목판화 연작집으로해 유럽 전역에 명성을 떨쳤다. 여러 가지 탁월한 회화 외에 『서제의 히에로니무스』 등의 동판화도 잘 알려져 있다.

디오니소스(Dionysos)
바박로부터 그리스에 유입된 신으로 여성들의 열광적인 숭배를 받아 엑스터시를 동반한 광란의 제사를 낳았다. 소아시아에서는 풍요의 신이기도 하며, 오르페우스의 밀의와 연결지어 음부와도 관계가 있다.

아레오파고의 디오니시오스(Dionysios ho Areopgites, 500년 경)
라틴명은 디오니시우스 아레오파기타. 바울에 의해 회심한 아레오바고의 의원 디오누시오(행 17:34). 『위-디오누시오스문서』로 불리는 일군의 저작이 있고, 『천계의 위계』, 『교회의 위계』, 『신명론』, 『신비신학』 및 11통의 서간이 있다. 실제로는 시리아인 몇 명이 썼다고 추측된다. 9세기 초 파리의 디오니시우스와 혼동되기 때문에 성 도미니크 수도원에서 번역되어 서방세계에 널리 퍼져

서구 스콜라 학파에 큰 영향을 미쳤다. 신플라톤주의와 기독교가 융합하고 있어 아우구스티누스의 저작과 함께 기독교에 신플라톤 주의 사상을 접목한 큰 원천이 되었다.

디오니소스(Dionysius; ?-250년경)

파리의 초대 주교. 파리의 수호성인. 두통과 마음 불안에서 도움을 주는 14구조성인의 한 사람. 전설에 의하면 파리에서 순교하였는데, 목을 잘린 후 자신의 손으로 목을 들고 그의 이름과 관련되어 이름 지어진 파리 북부의 성 드니(St Denis) 수도원까지 걸어갔다고 한다.

레(Re)

고대 이집트의 태양신으로서 라(Ra)라고도 한다. 머리에 태양을 얹은 인물상으로 표현되고, 태양선을 타고 낮에는 동에서 서로 항해하고 밤에는 천신 누트의 체내, 또는 지하 왕국을 들어가서 다음 아침 다시 동쪽 하늘에 돌아오는 것으로 믿었다. 고왕국 시대부터 왕조의 수호신으로 되고, 제5 왕조(B.C. 2494~2345년경)의 왕은 오벨리스크를 신체(神體)로 하는 태양신전을 건립하였다. 이 무렵부터 국왕을 "레의 아들"이라고 불렀다. 성수(聖獸)는 무네우이스(황소, Mneuis)이다. 원 안에 양날개를 배치한 상징은 레와 호루스의 결합으로 생각된다. 다른 신들은 자기 권위를 위하여 레와 합체하여 아툼레(Atum-Re), 암몬 레, 구눔 레, 몬도우 레, 소베그 레 등으로 불렸다.

레아(Rhea)

그리스 신화에 나오는 대지의 여신. 우라노스와 가이아 사이에서 태어났으며, 크로노스의 누이 겸 아내이며 순서대로 헤스티아, 데메테르, 헤라, 하데스, 포세이돈, 제우스 등 여섯 자녀를 낳았다.

로물루스와 레무스

로물루스(Romulus)는 전설적 로마의 건립자이며 초대 왕이다. 전설에 의하면, 로물루스는 고대 그리스의 트로이 전쟁의 영웅인 아이네아스(Aeneas)의 손자라고도 하며, 라티누스(Latinus)의 아들이라고도 한다. 오늘날 로마의 고역사가 파비우스 픽토르(Fabius Pictor)의

설에 의하면 가축을 치는 시종 파우스툴루스는 갓난아이들을 제거하라는 아물리우스의 명에 따라 쌍둥이 형제 레무스를 바구니에 담아 테베레강에 띄워 보냈다. 아이들을 실은 바구니는 얼마후 강가로 떠밀려가 멈추어 섰다. 때마침 근처에서 서성거리던 늑대 어미가 칭얼거리는 아이들에게 젖을 물렸고, 딱따구리가 다른 먹을 것을 날라 주었다고 한다. 다른 전설에 따르면 파우스툴루스는 아내 라렌티아와 함께 아물리우스의 명을 거역하고 몰래 자기 집에서 쌍둥이를 양육하였다고 한다. 하여간 무사히 성장한 이들은 카피톨이라는 일곱 개의 언덕에 도시를 건설했는데, 그 도시가 고대 로마이다.

루키아노스(Lukianos; 120년경-180년 이후)
로마 제정기의 그리스의 풍자시인, 전기 작가. 사모사타에서 출생. 풍자, 패러디, 아이러니 등의 방법으로 당시의 사회, 정치, 철학, 종교 등의 우매를 비판했다.

룬다스(Rundas)
히타이트의 수렵과 행운의 신.

마누(Manu)
고대 인도인, 이란인, 그리고 게르만인들 사이에서 신봉된 인간의 시조. 인도의 신화는 이렇게 전한다. 대홍수가 일어났을 때 마누가 일찍이 자신이 사육한 물고기(의 뿔)에 자신의 배를 매자 물고기는 이 배를 히말라야에 끌고 가서 그 산에 마누를 내렸다. 마누를 남기고 전 인류가 전멸한 뒤 마누는 물속에 감사의 공물을 바치는 제사를 집행했다. 1년 뒤 물속에서 미녀가 나타났는데 수중에 바쳐진 공물에서 태어난 마누의 딸이라 부른다. 마누는 이 딸을 통해서 자손(인간)을 낳았다.

마르두크(Marduk)
바벨론의 신. 이름은 "태양신의 어린 소"를 의미하는 수메르어의 아마르 우두크(Amar-utuk)에서 유래한다. 처음에는 바빌론의 신이었는데 함무라비 왕의 대두 이후 바벨론의 국신이 되었다. 바벨론의 교훈적 서사시 천지창조 이야기 『에누마 엘리시』(*Enûma Eliš*)에 의하면 태초 혼돈 시의 사용(蛇龍)인 티아마트(Tiamat)를 퇴치하고 몸을 둘로 갈라 반쪽은 하늘을 반쪽은 땅을 만들었다. 주술, 의료, 지혜의 신, 역법의 발견자이고 또 재판의 신, 빛을 가져온 손으로서의 특징을 갖고 "신들의 주인"으로 간주된다.

마호멧(Mahomet, 570-632)
이슬람교의 창시자.

만다교(Mandaism)
고대로부터 중세를 거쳐 이라크 남부 및 이란 남서부(후제스탄 지방)에 현존하는 영지주의(靈知主義)의 종파. 만다교라는 명칭은 아람어 방언 만다(mandā: 靈知)에서 유래하였다. 교리는 매우 절충적·혼합주의나 세례·성찬 예식 등에는 엄격한 제례가 따른다. 세례는 반드시 흐르는 물에서만 행한다. 전통적 분리주의를 견지하며 현재까지 남아있으나 근대교육, 생활의 기계화, 교역 등으로 존망의 위기에 처해 있다. 중세의 근동 여행기에 이미 "성 요한의 그리스도자"라는 이름으로 이 교파의 존재가 알려져 있는데, 이들이 세례자 요한을 자기 종파의 일원으로 인정하고 있는 점으로 미루어 영지적 유대교와의 관계를 짐작할 수 있다. 만다교 경전은 1세기경에 집성된 『긴자 라바』(Genzā Rabbā, "위대한 보물"이라는 뜻), 약칭으로 『긴자』(Ginza)이다.

메토디우스(Methodios, ?-300, 311년?)
교회 저술가. 류키아 지방 올림프스의 주교. 성인. 오리겐을 대적한 것으로 유명. 방대한 저작 중 완전한 형태로 남아 있는 것은 플라톤적 대화 형식에 의한 『슈은보시온, 또는 처녀들에 대해서』

메히트힐트 폰 마그데부르크(Mechthild of Magdeburg, 1207-1282)
독일의 신비가. 12세 때 성령에 의해 신비 체험을 한 후 마그데부르크로 가서 베긴회 수녀가 되었다. 30년간 도미코회 사제 하인리히 폰 할레의 도움으로 하나님 신비 체험에 관한 글을 남겼다. 1250년부터 20년 동안 6권의 책을 집필한 후 1270년 헬프타(Helfta)의 시토회 수녀원에 들어가서 마지막 건을 구술로 집필했다. 메히트힐트가 경험한 신비주의는 매우 대담하고도 에로틱한 것으로서, 성자를 신랑, 본인의 영혼을 신부로 부르며 영적인 합일을 갈구하였다. 이 책에서는 "사랑"(minne)이 약 500번 등장하며, 유희하거나(spielen) 즐긴다는(genie ßen) 단어가 자주 사용되었다. 그녀는 그리스도의 사랑을 구하는 처녀로 신과의 합일의 체험이 단순히 입맞춤이나 포옹을 넘어선 성적 결합의 이미지를 보였다. 신비주의 문학으로 대표되는 『신성의 흐르는 빛』의 첫 다섯 권은 하나님과의 직접적인 교감에 대한 서정적이고 직접적인 표현으로 이루어져 있으며, 제6권은 현실적인 문제를 다루면서도 사변적으로 서술되어 있다. 마지막 권은 기독교인의 과제와 죽음의 문제를 다루면서, 독자들에게 종교적 체험뿐만 아니라 종교적 교훈을 주려고 하였다. 마지막 권에서는 하나님께로 상승(schweben)하여 그와 합일을 이루는 개념과는 대비되는 하강(sinken)의 개념을 소개하였다. 하나님이 세상을 창조한 후 인간을 만나기 위해 내려왔듯이 인간의 영혼도 신과의 합일을 이룬 후 하강해야 한다. 완벽한 신앙을 완성하기 위해서 이러한 고통이 필요하다. 이는 그리스도의 수난과 비유되어, 매일의 시련 속에서 하나님으로부터 저버림(Verworfenheit)을 체험하면서 지상의 다른 영혼들을 구원하고자 하는 사명감 속에 살아가는 것이다. 『신성의 흐르는 빛』을 독일어로 저술했는데, 제도와 학문의 중심 언어였던 라틴어가 아닌 지방어인 독일어로 저술한 까닭은 그녀가 수녀들, 곧 여성 독자와 일반 대중들을 염두에 두었기 때문이었다.

뮈라(Myrrha)
아도니스의 어머니 미르라. 뮈라는 아버지인 키니라스(Cynyras) 왕을 사랑하게 된다. 어머니 켄크레이스(Cenchreis)가 9일 동안 펼쳐지는 데메테르의 축제에 참여하기 위해서 집을 비운 동안 참아오던 감정을 참을 수가 없게 되자 시녀로 가장하고 아버지의 침대에 기어들어간다. 그렇게 며칠이 지나자 왕은 밤에 침대에 들어오는 사람이 누군지 궁금해졌고, 램프로 그 얼굴을 비춰보고 놀란다. 처음에 황당해 하던 키니라스 왕은 칼을 빼 들고 딸을 죽이려고 하고, 뮈라는 황급히 도망쳤다. 그녀는 대지의 신 가이아에게 자신을 벌하되 배 속의 아이만은 살려달라고 기도했고 신은 그녀의 기도를 들어주었다. 그녀의 몸이 변하기 시작했다. 뼈는 단단한 나무가 되고, 피는 수액이 되고, 팔은 큰 가지가 되고, 손가락은 작은 가지가 되었으며, 몸은 나무껍질이 되었다. 그녀는 몸의 형태는 변화했지만 지난 감정은 남아 있어서 뜨거운 눈물이 줄기를 타고 내렸다. 뱃속의 아이가 자라서 해산이 임박해지자 그녀는 몸을 구부린 채 신음하며 진액 같은 눈물을 흘렸다. 해산의 여신 에일레이티아가 도와서 나뭇가지가 갈라지면서 그 틈 사이로 사내아이를 출산했다. 나중에 사람들은 이 나무의 수액(그녀가 흘린 눈물)을 몰약이라고 한다. 몰약은 쓰지만 향기는 아름다워서 방부제나 향원료로 사용된다.

미트라(Mithra, Mitra)

로마 황제기에 가장 널리 신봉된 신. 로마에서는 미트라스(Mithras)라고 불렸지만, 본래 아리아인의 남신으로 빛, 진실, 맹약을 지배한다고 하였다. 인도의 베다 신화(리그베다)에서는 바루나 신과 연결된 천공 신으로 서약, 계약의 신. 이란에서 미트라는 광명 신으로 서약, 계약의 신. 조로아스터교에서는 아후라 마즈다에 최고의 위치를 빼앗겼지만 아후라 마즈다의 가시계에 있어서 뚜렷한 모습, 혹은 아후라 마즈다와 안라 만슈(아후레만)의 중개자로 지위를 차지하며, 메소포타미아에서는 태양신 샤마슈와 연결된다. 그리스에서는 아폴론과 동일시 되지만 신앙은 널리 퍼지지 않았다. 로마에서는 B.C. 1~2세기경 병사나 선원, 상인 등을 통해서 전해졌고 숭배는 로마제국 전체로 퍼졌다. 성실, 진실, 악과의 싸움의 신으로 특히 전사들 사이에서 신봉되어 미트라교라고 하는 밀의 종교의 형태를 취하기에 이르렀다. 여성을 배제한 이 밀의교는 밤중에 지하 성당에서 집행하였고 희생될 소의 도살에서 최고조에 달한다. 최대의 제사일은 12월 25일로 동지 뒤 태양의 부활을 상징했다. 이렇게 하여 미트라는 불멸의 태양의 지위에 올랐다.

미켈란젤로(Michelangelo Buonarroti, 1475~1564)

이탈리아의 조각가, 건축가, 화가.

바알(Baal)

서 셈족의 폭풍과 풍요의 신. 반인반수, 혹은 수소의 모습으로 표현된다. 그 이름은 "소유하는 자, 주"를 의미하고, "신"의 동의어로서 바알 시돈, 바알 레바논이라는 식으로 여러 지방신의 이름이 기도 했다. 이집트에 이인(移入) 되어 새트와 동일시된다.

박카스(Bakchos)=디오니소스

반 에이크(Van Eyck)

반 에이크 형제(Van Eyck)는 네덜란드의 화가 형제로서 형은 후베르트(Hubert, 1370~1426), 동생은 얀(Jan, 1390~1441)이다. 동생 얀은 안료를 기름에 섞어서 사용한 최초의 유화 작가이다. 당시 화가들은 광물이나 식물 등에서 색감을 구해서 주로 계란에 섞어 사용했는데 물감이 빨리 마르는 단점을 기름에 섞는 방법을 사용했다. 켄트 시 성 바본 성당의 대제단화는 반 에이크 형제의 합작이다. 그림을 그리는 동안 형이 죽고, 동생 얀이 1432년에 완성했다. 이 형제들의 작품은 15세기 북부 유럽 르네상스에서 새 양식을 불러 일으켰다. 형 후베르트의 대표작으로 『기증자 부처의 초상』, 『어린 양의 예찬』 등이 있으며, 동생 얀의 작품으로 『아르노르피니 부처의 혼인도』, 『롤랑의 성모』 등이 있다.

보나벤투라(Bonaventura, 1217-1274)

이탈리아의 스콜라 신학자. 신비주의. 파리대학 교수. 프란시스코회 제7대 총장. 성인. 토마스 아퀴나스와 나란히 전성기 스콜라학의 지도적 인물. 신비적 경건의 심오함에서 탄생한 그 사상과 저작은 마이스타 에크하르트를 비롯한 신비주의자들에게 큰 영향을 주었다.

보스 히에로니무스(Hieronimus Bosch, 1450년경-1516)

네덜란드의 화가. 『쾌락의 동산』(프라도 미술관), 『건초 수레』(프라도 미술관) 등 다수의 인물과 동식물을 배치한 기괴하고 환상적인 독자적인 화풍으로 알려져 있다.

사르곤 1세(Sargon I, B.C. 2350년경-2295)

메소포타미아에 최초의 셈족 왕조를 열었던 왕. 제국의 수도는 아카드.

샤마슈(Shamash)

샤마슈는 "태양"이라는 뜻이며, 법과 정의를 주관한다. 고대 메소포타미아의 관념에 따르면 하루는 밤에 시작되고 낮은 그 뒤에 이어지므로 샤마슈는 월신(月神)의 아들로 여겨졌다. 『함무라비 법전』에서는 "하늘과 땅의 위대한 재판관"이라 불리는데, 그가 법전을 함무라비에게 주었다고 한다.

성 니콜라우스(St. Nikolaus)

소아시아의 뮤라의 주교 니콜라우스(4세기 초)의 전설에 같은 소아시아의 피라나의 주교 니콜라오스의 전설이 가미되어 복잡한 전설을 갖게 된 성인. 동방 그리스 교회에서는 9세기경부터 성모 마리아에 이은 성인으로 존경받으며, 서유럽에서는 10세기부터 널리 숭배되었다. 특히 스위스, 독일, 프랑스, 오란다 등지에서 어린이의 보호자로 존경받아 12월 6일의 축일 전야, 성 니콜라우스가 흰 수염에 주교의 제복을 입고, 각 집을 방문해 좋은 아이에게는 선물을, 나쁜 아이에게는 벌을 준다고 하는 관습이 있다. 산타클로스의 원형이다.

셀레네(Selene)

그리스 신화의 달의 신. 미소년 엔디미온을 사랑하여 제우스에게 엔디미온의 영원한 젊음과 아름다움을 간직할 수 있도록 영원한 잠에 빠지게 해달라고 간청했다. 제우스는 그 소원을 들어주었고, 셀레네는 영원히 잠들어 있는 엔디미온과의 사이에 50명의 딸을 낳았다.

솔(Sol)

고대 로마의 태양신. 그리스 신화의 헬리오스와 동일시 된다. 제국 시대에는 솔 인빅토스(무적의 태양)로서 주피터와 나란히 국신이 된다.

숀가우어 마틴(Martin Schongauer, 1450년경-1491)

독일의 후기 고딕 시대의 화가 『장미 정원의 성모』(고르말 산 마르탄 대성당)이 유명한데 동관화가로서 115점의 작품을 남겨 알브레히트 뒤러에게 큰 영향을 주었다.

슈(Shu)
고대 이집트의 신. 원초의 신. 아툼의 구토에서 생겼다. 대기의 신, 따라서 하늘과 땅 사이의 공간의 신. 테후누토(습기)와 함께 슈(공기)는 생명에 불가결한 힘을 나타낸다.

시바(Shiva)
브라흐마(Brahma, 창조의 신), 비슈누(Vishnu, 유지의 신)와 함께 힌두교 삼주신(트리무르티) 가운데 하나다. 원래 폭풍우 신. 파괴의 공포와 만병을 구원하는 은혜의 양극을 겸비한 신. 링가'라 일컬어지는 남근상(男根像)의 형태로 숭배된다. 천여 개의 다른 이름을 갖는다.

아가타(Agatha, 3세기)
시칠리섬 카타니아에서 순교한 성녀. 에트나 화산의 용암으로 파멸의 위기에 직면한 카타니아 마을 사람들이 아가타의 묘에서 그녀의 베일을 꺼내 창끝에 달고 용암이 흐르는 쪽을 향했을 때 용암이 방향을 바꾸어 마을은 난을 면했다고 전해진다.

아가토다이몬(Agathodaimon)
그리스어로 "선한 영"을 의미하며, 본래는 풍요를 가져오는 영, 혹은 수호령. 연금술에서는 연금술의 시조 헤르메스 트리스메기스토스와 동일시되는 수호영.

아누비스(Anubis)
고대 이집트의 사자(死者)의 신. 묘지의 수호신. 사자를 부활시키는 신. 오시리스의 재판에서 토트와 함께 오시리스의 혼을 계량하여 선행을 확인한다. 흑색의 들개(혹은 자칼), 또는 들개의 얼굴을 한 사람의 모습으로 표현된다.

아다드(Adad)
바빌로니아와 아시리아의 기상의 신. 가난, 피니기아에서는 하다드(Hadad)라 부르며 파아르가 본명이다. 번개, 태풍을 몰아오고 비를 조절한다고 해서 농경신으로서도 받든다. 우가리트 출토의 석비(B.C. 2000년 전반 알레포 국립박물관)와 청동상에는 망치를 든 손을 높이 올린 형상으로 나타난다.

아도니스(Adonis)

원래 페니키아의 풍요신으로, 죽음과 부활의 신으로 공경되었다. 그리스 신화에서는 미르라 나무로 변한 어머니 뮈라에게서 태어난 미소년으로 아프로디테의 사랑을 받았다. 사냥 중 멧돼지에 받쳐 죽으면서 흘린 피에서 아네모네가, 아플로디테의 눈물에서 장미가 피었다. 그는 일년의 반은 지상 세계에서, 나머지 반은 지하 세계에서 지낸다.

아디트야(Aditya)

아디트야(산스크리트어: Āditya)는 힌두교에서 데바마트리(Devamatri), 즉 신들의 어머니인 아디티(Aditi)로부터 나온 자식 신을 가리키는 것으로, 보통 복수형인 아디트야들(Ādityas)을 사용하여 아디티의 자식 신들을 통칭하는 형태로 사용된다. 산스크리트어 아디트야(Āditya)의 문자 그대로의 뜻은 "아디티의 또는 "아디티와 관련된"이다. 아디트야들은 태양신들로서 모두 남신이다. 아디트야들의 수에 대해서는 문헌에 따라 일곱, 여덟, 또는 열둘이라고 말하고 있다. 후대의 힌두교에서 산스크리트어 아디트야(Āditya)는 단수 명사로서 태양을 뜻하게 되었고, 태양신 수리야(Sūrya)의 동의어가 되었다.

아르테미스(Artemis)

그리스의 수렵의 여신. 짐승의 지배자. 또는 사람을 제물로 요구하는 무서운 신이다. 아테네의 아크로폴리스 산상의 제상에서 소녀들이 황색 옷을 입고 변장하고 춤을 추는 풍습이 있었다.

암몬(Ammon)

아문, 아모운.

아스타르테(Astarte)

아카드 신화에서는 이슈타르, 유대교에서는 아슈트레트. 서 셈족의 사랑과 풍요와 전쟁의 여신. 바벨론에서는 이슈타르라는 이름으로 나타난다. 그리스에서는 아프로디테와 동일시된다. 상징적 성수(聖獸)는 비둘기. 아스타르테는 서아시아와 소아시아 지역의 풍요의 신으로, 특히 가나안 사람들에게 숭배되었다. 이 여신에 대한 신앙은 청동기 시대부터였을 것으로 추정된다. 아스타르테는 이 지방의 주신 엘의 아내였다. 그 후에는 주신이 된 바알의 여동생이자 아내가 되었던 것으로 보인다. 또 같은 시기에 주신의 아내였던 아나트 여신과 동일시되기도 했다(아나트가 동생이었다는 설도 있다). 하지만 아랍인이나 아람인은 이 여신을 대단히 경배하여 "천계의 지배자", "왕권의 여왕", "만신의 어머니" 등으로 불렀다. 아스타르테는 육감적인 나신의 미녀로 묘사되는 경우가 많으며, 이는 신자들이 생각하는 이상적인 여성상이었다. 아스타르테 신전에서는 여신을 모시는 무녀와 남성들 간에 성교 의식이 행해졌다. 이는 풍요의 의식인 동시에 왕의 권력을 유지하기 위한 "신과의 결혼"을 의미했다. 그리고 왕과 여신의 교합을 인간들이 과시함으로써 그 왕국은 번영과 평화를 누린다고 믿었다.

아이네이스(Aeneis)
로마 최대의 시인 베르길리우스의 장편 서사시. 작자 베르길리우스가 만년에 죽을 때까지 11년간(BC 30~BC 19) 이 작품에만 열중했지만 결국 완성을 보지 못하였다. 전 12권이 현존하고 있는 이 시는 아이네아스의 전설에 바탕을 두고 있다. 아이네이스는 "아이네아스의 노래"라는 뜻이다. 그리스군에게 패배하여 멸망한 트로이의 영웅 아이네아스가 그의 부하들과 함께 패전 후 7년째에 신의 뜻을 받고 각지를 방랑하면서 천신만고 끝에 드디어 라티움 땅에 로마제국의 기초를 세우게 된다는 줄거리로서 로마 건국의 역사를 신화의 영웅과 결부시키려는 웅대한 구상에서 나온 것이다. 이 시를 쓴 시기가 아우구스투스 황제 시대여서 이 시는 로마제국 찬가라고도 할 수 있다. 또한, 제4권의 카르타고의 여왕 디도와 아이네아스와의 비련(悲戀)은 이 시 중의 많은 삽화 중에서도 특히 유명하다.

아카드(Akkad)
사르곤이 바빌로니아 북부에 세운 왕국의 수도(Agade라고도 함), 또는 바빌로니아 북부를 총칭하는 지방명, 왕조명으로도 쓴다. 아카드 왕조는 메소포타미아를 최초로 통일한 셈계 아무르인의 왕조이며, B.C. 24-B.C. 23세기에 메소포타미아를 지배하였다. 이

시대의 미술 작품으로 니네베에서 출토된 「사르곤 왕상」이라는 청동제 남성상 두부(바그다드, 이라크 박물관), 수사 출토의 「나람신의 비석」, 「마니슈투스의 오벨리스크」, 라가슈 출토의 「림무슈(Rimush)의 석비」(루브르 박물관) 등이 있고 그 외에 많은 원통인장(円筒印章)이 있다.

아테나(Athene)

그리스의 지혜, 기술, 음악, 전쟁의 여신. 제우스와 메티스의 딸. 임신한 메티스를 삼킨 제우스가 만월 때 헤파이스토스에게 도끼로 자신의 이마를 가르게 하니 머리에서 무장한 아테나가 튀어나왔다고 전해진다.

아티스(Attis)

프리기아(고대 소아시아)의 농업신. 전설에 의하면 대지의 여신. 프리기아의 미소년. 원래 남녀 양성(兩性)이었던 모신(母神) 키벨레가 거세당할 때 잘려 떨어진 부분에서 돋아난 편도(扁桃) 씨에 의해 임신한 하천신(河川神) 상가리오스의 딸 나나에게서 태어났다고 한다. 키벨레는 청년이 된 아티스를 사랑하여 다른 여자와 결혼을 못 하도록 그를 정신착란 상태에 빠뜨린 결과 그는 스스로 거세하고 죽었다. 제우스가 그를 전나무가 되게 했고, 피에서는 제비꽃이 피어났다고 전해진다. 원래 아티스는 아도니스처럼 겨울에 죽었다가 봄에 부활하는 식물신(植物神)인데, 특히 로마에서 숭배되었으며 춘분에 행해지는 그의 제사에는 신비 의식(儀式)이 따랐다.

아폴론(Apollon)

그리스의 태양신으로 음악, 의술, 궁술, 예언, 가축의 신. 대지로부터 태어난 큰 뱀. 퓌톤의 사살이 유하다. 델포이의 신전(신탁소)의 신으로 숭배받는다.

아프로디테(Aphrodite)

그리스의 사랑과 미와 풍요의 여신. 로마 신화의 비너스. 호메로스에 의하면 제우스의 딸이다. 헤시오도스에 의하면 하늘의 신, 우라메스의 정액이 바다에 떨어져 그 수포에서 태어났다고 한다.

헤파이스토스와 결혼 때 제우스로부터 몸에 붙어 있으면 어떤 상대라도 금세 사랑의 포로가 되는 마법의 사랑의 띠를 선물 받았다. 상징적 성조(聖鳥)는 기러기, 백조 등. 성수(聖樹)는 밀토스, 장미 등이다.

아피스(Apis)

하피(Hapi)와 같다. 아피스는 고대 이집트 멤피스 지역에서 숭배받던 신성한 소이다. 아피스 소 숭배는 제2 왕조 때부터 시작된 것으로 보인다. 아피스는 이집트 전역에 있는 소 중 특별한 무늬를 기준으로 선별되었으며, 소가 죽으면 성대한 장례 의식을 행하고, 같은 무늬가 있는 소를 다시 찾아 부활한 아피스로 모셨다. 멤피스의 도시의 성스러운 숫소. 프타하, 혹은 오시리스의 현현이다.

아후라 마즈다(Ahura Mazda)

고대 페르시아의 신. 조로아스터교의 시조. 자라투스트라에 의해 유일한 신이 된 최고신. 아후라 마즈다에 의해 창조된 진실과 빛의 세계에 허위와 어둠의 세계가 대치한다. 아후라 마즈다는 영계와 현상계의 양쪽에 군림하고 불의 힘으로 선악을 판단한다. 아후라 마즈다(Ahura Mazdā)는 조로아스터교의 최고신의 아베스타어 이름으로, 조로아스터교의 창시자인 자라투스트라가 "불생불멸의 최고신"(uncreated God, 창조되지 않은 신, 원래부터 존재하는 신, 제1원인으로서의 신)이라고 부르는 신의 이름이다. "아후라"(Ahura)는 빛을 뜻하고, "마즈다"(Mazda)는 지혜를 의미한다. 따라서 "아후라 마즈다"만 "빛과 지혜" 또는 "빛과 지혜의 존재"이다. 아후라 마즈다는 또한 오르마즈드(Ohrmazd), 아후라마즈다(Ahuramazda), 호우르마즈드(Hourmazd), 호르마즈드(Hormazd), 후르무즈(Hurmuz), 또는 아잔다라(Azzandara)로도 한다.

아흐리만(Ahriman)

조로아스터교의 아후라 마즈다 신에 대립하는 악마. 모든 악의 원리로서 아베스타(Avestan) 성전에는 안그라 마이뉴(angra mainyu), 파흘라비어로는 아흐리만이라고 부른다. "마이유"란 마음(mind), 정신"(spirit)를 의미하고, "안그라"란 "파괴"(destructive), "해로움"(malign), "압제"(inhibitive), "사심"(邪心)을 의미한다. 아흐리만은 악마의 군대를 이끌고 아흐라 마즈다와 싸우나 결국 패배한다.

안테스테리아 제사(Anthesteria)
고대 그리스의 축제(디오니시우스 축제의 일환), 꽃과 새 술을 축하하는 봄의 축제이다.

암브로시우스(Ambrosius, 334-397)
밀라노의 주교. 성인. 4대 교회 박사의 한 사람. 황제에 대해 교회의 자립성을 주장하고, 서방교회의 확립에 공헌했다. 신학자로서는 알렉산드리아 학파의 성경 해석을 소개하고, 자신도 성경 해석과 설교에 힘써 막대한 영향을 미쳤다.

야누스(Janus)
로마신화에 나오는 문(門)의 수호신. 집이나 도시의 출입구 등 주로 문을 지키는 수호신 역할을 하였는데, 문은 시작을 나타내는 데서 모든 사물과 계절의 시초를 주관하는 신으로 숭배되었다. 영어에서 1월을 뜻하는 재뉴어리(January)는 '야누스의 달'을 뜻하는 라틴어 야누아리우스(Januarius)에서 유래한 것이다.

야마(Yama)
힌두교와 불교에서 저승세계를 관장하는 명계(冥界)의 왕. 조로아스터교 성전 아베스타에서는 이마(Yima=최초의 인간으로서 이상적인 통치자). 베다의 시대에 야마는 최초의 인간으로서 최초로 죽음의 길을 발견하여, 사자국(死者國)의 왕이 되어 최고천인 낙원에 군림하고 있어, 인간은 죽은 뒤 야마의 처소로 가서 영들과 사는 것을 이상으로 여기지만 그 후 사자의 심판자 성격을 띠게 된다.

에아(Ea)
바벨론 신화의 지혜와 주술의 신. 아카드어로는 에아라고 부르지만, 수메르어로는 엔키(Enki)라고 부른다. 지하의 바다(심연)의 신으로도 섬겨졌다.

에우스타키우스(Eustachius)
고대 로마의 순교 성인. 원래는 트라야누스 황제 군대의 장교로

플라키두스(Placidus)라고 한다. 전설에 의하면 그는 사냥에서 쫓은 사슴의 뿔 사이에 빛나는 그리스도의 책형상이 나타난 것을 보고 회심, 세례를 받고 에우스타키우스라고 불렸다. 사냥꾼의 수호 성인으로 미술상으로는 군인(기사)이나 사냥꾼의 모습으로 표현된다.

에타나(Etana)

수메르의 키시 제1왕조의 13대째 왕 앗카드어의 에타나의 전설에 의하면 에타나는 지상의 왕권을 이슈타르에 의해 받았지만, 아이가 없어 샤마시에게 계속 기원했다. 샤마시는 에타나에게 독수리가 유폐되어 있는 함정을 찾으라고 명한다. 뱀의 복수에 의해 함정에 갇혀있던 독수리를 구해낸 에타나는 독수리를 타고 하늘의 이슈타르의 처소로 날아간다. 너무나 높아 눈이 어두워진 에타나는 비행을 중도에서 단념하여 독수리의 급강하로 떨어져 죽는다.

에프렘(St. Ephraem,; 306?-373)

시리아인 교부. 교회학자. 메소포타미아 지방 니시비스(Nisibis)의 기독교인 가정에서 출생하여 그곳의 주교 야고보에게서 신앙교육을 받았다. 338년 이전에 부제 서품을 받고 주교품을 받기를 사양하며 일생을 지낸 겸손한 인물로 추앙받고 있다. 363년에 니시비스가 페르시아에 함락되자 에데사(Edessa)로 피신하여 그곳에서 신학파를 형성하며 저술 활동을 하였다. 그는 성경 주석, 웅변, 호교론, 시 등 다방면에 뛰어난 재질을 가진 인물이었다. 생전에 그가 다룬 주제는 주로 윤리 도덕에 관한 실천적인 내용이다. 특히 아리우스, 마르시온, 바르데세네스(Bardesenes) 등 당시의 이단 사상을 공박하는 데 크게 공헌하였다.

엔릴(Enlil)

수메르 신들의 주신(主神). 그 강대함 때문에 "들소", "큰 산"이라 불리며 세상의 운행을 맡는다. 그 무기는 폭풍, 인간을 벌할 때는 홍수와 괴물을 보낸다. 그 권세의 상징으로 뿔이 난 관을 쓴다. 수메르에서는 아누(하늘의 신)와 엔키(땅 또는 물의 신)에 버금가는 신으로 하늘, 바람, 폭풍우 등을 지배하고, 인간의 운명도 다스린다. 나중에 이 신은 우세한 입장이 되어 BC 2300년경에는 셈족(族)

에 받아들여져 벨(왕)이라는 이름으로 숭배되었다.

엘레우시스 밀교(Eleusinian mystery religion)

엘레우시스 밀교, 또는 엘레우시스 밀의종교(Eleusinian mystery religion)는 고대 그리스의 마을 엘레우시스를 기반으로 하는 그리스 신화의 두 여신 데메테르와 페르세포네의 컬트 종교이다. 이 밀의종교가 엘레우시스에서 매년 또는 5년마다 개최한 신비 제전이나 비전 전수 의식을 가리킨다. 엘레우시스 밀교는 미케네 문명(기원전 1600?~1100)에서 시작된 대표적인 농업 컬트 종교다. 엘레우시스 밀교 또는 엘레우시스 제전은 지하 세계의 왕인 하데스가 데메테르로부터 페르세포네를 납치하는 신화를 바탕으로 하는데, "실락 (상실)", "탐색", "승천"의 세 단계의 사이클로 이루어져 있다. 이 세 단계 중 엘레우시스 밀교의 중심 테마를 이루는 것은 페르세포네가 "승천"하여 그녀의 어머니 데메테르와 재합일하는 것이다. 엘레우시스 밀교 의식과 교의 및 믿음은 고대로부터 비밀로 지켜져 왔다. 엘레우시스 밀교의 비전가들은 스스로 그 참여 여부를 결정한 후 인내하며 전수받은 비전의 보답을 사후 세계에서 받을 것이라고 믿었다. 엘레우시스 밀교에 사후 세계의 비전과 마법적 요소들이 포함되어 있기 때문에, 엘레우시스 밀교의 큰 영향력과 오랜 기간 동안 계속될 수 있었던 것은 환각제를 사용하기 때문이라고 보는 견해도 있다.

염마왕(閻魔王, Yamarāja)

염라왕, 염마왕(閻羅王, 焰摩王)이라고도 한다. 염마(閻魔)는 산스크리트어 yama의 음사, 박(縛)·차지(遮止)라고 번역한다. 박(縛)이란 죄인을 포박한다는 뜻이며, 차지(遮止)란 악을 막는다는 뜻으로, 죽은 이의 생전의 행적에 따라 상벌을 준다는 저승의 왕이다. 염마왕은 원래 선업을 쌓아서 죽은 자가 가야할 천상 낙토(樂土)의 지배자였으나 그 뒤에 바뀌어서 지옥을 관장하는 무서운 귀신의 왕이다.

오르페우스(Orpheus)

그리스 신화에 나오는 음유시인, 리라의 명수이다. 그의 노래와 리라 연주는 초목과 짐승들까지도 감동시켰다고 한다. 사랑하는 아내 에우리디케가 뱀에 물려 죽자 저승에 내려가 음악으로 저승의 신들을 감동시켜 다시 지상으로 데려가도 좋다는 허락을 받아 냈다. 그러나 지상의 빛을 보기까지 절대로 뒤를 돌아보지 말라는 경고를 지키지 못해 결국 아내를 데려오지 못하고 슬픔에 잠겨 지내다 비참한 죽음을 맞았다.

오리겐(Oregenes, 185-254년경)

그리스의 교부. 알렉산드리아학파의 대표적 신학자. 고대의 철학, 종교사상에 관한 광범위한 깊은 학식을 배경으로 성경의 사상적, 체계적 파악에 힘썼다. 성경 본문의 비유적 해석을 특징으로 한다. 기독교 최초의 교의학과 『아가서주해 강해』, 『요한복음 주해』 등 많은 저서를 남겼고, 그 의미와 영향력은 어거스틴과 비견될 수 있다.

오시리스(Osiris)

고대 이집트의 음부의 지배자. 왕권의 신, 풍요의 신. 신화에 의하면 오시리스는 동생 세트에게 살해되어 몸이 토막 당해서 버려진다. 오시리스의 누이동생이자 아내인 이시스는 조각난 오시리스의 몸의 부분을 모아 부활시켜 아들 호루스를 갖게 되고, 오시리스를 땅에 묻는다. 태어난 호루스는 오시리스의 왕위를 계승한다. 이후 오시리스는 지하세계(음부)의 지배자, 사자의 재판관으로 군림하고 동시에 지중으로부터 식물을 생육시킨다. 동시에 오시리스는 죽음과 부활의 상징이 된다.

오안네스(Oannes)

오안네스라는 이름은 고대 메소포타미아의 신의 이름을 그리스어화한 형태라고 생각된다. 이 이름은 후기 바벨론의 주교 베롯소스의 사서(史書)에 등장한다. 오안네스는 반인반어(半人半魚)의 모습을 하고 있고, 인간에게 손으로 하는 일과 경작과 학문을 가르쳤다.

우라노스(Uranos)

그리스 신화의 천공신(天空神). 세계 최초의 지배자.. 우라노스는 "하늘"을 의미한다.

주노(Juno)
고대 로마 최대의 여신. 결혼 생활의 여신으로 결혼한 여성의 수호신, 또는 전 로마의 수호신이기도 하다. 로마의 시인들 사이에서는 유피테르의 아내로 여겨져 그리스의 헤라와 동일시 되었다.

우트나피쉬팀(Utnapishtim)
고대 메소포타미아의 영웅 길가메시(Gilgamesh)를 다룬 길가메시 서사시에 등장하는 현인(賢人)으로 신화 속의 대홍수에서 살아남아 영생을 얻게 된 인물이다. 우트나피쉬팀은 고대 수메르 도시 슈루파크(Shuruppa)의 지혜의 왕 에아(Ea) 신으로부터 대홍수에 대한 경고를 듣는다. 신들의 왕 엘릴(Ellil)이 지상의 모든 생명을 없애고자 대홍수를 일으키리라는 것이었다. 우트나피쉬팀은 에아 신의 지시대로 가로세로 길이가 같은 정사각형에 뚜껑이 있는 거대한 방주를 만들어, 가족과 동식물을 싣고 홍수를 피한다. 홍수가 가라앉자 배가 니시르(Nisir) 산에 닿았다. 거기서 우트나피쉬팀은 비둘기, 제비, 까마귀를 차례로 날려 보내 마지막에 보낸 까마귀가 돌아오지 않자 방주에서 나온다. 까마귀가 돌아오지 않은 것은 물이 빠지고 새가 쉴 곳이 있다는 증거이기 때문이다. 홍수가 끝난 뒤 신들은 우트나피쉬팀과 그의 아내에게 영원한 생명을 부여한다. 새를 세 번 날려 보내는 것은 성경의 노아의 방주와 동일한 내용으로 수메르 및 바빌로니아의 홍수 신화와 성경의 유사성을 확인해주는 부분이다. 우트나피쉬팀은 아트라하시스 서사시에 등장하는 아트라하시스(Atrahasis), 수메르 홍수 이야기에 나오는 지우수드라(Ziusudra)와 이름만 다를 뿐 동일 인물이다. 모두 성경의 노아의 방주처럼 대홍수에서 신의 도움으로 살아남은 인간의 이야기를 다루고 있다.

유세비우스(Eusebios, 260-339[400])
가이사랴의 주교. 최초의 교회사가로 "교회사의 아버지"라 칭해진다. 대표적 저작은 『교회사(10권)』.

이난나(Inanna)
수메르의 사랑과 전쟁을 주관하는 금성의 여신. 아카드 신화에서는 이슈타르로 등장한다. 이난나는 수메르인의 숭배를 받았으며,

그들의 신화에 등장하는 여신이다. 수메르 신화는 B.C.2300년경 수메르를 정복한 아카드인에게 계승되었으며, 후대에는 그리스 신화를 비롯한 유럽 지역의 신화에도 큰 영향을 끼쳤다. 수메르 신화에서 이난나는 금성의 신으로 등장한다. 그러나 이를 계승한 다른 민족의 신화에서는 이난나가 아닌 다른 이름으로 나온다. 예를 들면 아카드 신화에는 이슈타르, 그리스 신화에는 사랑과 풍요의 여신 아프로디테로 등장한다.

이레네(Irene)

성녀 아가페(Agape)와 그녀의 동생 성녀 키오니아(Chionia)와 성녀 이레네는 마케도니아 데살로니카의 신자였는데, 이들은 303년 디오클레티아누스 황제가 성경 소지 금지령을 내렸음에도 불구하고 성경을 가지고 있다가 체포되었다. 그들은 마케도니아의 둘케티우스(Dulcetius) 총독 앞에 끌려가 그들이 보는 앞에서 이교의 신에게 바친 제물을 먹으라는 고문을 물리치고 결국 사형선고를 받았다. 이로써 아가페와 키오니아는 화형에 처했으나, 총독은 이레네를 살려두고 다시 신앙을 포기하도록 종용하였다. 이레네가 끝내 굽히지 않자 총독은 그녀를 매음굴로 보내도록 명하였다. 여기서 그녀의 옷이 벗겨지고 매음을 강요당하였을 때도 그녀는 요지부동이었다. 할 수 없이 총독은 사형을 집행했다. 화형에 처했다는 설도 있으나 그녀의 목에 화살을 쏘았다는 전설도 있다. 축일은 4월 5일.

이슈타르(Ischtar)

바벨론 아카드의 사랑과 생식의 여신. 어떤 신화에 의하면 이슈타르는 음부의 지배권을 손에 넣으려고 음부에 내려가지만 실패한다. 이슈타르가 음부에 있는 동안 지상의 모든 생식은 어둠, 땅은 불모로 변한다. 그 후 에아의 책략으로 구해져 "생명의 물"에서 소생한다. 이슈타르는 또한 이난나의 이미지와 연결되어, 금성(밝은 명성)과 싸움의 여신이기도 하다.

이시스(Isis)

고대 이집트의 사자(死者)의 여신. 마술의 신. 오시리스의 부활을 도와 오시리스에게서 자식 호루스를 얻었다. 그 때문에 사자의 수호신이 되었다. 호루스의 어머니로서 하늘의 여신 하토홀과 융합하였고, 그 결과 두상에 암소의 뿔과 일륜을 얹은 모습으로 묘사된다.

이피게네이아(Iphigeneia)
그리스 신화에서 미케네의 왕 아가멤논과 왕비 클리타임네스트라 사이에 난 딸. 트로이 원정 때 아가멤논이 거느리는 그리스의 함대는 바람이 없어서 꼼짝 못하게 된다. 딸을 아르테미스 여신에게 바칠 것을 강요당한 아가멤논은 부득이 딸을 미케네로부터 불러와 바치지만 아르테미스는 이피게네이아를 불쌍히 여겨 암사슴을 대신으로 하고 그녀를 타우리스섬으로 데려가 자신의 신관(神官)으로 삼는다.

이그나티우스, 안디옥의(Ignatios of Antioch; 35-110년 이후)
이그나티우스는 유명한 기독교의 교부 중 하나로서 제3대 안디옥의 총대주교이자 사도 요한의 제자이다.

제노(Zeno; ?-371/372)
북아프리카 출신의 베로나의 주교. 성경 강해 성격을 갖는 93편의 설교가 남아 있다.

제노비우스(Zenobius; 4세기-5세기경)
피렌체의 주교.

제우스(Zeus)
그리스 신화에 나오는 주신.

주피터(Jupiter)
본래 인도 게르만족의 빛과 천공의 신으로 로마 신화계의 최고신. 뇌신(雷神) 뒤에 그리스 신화의 제우스와 동일시 된다.

카론(Charon)
그리스 신화에 등장하는 저승의 신. 망자를 저승을 감싸고 흐르는 스틱스강(혹은 그 지류인 아케론 강)을 건네주는 뱃사공이다. 망자가 저승으로 가려면 카론에게 뱃삯을 내야 한다.

카에킬리아(Caecilia)

3세기 로마의 순교 성녀. 이탈리아어로 체칠리아(Cecilia), 영어로 세실리아(Cecilia)라고 발음한다. 귀족의 딸로서 어려서 기독교에 귀의하고, 이교도의 약혼자 발레리아누스와 그의 아우 티블티우스를 설득하여 세례를 받게 하고, 자신은 순결을 그리스도에게 바쳤다. 이교의 우상 숭배를 거부하여 목욕탕에 빠뜨려 익사시켰지만 살아났고, 세 번 검으로 목을 쳤는데도 3일 후에 죽었다고 한다. 그녀의 시신은 카리스투스의 지하묘소에 안장되었다. 15세기 이후 음악과 음악가의 수호 성녀로 여겨지며, 천사들과 함께 오르간 등 여러 가지 악기로 연주하는 그림으로 표현된다. 이는 그녀의 결혼식을 위한 음악에 맞추어 영혼과 육체의 순결을 지키고자 마음으로 기원했다는 전설에서 유래한다. 1599년에 성녀의 관을 열어보니 옆으로 누운 유해가 전혀 손상되지 않은 채 발견되어서 성녀에 대한 존경심이 높아졌다고 한다.

카타리나(Catharina, ?-309년경)

4세기 초에 젊어서 순교했다고 하는 알렉산드리아(이집트)의 성녀. 학식이 풍부한 귀족 처녀로 18세 때 황제 앞에서 50명의 이교 학자를 논박하고 기독교로 개종시켰다. 그리스도의 신부라고 주장하며 황제와의 결혼을 거부했다고 전해진다. 그때문에 체포되어 수레바퀴에 매달려 8개로 찢기게 되었지만 기적적으로 수레바퀴가 대파되어 참수되어서 순교했다. 시체는 천사가 시내산으로 운반했으며 오늘날 시내산의 카타리나 수도원에 그녀의 묘가 있다.

카타리나(Catharina, 1347-1380)

이탈리아의 성 도미니크 수녀회의 수녀로 중세 말기의 신비적 영성을 대표하는 한 사람이다. 기도와 가난한 사람들, 병든 사람들에의 헌신에 힘썼고, 1368년 봄 환상 중에 그리스도와의 신비적 혼인을 체험한 후 시에나의 사람들로부터 "어머니"로 사랑받았고, 그 후 정치적으로도 힘을 발휘했다.

케르베로스(Kerberos)

그리스 신화에서 지옥의 문을 지키는 개. 머리가 3개이고 꼬리는 뱀 모양이며 목둘레에 살아 움직이는 여러 마리의 뱀 머리가 달려 있는 모습으로 표현된다. 오르토스와 하데스가 관장하는 지옥을 지키면서 산 사람이 들어오지 못하게 하고 죽은 자는 나가지 못하게 하였다고 한다.

코레(Core)

코레는 페르세포네라고도 불린다. 코레는 제우스와 대지의 여신 데메테르 사이에서 난 딸로 꽃밭을 거닐다 하데스에게 납치되어 하계로 끌려갔다가 어머니 데메테르의 강력한 요구로 다시 지상으로 돌아올 수 있었다. 그러나 코레는 하데스가 준 석류를 먹는 바람에 하계를 완전히 떠나지 못하고 1년의 3분의 2는 지상에 머물고 나머지 기간은 하계에서 하데스의 아내로 지내게 된다. 코레는 원래 "처녀", "딸" 등을 가리키는 말이지만, 또한 씨앗을 뜻하는 영어 "core"의 어원이다. 씨앗은 땅속에 묻혀 있다가 새로운 생명으로 재탄생하고 다시 씨앗으로 땅속에 묻히는 과정을 반복하면서 이 세상을 풍요롭게 만드는데, 대지의 여신의 딸인 페르세포네가 하데스에게 납치되어 하계로 내려갔다가 다시 지상으로 귀환하는 과정은 대지에서 이루어지는 생명의 순환을 상징한다고 볼 수 있다. 엘레우시스의 밀교 의식에서 페르세포네는 어머니 데메테르와 함께 풍요의 신으로 숭배되었는데, 이때 그녀는 "코레"라는 이름으로 불렸다

쿤라트(Cunrat von Wurtzburg, 1220/30-1287)

중세 독일의 시인(콘라트 폰 뷔르츠르크) 작품에 『황금의 단야』 등이 있다.

크리슈나(Krishna)

힌두교의 신. 비슈누의 제8의 화신. 인도 전설의 영웅, 전사, 소 치는 자, 사랑하는 자, 용을 찔러 죽인 자로 추앙되며 브라흐만이다. 그에 대한 사랑과 봉사 그리고 신심을 통해 구원된다.

클레멘트(Clement, 140/150-211/215년경)

고대 그리스 교부. 알렉산드리아의 교부의 한 사람. 풍부한 철학적 교양을 갖고, 특히 중기 플라톤주의를 사상적 배경으로 계시

진리의 해명에 힘써 이후의 기독교 신학과 철학에 큰 영향을 미쳤다.

클레멘트 1세(Clements, 30-101)
클레멘트 1세. 이레니우스에 의하면 제3대 로마의 주교. 사도교부 문서의 하나로 뽑을 수 있는 『클레멘트 1서』로 유명하다.

키릴루스(Kyrillos, 315-387)
예루살렘의 주교. 신학자. 성인. 381년의 콘스탄티노플 공회의에서 지도적 역할을 했고, 예루살렘교회를 "전 기독교회의 어머니"로 강조했다.

키르케(Kirke)
그리스 신화의 전설적인 아이아이아 섬에 사는 여신 오디세우스가 이 섬에 왔을 때 선발대로 키르케의 궁전을 방문한 부하들은 한 사람을 제외하고 키르케가 대접한 술 때문에 돼지의 모습으로 변했다. 키르케는 마법의 지팡이를 들고 모습을 변하게 한다는 이야기도 있다.

탐무즈(Tammuz)
고대 메소포타미아(바벨론 아카드)의 식물과 농경의 신. 탐무즈와 이슈타르의 신화의 원형은 수메르에 있다. 탐무즈는 수메르어로는 두무지(Dumuzi). 탐무즈는 남성적 자연 원리를, 이슈타르는 여성적 자연 원리를 나타낸다. 탐무즈는 이슈타르의 애인이요 아내이지만 탐무즈를 음부의 악귀에게 인도하며, 그는 음부의 왕이 되어 귀환한다. 음부로 내려감과 음부로부터의 귀환은 식물의 죽음과 재생을 상징한다. 수메르인은 매해 봄마다 수태 준비를 마친 대지에 씨를 뿌린 뒤 탐무즈의 부활제를 올렸다. 그들은 탐무즈를 성장의 신으로서, 대지의 여신이 탐하는 남성적인 힘의 상징으로서 숭배했다. 이러한 풍년제 기간에는 아내들이 자신의 남편뿐 아니라 좋아하는 다른 남자와도 잘 수 있는 권리를 남편에게 인정받고는 자유롭게 사랑의 상대를 선택할 수 있었다. 그러나 남편 이외 연인의 정액은 밖으로 흐르게 하여 임신하지 않도록 주의해야 했다. 그렇지 않으면 결혼의 의무를 저버리기 때문이다.

테세우스(Theseus)

그리스 신화에서 헤라클레스에 비견되는 아테네 최고의 영웅이다. 아테네 왕 아이게우스의 핏줄을 받았으나 트로이젠의 홀어머니 슬하에서 성장한 뒤 온갖 괴물들과 악당들을 물리친 영웅이 되어 아테네의 왕위를 물려받았다. 그가 물리친 괴물 중에 황소 머리가 달린 반인반수의 괴물 미노타우로스가 특히 유명하다.

테숩(Teschub)

고대 소아시아의 알리인의 뇌우(雷雨)의 신. 2개의 도끼와 3개의 번개 다발로 상징한다. 테숩이 타는 수레는 수소들이 끌고 있다.

테이레시아스(Teiresias)

그리스 전설에서 테베의 유명한 장님 예언자. 그가 장님이 된 원인으로서, 일설에는 목욕 중의 여신 아테네를 보았기 때문이라고 하는데, 일반적으로는 로마 시인 오비디우스의 『변신 이야기』에 있는 다음의 이야기가 유명하다. 어느 날 그는 숲에서 교미 중인 뱀을 막대기로 때리자 그는 여자가 되었다. 7년 후 다시 교미 중인 뱀을 때리자 그는 남자로 되돌아왔다. 이렇게 해서 양성의 쾌락을 알게 된 그는 제우스와 헤라가 성교 시의 쾌락이 남녀 중 누가 더 큰지에 대해서 언쟁했을 때 그 판정에 초대받아서 9대 1로 여자가 크다고 대답해서 제우스의 주장에 찬성했기 때문에 헤라가 분노해서 그를 장님으로 만들고, 제우스는 그 보상으로 예언의 능력을 주었다. 인간의 7대(代)를 살았다는 그의 예언은 많이 전해지는데 그것들은 특히 테베 전설에서 중요한 역할을 한다. 호메로스의 『오디세이아』에서는 사후에도 예언의 힘을 유지한 그가 오디세우스에게 그 장래를 가르쳤다고 한다.

토마스 아 켐피스(Thomas a Kempis, 1379/1380-1471)

오란다의 수도사. 유명한 『그리스도를 본받아』의 저자이다.

티아마트(Tiamat)

고대 메소포타미아 신화의 원초의 바다의 인격신. 대양(大洋)의 인격신 아프수(단물)와 티아마트(쓴 물)가 녹아 서로 섞였을 때, 뭄무와 라무 또는 라하무라고 하는 한 쌍의 뱀이 태어나고, 이 두 뱀 사이에서 안샤르와 키샤르가, 그리고 이들에게서 다시 아누·마르두크·에아, 그 밖의 신들이 태어났다. 그래서 티아마트는 세계를 낳은 여성적 요소로 생각된다.

파르메니데스(Parmenide, B.C. 544-501)
그리스의 철학자. "존재하는 것만이 있다"고 하는 사상이 유명. "존재하는 것"은 유일, 불생불멸, 부동, 영원으로 충실한 것으로 그것은 완전한 것으로 구형이라고 하였다.

파시 교도(Parsi)
8세기에 이슬람의 박해를 피해 페르시아에서 인도로 피난간 조로아스터교도의 후손, 후대에 조로아스터교의 한 갈래에서 시간을 관심의 초점으로 삼았고, 이를 서구에서 주르반교라고 불렀다. 주르반은 시간을 의미한다. 아후라 마즈다(Ahura Mazdah)에게서 나온 두 아들이 각자 선과 악을 선택함으로써 선과 악이 대결한다. 결국 악을 상징하는 아흐리만이 대립하는 구조를 설정하였고, 이 둘을 더 높은 존재인 주르반, 즉 시간의 쌍둥이 자식으로 설정한 것이다. 바빌론의 천문학과 점성술이 페르시아에 큰 영향을 끼쳤기 때문에 이들이 시간 개념에 관심을 가졌고, 또 시간 개념의 변형으로 주르반의 개념이 발생했다고 이해해도 무관할 것이다.

파에톤(Paeton)
그리스 신화의 태양신. 제우스(로마 신화의 주피터)의 아들. 무엇을 원하느냐는 아버지의 말에 태양신의 전차를 달라고 하여 하늘을 달려 오르지만, 눈이 어두워지고 거친 말을 다룰 힘이 없고, 전차는 하늘의 궤도를 벗어나 태양의 불은 땅을 태워 황폐하게 하였다. 놀란 제우스는 우레로 파에톤을 떨어뜨린다.

파울리누스(Paulinus, 353/354-431)
프랑스 출신의 놀라(Nola)의 주교. 라틴 기독교 교사(敎師), 시인. 성인.

판도라(Pandora)
그리스신화에 나오는 인류 최초의 여성. 제우스가 프로메테우스로부터 불을 얻은 인간을 벌하기 위해 헤파이스토스를 시켜 진흙을 빚어서 만들게 하였다. 인간으로 태어난 판도라가 온갖 불행을 가두어 둔 상자를 호기심에 못 이겨 여는 바람에 인류의 모든 불행이 시작되었다고 한다.

팔라스 아테네(Pallas Athene)
아테네

페르세포네(Persephone)
하계의 신, 그리스 신화에서 페르세포네는 제우스와 대지의 여신 데메테르 사이에서 난 딸로 꽃밭을 거닐다가 하데스에게 납치되어 하계로 끌려갔다. 어머니 데메테르의 강력한 요구로 페르세포네는 지상으로 돌아올 수 있게 되었지만, 하데스가 건넨 석류를 먹는 바람에 하계를 완전히 떠나지 못하고 1년 중 3분의 2는 지상에 머물고 나머지 3분의 1은 하계에서 하데스의 아내로 지내게 된다.

펠롭스(Pelops)
그리스 신화의 탄탈로스의 아들. 오만한 탄탈로스는 신들을 시험하기 위해 펠롭스를 죽여서 신들의 식탁에 바친다. 탄탈로스가 영원한 갈증이라는 벌을 받은 것은 이것이 원인이라고 전해진다. 신들은 펠롭스의 시체를 큰 솥에다 끓인 후 소생시켰다고 전해진다.

프라자파티(Prajapati)
만물의 진화의 원천이 되는 창조력의 화신(化身)인 베다의 창조신. 고대 인도 종교의 창조자・만물주. 자연계의 질서의 지지자이며 인간계의 도덕률의 연원이라고 한다. 신과 신, 신과 아수라의 쟁투를 결재한다.

프로메테우스(Prometheus)
그리스 신화의 티탄족인 이아베토스의 아들. 인간을 적으로부터 보호하고 신들에게서 불을 훔쳐 인간에게 주었다. 불 외에 손으로 하는 일이나 기술을 인간에게 가르치고, 아테네에서는 직인의 수호자로 간주되었다. 전설에서는 인류의 창조주로 물과 진토로 남자와 여자를 만들었다고 전해진다.

프릭소스(Phrixos)
그리스 신화의 오르코메노스의 왕 아타마스와 구름의 님프인 네펠레 사이의 아들. 네펠레가 세상을 떠난 뒤 아타마스는 이노(Ino)와 결혼하지만 이노는 신탁이 있었다고 속여 남편에게 프릭소스를 제우스의 희생에 바치도록 요구한다. 아타마스가 자식을 취하려고 했을 때 네페레가 하늘에서 보낸 황금털을 한 수양이 나타나 프릭소스를 등에 태우고 하늘로 날아간다. 프릭소스는 어머니(혹은 수양 자신)의 말에 따라 수양을 대신 제우스의 희생으로 바친다.

프타(Ptah)
고대 이집트, 특히 멤피스에서 숭배되었던 신. 손으로 하는 일의 신으로서 일찍이 창조신의 지위를 획득했다. 프타의 창조기관은 심장과 혀로 말의 힘으로 세계를 창조했다.

플라톤(Platon, B.C. 427-347)
그리스의 철학자.

플리니우스(Gaius Plinius Secundus, 23-79)
로마제정 초기의 정치가, 군인학자. 『박물지』(37권)의 저자.

피지올로고스(physiologos)
서양 중세에 널리 보급된 자연학서로 동식물, 광물, 특히 동물에 관한 도상의 근원이 된다. 본문은 고전시대의 각종 자연학서를 바탕으로 민간전승을 합쳐서 2세기 말경 이집트의 알렉산드리아에서 성립된 것 같으며 후에 라틴어를 포함한 각국어로 번역되었다. 서방 중세의 동물지 *Bestiarium*과 그 도상도 이 전통에 속한다. 초기의 삽화가 든 사본으로서, 라틴어 『베른의 피지올로고스』 사본(9세기), 그리스어 『스미르나의 피지올로고스』 사본(1100년경) 등이 있다.

피타고라스(Pythagoras, B.C. 6세기경)
그리스 철학자.

하토르(Hathor)

고대 이집트의 여신이다. 이름은 "호루스의 집"이란 뜻으로 국왕의 보호자, 호루스의 모, 황금의 여신, 사랑과 미의 여신, 수목의 정, 천공의 여신과 행복의 여신, 무용의 여신 등 많은 속성이 있다. 소뿔을 두상에 올린 여성 등의 모습으로 표현된다. 멤피스와 테베에서는 서방 사자(西方 死者)의 세계를 보호하는 여신이 되었다. 신왕조시대(B.C. 1507년경-1085년경) 이후에 이루어진 7인의 하토르 민화에는 인간의 운명을 결정하는 여신 또는 요정의 역할을 했다. 이시스 여신과 혼동하는 수가 있다. 성소는 멤피스, 카바레인, 텐데라, 에드프 등 다수있고, 시나이 반도의 광산과 푼트의 수호신이기도 하며, 그리스인은 아프로디테와 동일시했다. 신전의 석주주두에 하토르 여신의 두부가 이용되어 하토르 주(柱)라 불렸다.

헤라(Hera)

그리스 신화의 여신. 최고신. 제우스의 아내. 결혼과 아이들. 여성의 성생활의 수호자. 제우스와의 결혼 장소는 일반적으로 헤스페리스의 정원이라 하고, 가이아가 결혼 축하의 의미로 황금의 사과나무를 선물했다고 전해진다. 로마 신화의 주노와 같다.

헤로도투스(Herodotos, B.C. 484-430년경)

그리스 역사가. 키케로가 '역사의 아버지'라고 불렀다. 페르시아 전쟁사를 다룬 『역사』를 썼다. 『역사』에는 일화와 삽화가 많이 담겨 있으며 서사시와 비극의 영향을 받은 것으로 여겨진다. 그리스인 최초로 과거의 사실을 시가가 아닌 실증적 학문의 대상으로 삼았다.

헤르메스(Hermes)

그리스 신화에 나오는 올림포스 십이신 중 전령의 신. 제우스의 막내로 켈레네 산 동굴에서 태어난다. 변환자재, 다양한 역할을 다한다(제우스의 전령, 상인과 도둑의 수호신. 길, 통행인, 여행하는 사람의 수호신. 알파벳. 숫자. 천문. 음악. 도량형의 발명자. 꿈과 잠의 신. 등등). 챙이 넓은 여행 모자를 쓰고, 손에는 전령의 지팡이 케리케리온을 들고 발에는 날개가 달린 신발을 신은 모습으로 표현되는 경우가 많다.

헤라클레스(Herakles)
그리스 신화 중 최대의 영웅. 제우스가 인간인 아내 아르크메네에게서 낳은 아들. 네메아의 사자 퇴치를 비롯한 12 영웅적 행위 12 공업(功業)과 토로이 원정을 비롯한 수많은 모험으로 알려져 그리스의 국민적 영웅이 되었다.

헤시오도스(Hesiodos, 기원전 8세기)
호메로스와 나란히 칭송받는 그리스의 교훈적 서사시인. 『노동의 날들』, 『신통기』의 작자.

헤카테(Hekate)
그리스 신화의 여신. 헤시오도스에 의하면 인간에게 성공과 행운을 가져오는 여신으로 제우스에게도 존경받아 천상, 지상, 바다의 지배권을 갖는다. 후에 지하의 음부와 관계를 맺어 정령과 주법의 여신이 되었다. 三叉路의 여신으로서 지옥의 개들에게 둘러싸인 모습으로 그려진다.

헤케트(Heket)
고대 이집트의 원초의 여신으로 탄생을 돕는 여신. 생식력과 생명의 상징으로서 개구리의 모습을 하고 있다.

헤파이스토스(Hephaistos)
그리스 신화의 불과 대장일의 신. 제우스와 헤라의 아들. 그는 절름발이였지만 이것은 선천적이었다고 전해지기도 하고, 또 제우스와 헤라의 싸움에서 헤라의 편을 들었기 때문에 제우스의 노여움을 사 하늘로부터 던져졌기 때문이라고도 전해진다. 대장일의 작업장의 장소에 대해서는 여러 설이 있고 천상에도 지하세계에도 있었다. 신들의 궁전, 제우스의 왕홀(王笏). 헬리오스의 차. 아테네의 방패 아이기스. 많은 무기 등을 만들었고, 인류 최초의 여자 판도라를 만들었다.

헬리오스(Helios)
그리스 신화의 태양신. 매일 아침 네 마리의 말이 끄는 마차로 하늘을 동에서 서로 질주하고 서쪽 오케아노스의 흐름에 이르러 오케아노스의 흐름을 황금잔에 담아 서에서 동으로 건너 다음 날 아침 다시 동에서부터 나온다. 하늘로부터 모든 것을 보고, 예측하는 힘을 갖는다. 로마신화의 솔.

호루스(Horus)
고대 이집트의 천공의 신. 양 날개를 대지에 대고 천공을 형성하는 매로 보이며(매의 머리를 가진 모습으로 그려진다), 양쪽 눈은 태양과 달이라고 간주되었다. 오시리스의 신화에서는 오시리스와 이시스의 아들로 세트(Seth)에게 복수한다(그러나 또한 다른 한편 이집트 신화의 이원론적 발상은 호루스를 하부 이집트의 세트(Seth)를 상부 이집트의 왕권의 신으로 대비하고 있다. 이미 역사시대 초기부터 이집트 왕 파라오는 하늘의 매 호루스와 동일시되고 모든 파라오는 스스로를 호루스라고 불렀다. 태양의 눈을 가진 자로서 레와 동일시된다.

호메로스(Homeros)
그리스의 2대 국민 서사시 『일리아드』와 『오딧세이』의 작가라고 전해진다.

후르리인(Hurrian)
BC 2000년대에 고대 오리엔트에서 활약한 민족. 원주지(原住地)는 아르메니아였으나 인류학상의 계통은 알 수 없으며, 주전 3천 년대부터 북 메소포타미아에 진출하였다. 주전 15세기에는 미탄니 왕국을 세워서 동쪽은 자그로스산맥에서 서쪽은 시리아에 이르는 광대한 영토를 지배하였다. 전성기에는 아시리아를 지배했고 이집트와 동맹을 맺었으며, 공주를 투트모세 4세의 후궁으로 보내기도 하였다. 그 후 히타이트 제국과의 싸움에 지자, 이에 편승해서 독립한 아시리아에 의해서 주전 13세기에 멸망했다. 후르리인의 문화는 그 후에도 시리아와 킬리키아에 큰 영향을 끼쳤다.

히폴리투스(Hippolytus)
로마에서 활동하다가 235년에 순교한 교부. 히폴리투스는 많은 작품을 저술한 훌륭한 저술가였다. 그는 성경을 주석한 글, 우주론, 성령의 은사, 적그리스도 등 매우 다양한 주제의 글을 기록하였다. 그는 "모든 이단에 대한 논박"이란 책을 저술하였다.

그 당시 교회를 위협하는 이단을 종합적으로 나열하고 변증하는 내용을 담고 있다. 흥미로운 것은 그도 자신의 스승 이레니우스(Iraeneous)와 마찬가지로 영지주의를 비판하였는데, 그 체계에 담겨 있는 이단 교리를 더 상세하게 설명하고 비판하였다. 가톨릭은 히폴리투스를 대립 교황(對立敎皇, antipapa)의 원조로 여긴다. 대립 교황이란 교회법의 정당한 절차를 거치지 않고 교황좌에 오른 인물을 가리킨다. 3세기 초 로마교회가 분열되어 두 교황에 맞서고 있었다.

히에로니무스(Sophronius Eusebius Hieronimus, 347-419/420)
고대 교회의 중요한 라틴 교부의 한 사람. 성인. 달마티아에서 나서, 로마에서 문법학, 수사학 등의 고전을 배웠다. 안티오키아 활의 사제 등을 역임한 뒤 베들레헴에서 수도원을 총괄하며 저작 활동에 힘씀. 라틴어 그리스어 히브리어에 정통하여 성경의 라틴어역 "벌게이트"를 완성. 그 외 성경주해서 등 수 많은 저작이 있다.

힐데가르트 폰 빙엔(Hidegard von Bingen, 1908-1179)
독일의 베네딕트회 수녀원장. 성인. 소녀 시절부터 초자연적 종교체험을 했고, 신비적 체험을 구술한 『스키비아스(도를 아는 자)』의 저자 알려져 있다.

색인

ㄱ

가브리엘 19, 167, 331, 337
가시덤불 17, 18, 55
가이아 26, 387, 392, 395, 418
감람나무 18, 19, 26, 129, 167, 219, 245
강한 암소 380
개구리 22, 389, 419
거룩한 그릇 384
게르마노스 18
게마트리아 139
게오르기우스 300
고백록 198
곡물의 제물 383
괴테 323, 387
구데아 233, 387
구름에 걸터앉은 자 31
굴라 20
그레고리 교황 18, 35, 54, 365, 379
그룹(Cherub) 36
그뤼네발트 40, 128, 191, 217
그리스도를 본받아 48, 414
그리스도의 그릇 39
그리스도의 대리자 108
그리스도의 빛 157, 198
금우궁 70
기쁨의 동산 143, 280
길가메시 160, 168, 182, 252, 257, 265, 320, 388, 408
까마귀 49, 50, 408

ㄴ

나부 337, 388
나브네르갈 70
나태 57
네거스 네가스트 210
네메시스 149, 388
네메아 208, 419
네제르 244
네크로폴리스 157
네크베트 169, 388, 389
넵튜스 35
누미노스 체험 325
누스쿠 389
누트 131, 346, 389, 390, 392
누트의 문 131
니누르타 70, 390
닛사의 그레고리 8, 248, 370

ㄷ

다나에 109, 390
다리오 106, 238, 311, 390
다리우스 166, 238, 390
다마스커스의 요한 62
단테 52, 201, 390
데메테르 54, 176, 391, 392, 395, 406, 412, 416
데메트리우스 23
데우칼리온 160, 391

도도나(60
도미니크 21, 391, 411
도토 40, 106
독수리좌 70, 157
동굴의 입 89
두무지 60, 413
디오니소스 56, 185, 330, 355, 391, 392, 397
땅의 기둥 42
땅의 황소 379

㉣

라마시투 20
랑고바르드 207
레(Re) 294, 378, 392
레무스 160, 392, 393
레비아단 298
레셉 350
레아 392
로레토의 연도 222
로마의 클레멘트 301
로물루스 160, 392
루카스 클라나하 33
루키아노스 341, 393
룬다스 206, 393
리코폴리스 89
릭토르 335

㉤

마그나마텔 89
마그데부르크의 메히틸드 342
마누 95, 393
마르가리타 마리아 알라코크 253, 254
마르두크 70, 257, 298, 345, 351, 388, 393, 415
마르시아나 180
마르틴 숀가우어 329
마리아와 아기 예수 128, 244
마스트리히트 114
마음의 할례 366
마이에스타스 도미니 270
마인라트 50
마티아스 그뤼네발트 40, 128, 191
마틴 숀가우어 354
마호멧 394
만다교 268, 352, 367, 394
만다야교 130
만돌라 214
만드라고라 199
말들의 주 106
메토디우스 394
메피스토펠레스 323

메히트힐트 폰 마그데부르크 301, 394
메히트힐트 폰 막데부르크 88
멜기세덱 12, 81, 255, 316, 371
모르드개 132
모트 343
목우좌 157
몬살바츠 213
몰약 124, 125, 369, 396
무적의 태양 108, 191, 398
무지개 126, 127, 128, 186, 187, 303, 343
물병좌 157
뮈라 395, 400
미르라 124, 395, 400
미켈란젤로 203, 352, 365, 396
미트라 49, 53, 63, 101, 205, 396
믿음의 지혜 285

㉥

바산의 상수리나무 164
바알 31, 126, 157, 191, 223, 250, 267, 313, 322, 340, 341, 343, 350, 378, 396,

397, 401
바알 마르코드 341
바알스본 157
바히르 199
반달 장식 78
반 에이크 301, 397
반인반어 81, 407
베네딕토 회칙 258
베노니 288
베루 47
베르나르 8, 55, 112, 314, 376
베르질리우스 355
벤하닷 250
변명의 고리 22
보나벤투라 304, 397
보석의 여왕 40
북방의 바알 157
붉은 용 29, 171, 202, 256
브라흐만 50, 199, 330, 412
비르가 245
비르고 245
비슈누 128, 137, 215, 304, 399, 412

(ㅅ)

4추덕 205
사마시 267, 347

사슴 뿔의 신 206
사자좌 70, 157
산 클레멘테 데 타울 270
생명수 60, 62, 83, 93, 121, 135, 136, 199, 220, 247, 314, 317, 363
생명의 샘 123, 163, 207, 220, 290, 301
생명의 주 282, 363
생명의 침 345
생명의 풀 252, 352, 388
샤르트르 대성당 228
샤마쉬 185
샤마슈 215, 396, 398
샤마시 84, 157, 238, 405
성 니콜라우스 250, 398
성유 46, 112, 293, 312, 314
성 파울루스 31
세비야의 이시도어 228
세상의 지배자 296
세상의 축 213
세트 29, 55, 93, 190, 282, 407, 420
세피로트의 나무 199
셀레네 306, 398
셀레오코스조 107

소마 324
솔(Sol) 398
솔로몬의 인장 310
쇼파르 66
숀가우어 마틴 398
수메르 38, 42, 54, 60, 63, 84, 88, 142, 144, 163, 185, 187, 208, 211, 219, 233, 236, 238, 250, 279, 294, 302, 310, 339, 352, 363, 378, 387, 388, 393, 404, 405, 408, 409, 413
수태고지 19, 63, 167, 186, 195, 295, 345
순교자 저스틴 195, 356
순금 등잔대 19, 97
순산약 84
슈(Shu) 346, 351, 399
스텔라 마튜티나 222
스텝 60, 120
스틱스강 164, 410
스파르타인 54
슬픔의 아들 288
시바 20, 210, 217, 304, 341, 399
시에나의 카타리나 376

신곡 52, 201, 390
신년제 사원 223
신비의 술틀 358
신성의 흐르는 빛 301, 395
신의 형상 5, 6, 47, 214
12동표법 257

◎

아가타 178, 399
아가토다이몬 269, 399
아나크레온 149
아누비스 20, 399
아다드 191, 385, 399
아담 5, 10, 17, 32, 36, 64, 65, 92, 100, 101, 102, 130, 145, 157, 159, 188, 270, 291, 301, 305, 307
아도니스 91, 223, 395, 400, 402
아디트야(343, 400
아레오파고의 디오니시오스 37, 391
아르발 사형 312
아르테미스 25, 400, 410
아리만 309
아리아드네 28

아메이티스 28
아멘호테프 372
아베 마리스 스텔라 222
아베스타 104, 240, 333, 403, 404
아비바알 250
아사셀 30
아슈 44, 223, 400
아스클레피오스 170
아스타르테 193, 400, 401
아이네이스 355, 401
아이스킬로스 75
아즈탈테 106
아카드 44, 58, 160, 191, 225, 387, 397, 400, 401, 404, 408, 409, 413
아카드 왕국 44, 387
아카드의 사르곤 160
아케메네스 왕조 58, 238
아케메네스조 294
아타르가티스 137
아테나(Athene) 402
아툼 211, 231, 346, 389, 390, 392, 399
아티스 276, 363, 402
아폴론 240, 298, 309, 396, 402

아프로디테 104, 193, 223, 332, 377, 400, 402, 409, 418
아피스 380, 403
아후라 마즈다 240, 294, 343, 396, 403, 415
아흐리만 298, 403, 415
안디옥의 이그나티우스 88
안테스테리아 제사 23, 404
알렉산드리아의 성 카타리나 151
알렉산드리아의 클레멘트 24, 189, 240, 325, 333, 348
알렉산드리아의 키릴 145, 169, 232
알브레히트 뒤러 98, 117, 173, 175, 398
암브로시우스 27, 52, 55, 57, 136, 148, 171, 191, 221, 250, 327, 404
암소좌 70
앙크 294
야고보 복음서 275
야고보의 원 복음 331
야누스 131, 404
야마 290, 404
야마라자 290

어부의 반지 152, 280
언약궤 23, 32, 36, 68, 169, 225, 239, 282, 283, 378
엉겅퀴 17, 18, 20, 27
에람의 수사 166
에메랄 373
에스겔의 환상 32, 37, 72, 159, 205, 359
에아 142, 160, 390, 404, 408, 409, 415
에케 호모 365
에클레시아의 배 165, 166
에타나 84, 405
에투룰리아의 묘비 137
에트나 화산 178, 399
에티마시아 37
에프렘 293, 405
엔릴 144, 168, 211, 265, 378, 390, 405
엘(El) 246
엘레우시스 101, 140, 176, 272, 282, 406, 412
엘리사벳 21, 345
여호와의 성결 107
열두 마리의 수소 380, 381
염마왕 406

영원의 집 333
영지주의 285, 394, 421
영혼을 구원하는 거울 125
예루살렘의 키릴 46, 65, 312, 354
예루샤라임 81
예수 성심 신심 253, 254
오디세우스 330, 413, 414
오르산미케레 113
오르페우스 268, 272, 391, 406
오리겐 79, 90, 96, 143, 195, 256, 265, 376, 394, 407
오벨리스크 41, 392, 402
오스트레일리아의 슈만 199
오시리스 29, 47, 93, 113, 135, 140, 180, 205, 215, 246, 259, 267, 282, 341, 374, 399, 403, 407, 409, 420
오안네스 81, 137, 407
올리브 나무 18, 23, 45
우라노스 178, 392, 407

우레우스 169
우주나무 60, 61, 128
우주산 88, 108, 213, 225
우주수 199
우주의 나무 41, 53
우트나피쉬팀 49, 160, 265, 408
운명의 서판 337
울리쿰미 147
움베르토 에코 145
유세비우스 198, 408
유스타키우스 207
의롭고 우월한 손 287
이난나 163, 363, 408, 409
이레네 180, 409
이레니우스는 요한 72
이슈타르 84, 135, 176, 193, 215, 221, 314, 343, 388, 400, 405, 408, 409, 413
이시스 35, 67, 113, 185, 215, 261, 287, 323, 355, 374, 407, 409, 418, 420
이젠하임 제단화 40
이피게네이아 382, 410
익투스 139
인드라 379

일곱 기둥 43

ㅈ

자라투스트라 309, 403
잠근 동산 93
전갈좌 70
제노 63, 79, 410
제노비우스 63, 410
제롬 72, 130, 230
제우스 18, 26, 52, 60, 85, 89, 109, 111, 166, 185, 203, 227, 268, 276, 322, 332, 357, 388, 390, 392, 398, 402, 403, 410, 412, 414, 415, 416, 417, 418, 419
제우스의 종자 85
조하르 199
존 후스 373
주교용 예식서 272
주노 89, 408, 418
주피터 89, 151, 272, 321, 398, 410, 415
증성자의 제비꽃 52
지구라트 108, 211, 225
지식의 문 286
지옥의 문지기 321
지혜의 소금 229

집회의 산 158, 211, 221

ㅊ

청금석 182
춤추는 바알 341

ㅋ

카론 164, 410
카리부 35
카발라 199, 200, 255
카에킬리아 24, 411
카타리나 151, 152, 376, 411
카피톨 160, 393
칼의 권리 270
케르베로스 20, 411
켈수스 논박 90
코레 140, 172, 412
코타르 와 하시스 340
쿠눔 275
쿠마르비 147
쿠스티 104
쿤라트 229, 412
크눔 99, 275, 348, 349
크리소스톰 24, 217, 297, 342
크리슈나 206, 217, 379, 412

크리스스톰 217
크리오포로스 121
클레멘트 8, 24, 189, 240, 301, 325, 333, 348, 413
클레멘트 1세 413
클로토 38
키르케 330, 413
키릴루스 413

ㅌ

타우마투르구스 331
타이니아 105
탈레스 135
탐무즈 168, 413
태백성 221
태양신 레 163, 250, 294, 378
터툴리안 24, 140, 178, 358
테세우스 28, 414
테숩 173, 238, 414
테이레시아스 227, 414
테트라모르프 73
테프누트 346
테홈 142
토가 38, 229, 272
토마스 아 켐피스 48, 414
토비아 228